U0946463

邵荃麟全集

SHAO QUANLIN QUANJI

第四卷

杂文　时评

武汉出版社
WUHAN
PUBLISHING HOUSE

(鄂)新登字08号
图书在版编目(CIP)数据
邵荃麟全集. 4,杂文、时评/邵荃麟著. —武汉:武汉出版社,2013.10
ISBN 978—7—5430—7887—1
Ⅰ. ①邵… Ⅱ. ①邵… Ⅲ. ①中国文学—当代文学—作品综合集②杂文集—中国—当代③时事评论—中国—文集
Ⅳ. ①I217.2
中国版本图书馆CIP数据核字(2013)第232959号

著　　者:邵荃麟
责任编辑:肖德才
封面设计:刘福珊
出　版:武汉出版社
社　址:武汉市江汉区新华路490号　　邮　编:430015
电　话:(027)85606403　85600625
http://www.whcbs.com　　E-mail:zbs@whcbs.com
印　刷:武汉精一印刷有限公司　　经　销:新华书店
开　本:880mm×1240mm　1/32
印　张:18　　字　数:374千字　　插　页:7
版　次:2013年12月第1版　　2013年12月第1次印刷
定　价:480.00元(全套八卷)

邵荃麟等受到毛泽东主席接见

1951年，邵荃麟一家在北京颐和园

1952年，邵荃麟一家与沈钧儒一家合影

1956年，邵荃麟、葛琴在山东青岛

在长江轮船上留影

目　　录

从“××风”谈起

据说，目前文艺性出版物销路最好的，是“××风”一类的杂志。一位书店老板告诉我，无论去哪个码头开书店，卖“××风”是包有赚无蚀——我相信，他的话是确实的。

这现象，曾经使一些朋友们感到讶异，甚至于皱眉。其实很可不必，这件事情值得我们深刻地去注意一下，那倒确实重要的。

这类刊物的风行，主要是被一般市民阶层所欢迎，而欢迎的理由，我问过好几位读者，他们的回答都是一样：“蛮有趣味。”

中国人今天有文化食粮吃的，恐怕还只及于小市民。然而小市民也可怜得很。人家给他《火烧红莲寺》就是《火烧红莲寺》，给他们《啼笑姻缘》就是《啼笑姻缘》，现在给他们“××风”自然也就是“××风”，他们是占读者最多数的人们，他们喜欢看的东西，销路一定是走运。

从《火烧红莲寺》到“××风”，这确是他们的进步了，然而这究竟增加了他们多少好处和帮助，恐怕还是可疑的吧？有人对这些小市民很瞧不起，因为他们只懂得去看这些书。这种责备我以为是不应该的。一般地说，这些小市民是更接触现实生活，而且是被现实生活的艰难压得很苦的。他们和那些闭眼不欲看现实的人们全然不同，然而他们何以偏爱这些有点麻醉性的读物呢？这一方面是由于社会的病态，他们生活的不健康；而另一方面，则是他们既找不到能够解答他们现实生活问题的书籍（即使有一点，在形式上，在理解程度上，都不能适合他们），便索性把自己沉醉在浪漫的幻想中间，或者在人生趣味的咀嚼中间去追求一点幸福和痛快。这是小市民阶层一个强烈的特性，然而这决不能说他们存心要逃避现实。（自然对那些根本不看现实，把文学当做口香糖看待的贵族们不在此列。）

于是文学对于他，就成为香烟烈酒一类东西，作为生活疲劳后舒适一下神经的麻醉品。这也就是他们之所谓“蛮有趣味”。书店老板和某些作家投其所好，于是也就大大地赚了钱。而这中间，我们还要连带说到一点的，就是这类文学家的艺术观点，往往是根据于叔本华所谓“美是镇静降下我们的生活，绝灭我们的希望和欲望，给我们享乐片刻的和平和安息的东西”。这个美学上的问题，我们这里不去谈它，但有一点是很显然的，就是这对于今日民众抗战的情绪是在产生一种怎样的影响。

但是，我想去责备人家，不如来反省自己。我们的作品为什么到今天还不能被广大的小市民所购读？我们的大众化为什么还是在小众里兜圈子？这是一个迫切的实践问题。对于小市民生活以及复杂的社会现象认识得不够，这是一个问题；作品形式的不中国化，言语的贫乏，又是一个问题。这些问题目前是被提出来了，只有解决这些问题，那被认为讶异的现象才能改变。我们必须知道，不是占最大多数读者的小市民在拒绝我们，而还是我们过去对他们关了大门。

（原载1940年《现代文艺》第1卷第5期）

“巢许让天下，商贾争一钱”论

阿Q打不过人家，便“发明”一种“精神胜利法”，譬如说“儿子打老子”，自以为很得意。其实，阿Q的方法还不见得高明，粗里粗气的，只配在未庄那些人们面前逞逞强，而且人家一听就会笑起来，也未见得怎样胜利。

现在的教授老爷就不同了。他决不说“儿子打老子”，却会说“巢许让天下，商贾争一钱”。我是巢许，你是商贾，我和你之间至少隔一万丈，你算是什么呢？我天下尚且可让，难道还和你计较吗？你骂我，“即骂到头上，我还觉得可以同情，不会生气。”

这多么高超，又多么省力，不消回嘴，就已经胜利了，比起“儿子打老子”自然高明百倍，听的人也不至哄然大笑，说不上还会肃然起敬。

教授与阿Q，其区别大概也就在此。

巢许究竟为什么不愿做皇帝，这个事情我不大清楚，也不大懂。历史家的记载也不很详细，但是照我个人老老实实的想法，我却情愿做“争一钱”的商贾，而不愿做“让天下”的巢许——自然，我也不会有天下可让。

这道理是极其平常的。譬如有人忽然要求你把你的家或地位让给他（因为让天下是大人先生的事，平常百姓自然只有家或地位可让），我想你不至于那么慷慨大度吧？反之，为了一个铜子打破头的事情，社会上却是常见的，街上的黄包车夫，不常常就是这样么？

其实，“争一钱”倒并不见得就是丢脸的事情。只要这个钱并不是偷来、抢来、骗来、刮来、或剥削来，而确实是我所应该得的，则我必争之。譬如说，这篇文章稿费应该是四元千字，人家算给我三元九毛九分，我就一定要查问一声，如果是扣克我的，我必定要争回来。这事情，我想也不算倒霉吧。凡事、我有应得的权利，我决不放松，不管是一分一厘，不管是钱或其他。例如，我应有的公民权利，我的独立人格，我的信仰自由，我必尽力争得之，再扩而大之，对我国家民族的权利，对我祖国的土地，我同样不能让人家来损害一分一毫。为了寸土的得失，不惜流血以赴之，这是被称作壮烈光荣的事，可见为了正当的权利去争取，以至于拼命，都不算坏事，以大例小，俱是一样，我们又何独责于商贾。

至于让天下的事，可就大了。巢许为什么要让天下，上面已经说过，我不大清楚。不过我想，如果当时的人民，都一致认为巢许应该做他们的皇帝，那末巢许大可不必推让，干干脆脆就做皇帝。一推让，倒显得有点扭扭捏捏，假清高的样子。如果老百姓并不愿意巢许来做皇帝，那末这件勾当本来就有点“鸭屎臭”，更不必慷他人之慨，来落“让天下”这个好名声。总之，天下为公，这是真理，让天下的事情还是由百姓来决定，较为妥当，公家的天下，由一二个人让来让去，这并不见得是件好事吧？

而且，这确实还是很危险的。假如天下可以由几个人慷慨地让来让去，则流弊所及，势必不堪设想。日本人不是在希望我们把天下让给他吗？汪精卫就直直落落地签订了条约，打算把天下让给日本人了，幸亏汪精卫一个人让不了，四万万人民还在抗战，还在为争取独立自由而流血。万一大家都要学起巢许的骂术来，把天下破烂，那可就糟透了。

话头扯开去了，还是收回来吧。自然，我们并不相信，教授老爷真的会想让起天下来。据我看来，这样的话，还不过说说而已。因为教授老爷如果真的有巢许之风，则大可不必把存底"废邮"再捡出来用铅字排印一番，以飨世人。现在既然这样做了，而且这同样说人家"寄人篱下"，"牢骚满腹"，"生活不得意"，"没有勇气又无知"，可见仍不免有点"争一钱"的"商贾相"，虽然说话的技巧是比阿Q高明多了，可是仔细一想也未必比阿Q的"儿子打老子"更高超到哪里去。

五·一四

（原载1941年6月《野草》第二卷第四期）

生活琐话

“生活”二字，在中国老百姓的口语里，大抵和“工作”(work)的意义相同，譬如做工叫做“做生活”、“做活”等等，这和西洋人以及知识分子的所谓“生活”(Life)显然有别，然而它却更确实地说出了生活的真谛。

在勤劳大众的口里，“生活”作“工作”解；在小市民的口里，“生活”作“衣食住行”解；而在“饱食终日，无所用心”的新式绅士们的口里，“生活”却又变作另一种解释，这种解释是前面两种人所不能懂的。

艺术，政治——等等的不同看法，大概是这种不同认识里出发的。

在今天，我们要求紧张、热烈、活泼的生活，并不仅为我们自己愉快、满足，主要的是使我们能够在世界上去战斗。

一天到晚，只想到更好的环境中去生活的人，是个失去战斗勇气的弱者；但是一个从不懂得去理解更好的生活环境的人，却是个没有出息者。

“穷则独善其身，达则兼善天下”，说这样话的人，永远不会革命的——虽然他并不是一个坏人。

在今天，生活只有用血去美化它，明天则不然。

有人以为美化生活是将来的事，在今天艰苦的斗争是谈不到的。这样说法，是没有了解美化的意义。

托尔斯泰认为：个人的欲望，像是东西装到一支有许多漏洞的破布袋里，一装进去就漏掉，永远不会满足。在一番纵情之后，愉快和欢悦转瞬即逝，是无法继续保留的，而欲望的要求却因此更猛烈起来。——这话是非常确切的。

伟大的艺术之所以成功，最主要的条件，是他们对于人类生活有更深刻更广阔的认识。

然而却也有人以为艺术与生活无关。

对于自己作品非常负责的人，对于自己的生活必然也十分负责。

用一管庸俗道德的尺，去估量一个真实的艺术家，是世间最可憎恨的事。

（原载 1941 年 12 月《野草》第 3 卷第 3、4 期）

论新人道主义

在今天，法西斯的暴君们正在全世界肆行其对人类最残酷最无耻的屠杀的时候，新人道主义的声音，重复洋溢于全世界人民中间，这是含有无比的人类愤怒与战斗的热情的。

几千年来，人类的子孙是在经历着一个伟大的过程——从自然统治到统治自然，这过程是异常艰苦的。然而，不管在任何时代，人类都是在朝着一个目标而前进，就是：从一切灾祸与压迫中间争取人类的解放，争求人类的尊敬与幸福。

这种伟大的理想，不仅是出乎人类意志的要求，而且是基立于人类进化的历史法则，因此，在历史上，虽然出现过无数的暴君与违反人类意志的制度，然而无情的历史车轮都把它们一一碾碎了。秦始皇、凯撒、拿破仑、路易十四、威廉第二、尼古拉第二，以及一切企图阻碍人类前进的人物，转瞬间都成为历史的陈迹，历史的列车永远不顾一切地向前行进着。

感谢科学的发明，使人类的理性获得高度的发扬，因此人们不再是乌托邦式的在企求他们未来的命运，而是真实地认识了人类光明的前途。并且根据这种认识去奋斗。理性的发展更增加了人类解放的信念和创造的热情，而由于这种信念与热情才诞生人类真实的爱与伟大的同情。

新人道主义就是以这种人类解放的信念与热情，以这种真实的爱与同情为其基础的。

新人道主义者首先确信，每个人类的子孙，不问其血统与皮肤的颜色，不问其知识与文化的程度，都应该享有人类平等的权利与幸福，享有其个性充分发展的机会——这种权利的取得，不是仰仗于别人，不是仰仗于慈悲的教主，而完全倚赖于他们自己。人类的尊严必须由人们自己去创造、去争取。只有这样，人类的价值才能发展。

这和十九世纪旧的人道主义，其出发点便截然不同了。旧的人道主义是出发于对贫弱者受苦难的怜恤，在这一意义上，就显然把人类划分为怜恤者与被怜恤者两个集团。所谓怜恤（完全是受动的），实际上不过使被怜恤的人们暂时地忘记其痛苦，教人“屈服于被认为永久不变的社会关系，和把人类分为高等民族、下等民族，及白种人贵族、有色的奴隶，此种屈辱的区别而产生出来的屈辱的痛苦”。（高尔基）这种怜恤，恰恰阻碍了人类去认识他们利益的一致性，因此也就减低了为人类解放事业而奋斗的勇气。

新人道主义也要求不要拿人类的能力去反对人类自己。但它要知道，在目前世界上，正有一种巨大的罪恶在进行，这就是一些毫无人性的暴君们，正在企图摧毁人类的利益。因此，这里并没有片面的和平与爱；人类真实的爱的对面便是对违反人类利益的罪行的憎恶。只有对这些罪行的反抗与奋斗，才能实现人类的博爱。它“不需要爱的抒情的宣布，但要求每个人认识他的历史的任务”。因此，新人道主义的本质是战斗的，也就是说，从历史现实的认识中去为人类的和平、真理与爱而战斗的。

孙中山先生常常以博爱勉人，然而他对于博爱却作如下的解释："当中的道理，和我们的民生主义是相通的，因为我们的民生主义是图四万万人幸福的，为四万万人谋幸福就是博爱。"他并不教人屈服于命运，相反地，他是最坚毅无情的革命战斗者。他深爱人民，而更知道怎样去爱人民——即是领导他们去反抗残暴的压迫者。当他逝世以前，就高呼着："和平，奋斗，救中国！"他是真正了解人道主义意义的人；只有汪精卫那样法西斯的走卒，才会把"和平"与"奋斗"割裂开来，而犹以为自己是多情善感的人物！

新人道主义与理性主义是不可分的。因为人道主义并不是感伤主义，它乃是维护人类尊严的神圣任务。新人道主义所要求的，是人类能尽最大可能发展其体力、智力与技术，去创造人类的幸福生活。换句话说，也就是要求社会的合理化。因此，它必须具有人类社会发展的科学知识，这就是人类理性的表现。从科学的基础上，人们获得其控制历史与控制自然的知识与战斗方针。理性（科学的思维与认识）与感性（人类的爱与感情）的一致，构成了新人道主义的内容。

也是在这样关系上，新人道主义对于人类文化的维护，具有绝大的决心。它维护一切为人类利益的科学与学术，反对一切虐杀科学、牺牲理性的独裁者，而尤其愤恨于那些以暴力来破坏文化和迫害科学家、思想家的法西斯的罪行；它并且号召一切文化创造者去跟那些人类文明的毁灭者去作殊死的斗争。

人类在其生活创造过程中，一方面是要求其最高度潜能的发挥，一方面是要求最完善的人格的发展。这二者是一致的，必须在文化创造自由与个性自由发展的条件下始能获得保障。因此，新人道主义者必然也是民主主义的忠诚拥护者和企图破坏民主的法西斯的敌对者。新人道主义绝对尊重个人的独立人格和个性，这和教人屈辱于命运的虚伪的人道主义以及贪婪自利的个人主义绝无一点相同的。

也是在这样意义上，对于民族的自由生存，是被新人道主义者所绝对重视。个人自由，只有在民族自由的条件下始能获得保障；个人利益，只有安置在与人类利益的一致的基础上，才是正当的。

我们相信一切为正义而奋斗的人们，不论其在何种场合，必然是与全人类的利益一致的。在这种利益的一致性上，人类的兄弟才可能密切地联合起来，去为真理与幸福而斗争。也是在这种一致性上，使我们坚信人类正义的力量是足以击溃一切凭借暴力而进行的种种挑战。

今天，全人类利益正面临着一种空前威胁。法西斯德国、日本、意大利在欧洲、中国和太平洋所进行的疯狂战争，绝不是单纯的国家与国家，民族与民族之间的政治战争，而应该认为是黑暗的暴力侵犯整个人类文明的战争，是少数贪婪者为要剥夺全人类生存权利的战争，希特勒创造其“优良人种”的邪说，日本帝国主义自夸是亚洲主人的狂言，这很显然地暴露了他们企图奴役一切民族与人民的野心，为要逞现这种野心，他们不惜以最卑劣的手段和最大的代价，来毁灭人类的文化与理性，毁灭数千年来人类的成就，甚至于要绝灭一切非“优良人种”的人民！

法西斯党徒在中国，在苏联，在欧洲大陆，在非洲，在太平洋岛屿上所进行的惨毒行为，不是普通字典中的用词所能形容的。烧杀淫掠，在他们只是微不足道的罪行；他们是在进行着更大规模的灵魂屠杀！看看他们是怎样在杀戮婴儿，怎样在绝灭妇女的生殖机能，怎样在轰炸和灭毁一切文化建筑，甚至于寺院和教堂，怎样在虐杀科学和艺术；甚至更无耻地在强迫和鼓励人们去做一切出卖灵魂、出卖祖国的卑鄙行为，和引诱其堕落到荒淫的生活。这种败坏人类德性的罪行的背后，是藏着一个怎样可怖的阴谋！显然的，法西斯的唯一目标，是企图把现代人类沦为中世纪的奴隶，而以奴隶的血汗来满足这些暴君们的淫欲！

这难道仅仅是中国、苏联、英国、美国与欧洲诸国家的不幸吗？这难道不是全世界人民的责任，去共同消灭这人类的巨敌吗？

凡是善良的人类的子孙，对于这种毁灭文明的疯狂暴行，没有不会激起其一致的愤怒的。由于这种一致的愤怒，使全世界一切肤色、语言不同的人们，一切阶级、思想不同的人们，都在新人道主义的旗帜下联合起来。这种联合的最高目的，就是保卫数千年来人类所成就的文化与理性，而同时也即是保卫每个民族、每个人民的尊严与幸福。

这种联合必须尽量的扩展开去，直到法西斯的全部崩溃。

（原载 1942 年 1 月《文化杂志》第 1 卷第 6 号）

新年杂感

经过整整半年的逃难，好容易到了重庆，却又要过新年了。重庆新年的繁华与热闹，想来决不会比往年逊色的，何况敌人既已暂停前进，山城里正不妨再来一番歌舞升平。然而这一切对我们这些喘息甫定而生活无着落的人们，总不免觉得有点难堪。听着满街喧天的爆竹，怕谁都只能引起一种苦笑的心情罢。

中国人民总算又经历了一次够惨痛的教训。几年来，小天堂的生活和坐待胜利的幻梦，这一下是完全给惨烈地戳碎了。在那小天堂里酝酿了几年的一切腐脓疮毒，这回可也全部溃裂开来。这一次狂乱的逃难中间所遭遇的一切，虽然直到现在还不曾或许还不能被人们用文字真实地描述出来，但是那些令人战栗的血淋淋事实，都已经深深地烙印在千百万老百姓的心上。尽管中国人民是怎样善良怎样老实，事实却迫得他们不能不睁开眼睛来看清四周的世界，不能不想自己和别人的问题。战争把这样众多的人群，突然放在同一命运之中，而使他们那样分明地切肤地感觉到个人命运与民族命运不可分割的紧密关系，这中间即使最迟钝的人也不能不对于他周围的世界引起一点思索和疑问，和发出无穷的愤懑和感慨。他们的愿望和期待，跟着这一次像汹涌的洪流一般的难民群而来的，我们可以感到一种那样可怖的、粗暴而却不大清晰的，像秋风中森林的絮语一般的声音，一天一天地强烈起来。这种声音，纵然是那样模糊，然而却分明可以感到中国人民的灵魂是粗暴起来了。

在这除旧更新的新年里，这些流离失所的人们，一方面是痛定思痛，回味着过去半年惨痛的经历；一方面却不得不赤手空拳重新来创造他们的生活，来建立他们的家园。在这中间，谁都免不了会直觉地想到两个问题：为什么？怎么办？

这是从人民中间发出来的朴素的、单纯的问题，然而也正是摆在一九四五年历史前面的问题。世界反法西斯战争的胜利，虽然已经无疑地确定了，可是我们中国却还得在这一年中再经过一次历史的考验。人民是在期待着这些问题的回答，而同时也只有由他们自己才能来回答这些问题。人民的愿望是很单纯的，他们只知道当火已经烧到房子里来的时候，唯一的办法只有是共同救火！

大凡苦痛受得越深的人，他那种表示愿望的要求也更强烈，他对于新的期待也更焦灼。这种要求，今天正更迫切地落在一切文化工作者和文艺作家的身上。我们的作家今天也在受着一种严酷的考验：或是更深入于人民现实生活战斗中间，而成为人民愿望的代言人；或是依旧让我们的文艺飘浮在一些小市民的贫乏和苍白的生活中间，而被广大人民所厌弃。我们相信在新的一年中间，一切将有所不同了。因为人民的力量是在更强大起来。这是一种伟大的历史力量，它将裁判着一切，也将裁判着我们自己。

（原载 1945 年 1 月 1 日重庆《新华日报》）

“瓦爿主义”应该肃清了

胜利消息传来的那天晚上，我在欢欣声中，听见巷子里一个老人说了一句感叹的话：

“瓦爿也有翻身日！”

听了这句话，很使我惊心；虽然我并不知道他还是在对那些坐待胜利的人故作嘲讽呢，或竟把自己当作瓦爿，发此感叹？如果是属于后者，那就很可怕。几千年来支配着我们人民命运，和使我们民族衰弱的，不正是这种瓦爿主义的人生哲学吗？不料在这狂欢的胜利之夕，我竟又听到这样一句丧气的话。

从好的方面来说，这未始没有表示强权终必崩溃，弱者终得解放的意思，但是无论如何，还不能不是奴隶失败主义者一种可怕的命运哲学。瓦爿纵然翻身了，却依旧是块瓦爿，侥幸能够“瓦全”，过几天仍然不免将被泥水匠覆上屋脊。几千年来，中国老百姓就是这样不断地翻过来又被覆过去。元朝的殿堂崩溃了，瓦爿翻了一次身，朱洪武便要抢去盖他的大明宫；满清的殿堂崩溃了，袁世凯又来捡去盖他的新华宫；而且盖了也不会多久，依旧又会落到外族的泥水匠手里。宋、元、明、清，且不说它，一九三七年招来的日本侵略，也未始不是一种殷鉴。而由于这种瓦爿主义的存在，便自然也就有深知瓦爿主义的泥水匠在旁窥伺。这些泥水匠的主意是妄图把自己作基石，借人民作瓦爿，来盖他“万世不易”的殿堂。因此，瓦爿主义便成为对他们最有利的哲学。这种瓦爿主义的精髓，就在于“躺着莫动，静待朕旨”，直到今天，不还正有人声嘶力竭在鼓吹这样的哲学吗？然而，今天的情形却确实不同了。八年来，在敌人屠刀下所流的鲜血，已经把中国人民身上那种奴隶失败主义的积毒洗涤干净了。血淋淋的屠杀也激起了血淋淋的反抗。今天在敌人后方作着血肉战争的，不再是朱洪武一流的“真命天子”了，而却就是老百姓自己。老百姓用他们自己的力量翻过身来。这才是真正的翻身，这翻身是不容易的，然而一翻身，却也就站起来了，勉强地站起来了，永不倒下地站起来了。用着自己的全部力量，组织起自己的武装，流着自己的血汗，挣回来自己的胜利。这胜利，只有靠自己的力量才能保持。历史已经教乖了愚蠢的奴隶，袁世凯的花枪是要不成了。躺在地下静待是再不来了，老百姓有了自己坚强的力量，他们将用这力量来回答历史的试炼。

这一回将不再是“静待捡去”的瓦爿了，这回将是凝结起来，抗承着崭新的雄伟建筑的基石了！只有把自己做成了基石，这雄伟的建筑才能永远兀立，不再倒下去。

然而，听了那老人的话，却教我不能不仍然感到警惕。事实上，这种几千年来传统的奴隶哲学，虽然终于将被人民战斗的火焰焚毁，却也绝不是一下就能完全肃清，而且想捡起瓦爿去修自己殿堂的人，不正是虎视眈眈，有所欲为吗？那末，这就不能使我们过分大意。尤其是胜利会冲昏头脑，刚一翻身，便以为天下已经太平，这种天真的想法就很容易教你一跤跌入瓦爿的命运里。这正是今天轮到每个中国人身上的一个试炼。然而，无论如何这已经是瓦爿主义哲学的最后试炼了，因为人民的力量已经起来，在这个力量面前，无论谁想让自己去做瓦爿的瓦爿主义，或是想借人家做瓦爿的瓦爿主义，都一样终于要被粉碎。袁世凯想捡瓦爿盖他的宝殿，也不过五年就垮。难道现在还想再学一次袁世凯去盖同样的宝殿吗？这已经不可能了。人民的基石是在强固地凝结起来，而且需要更强固地凝结起来，瓦爿主义最后是应该被肃清了。

（原载 1945 年 8 月 26 日重庆《新华日报》）

拖

有一种战术，叫做“拖”——是无赖的战术之一。

我们家乡有句土话，叫做“放无赖”，大概就是指这种战术。一个地痞斗不过人家，就赖在地下，拖住人家，叫你拉他不起，拖他不走，弄得你无可奈何，而他就利用你这无可奈何，跟你纠缠不清，要是你给纠缠得不耐烦，给他一点小小满足，他就自鸣得意，以为胜利是属于他了。

这种乡下地痞的手段，且不去说他。等而上之的，譬如做生意赔了本，并不歇业，却东拉西扯，把债务拖赖下去；打官司，输了理，便一再上诉把案情拖延下去，这不正是现在市上很流行的一种拖的战术么？此外，有如“占住茅厕不屙屎”，“开了支票不兑现”，亦不外是拖之一例。无赖的情形虽并无二致，但手段的精明确已比地痞高出数倍。到了日本人也来这一套，投了降不交出武器，签订了降约还要求“自卫”，则可见这种战术的运用，已经从乡下地痞而上达国际法西斯了。

“拖”的作用，就是拖住了别人，来挣扎自己，利用着时间来保留空间，虽然自己未必挣扎得起，但拖住别人或拖住时间，也似乎略觉少慰。我搞不赢你，你也休想赢我，这便是无赖的本色之一。

但是等到采用这种战术，实际上已经显得他自己力竭气衰了。有强力的人是不采取这种战术的。拿破仑得不到胜利，便自承失败；项羽斗不过刘邦，便自刎乌江。只有不成材料的脓包、懦夫，才会纠缠不清跟你施用这种“拖”的战术。靠拖住别人来站稳自己，虽然未必到下，但自己的立足点早已丧失。从一个简单的力学道理上来说，便知道想拖住一种前进的力量的东西，当它被甩掉的时候，它必然会遭受剧烈的反跌，拖得愈紧便跌得愈惨，这是一定的道理。

因此这个战术实际上也是丧失了主动力的失败主义的战术——一种可怜的战术。

对付这种战术，最干脆自然是甩，但有时亦不容易甩掉，因为死拖活缠正是无赖唯一的本领，因此有时亦不得不用“以韧胜韧”的战法。在拖或被拖的过程中，拖的一面未必占到便宜，因为拖的一面，总是愈拖愈疲，而被拖的一面的力量却绝不会因拖住而停止生长，只要有真实的力量，则不仅拖不住，并且还可以把拖的方面拖起走，一辆马力强大的机车是不怕背后拖上无数吨重量的。要是拖不住而又拉不走，那就只有被拖落的命运。这是自己活该！

翻翻以往的历史，可以看到有多少人想拖住历史的车轮，这固然教我们感到历史道路的困难，然而检视一下，究竟又有哪一个想拖住历史的人，不被历史所甩落？历史的车轮总是向前进的。正因为历史的车轮是不断地在新生着力量，而历史愈向前，这种力量亦就愈大。这是一个无情的自然法则，谁要藐视这历史的力量，历史就给予他现实的回答。

（原载 1945 年《文萃》第 1 卷第 4 期）

希望与信心

从希望而突然陷于绝望，这种痛苦是可怕的，而由于这种痛苦所产生的狂暴的反抗，则尤其可怕。

不过，如果这是一种真正的绝望，则也未必可畏，因为绝望的反抗终究也还是绝望，然而假如所冀求的本来就是一种虚幻的希望，而由这种虚幻的希望的绝灭，反而使人们拭去了眼上的障翳，使他们更清楚认识了自己，认识了现实，于是把他们一向寄与人家的希望，转而坚决地寄托在自己身上，则这种出于绝望而产生的希望，本身就将是种惊人的力量了；因为这是一种现实的希望，而这种希望是支持着人们真实的信念的。

一个经历了八年残酷压迫的民族，在这一点上是不容许轻易蔑视的。八年以来，人民曾经寄存过无数的希望，也遭遇过无数的绝望。每天每刻渗入他们生活细节里的血淋淋的事实教训，交织在这残酷斗争中间的光明与黑暗的分明对照，即使是一个最单纯的人，也不能不对于忠奸之辨，恩怨之分，有一种极敏锐的判别力。正是由于这样，才能使他们有热烈的冀求，有坚定的信念，而这种希望与信念，终于支持了他们长期的艰苦战斗。

而现在，当他们好容易从这样一个残酷战争中胜利地解放出来，当他们怀着满腔希望来迎接一个自由与幸福生活的时候，一个黑影突然降临下来，要把他们立刻重新抛入于另一个可怕的内战，要叫他们再来忍受一个长期的虐杀与迫害，再来遭受轰炸、屠杀、流亡的恐怖，再来受汉奸伪军的凌虐，你能想象，这对于他们将是一种怎样的反应呢？八年来敌人的虐杀与迫害，在衮衮诸公也许早已忘却，或甚至根本不曾感受过，然而在老百姓却是痛深创巨，血痕犹新，而在这时竟还要自相厮杀，这难道还不够是最大的绝望，还不够是最痛苦与最愤怒的痉挛吗？

这种痛苦与愤怒的痉挛，正在全国人民中间流行开来。这是一个可怕的预兆。然而也正如前面所说的，这并不是全然的绝望，从这种最大的绝望中间，现实的希望是在生长了。经过八年战争的人民，对于他们自己的力量，多少是有所估计了。再一次残酷的教训也就再一次使他们更清楚地认识了自己，而他们就把他们的希望建筑在这种认识上面，这种希望是完全现实的。

这就是为什么，纵然今天局势是这样紧张，而我们并不有丝毫悲观，也并不能动摇我们一分对于和平民主的坚强信心。

（原载 1945 年 11 月 28 日重庆《新华日报》）

慰　　唁

看完了今天（十二月四日）报上昆明的惨杀学生的消息，不由自主地突然记起二十年前读完了鲁迅先生的《无花的蔷薇之二》之后的情景。那文章是在一九二六年“三一八”惨案发生的当天下午写的。文章一开头，就是：

“中华民国十五年三月十八日，段祺瑞政府使卫兵用步枪大刀，在国务院门前包围虐杀徒手请愿，意在援助外交之青年男女，至数百人之多，还要下令，诬之曰‘暴徒’。”

这是一种史家的笔法，鲁迅先生并不常用的，然而那时他的愤怒大概实在难以抑遏了，从那正气磅礴的开头几十个字中间，当时他那种义愤填膺，振笔直书的情景，完全可以想象出来。他接着严厉地斥责说：

> 如此残虐险狠的行为，不但在禽兽中所未曾见，便是在人类中也极少有的。……
>
> 如果中国还不至于灭亡，则已往的史实示教过我们，将来的事便要大出于屠杀者意料之外。
>
> 血债必须用同物偿还。拖欠得愈久，就要付更大的利息。

鲁迅先生的预言，不久就应验了。一年以后，段祺瑞从北京政府里滚蛋了。

那时还年青，正是所谓“血气方刚”的时候，读了鲁迅先生的文章，真是含着两包热泪，感到一种愤怒的颤栗。不料今天看了报，想起鲁迅先生的文章，竟又引起同样的激越情绪，真不知道，是二十年来，自己依旧那么稚嫩，没有一点长进呢，抑或是今天的中国还依旧停留在“中华民国十五年三月十八日”的时代？

然而事实却是那样分明，连官方新闻也无法隐讳。“一千余军人闯入校舍”，“重伤三十余人，死四人”。二十年过去，青年该又换一代了，谁知竟还是一样命运，所不同的，只是这回不是使“步枪大刀”，而是“手榴弹与机关枪”。这回不仅是诬之曰“暴徒”，而且是“阴谋捣乱分子”了！

（对这次惨案，我除了回诵鲁迅先生二十年前说过的话以外，实在说不出更多一句话，而同样，对于这次牺牲者及未死者，也表示不出更多的慰唁，并且也觉得无所用其慰唁。我只想再抄引鲁迅先生“一觉”中另一段话，作为我的奉献：

“他们是绰约的，是纯真的，——啊，然而他们苦恼了，呻吟了，愤怒而且终于粗暴了，我的可爱的青年们。”）

（原载 1945 年 12 月 7 日重庆《新华日报》）

“来　了”

从上海来的人说：前些日子，上海已经有人因害怕第三次世界大战爆发，逃难到乡下去。

乍听之下，颇觉有点好笑。但仔细一想，实在是极合于中国人的情理。尽管在别的地方，中国人是麻木得可怕，而在这些上，却又是比老鼠还敏感。记得二十多年前，鲁迅先生写过一篇短文，叫做《来了！》，说是东边的人往西边逃，唤着“来了，来了”！西边的人往东边逃，也唤着“来了，来了”！究竟是什么来了，连他也没曾弄个清楚。现在，这个民族据说已经从半殖民地高升到四强之一了，不料这个老脾气似乎并不曾改掉多少。

而且，这一回是唤得更凶。听说，黄金的跌价和它有关，可见影响确实不小。那末，席卷细软往乡里去躲的事，自然也就并不足怪。然而结果却还是扑一个空，人家并没有来，倒是安安稳稳地走了。熙熙皇皇闹了一阵，剩下来的依旧是自己嘴里的一个“来了”！

如果，这仅是由于民族的无知和缺乏自信，虽然可悲，终究也还罢了。但是，如果竟有人想从这“来了”上面打什么主意，或者企图捞一些油水，甚而至于想在上海建立一些什么理论，有如张铁嘴算命一样，说得“一灵二验，包退还洋”，这就显得有些叵测。我们家乡有种痞子，想同人家寻事，便在你门口叫，要是你真个出来，他便有机可乘，往地下一倒，说是你打伤了他，图个诈赖。对于这种痞子，实在是无可奈何，但要是你坚决不去理他，他也只能空空号了一阵子就走开。一个民族，万一也竟是堕落到了那样地步，这就未免有点可怕。

然而，也有人还是这样说，“来了，也好，打了一回第二次大战，把我们打成四强之一，再打一次，不也许可以变成三强之一么？”自然，这算盘打得很精明的，可惜这如意算盘未必打得出。剩下来的怕永远只是自己嘴里的一个“来了，来了！”而已。

（原载 1946 年 4 月 1 日汉口《大刚报》）

可怕的堕落

曾经有位旅行家这样说过：从一个国家或城市的最流行的出版物上，就可以大概地知道这个国家或城市的人民的性格和精神生活来。

如果这话是不错的，那末，我很希望这位旅行家不必到中国来。这徒然将使他感到莫大的失望，因为他绝想不到，在这个经历过八年抗战锻炼的国家中间，它的最流行出版物，竟是些和妓院广告一样的，充满着色情与猥亵文字的黄色读物！

在法西斯的世界中，文化的意义本来是相等于鸦片、吗啡、海洛因一样，它是为着麻醉人类的灵魂而存在的。然而我们现在分明是在号称"民主"的政府统治下了。我们的敌人早已倒下了，而在我们同胞中间，却似乎仍有人不能忘情于敌人遗留下来那一套。当全世界和全国的人民在进行着高度的民主斗争，他们却忙忙碌碌地把些《舞女的秘密》、《妓女的历史》以及一切最恶俗的、令人作呕的猥亵故事，向市民们制造出大量的"精神营养"津津有味地互相喂饲，互相咀嚼，仿佛八年来敌人汉奸的麻醉毒害尚感不足，而一旦从血海中翻过身来，仍然少不了要用这样毒物去敷舐自己的伤痕。……这真是一种可怕的堕落，一种教人战栗的自毒行为！

以为这些现象是由于小市民的无知和对于低级趣味的爱好么？以为这是由于国民道德的败坏吗？自然，这是可以作为理由的，然而这样的谴责是并不公道，某一种土壤才生长出某一种花草，只有在粪窖旁边才长出那种丑陋的小白花，不从土壤上去根究，徒然的斥责是无用的。中国的小市民是可怜的，他们永远就是在营养不良的精神病态之中，予之以珍馔食，予之以毒鸩亦食。叫他们去选择和判断是困难的。然而，我们还可以记得，在八年抗战初起的时候，这些广大的小市民群不是也热烈地被抗战文化所鼓舞着吗？不是也一致地抛弃了那鸳鸯蝴蝶的文化，而使那些色情文人和文场市侩为之发抖吗？那末，这就不难教我明白，为什么在今天这个民主建国的时期，我们民主的文化还拖着满身的荆棘不能蓬勃生长，而这些比鸳鸯蝴蝶还不如的“秘史”、“艳事”的黄色读物，倒可以横冲直撞、公然无忌呢？为什么这些小市民群没有像抗战初期那样再被民主的热潮所鼓舞，而都要从这些色情麻醉剂中间去找求他们苦闷的安慰呢。因此，我觉得那位旅行家所说的话，未必是正确，因为他只是把一种现象去当作本质，而没有从本质上去理解一种现象。我们也并不想学那些正人君子们，借伤风败俗的理由去斥责那些黄色读物，我们必须更根本地从政治社会的原因上，去指斥这种现象的形成和发展，我们也必须从人民意识的自觉上，去展开和这些毒害人类灵魂的企图去斗争！市侩是可恶的，而怂恿着或利用着这些市侩，来麻痹人民的思想的，更可恶，世界上没有一种罪行比对于灵魂的屠杀更叫人战栗，更叫人愤怒，而尤其是在人民快要觉醒的时候，向他们脸上去撒上一把麻醉的毒粉这一种卑劣的行为。

这就是真正的堕落，这是可怕的自毒！

但是，我们也决不因为这些黄色毒物的流行而感到沮丧。八年艰苦的抗战锻炼了我们坚强的自信。人民的头脑是再不能永远被麻醉下去了。任何卑劣的伎俩是无用的。更大的浪潮正在向我们席卷过来，它将冲洗掉这一切污浊的渣滓，它将重新鼓舞起一切人民战斗的热情；而在这时候，作为向我们自己鼓励和要求的，倒是我们需要更努力地创造出一些真正的人民的精神粮食来。

（原载 1946 年 4 月 9 日汉口《大刚报》）

重在战斗实践

——给于逢同志的一封信

于逢兄：

来信收悉。知你们已自桂回粤，很高兴！我们来武汉住下已有一些时日，广州报刊都能看到。你在《文艺生活》上论易巩兄一文所说生活与思想的关系，大体很对。但这中间更须着重社会的战斗实践一点（自然创作的实践也是其一）。而这个个人的战斗实际必然是通过社会或阶级的大众战斗。这里就包括了文艺与阶级斗争的问题，文艺的群众路线问题，也包括了作家个人生活与社会生活的关系的问题。光有生活未必有真实丰富的思想；光是思想也未必就能在生活中发光。而另一方面，我们的思想力和艺术力都是从大众的战斗实践去丰富起来的。所谓主观作用的提高，我以为仍然需要通过客观的社会斗争的实践，才是真实的。所以思想与生活的辩证关系，也就是理论与实践的辩证关系。我们许多朋友未必是没有生活，也未必不肯思想；但多半是圈在个人的思想和情感的小小世界里，跟广大人民总隔着一堵墙，所表现出来的多半是知识分子对现实的不满、反抗或希望，所以缺乏大的气魄、大的力量。许多知识分子的革命，怕还是为了突破个人自己的苦闷，追求适合于自己的理想世界，还缺乏更广大更深沉拥抱历史与人民的心境。文艺上表现的贫乏，我想或是因此吧？一般地说，我以为今天中国的文艺大部分还是小布尔乔亚的。许多思想上都表现这个特征。……我感觉我们读古典作品应该多感受那些作家的历史的襟怀，会使我们心境更大更宽。我常感到历史对我们这一代人的压力实在是太沉重了，没有更大的勇气是提不起笔来的；而这种勇气也只有从广大的人民战斗中才能赋与我们吧。

我和葛琴均好。有空请来信！祝健！

荃　麟

一九四六年五月

车里特穆尔的卑怯

——看《孔雀胆》有感

九队演出《孔雀胆》，我去看了。这是一出效果很强烈的悲剧。在剧场里，我看见许多观众在流泪，许多观众在切齿；流泪是为了阿盖公主的不幸遭遇，切齿则是对于车里特穆尔的痛恨。

观众们为什么那样切齿痛恨车里特穆尔呢？这不仅是由于车里特穆尔要除去段功那种争权夺利的企图，更主要的是由于他采取的手段的卑劣与阴毒。

车里特穆尔在当时的地位是丞相，是个有权有势的人物。他手下有无数的大将和党羽，他要除去段功，很可以拿出他的力量来，和段功堂堂正正地斗争一番。即使不行，退一步，他还可以乘梁王盛怒之下，传王旨把段功杀掉。纵然作恶，也多少还落得一个拿得起放得下的负责态度。但是，这些他都不敢，偏偏要逼迫阿盖公主拿孔雀胆酒毒死她自己的丈夫，要夤夜亲送蜜枣去暗害他的仇敌。等这些都失败了，便在通济桥畔埋伏刺客，用毒箭暗杀段功。当通济桥畔毒箭齐飞的当儿，这个亲自布置陷阱的人竟会有脸大叫一声——拿刺客呀。

这是多么卑劣无耻的人物呵！

车里特穆尔为什么不采取堂堂正正的手段去杀段功，而必须偷鸡摸狗去施用那种不可告人的暗杀伎俩呢？这与其说是车里特穆尔的卑劣，更不如说，由于这种卑劣者的怯弱。大凡卑劣者一定是怯弱的，因为邪恶敌不过正义，黑暗总抵不住阳光。做贼的固然心虚，也可以说心虚的才会做贼。孔子所谓色厉而内荏，就是指的这类卑怯的人物。而这种怯弱则是由于他内心的恐惧。世界上有许多残暴凶恶的事，多半是出于做恶事者自己恐惧于失败的预感。车里特穆尔把铁知院和尚推下水去，把药酒毒死刺客的当儿，他的内心确实是在发抖的。当他在通济桥畔等段功前来的时候，车里特穆尔又是表现得何等彷徨不安。他对王妃忽必斤说："我之所以要这样干他，也就是因为他可怕，要不然，传出国王一道令旨，把他枭首示众了事，我何费这样多心思，弄得连夜晚都不能睡觉呢？"这是直接把卑怯者的心理揭穿了。

这种卑怯是被人民所切齿痛恨的，而这种卑怯同时也就是卑怯者自身没落的前奏。

（原载1946年7月23日汉口《大刚报》）

我回到了上海

火车拉进北站，我又回到阔别九年的上海来了。

上海似乎没有多大的改变，马路洋楼，还是那副样子。刚到上海，立刻就会敏锐地感觉出来的那种上海人的气质，也依旧和从前没有分别。当我走进一家熟悉的旅馆，它的那些柜台和桌椅，九年以来似乎并不曾动过一下，柜台里坐的依旧是那个账房先生，也依旧是那么一副姿态，这真叫我吃惊，仿佛这九年历史竟是一张空白，而我的离开又回来，仿佛就是昨天和今天，中间并不曾有什么间断似的。

自然，这只是我最初的错觉。上海确实是改变了。首先那些狰狞高大的红头印捕从马路上消失了，其次是那些佶屈聱牙的洋街名字改过来了，使初回到上海的我简直大伤脑筋。而尤其分明的，是国际大楼的顶上，那灼灼发光的“礼义廉耻”四个霓虹灯大字，教我悚然感到，我确实是来到“中国的”上海了。

在西洋人所建筑的摩天大楼的顶上，用西洋现代的器材，照明出几千年来所谓东方文明结晶的四个大字。而就在这四个大字的居临之下，日夜不歇地厮混着无数中西人士，在进行着那只有上海人才能理解的种种业绩。这教我立刻想起了，而也明白了胡适之先生的“中西文化论”的意义。而在这意义中间，也就对今天的上海情形获得过半的了解了。

上海人的那种气质，确是教人吃惊的。当你看到那些装着啸声器的美军汽车从马路上发疯般飞驰的时候，那些上海人竟会悠然自得地在马路中间缓步踱过，毫不为其所动，你实在不能不佩服他们那种本领，而一个人要在上海能生活下去，没有这种本领是不行的。因此，听说一度曾经向上海人趾高气扬的“后方客”，现在又不得不向上海人低头“领笨”了。从前是唯恐人家不知道他是“后方客”，而现在唯恐自己不是“老上海”。不过一年光景，上海人的魔力显然已经征服了它的外来者。我不知道这是否即历史学家的所谓“同化力”，如果是的，那末我们也还能同时看到另一种力量正在把上海人“同化”着，这便是所谓的“友邦文化”了，只要在上海住下三天，就会分明地感觉出来。和后方客唯恐自己不是老上海一样，若干上海人又唯恐自己不是美国通。有一位很有手腕的五十来岁的商人，前天感慨地对我说，他生平唯一憾事就是不会说英语，当时颇使我联想到古人学鲜卑语与琵琶以事公卿的故事。然而这也不过一年光景的事，这以前谁又曾想到过英语的用处呢？

果能被一种现代的文化所同化，倒也不一定是坏事，但看光景也未必能够。“中国的”上海，究竟还是“中国的”，在各种力量的互相吸取和抗拒中间，“礼义廉耻”的东方文明不是也早已插足进来了么？

这样的感觉，倒不一定是到了上海才有。当我从汉口乘上我们中国的“美国登陆艇”到南京的路上，也就分明地感到了。这登陆艇是输送“义民”的，虽然一共不到几百个人，却像古代的西洋国家一样，界限分明地划出四个不同的阶层。最高等的自然是属于洋人的船长和他的同事、朋友，他们的享受自然是完全美式的；其次是能够和洋人接近或可以千方百计设法和洋人接近的若干中国职员和旅客，为了表示他们身份的不同，他们在彼此中间，也尽可能用英语来谈天；第三等是属于包括我在内的所谓“义务护送员”以及“黄鱼”之类的旅客，他们虽然属于第三等，但究竟还有资格住在“闲人莫入”的栅栏内的船尾舱房里，而在难民看来，也还是管理他们的“先生们”；最末一等，自然是属于住在大舱内人数居多的“义民”了。在这四等人中间，第一等人是决不和第三等人接触，第二等人也决不和第四等人接触，在单调的旅行中间，这种分别是比在任何复杂的社会生活里都可以显得格外清楚。这中间只有过一次，当第一等人从最高层的甲板上，把吃剩的面包牛肉投到下面的甲板上，让那些第四等人像狗一样去争夺的时候，第一等人是笑了，拍手了，第二等人也附和着笑了，拍手了，而且也皱起眉毛喊着：Damned！Damned！[①]

这样的例子，自然并不很新鲜，一二十年前，我们就到处可以看到这种情形。但是有一点却的确是不同了，就是从前大半是在洋船上，而现在在那些“义民”的口中，虽然仍然称作“洋船”，然而在那桅杆顶上飘荡着的，却确确实实是咱们中华民国的国旗了。

这点不同，大概也就是显示在上海这个都市上的所谓不

---

① 英语中骂人的粗话，意谓罚……入地狱。

同了；而上海这个都市或许也可以说就是船上那个几百人社会的一节缩影的扩大罢，然而它酌内容却无疑是显得更复杂更诡秘了。

（原载 1946 年《文萃》第 1 卷第 46 期）

惫赖种种

阿Q讳言“癞”，因而连“灯”“亮”“光”都讳避起来，这确实可笑，而且近乎惫赖了。不过，无论如何，阿Q究竟还觉得“癞”是种丑陋、可羞的东西，因而才想避讳。“羞恶之心，人皆有之”，阿Q大概也还不曾跳出这个圈子。这比起那种把自己的无名肿毒夸耀为艳若桃李、柔若什么的人，脸皮究竟要嫩得多了。

但即使把无名肿毒夸耀为艳若桃李的人，至少也还不否认无名肿毒的存在；例如说中国就是臭虫小脚好，首先也就肯定了臭虫小脚的事实。所以我以为像辜鸿铭之流，虽然顽固得可怕，倒也不失为干脆痛快。但是另一种人，那就惫赖得可怕。他自己长了癞子，死不肯承认，却硬要派别人是癞子，而且还在别人前面洋洋洒洒批评癞子的害处。要是竟有个人，不识时务地去指出他说：“你老兄的尊头，也未免……”那不消说他就会咆哮如雷地切断你说，“那就是你们不好，因为你是个癞子！”

对于这样的人，你是无可奈何的。

崇祯帝下罪己诏一事，郭沫若先生曾斥其为企图欺骗人民以挽救其没落命运的一种卑劣手段，这诚然是精辟的立论，但是比起在柏林城破的前夕，还躲在地窖的播音台前面，榨着假嗓子叫“最后胜利必属纳粹”的希特勒来，其惫赖程度，确实又远不如后者，因此，两个人在死法上也就显出若干不同。以发掩面吊死煤山的崇祯帝，不管怎样，多少还有点负责态度，可是希特勒那种“自杀”，就神秘莫测，永远是个怪谜了。而在这里也就教我们看出，所谓末世枭雄的“英雄相”和亡国昏君的“可怜相”，其相去也不过如是而已。

希特勒之自杀大概是因为只有这么一条绝路了，要是还有第二条路可走的话，我们可以相信，一定更有好戏可看的，这只消看一看二流希特勒的弗朗哥就可知道，此公现在不是在高唱“民主和平”吗？而且在他的“民主和平”之下不是把更多的西班牙人民投到马德里监狱里面去了吗？

这诚然是可怕的，然而也还不止这个，因为事实上正有人在准备承认他的这种“民主和平”，而且已经实际地在支持和援助着他了。

对于这样的惫赖者，你又有什么办法呢？

（原载1946年《文萃》第1卷第48期）

作为一个读者的备忘录

病中，“中艺”的苏惠先生送了一本《棠棣之花》来，要我为这剧本的演出写几句。这个嘱托，是必须应承的。但是一则在生病，再则时间过于匆促了，只能把剧本泛泛地重读一遍，将感到的一两点小意见，信手写出来，这意见在我并不成熟，只是作为一个读者的备忘录罢，并在这里敬祝“中艺”演出的成功。

《棠棣之花》的剧本，即是收在《女神》里的第二幕（现在的第一幕）和发表在《创造》创刊号上的第三幕（现在的第二幕）。我早在十多年前就读过了。后来收在《三个叛逆的女性》里以《聂嫈》题名的，即现在之第四、五幕，也在十多年前读了。成为这五幕剧定本的，则直到这次才读到。这个剧本的创作过程，竟和中国新文艺运动的历史，也是和郭沫若先生的创作生涯，几乎占了同样悠长的时间，这一点颇引起我的兴趣。

二十多年前，读那一、二幕的时候，我还是一个中学生，那印象现在还有点记得。尤其是《别母已三年》那首歌词，非常为我所爱好，那时正在“五四”以后，个性的解放和反抗中庸主义的精神，在青年中间颇为泛滥，所以像聂政聂嫈那种猛烈、鲜明的性格，便自然为青年们所热烈欢迎。而这类性格的创造，对于当时青年的精神生活确实起了很大的鼓励和提高的作用。那时，郭沫若先生和创造社正在提倡文学上浪漫主义的思潮。像《棠棣之花》、《女神》这类作品，显然是属于这一类的。这个运动的主旨，在于提高人的独立精神生活，歌颂叛逆的战斗精神，打破平庸沉闷的知识分子生活和中庸主义的传统，这在当时确是很适应于客观的要求。因为在和几千年来的封建文化作初期的革命斗争中间，如果没有那样一种一往无前的突击搏斗精神，没有那样一种热烈激情的鼓励和召唤，是不容易冲破那奴隶主义意识和中庸主义的传统的；而另一方面，也可以说，这是反映了刚从封建主义文化的麻醉中间觉醒过来的知识分子的一种应有的精神状态。在中国新文艺史上，创造社初期所发生的那种强大的作用，无论如何是应该肯定的。这和同时已经产生于中国新文艺上，而以鲁迅先生为首的现实主义，在今天看来，实在并不相悖。虽然后者是更深沉地从血淋淋的残酷现实中间，剖解了中国的历史，揭示了民族的病根，而从这中间唤起了我们对敌人的憎恶和反抗，并且指出了我们战斗的方向。但是，两者都可以说是环绕着一个共同的中心任务而战斗着，即是反帝与反封建的民主主义革命的任务。所以到了后来，两个主流能自然汇合。当创造社发表了那篇革命文学论以后，事实上已经采取了革命的现实主义的道路，在几经冲激之后，便和后者结合成为一九二八以后那样一股坚强的文学巨流。促成这种合流的，自然应是中国民主革命客观形势的发展和要求，以及新文艺运动本身与人民大众的坚定结合。

我为什么要扯到浪漫主义和现实主义的关系问题上面去

呢？这就是因为从《棠棣之花》这个剧本的创作过程上，很可以供给我们一些了解这个趋势的发展，和它们之间的关系的材料。浪漫主义与现实主义，照一般文学史家的看法，往往认为是对立的；浪漫主义否定了古典主义，现实主义又否定了浪漫主义。但是也有人以为浪漫主义是应该包含在现实主义的范围里的。因为浪漫主义所揭示的对传统的反抗精神和对于未来的追求，如果是从历史和人物的必然要求中产生出来的，那么它也一定是现实的时代精神或国民精神的一种反映。例如拜伦、雪莱、雨果、显克微支、裴多斐这样一些浪漫主义时代的大师，他们的作品中间，何尝不是都表现了强烈的现实主义精神和反映了历史与人民的战斗要求，而使我们从他们的作品中间，亲切地感到了历史的脉搏和提高了我们自己的战斗精神？我很赞同这么一种说法。自然，这倒不是说，两者就是同一体。在今天，我们所谓革命的现实主义，也还是要求着浪漫主义的那种强烈的主观精神和战斗人格。但是我们必须是从社会的战斗实践中间，从广大的人民贫困生活中间，去发掘和发展这种精神和性格，我们所要求的不是那种超群众超社会的英雄主义，而却是人民的英雄主义。我们所要创造的，也即是这种现实的人民英雄的典型。

在中国新文艺史上，浪漫主义和现实主义这种关系，却显示得更清楚。因为它们几乎是同一时候出现的。这就规定了它们具有同样的历史内容——民主主义的革命的内容。只要不脱离这个内容，那么虽然是浪漫主义，它就不能不含有它的现实性。例如郭沫若先生当时所写下的《凤凰涅槃》、《湘累》以及后来的《三个叛逆的女性》诸篇，哪一篇不是反映着当时激烈的思想斗争的形态和表现了人民为民主与科学的战斗要求？正因为这样，随着历史的发展，文艺与人民更加结合，创造社诸子初期所领导的文学运动，就必然发展为后期的革命文学运动。一九二八年创造社所提出新的口号，与其说是创造社对于其过去的否定，倒不如说是由于人民文学运动内容的发展，促使他们更跨进一步，和进步的科学思想密切结合，汇成今天革命的现实主义的主流。

以《棠棣之花》来说，当郭先生最初计划写这个剧本的时候，他恐怕主要还是被聂政兄妹那种英雄性格所感动，想以那样的人生来鼓励我们和针砭当时萎靡无生气的国民精神生活。他说，“那时候我还在日本留学……读过了些希腊悲剧和莎士比亚、歌德等的剧作，不消说是在他们的影响之下，想写作史剧或诗剧的尝试。”而从他最初的十幕计划中间看，很明显看得出重心是放在聂政兄妹性格和那传奇性的侠义故事上。所以当时这个剧本浪漫主义的情味确实很强，一般——或许郭先生自己——都是把它当做浪漫主义的作品来看待。但是后来，尤其是最后写定本的时候，作者显然是作为一个现实主义的历史剧来处理了。在三、四、五幕中间，和对第一、二幕的增删中，作者不仅加强了群众的作用，使这个剧的社会意义更加突出，而且把这个斗争的政治性也更衬托得明白些。作者指出了这剧本的“政治气氛，是以主张集合、反对分裂为主题”，这主题我想多半是后来更把它加强的。关于四、五两幕的写作，作者自述是受了五卅惨案中目击“一些英国巡捕和印度巡捕飞扬跋扈，弹压行人的暴状”而触发起创作欲的。这显然可以看到作者的思想情感和初写一、二幕时已经是更复杂而更富于现实性了。作者说“由‘墓地’到‘十字街头’是我的目的，‘依恋之情’正是‘想依考古，史实，情理，结构等等’把它斩断的。”这句话，很可以明白作者的心境和显示出这种发展的痕迹，作者是怎样从所谓“依恋之情”的“诗意”中摆脱开来，走向战斗的世界。

所以我们今天来问这剧本究竟是浪漫主义的还是现实主义的，已经是个毫无意义的问题。从初稿到定本的创作过程中间，我们显然可以看出，始终贯穿着它的一条红线，那就是作者站在人民的正义立场向暴虐的统治者战斗的思想，也就是说作为“五四”以来一贯的民主主义思想。而这个思想是在实践中间在不断地发展着的。所谓文艺思潮的问题，我想也只有从这整个文艺运动的内容发展过程上去获得解释罢。

因为这样，我们对于这个剧本的导演、表演或欣赏时，就更不能不去把握作者这种长期创作过程中的苦心和屡次删改的用意。例如对于聂政和聂嫈那种勇敢、纯洁、崇高的精神，那种正义的热情，自然应该为我们所赞扬和被激励。但我们不能不认识聂政和聂嫈那种战斗方法，实在是个失败的悲剧。聂政为什么不从群众斗争的道路上去推翻韩侯和侠累的暴虐统治，而企图以匹夫之勇去挽救危局呢？聂嫈为什么不像高尔基《母亲》中的母亲那样，去为她弟弟的遗志而奋斗，而只是以自己殉身去表扬他的弟弟呢？结果统治者依然继续他血腥的统治，而韩国仍然不免被秦国所并吞。这是历史的错误，也是历史的悲剧！作者自然没法来改变这历史的故事，但他已经苦心地为我们指出这个错误。他使聂政兄妹的死给予了人民群众一个残酷的教训，而最后使市民和士兵团结起来，把他们抬上山去。在“把主人翁们唤起，快快团结一致，高举起解放的大旗”的歌声中落下这悲剧的幕。这并非为了使聂氏兄妹增光，主要是给我们后来的人指示一条正确的路。作者赞扬了这些英雄，同时也批判了这些英雄。

此时此地，这个历史剧的演出，是具有更实际的意义的。这就要求我们对于作者给予这个戏剧的主题和给予我们的历史教训，把握得更紧些，否则只是把它作为英雄美人的罗曼故事，那就太对不起作者了。

（原载 1946 年 10 月 7 日汉口《大刚报》）

无须反顾

应编者之约，要写一篇纪念鲁迅先生逝世十周年的文章，便找了一些鲁迅先生的遗著来重读，意思是想从这巨人一生战斗业绩的回忆中间去写出一些什么，但是忽然读到了一句：

——但无须反顾，因为前面还有道路在。

我矍然一惊。掩卷而起，而那字句似乎已经从书卷中跃出，化为声音，在我耳朵里嗡地响开来。

我们这样人，大抵总不能完全摆脱书卷气。一逢纪念，便会想到回溯过去，展视将来，很少去把住现在。其实只要睁眼看一看我们今天所生存的时代，看一看这充满火药与血腥气味的世界，和在这世界正在进行着的血肉战斗，我们立刻就会悟到，今天对鲁迅先生所举行的纪念，它本身实际上也是一种迎击敌人的现实战斗。这战斗将团结起广大的群众，在目前正在进行的历史斗争中间增强它一分火力，而在这样的纪念中间，如果不是从它的战斗实践意义出发，光是拿些“巨人”、“先知”、“圣哲”、“战士”等光荣名词往先生身上堆去，或光是用些悲痛的哀悼，生平的回忆或考证之类，去献荐于先生，我想，这将为“我以我血荐轩辕”的鲁迅先生所怫然不受的。

以战斗纪念逝者，这话今天本来也早成滥调，然而对于鲁迅先生，我们实在不能不特别感觉这话的重量。因为鲁迅先生正是中国历史斗争中间一个继往开来的人。在他一生战斗中间，他比谁都更洞悉这具有深厚封建传统的民族历史内容，因而他也比谁更明白这传统力量的残暴与卑劣；他知道，一个历史上未曾有过的第三样时代将出现于中国，而以创造这个时代的使命，赋予中国的青年。然而同时，他也比谁都更清楚地预见到这斗争的残酷与艰烈。“无须反顾，因为前面还有道路在”这个决绝的声音，直到今天，我们才能真正体会出他当时对于未来战斗的惨酷所预感的沉痛和愤怒心境。现在这条道路不仅已经存在于我们前面，而且已经在这道路上漂流下大量的鲜血。二十年来中国人民所经历的史无先例的惨烈战斗，尤其是八年抗日战争的大流血之后，今天人民还不得不继续流血下去这个事实，使我们已经抛去了一切虚伪天真的幻想，深切地感觉到传统压力的沉重，而同时也说明历史已经进入到决定性的清算大斗争中间。然而这还不过是开始，我们还要遭受更百倍的惨酷与艰烈，赢得这战斗的胜利的代价，将是更多的人民战士一点一滴鲜血的汇积。这是一种深沉的韧战，脚踏实地、一刀一枪的战斗，这绝不容再以轻佻的心境去接近它，更不容我们仅仅以文字或言语的炫弄去欺骗人家和欺骗自己。

五年到十年中间，中国人民还要经历更大的苦难，这更大的苦难也将产生出更大的力量；而在这中间，我们每个人都将遭受到历史的考验。这考验是残酷而无情的——或是从这战斗路上被抛掷出去，或是更顽强的站立起来，一切均将决定于我们自己。前面的道路固然在，然而是需要我们脚踏实地的、一步一步去走出来。历史不是现成的康庄大道，没有那种正视前面的勇气，没有那种有进无退的决心，尤其是坚忍不拔的韧性，是不容易走完这条道路。鲁迅先生叫我们无须反顾，也就是这个意思。近年来知识分子的趋向，很分明地昭示我们，除了前进和后退以外，中间已没有别的途径。一切虚伪的假借，一切幻想的中立，均将被残酷的现实斗争所粉碎。历史是进到了这样一个决绝的阶段，它在等待着每个人用真实的态度去回答。

我们今天是站在这样一个严重的历史时期的前面，也就是站在这个历史无情的考验前面，我们将不是有所怖栗吗？

但是我们已经分明听到那巨人一个坚决的声音在回答我们了：

——无须反顾，因为前面还有道路在！

我们确实只有拿这样决绝的心境，才能来迎接这个隆重的纪念日，和迎接这样一个空前严重的历史时期。这个纪念日适逢在这个时候，固然足以增加我们无限的悲愤，然而另一方面也不正是给我们一种有力的激励和鞭挞？想一想十年前，当民族危机达到最严重的一刻，这巨星的殒落所激起的巨大反响，那末就应该明白今天这个纪念所应具的重大意义。这是一个战斗，而这个战斗就首先要求我们以最真实的战斗态度去迎接它。

（原载1946年10月19日汉口《大刚报》）

初冬杂笔

一

近来，在美国某些杂志报纸上，很流行这样一种对中国的论调，例如说，“封建主义不能击败共产主义，要使中国能得到安定与和平，只有实行一种民主制度和合理的改革”。

这种论调，据说很为人中听。而中国人中间，似乎也有些人觉得它颇为公道，因为既然是主张民主，就该是好的，所以像司徒大使在双十节发表一篇演讲以后，立刻就有一些教授们嗡然响应起来。

但对于这样一种民主论调的逻辑，实在不能不叫人感到迷糊，因为它的出发点，首先就在于“封建主义不能击败共产主义”，所以似乎不能不有所代之，以求得统治者的“安定与和平”。又如说“政府只有实行这样的合理改革，才能战胜共党”。一个“击败”，一个“战胜”，就分明流露了参谋家的口吻，而这中间自然还显露了为自己的打算。这种打算也许是更主要的，因为我们很明白可以看出，美国对于中国某种意义上的“和平与安定”，确实是比中国统治者更着急的。

然而这种参谋家的打算，从任何一方面说来，都不免扑了空。首先，今天在中国就并没有所谓“共产主义”的存在，虽然共产党的力量确实是很强大的。今天，在中国所进行的，只有一种人民反对独裁，要求其自身解放的民主斗争。如果所要“击败”的，竟是这种斗争，则首先它就和整个人民对立起来，运用它去击败这种民主运动的所谓“民主制度”和“合理改革”究竟将是一种怎样的东西，而且是寄托于怎样的基础上面呢？把封建主义穿上一件民主外衣固然未尝不可以，但是这将仍然改变不了它失败的命运。如果说，这是像什么改良主义之类，那么改良主义的基础又将在哪里？中国人民的欲求确实是很低，真正能给他们一些合理的改革，对他们也未尝不好。但是中国人民却清楚知道，这种改革决不能是“恩赐”。这种“恩赐”，中国人民领教得够了，地租改革也好，财政改革也好，教育改革也好，越改革就越糟糕，越倒霉。现在据说又要实行土地改革了，那末不久以后立刻将给予我们证明，这种改革将是怎样一种的结果。而且在这种“合理改革”和“民主制度”的后面，还要拖着许多美国的大炮和大兵，则简直是“恩威并施”，中国人民纵然愚蠢，对于这样“恩威并施”的“民主”与“改革”，实在是无法接受的。

但是对于统治者，这样的好心方案，也同样将感觉头痛，因为只有他自己才深深明白，它的腐朽和脆弱是到了怎样的程度。一间已经无法修葺的房屋，不去动它还好，要想改动一下，只有更加速它的崩塌。腐烂的果子放到阳光底下来，也许会腐烂得更快的。从前西太后是很懂得这个道理，所以决不让光绪帝去实行新政，即使明知自己迟早要失败，也不惜把政权“宁赠友邦，勿予家奴”。这就是中国统治者的传统秘诀，所以，民主之类只能做做幌子，决不能半分兑现。半个民主固不可能，但即使半个民主，也仍然会使他们感到威胁。这就是为什么像摊贩之类事件，也只有“格杀勿论”，绝无通融。在中国，就只有这么两条路：不是彻底独裁控制便是彻底的民主改革。要想在现成的基础上做点婆婆妈妈的改革，将既不为人民所接受，也不是统治者所能支持。

这就是特使和大使们所苦心焦虑的问题了，因为他们分明感到，前一条路将招来可悲的失败，后一条路又怕会淹没了自己。于是一面是舌敝唇焦的奔波调处，一面又是大炮物资的源源输送。这中间是有着绝大的矛盾的苦闷，而为什么要这样苦闷呢，拆穿西洋镜说一句，就是高尔基所说的，要想在中国“制造一把适合于他们自己屁股的椅子”罢了。

这样一把适合于自己屁股的椅子是很难造成的，除非是首先把一切大炮物资和军队，从中国撤回去，让中国人民和世界人民在国际的民主主义的光辉下，建立起一个真正的“和平与安定”的崭新环境。

二

司徒大使从南京急巴巴地赶到上海来，召集了一个记者招待会。据说，若干中国报纸对于中美商约的看法，都是一种“误会”。

半殖民地国家的人民和殖民国家之间，常常会发生一些“误会”，这倒是真的。在我们的外交档案中间，就有不少这样的记载。这种“误会”大抵可分作两种：一种是属于天真的，洋大人给了我们一些什么，我们就立刻看得了不起，于是便做起美丽的幻梦来。例如马特使司徒大使初莅任的时候那些漂亮的表现，确实是曾经引起过中国人许多过分乐观的“误会”，以为只要是“马首是瞻”便一定会“马到成功”。这种把人家看得比自己更美丽一点的地方，倒是中国人厚道之处，然而事实的结果却又往往剥掉了这一些幻想。甜蜜蜜的糖衣里面，就未必是甜蜜蜜的馅心。“误会”当真是“误会”了，于是人们不得不多疑起来。鲁迅先生说过，“外交家是多疑的，我却觉得中国人大抵是多疑，如果跑到乡下去，向农民问路，问他的姓名，问收成，他总不大肯说老实话。将对手当蜘蛛精看是未必的，但好像他总在以为会给他什么祸祟。”而事实上，他们却是常常遭遇了这样的祸祟。所以即使说他们“疑”也并不是“多”，连鲁迅先生自己也说，“因了一年的经验，我也就比农民更怀疑了”。

而当事实消除了天真的误会，人们不得不相信他们所怀疑的时候，也就可以听到另一种所谓“误会”，这大概就是像司徒大使所说的了。

这样的“误会”字样，常常出现在我们外交事件中间。例如卢沟桥事件的后一天，中日双方都派人出来，声明这是一种“误会”。八一三上海虹口机场事件也是如此。连最近那些美国兵打死人的事件，大抵也会用“误会”二字，一笔了案。当“误会”成为一种外交辞令时，老百姓自然连“误会”这两个字的意义也不得不误会了，即是说：“误会”者即“并不误会”也；而且促使他们去这样看法的，多半还因为当“误会”两个字一出现时，不幸的事实大抵已经是存在的了。

对于中美商约，我确实没有一条一条去研究过，许多中国人大概也没有，但是一些简单的事实，总还懂得的。例如中国决不会有人到美国去开矿办厂，中国也不会有大洋船到美国大河里去航行，这是可以相信的。那末对于那些“互惠”“平等”的字样，实在也就不能不像乡下人似的有点发毛，“总以为会给他什么祸祟”，虽然这说起来是由于自己不争气，但是惹点祸祟在自己身上，总不大愿意，而何况即使没有这些条文，这祸祟已经惹来了，当这个商约签订以前，美国商船不是早已冲进扬子江，而陈纳德的飞机不早已在中国的领空满天飞吗？

这些事实不能去除，这“误会”大概总一直要误会下去的，而负这个责任的，则并不是“中国的若干报纸”或人民，而该是司徒大使和他的政府。

三

这一年来所发生的若干事实，例如李、闻的被刺，林汉达教授的被迫出走，朱学范先生的遭受狙击，等等，都看出统治者对于中间者的压力是愈来愈烈了。

这一方面是显示了统治者的恐惧，他分明感到自己已经失去了对于中间层的控制力，但另一方面，他却仍然觉得中间者是比较脆弱的一面。因此，根据进攻应选取脆弱方面这个法则，便不惜把一切卑鄙无耻的欺骗、恫吓以至于暗杀、狙击等手段，特别加诸中间者的身上，而且以为这是孤立和分化革命力量的一种聪明方法。

但是，这一年来事实所显示于我们的，则所谓孤立或被分化了的并不是革命或民主的力量，而恰恰是企图孤立或分化民主力量者自己。这种卑劣的迫害，只是使中间者的地位愈来愈窄，逼得他们势非和人民大众更紧密地结合起来不可，逼得他们非更坚强起来不可。例如朱学范先生最近声明中那种坚决的态度，那是数年前我们简直难以相信的，但现在却成为极自然的事情，这使我们亲切地感觉到历史力量的强大。而尤其重要的，是每一次对于中间者某一个人打击的结果，总是引起了极广泛的中间层群众急剧的“左”倾，这种情形的发展是非常可惊的，即如李、闻惨死那种无可挽回的损失，也终于将由因他们之死而激起的广大群众新生力量而取得补偿。这却是统治者所未曾估计到，因此他们就不得不更加恐惧，也就不得不对中间者更性急也更残暴地来进行他们的压迫了。

自然，在这种压力之下，也自然会有些中间者，因为禁不起考验而终于屈服的，例如最近第三方面的分裂和民社党的分化便是这样。这种现象其实并不特殊，因为中间层本来就是很广泛和复杂，一种淘汰的过程是必然会有的。但这仍然不是说，革命或民主力量被分化或孤立了，而相反的，孤立或被分化了的，却依旧是属于另一面。因为，当这些中间者一经屈服之后，他的战友和群众立即就抛弃了他。而且不但是抛弃，还由于那种可耻的屈服使他们更经受一次强烈的刺激，消解了他们原来或有的幻想，而使他们不能不更分明有所抉择，不能不更分明显示他们坚决的态度。在这次民社党事件中间，就明白地表现出这样的反应。那末，这不很显然可以看出，所谓孤立或分化了的，只是被他们的群众所抛弃了的几个空头政客，而原来在他们影响之下的社会群众以及他们的战友则迫得不能不在民主战线之下更坚定地团结起来。这样的结果，必然地将使原来的民主战线更加坚强、集中，也更加广泛了。

因此，我们可以看到，这种对于中间者的压迫，无论是出之于欺骗或迫害的手段，无论其所得的效果是正或负，结果都同样是把群众驱迫向革命的方面。而群众，在这个时代斗争中间，恰是一个最主要的决定因素。个人离开了他们的群众，便就丧失了他政治的价值和作用，也就根本丧失了他中间者的地位，纵然还要扭捏作态，却已经注定是个可怜的附庸了。

这对于中间者诚然是残酷的考验，但也就说明，历史的斗争已经到了人民与非人民的两条战线黑白分明的阶段，中间或超然的地位将终于不能存在；而在这中间要能抵得住那种横暴的压力，首先就要求自己能更坚强，能和人民大众更紧密地结合，因为对方所找求的无非是你脆弱的一面，如果克服了这种脆弱性，则任何卑鄙或横暴的压力，也就无所施其技了。

（原载 1946 年 12 月《评论报》第 5 号）

一个信号

昨天（十一月卅日）和今天在上海所发生的摊贩事件，把这个拥有四百万人口，全国最繁华的都市整个地搅翻了。

繁盛的街口变成了警察与人民血战的前哨，流弹在头上嘘嘘横飞，红色警车和坦克车从人堆里呼啸驰过；木棍，刺刀向人群中横刺直撞；自来水狂喷，石子、柴爿，作为原始武器在向美式火器回答；人群呼喊，鲜血喷溅，机关枪在街角狞笑；交通停顿了，商店、戏院、娱乐场停业了，大百货公司被捣毁了，一个灵活有如机器的现代化都市机构突然地麻痺了；每一条街上充满了恐怖、愤怒、紧张和疯狂，无组织的群众在街上狂奔；一张充血的饥饿脸孔从人们眼前闪过，拉着嘶哑的喉咙叫喊：

"帮帮穷人的忙啊！"

想一想吧，这是怎样的一种景象！想一想吧，这是东方第一大城市，中国官僚资本和西洋金融资本的集中地，被称为管理最完善，警管区制最有成绩的都会——上海市哪！

市长宣布说，这三千名摊贩，是占全市人口极少数的一个问题。是啊，这是极少数的三千人的问题，然而这极少数的人所激起的风波，却把这四百万人口的豪华都市，像狂风暴雨般震撼了。

疯狂像怒火一样在蔓延，难以遏止的疯狂呵！

难道像摊贩们所遭受的命运，不是大多数中国人民所早已习受的命运吗？禁闭、饿饭、失业，难道不是上海市民所日常遭遇的生活吗？三千个人不确实是个极小的数目吗？但何以这一次就像火药一样的突然爆发起来呢？这难道仅仅是一个摊贩营业的问题吗？仅仅是那样一个单纯的问题吗？不！这是郁积的愤怒的爆发啊，是穷年累月得不到生存自由权利的人们被迫到末路而突然激发起来的自发反抗呵！一个电车工人回答得最好："什么事？吃饭哪！"这实在是句最朴素而真实的人民诗句，也是对于民主斗争一个最有力的诠释。一年来累积的现实教训，人民现在是以这样突发的行动来回答了；然而这回答却是那样的天真、原始和无组织的。他们也许要遭受悲惨的失败，然而无论如何，我们应该记住，这才不过是个开始呵。

在这次骚动中间，我们可以看到一种非常可惊的现象，就是这一种郁积的感情迅速地传染。当一张紧张的脸孔出现于街头，立刻四周的人的眼睛都骤然地亮了起来，那仿佛一种极其猛烈的传染病，那样普遍地在人群中间传播，几乎并不需要言语，凭着脸色，凭着眼神，凭着呼吸，人们立刻就会像火柴碰触煤气似的，理会到彼此的感情与感觉，激起了彼此的同情与共愤。这就是文艺家们所谓同命运，共呼吸，血脉相通，生死相共，这难道是机关枪，自来水，木棍，刺刀等等所能奏效吗？当一根导火线燃着了，它的后果是可怖的。现在的情形显然不只是摊贩的问题，各式各样被迫辱被损害的人们，都卷入到这大风暴里来了。“帮帮穷人的忙啊!”这声音四处在传散,每一个要求生存自由权利的人,不管是老太婆或是小孩子,都立刻会真实地理解到这句话的意义和力量。

自然,一切诬蔑、造谣、中伤,又将像雨电一样地落到那些苦难者身上。“暴徒”、“反动分子”、“异党利用”这一类罪名无疑又将搬运出来。一些御用的文人、记者们,无疑又将用他们墨写的谎话来掩抹血痕。然而这一切都将是最愚蠢的行为,连一个报贩都预料到将有这一套。为什么人民被迫得走投无路的反抗,一定就是“反动分子”所唆使呢?为什么人民的血痕必须用墨迹来掩抹呢?这难道不是最现实的教训吗?成千的所谓“国民代表”在首都兴高采烈地开着大会,而就在离开首都三百余里的上海,几百万人民正遭受机枪、刺刀、流弹、木棍的恐怖命运,这难道不是最强烈的一个对照吗?

暴风雨也许很快就会过去,然而谁能想一想,这暴风雨所撒下的种子,将是什么啊!

这是一个信号,一个可怕而危险的历史信号呵!让我们回想一下历史上那些曾经演过的故事罢,难道我们还不够明白这一次骚动所包含的意义吗?

十二月一日写于警车狂啸声中

(原载1946年《文萃》第2卷第10期)

“文明的果实”

一

今年一月间，沈案在北平美军法庭开审时，沈崇的校长兼监护人胡适博士，亲自跑去旁听。等到法庭宣判罪案成立，胡适博士连忙站起来，和他的友人们握手庆祝，说：“法律的精神胜利了！”

这回，案子忽然翻了，美国海军高级法官复判了皮尔逊无罪，胡适博士又连忙向上海的新闻记者声明说：“这是美国的司法精神！”

据天津《大公报》十月二十七日上海电：“胡氏对该案经美国海军高级法庭复判无罪一事，他认为美国法律看重证据。一个人没有成立犯罪证据以前，认为是无罪的。这是美国的司法精神。这案子很复杂，还牵涉到法律观点的问题。在该案没有新证据发现前，不能再控告皮尔逊。美国法庭否决华北美军法庭的原判，并不新奇……”。

确实，在胡适一些人看来，这样复判是“并不新奇”的。早在沈案发生的时候，胡适博士就大呼过“这是法律问题”了，而何思源之流则甚至咬牙切齿，断定沈崇就是娼妓。洋爸爸放屁，虽臭亦香，这原是中国官场的通例；所不同的，是胡博士居然还在自己学生与被监护人给平白地强奸之后，引经据典，来阐述一通法律学理，以证明这样复判之并不新奇。这却是何思源之流所不及，而“学者”之所以可贵，大概也就在此了。

但在“学者”自己，这也并不算新奇，人权服从于法律，本来就是胡适博士二十年来的一贯主张。为了这，记得鲁迅先生还给他写过一首诗：

人权王道两翻新，
为感君恩奏圣明，
虐政何妨援律例，
杀人如草不闻声。

而现在，则岂但是杀人，奸淫掳掠，都早在援用律例了。

二

美国的法律要“看重证据”，中国法律则根本无需证据。这自然又“并不新奇”。

例如，以前打死了学生，官方的解释理由曰：“碰上刺刀”，或“自行失足落水”。而现在则不同了，这回浙江大学打死了一个于子三，官方的声明就叫做：“畏罪自杀”。

“自杀”，果然就比“碰上”或“失足”明确得多，而“自杀”还可证明“畏罪”。不畏罪又何必自杀呢？可见罪有应得，即使死掉也并不冤枉。

但也许就为了“虐政何妨援律例”吧，于是要请地方法院来验尸。法医的判断说：“该尸体头部之刺创，应为利物所伤，核与初次侦勘所搜验认断为凶器之玻片，尚属相符”，结论便是“得认定并非他人所杀”。

但是漏洞也在这里了。据浙大教授会发表意见说：“顾训导长前往探视该生时，见其常戴之眼镜已卸除，送去之纸烟一包，据看守人员云，眼镜是玻璃，吸烟用火柴，皆所不许，则是防其自杀颇为周密，何以反致容其用长达五六寸之玻璃片自杀？”

对于这问题，官方的答复却颇为干脆，曰：“不知。”

从“不知”到“确系自杀”，到“畏罪”，而证明“其为共党分子无疑”，照胡适博士的说法，这大概就是“中国的司法精神”了。在这种“司法精神”下，死掉几个人，自然也决不会新奇的。

三

于子三的“畏罪自杀”是在南方，但北方也并不安宁，北大捕去了孟宪功等四人，于是学生又罢课了。

而且，这回是在皇皇“总动员令”颁布之后。

这就使胡适校长颇为头痛了，认为“这会增加我的困难”。于是就想往南京一溜。不巧给学生知道了，十一日晚间，东厂胡同胡公馆就发生一件请愿的事情。

据《观察》特约通讯说：

那时正停电，没有亮，学生们都默默地守在院子里。胡校长从黑暗中走来了。学生代表说明来意后，胡校长不快意地说："你们是来欢送我的吧。"听语气，就知道今晚的神气不同往昔。当时学生们曾坚持胡校长留校，胡校长说，这是侵犯了他的自由，生了一会气……（《观察》三卷九期）

可见胡校长倒确是一位"自由主义者"，这时候也还知道他的自由不可侵犯。这颇使我想起鲁迅先生在《热风》中所引用过《北史》里周静帝的一句话："吾贵为天子，不得自由。"不料胡博士贵为校长，也竟不得自由，这实在可叹，而且怪不得要"生了一会气"了。

虽然生了气，究竟也还是南下了。十月二十七日，胡校长在上海国际饭店里对新闻记者感慨地说：

目前学生要解决思想上的苦闷，唯有埋头研究学术，尽力报国——只有埋头研究学术，才对国家有裨益。

这回不但是"并不新奇"，而且实在是"太不新奇"了。二十年来，还是那么一句老话，看来博士的实验主义也究竟碰壁。但是青年是知道他们将怎样解决其苦闷的，因此，尽管"杀人如草不闻声"，他们还是在勇猛地大步前进。

写完了文章，找不到一个适当题目，忽然记起了今年六二

运动以后不久,《大公报》记者徐盈先生曾经写过一篇《一个中年人年青了》的大文,那文章里说:

> 一个中年人在年青人中慢慢年青起来了,胡校长的两周努力得到了收获,最后连蒋主席也赞美平津的“秩序”了。这是理智、容忍及谅解所造成的文明的果实。

这似乎颇为令人毛骨悚然的。那末就借他那个所谓“文明的果实”,摘过来,当做题目吧。

(原载 1947 年 12 月《野草丛刊》之六)

牛　与　鹅

前几天，看《热风·今日谈》，有篇《“牛”的教训》，大意是说，从牛眼里望出来，连小孩子也像四大金刚，因此吓得它不敢反抗，只有永远忍受，永远低头。

这倒使我想起家乡的另一传说，说鹅的瞳仁生的特别小，从鹅眼里望出来，人只有洋娃娃那么大小。所以鹅总是昂头阔步的，而且看见人还要追。

这似乎是颇为有趣的两种相反的视觉，但如果像“今日谈”作者那样要把它们譬喻到人身上时，则我以为这两种相反的视觉却往往又是相成的。凡是以牛眼去向上看统治者，把它看成庞然巨物而有觳觫之感的人，那么当他朝下去看人民时，又一定是以鹅眼把它们看成渺小如草芥，因而便昂头阔步起来了。二千年来，中国知识分子眼中，一向只有两种东西：一曰“龙主”，一曰“蚁民”。不知是哪位才子创造出来的名词，实在是形象之至。如果当真叫牛鹅来比，则后者又定将自愧弗如。

“龙主”之称，似乎早已修改过了，但“蚁民”则还照常通用。只有十年前，日本人打到屁股上来了，那时颇有点着慌，这才记起人民的力量来。于是一向是“蚁民”论者，都忽然嚷起"伟大的人民力量"来了。老百姓被"伟大"了八年,确也牺牲不少,可是现在抗战既已结束,似乎又该归还"蚁民"之列了。例如有位抗战期中在国外确曾宣传过一番"伟大的人民"的记者,战后回到祖国,就忽然感慨起来。他说:

> "乡下人总归是娃娃,这个娃娃甚至连哭也不会,有屎有尿,都还要读书人的报馆记者替他哭。五千年的华夏历史,用图画解释起来,一边总不外是架摇篮,篮里躺着一具又黄又瘦满身伤痕的可怜娃。"(《吾家有个夜哭郎》——萧乾作,十月二十一日《大公报》)

从"伟大的力量"一下子突然被贬为屙屎屙尿都不会的"可怜娃",这一跤跌得是颇为惨重的。三十年前,孙中山先生还不过把老百姓比作阿斗,却不料过了三十年,阿斗反而缩成了"夜哭郎",这真是越看越小了。因此,他的结论便是:"中国谈不上民主",中国还需要训政。"如果不是在朝的政党训人民,也还是读书人训乡下人。"还颇有点昂头阔步之慨了。但一转眼从牛眼里看到那庞然巨物,又不禁有觳觫之感,于是竟然幻想到"如果一朝天上飞下来一个真正的大独裁者,一到中国就张贴布告说,孩子不上学,杀头;往街上倒垃圾,杀头;任用亲故,杀头;同时又保护每人一年发两套衣裳、三石米、两间光线空气充足的屋子",那么,"从饿了五千年的娃娃看,他是宁愿要这个严厉而认真的独裁妈妈的"。

看来,又有点在神往于一九三二年的希特勒德意志了。

这样的结论，我以为连批评都是多余的。反正，真正伟大的已经伟大起来，而所谓“庞然”的，则已经是泥菩萨掉到水里了。而值得警觉的，倒是人们的一个视觉的问题。现在的人，大抵都以为自己是最客观、最超然、最正确的。仿佛真理之所在，唯客观与超然足以致之。但是我以为最要紧的事情，还不如先检查一下自己的眼睛，看看瞳仁上究竟有无毛病。

（原载 1947 年 12 月 7 日香港《华商报》）

谈“洋酸气”

朱自清先生在《世纪评论》第二卷第二十二期上，写了篇《谈书生的酸气》，把从古至今读书人的寒酸相，一古脑儿勾描出来，确实是一篇好文章。他最后归结说：“至于近代知识分子，让时代逼得不能读死书或死读书，因此也就不执著那些古书，……最重要的是他们看清楚了自己，自己是在人民之中，不能再自命不凡了……，早些时还不免带着感伤的气氛，自爱自怜，一把眼泪一把鼻涕的；这也算是酸气，虽然念诵的不是古书而是洋书。可是这几年时代逼得紧了，大家只有抹干了鼻涕与眼泪走上前去。这才真是‘洗尽书生气味酸’了。”

这一段话，我以为毕竟还说得过于忠厚些。

过去士大夫那种一唱三叹的土酸气，或是像苏东坡所说的“酸馅气”，现代知识分子身上确是不大有了，像孔乙己那种“多乎哉不多也”的神情，即使有也一定会成为笑柄。但是洗脱了土酸气，却换来了一身洋酸气。土洋有别，而酸气则一。所不同的，是过去士人的酸气，是对照着那些膏粱阶级而言，所以又称作“寒酸”、“穷酸”。而“一行作吏，此事遂废”，现在知识分子的洋酸气，则是从土包子的老百姓眼里看出来的。觉得你们这些穿长衫西装的先生们，讲话做文，总另有一功，实在难懂，却又并无奥妙，在老百姓看来，就不免有点酸溜溜的味儿。

一句平平淡淡的话，一定要三回四转才说出来。句子非长不可，术语非多不行。几乎不经过一番文法的图解，就找不出它主词在哪里；似乎非这样不足以显示其“渊博”。“天”一定要写作“苍穹”；“地”一定要写作“原野”，非这样不足以显其“雅丽”——这是洋酸气的一相。

放弃了古书，却执着洋书；捧着教条，背着公式，动不动三大定律，六大法则，仿佛身边挂着一串哲学大钥匙，无往而不开；否则便是“言必称希腊”，一开口就是荷马传统。但是问他米几钱买一斤，田多大算一亩，稻子和麦子是怎样分别，公牛和母牛有什么两样，则又有点茫然，——这又是洋酸气的一相。

“一把眼泪一把鼻涕”也许是前些时的事了，但是“淡淡的哀愁”、“轻微的叹息”要比眼泪鼻涕更文雅得多。我们的诗人还有在颓废主义中间求安慰，在伤感中间寻陶醉的。朱自清先生所讲，“假装可以酸鼻的呻吟，酸而不苦像是丑角扮戏”的情形，在今天未尝没有，——这又是洋酸气的一相。

丢开眼前的实仗不打，却怀着满腔“火样的战斗热情”，在追求什么崇高的生命，永恒的不朽，仿佛天地之间，有种玄秘的奥妙，只有艺术家才能独得，——这又是洋酸气的一相。

至于才子气、佳人相等等，更不在话下；装扮起来，实在也还是朱自清先生所说的“戏台上的文小生”。尽管自以为高而雅，但在老百姓眼里，总觉得酸态可掬。这种洋酸气的由来，也和土酸气一样，即是朱先生所说的“自命不凡”。知识分子最难打破的，也就是这一关。自以为知识丰富，所以必须与众不同。但你说他当真知识丰富吗？却又不然。正如毛泽东说的，他们只有书本上的知识，没有实践的知识，至多算得一个半知识分子。从前念古书，所以是土酸气；现在念洋书，便是洋酸气。不是知识太多害了他，而倒是因为他们只有半边知识。所以认真要做到“洗脱书生气味酸”，首先还得拜老百姓做老师，学会那一半知识才行。单单靠抹干眼泪鼻涕还是不够的。只有眼睛向下，扔掉空的架子，向群众学习，说话直白些，做事切实些，收起眼泪，丢开空想，对着眼前打实仗，这才有救；然而，也还颇不容易。否则，老是背着一身酸气，老是自命不凡，尽管口口声声人民大众，却是永世走不到他们中间去的。

（原载 1947 年 12 月 14 日香港《华商报》）

陶行知的对联

今天晚上，偶然翻到《生活教育通讯》第一期，从一篇文章里读到陶行知先生作的一副对联：

镰刀到处无荆棘
锄头底下有自由

我被这副对联深深地感动了。

如果这对联是在今天写的，也许只是感觉它写得好而已，因为这样的观念，今天许多人已经有了。但是在几年以前，把统一战线看成高于一切，阶级观念在人们头脑里已经有点模模糊糊的时候，陶先生却能够那样坚决、明确、干净、通俗，用十四个大字说出一个民主革命的基本大道理，这实在是非具有大认识、大胸襟、大气魄者不能做到。而陶先生之所以能够如此，不是由于他的才学过人，而是由于他在人民战斗中的笃践躬行，从实际斗争与生活中间所得到的真实认识。他这样的精神也可以从他另一副对联里看出来：

和马牛羊鸡犬豕做朋友

没有这样一种人生态度，这样一种实践精神，就不可能在那时就说出前面那样的话，这是一点也假不得的。陶先生实在是一个从人民中来的真实斗士，他的过早逝世，真是中国民主战线上一个大损失。

陶先生这两句话，自然并不是说，中国立刻要实行无产阶级革命，而是指出，中国民主主义革命的彻底胜利，非由工农阶级来领导不可，非以农民为主力不可。只有镰刀到处，才能彻底地斩断封建势力之荆棘；只有锄头底下，才能彻底挖掘地主阶级的老根；而这样才能争取到人民真正的自由。这十四个字中，是包括了革命领导权、农民土地改革，和彻底挖蒋根的道理，深刻、通俗，兼而有之了。

这样的话，如果不是出之于陶先生之口，而即使在今天，也许将仍然有人会感到“盛气凌人”罢，然而这却是真理，不是靠镰刀锄头为主的力量，这个革命是不能胜利的。对于陶先生在几年前所作下这样的预言，我想是再没有人敢讥之为“过火”，而倒是应该感到有所惭愧了。

而从这里，也使我联想到一个文化上的问题。陶先生能够用这样两句简单朴素的话，说出一个大道理，而我们用一篇洋洋大文，反而没有他说得干脆明白。这是什么道理呢？我想这仍然是一个思想的问题。真正把思想搞通了，他自然就有那种概括的能力，而且用最浅显的话表现出来。对联本来已经是落伍的形式了，但是在这里却又显得何等自然，而且分明是符合于农村劳动者一种朴素明了的美学观点。如果把这副对联今天挂到土改会的大门口去，我想一定会被农民群众所拍手欢迎的。

陶先生在这方面所常常表现的才能，我以为是由他过去在晓庄时候长期和农民一起的生活中得来的，而他在政治和文化思想上所达到的高度，也即是由于一个简单的道理——思想与实践的一致。

（原载 1948 年 1 月 11 日香港《华商报》）

一 种 偏 向

最近收到一位青年诗人寄来一本诗集，并附来一信说；

"……这诗集在目前的民主运动中，是否仍有它一点意义呢？假如说有，我却在一次朋友的闲话中，听见另一位朋友背着我的面说，'这些诗丢到茅厕里还不值得。'这就把我的疑惑更扩大了。"

这本诗集，我读了，觉得写得并不坏。作者感情是真挚的，而且是表现在革命战斗中间的生活和感受。我不认识作者，显然是个革命的知识分子。但是为什么有人竟要说"这些诗丢到茅厕还不值得"呢？据来信中说，大概是因为"这些诗不是用老百姓的口语写的，不够通俗"。因此，他提出疑问说，是否这样，"就连一点起码的意义也没有了呢？"

这使我感到，近来在克服文艺上的右倾思想斗争中，确实也出现了一些过左的偏向。在前些时关于高低问题和方言问题的论争中，我曾经有过这种感觉。这种偏向的根源，我以为仍是脱离实际，仅从概念和形式上去接受对右倾思想的批判。因此从过右又偏向到过左方面去了。

毫无疑义，我们的文艺是应该为工农兵服务的，应该是为工农兵所能接受和懂得的。我们之所以要提倡方言文学，也是从这普及的要求出发。这是今天文艺运动上一个基本方向。但这是否说，我们即不要为小资产阶级的文艺了呢？是否革命小资产阶级的文艺作品就要被全部否定了呢？而除了用为老百姓所能懂的口语方言写成的作品以外，其余一律都要丢到茅厕里去呢？这显然是错误的想法。

《在延安文艺座谈会上的讲话》中指出，我们的文艺，第一是为工农兵，第二才是为小资产阶级。关于小资产阶级，作者指出，“他们也是革命的同盟者，他们是能够长期和我们合作的。”所以问题是在不应把小资产阶级提到第一位，把工农兵降到第二位。但不是把小资产阶级踢开去。这特别是在大都市中间，小资产阶级读者有相当多的数量，我们还应当有为他们的文艺，通过文艺争取他们的进步，更走向工农大众。自然，为小资产阶级的文艺，也还是要求站在工农大众的观点与立场的。就是口语化的原则也是一样的，但是他们的生活内容有所不同，文化水平也有不同。我们注意到他们实际的需要，在普及基础上去提高。但决不是因为这个作品，老百姓一时还看不懂，就应该将它丢到茅厕里去。更不是放弃了这些读者群众，或是只许他们满足于“和群众同一水平的普及工作”。“比较高级的文学艺术，对于他们是完全必要的，忽视这一点是错误的。”毛泽东同志这样向我们指出过。

其次，对于革命小资产阶级作家的作品，即是说，还不是完全站在工农立场与观点的作品，也绝不容我们一笔抹杀。我们应该欢迎这些作品，但也应该有所批评，而这批评是为争取他们更进步。这类作品虽然不能像过去一样占第一位，但对于革命仍有它的进步作用，我们应该认识他们的作用。而且我们还应该承认一个事实，就是今天在蒋管区的文艺作品，包括所谓进步作家的作品在内，老实说，绝大多数都还是革命小资产阶级的作品。这固然有待于我们积极改造自己，建立批评，但如果要把这些作品全部抹杀了，甚至丢入茅厕，则首先就削弱了我们自己的力量，这对于文艺统一战线将是个不可饶恕的错误和损失。

口语化固然是革命文艺一个重要条件，但并不是绝对的条件，即是说，工农大众文艺是必须用老百姓口语写，但并不是用老百姓口语写的作品，就一定是工农大众的作品。这是一个很简单的逻辑。更主要是在文艺的内容。如果只拿语言一个条件来决定作品，这又是一个错误。

这是反右倾思想斗争中一种值得注意的过左偏向。但是我们也应该指出，今天文艺思想斗争上主要仍是反对右的倾向，而这种偏左的倾向，由于它是脱离实际和出发于概念，所以实质上也仍然是右倾的。

（原载 1948 年 2 月 12 日香港《华商报》）

谈 作 风

两周前那篇《一种倾向》发表以后，直接间接地听到一些反应，大致上是同意拙见的，而这些意见中间，却夹一些感慨。这使我想到，在我们文艺工作中间，实在还存在着一个作风的问题。

作为一个革命的文化或文艺工作者，无疑应该是采取实事求是的作风，这是革命领导者再三给我们指示了的。然而检查一下今天我们文艺运动上的风气，这种精神却是何等薄弱。很早以前，就听到一种对文坛上华而不实的风气的指摘，这种批评是值得我们深刻反省的。记得董必武同志曾经对武汉时代的文化运动下过八个字的评语："轰轰烈烈，空空洞洞"。我常为这句话感到警惕，事实上，我们往往遇到这样一种情形，即是工作的需要来得更迫切，不容许我们过于慎重周到，于是工作就不免粗糙草率，在某种环境下，这情形是难免的。因为慎重过头，或许反会放弃工作机会。但如果有人竟把这种草率养成一种习惯，久而久之，就仿佛觉得工作这样做就够了。于是凭着一点聪明，左右逢源，以为自己事事皆通，不再求深造，读书则不求甚解，做事则粗枝大叶；或则急功近利，逞强好胜，徒求表面，不切实际，宛如重庆街上的扎绑房屋，外观俨然洋楼，实则顶不住几番风雨，这就非常危险了。有人说，“作家成名，便不足畏”，这话固不免流于讥刺，而亦非事实，但却未始不值得警觉。一个人对学习或工作如果采取这种态度，固然不会产生好的作品，而在待人接物上，一定会趋于骄躁凌厉，自高自大。离开思想原则渐远，人事宗派纠纷必然乘之而兴。近年来国内海外批评论争上一些偏向，未始不是由于思想上的浮浅与作风上的华而不实而来。这些作风是对于群众不负责任的，又安能去领导群众，为群众服务呢？

这些作风，从思想的根源上说，大概是属个人的自由主义和个人的英雄主义。列宁曾指出，文艺工作，个人活动的东西要多一点。工作的成绩和荣誉，往往是属于个人的。因此文化和文艺工作者也最容易犯个人主义的毛病。关于这种个人主义的毛病，刘少奇在《论共产党员的修养》一书中论述得很详细，这虽然是本写给共产党员看的书，但是却也是批判一般小资产阶级缺点的一本最深刻而具体的书，对于文化或文艺工作是很有益处的书，例如关于个人英雄主义思想，作者这样的描写：

“有这种思想的人，他首先计较他个人……地位的高低。他好出风头，欢喜别人奉承他、抬举他，他有个人领袖的欲望，他逞能干，好包办，没有‘涵养’，有浓厚的虚荣心，不愿埋头苦干，不愿作技术工作。他骄傲，有了一点成功即盛气凌人，不可一世，压倒别人，不能平等的谦逊和气地待人。他自满，好为人师，好教训别人，指挥别人，总想爬在别人头上，而不受别人的指挥，不向别人尤其不向群众虚心学习，不接受别人的批评。……”

这不是一面很好的镜子，值得我们照一照么？对于这样的作风，这样的思想，如不能好好克服，所得到的结果，必然是失败。纵使似乎暂时获得个人“成功”，但在群众工作意义上，仍然是种失败；而且是所谓爬得愈高，跌得愈重。这是应引以为戒的。但是在另一方面，如果看到有这种作风，便深恶痛绝，或远远站开，洁身自好，看到一面，没有看到另一面，夸大了一点，抹煞了其他，这也是一种机械的绝对态度。对己无益，对人无助的洁癖主义，并不能帮助这种作风的克服。要克服这些倾向，建立健康作风，我以为应从积极方面想：一方面是要求每个人发扬自我批评和相互诚恳批评的风气，以群众的批评力量来督促自我反省，在解放区整风运动有成绩，就因有群众的舆论，有“知无不言，言无不尽，言者无罪，闻者足戒”的精神。另一方面便是发扬实事求是的作风，负责，严肃，知之为知之，不知为不知。从具体出发，从实际出发，勿好高骛远，戒粗枝大叶。大家都能躬行实践，自然会蔚然而成风气。

老实说，我们现在还没有真正受到群众的考验。但那样的日子很快就会来了。如果我们不能及时检查、纠正，在那时候，是很难站得稳的。

（原载 1948 年 2 月 25 日香港《华商报》）

“人格力量”小论

看了《丹娘》这部影片以后，觉得很感动，因此想到文艺上所谓人格力量的问题。

这部影片之所以感动人，无疑是由于丹娘那种坚贞不屈、视死如归的人格力量感召了我们。同样在许多进步艺术中间，使我们感动的，也往往是这种力量。那末所谓人格力量的追求，不正是对于一个革命者或革命艺术家的重要的问题么？这样说法，我想是没有问题的；但是我们却必须追问：这样一种革命人格力量，是从哪里取得的？从怎样一种条件下锻炼出来的？而同时它所完成的是什么？它对历史与社会的作用是什么？——换句话说，就是这种力量的物质基础是什么？必须从现实上认识这些问题，才不致把这种抽象名词神秘化起来。

《丹娘》这部影片，给我们明确地答复这些问题了。这部影片所描写的，不过是丹娘临危不屈的一个简短故事，但是创作者却要从她的诞生写起，写出她的家庭、学校，与少先、少共的种种生活。为什么呢？正是为了要说明她这种伟大的革命人格的现实基础。她的人格力量是建立在苏维埃集体主义的生活基础之上的，从她对于祖国和人民事业的真诚努力中间，对反法西斯战争的实践中间取得和锻炼出来的。她不是一个人的英雄，而是一个阶级的英雄、人民的英雄。在她平日生活中间我们并看不出她是怎样了不起的卓越人物，然而在实际斗争中间，她却显出了苏维埃人民最英勇的性格，这和一些平时叱咤风云，自命不凡，而一到实际斗争即露出怯弱的尾巴的“英雄”们，是有怎样的区别。当丹娘受着酷刑的时候，出现了这样几个回想的镜头：母亲对她的教育，老师对她的影响，她的入党，斯大林在群众大会的演讲等，这是普通的导演手法，却暗示了她这种坚贞不屈的力量的源泉；而丹娘死后，伟大的大反攻，人民胜利的场面，在她肖影下一样掠过。这说明了她这种人格力量，是从人民中来，也一定向人民中去。她的人格力量不仅给人们以感叹和崇敬，而且百倍地发动了人民复仇与奋斗的勇气。她的牺牲不是个人人格的完成，而是革命事业的向前推进。

自然，这不是说，在一定的客观条件下，每个人就一定取得了同样的人格力量。这是机械论的说法。在向群众和实际斗争结合过程中，各个人的主观程度有强弱之分，各自有不同的意识矛盾状态，这是决定于各个人的具体生活条件，而作为主观向客观结合的契机的，则是斗争的实践。正如一块好铁，不在炉砧上去锻炼，决不会变成精钢。一切人的主观力量决不能离开他的客观现实基础。如果抽去了这个基础，或是颠倒过来把个人的人格力量作为先决的条件，则所谓革命人格力量就将成为一种玄秘的东西。例如有位作家认为只要具有战斗的人格力量，就一定能做到同工农兵相结合。这就是颠倒的说法。这位作家还举了一个例子来说明：“有位朋友在急难之中，向甲乙二人借款，甲则变卖衣物，一定要到达他所需要的数目而后止，乙则慷慨解囊，分出若干以尽朋友之道，概括而论，二人都是'前进'，但检视二人当时的具体情绪与具体思维，则二人之人格力量与战斗力量也就差之毫厘、失之千里了，……谁能成诗人，谁不能成诗人，也就很清楚了。"

这样一个例子就把问题弄迷糊了。这里所说的，自然是指一种侠义的认真的人生态度，但这是否即可作为走向革命的唯一条件呢？显然是不能的。古代所谓游侠之士，或像《七侠五义》里的白玉堂之流，岂但能做到对朋友解衣推食，也许还可以路见不平拔刀相助，照那一位作家说，岂不也是一种人格力量？然而白玉堂却并没有成诗人，却当了皇帝的"御猫"。封建文艺中间往往强调这种"人格力量"，而且从这里去创造出关云长、黄天霸、白玉堂一类典型，然而这些典型在人民中所起的毒害作用是何等深广，不也就很清楚吗？人格力量是不能离开阶级基础的。工农革命中所锻炼的革命人格和反动阶级所谓人格是截然有别的。古来所谓忠臣义士，英雄豪杰，在他们又何尝不自以为有杀身成仁、舍生取义的人格，然而有的却做了主子的忠仆，有的也不过完成了个人的气节。把他们和丹娘相比，这里人格力量不就有天渊之别？

在文艺上，离开了具体物质基础，超阶级地去单独强调所谓主题人格力量，其结果往往反掩不了平庸，而自己倒先离开了现实。

（原载1948年3月12日香港《华商报》）

“五四”的历史意义

一、对于“五四”的种种曲解

“五四”离开现在已经二十九周年了。今天我们已经可以听到对于“五四”的各式各样的历史评价。这些中间，一部分是对于这伟大历史运动作着有意或无意的曲解。这些意见，有的来自“五四”战斗中的退却分子，有的则出之于“五四”的叛将降卒。前者或不过是由于其本身阶级意识的脆弱，企图以自己的主观去解释历史，或企图从这种主观解释中间，替自己找求一条思想的出路，而后者则可以说是有着一种恶毒的企图，为了阻碍今天革命运动的发展，不恤以自己的血手去涂抹过去亲身经过的历史。昔日“五四”的健将，今天是屠杀青年的著名刽子手，这种例子，比比皆是，而其残忍卑劣之程度，则是远越于当年曹、章、陆之上。他们既已毁弃其个人的历史，自然不惜以种种曲解来诬蔑伟大的“五四”传统。虽然历史决不会因为这些曲折和诬蔑而稍受影响，但是为了发扬“五四”的光荣传统，正确认识“五四”的历史意义，对于这些歪曲论调，澄清一下是必要的。

一种曾经在“学者”中间较为流行的见解，即是把“五四”认识为中国的文艺复兴。首持此说的即是胡适。一九三四年，胡适在美国芝加哥出版一本用英文写的《中国的文艺复兴》。这是一本无耻地卖弄自己的书。他在这书里指出五四运动的三种自觉精神，即一、“以有生命的语言去代替古文而创造新文学”；二、“反抗传统文化的礼教，从旧势力下解放出个人与妇女”；三、“以历史的新批判方法，去研究文化传统”。因而他就武断地肯定“五四”是和西洋文艺复兴同一意义的运动。在这里我们可以看出胡适的一种狡狯的企图，即凡是和他有关的事情，他都特别强调，作为自诩的手段（尤其他所谓“整理国故”的“功绩”），而和他无关的，然而却是“五四”自觉精神的最基本特点——人民大众反帝反封建斗争的自觉精神，他却根本抹煞了。一个自命为运用“历史新批判方法”者，竟不问一问一个历史运动的客观社会基础是什么？构成这运动的具体历史要求是什么？十四世纪资本主义萌芽期的南欧洲，和二十世纪半封建半殖民地的中国，在社会基础上有什么相同之处呢？欧洲新生资产阶级为发展其生产关系而提出的文化思想要求，和在帝国主义与封建势力长期奴役下中国人民的翻身要求，在本质上又有什么相同呢？最明显的，是十四到十六世纪欧洲所走的历史道路，和“五四”以后中国所走的历史道路，又有什么共同的地方呢？抹煞了一些基本的历史事实，把相隔五六百年的两个历史运动放在一个范畴里来认识，这算是什么科学方法？自然，胡适的意思，可以说是着重在所谓“人的自觉”，或者想以他所谓“科学方法的整理国故”来自诩为文艺复兴时代的古典文化的再生，这后一点，尤其是无耻的自夸。去年北大“五四”纪念会上，汪敬熙教授说，“今天纪念‘五四’的一大耻辱，就是北大对科学并无多大贡献，北大的科学，只知用来整理国故”（见《观察》二卷十二期）。这句话就戳破了胡适这种法螺。至于所谓“人的自觉”，固然一向是被若干人理解为“五四”的特征，但是我们却应该知道，“五四”的伟大意义乃是在于人民的自觉。“五四”以后，中国人民革命运动的迅速展开，就说明这个事实。胡适只看到他自己阶级的“人”，却忘记了最广大的中国人民；着重了个人的解放，忘记了人民的解放。他一开始就和人民站在对立的地位，这是他一切反动思想的根源。他没有看见人民的力量，即使看到，也不敢肯定这种力量。因此，他只有在自己主观的圈子里来曲解历史。他抹煞中国人民反帝反封建的自觉精神和斗争事实，并不是无意的。他企图主观地把“五四”解释为一种单纯资本主义的文化运动，而以自己为其代表。他想替中国幻想出一条欧美资本主义国家的旧路，但是这条路是走不通了，于是胡适只有摸回老路，投到帝国主义和封建势力的怀抱里，去做反动思想的先锋了。

把五四运动曲解为一种单纯的资本主义文化运动，这种意见曾经在一些“学者”们中间是颇为普遍的。提起“五四”，自然会想到“科学与民主”这个口号，因而也联想到了欧洲文艺复兴或产业革命前后的思想运动。人们总是竭力想把“五四”以来的中国模拟为产业革命以后的欧洲，但是在事实上却处处碰壁，路路不通。因此反而对于五四运动的意义怀疑起来了，对于“五四”的基本精神——科学与民主，也怀疑起来了。近年以来，在中国思想界出现了一种所谓新人文主义的运动，可以说即是对于“五四”思想运动的一种反动。这种所谓新人文主义运动的内容，即是认为“科学湮没了人的灵性，唯物主义造成了以物制人的结果”（陈衡哲），于是主张回到灵性的世界中去；认为“唯物主义，化原万有，归结于物，否定了精神世界，机械主义强调了必然，信持命定，否定了自由领域”（冯大麟）；认为“科学重视物质而忽视人，重视自然之控制而忽略人类的控制。……科学家于寻求客观而避免所谓主观时，似忘其自身之为人反欲与人远离。科学家所生活之世界，有如另一世界，为符号世界，为公式世界，为数学世界，而非血与肉之人类世界”（谢幼伟）。可怜“五四”以来，科学的萌芽还没有成长，人们却已经在整个把它否定。由旧礼教旧文化所铺设起来的人肉筵席还没有完全撤除，人们却已经在叫打倒唯物主义，憧憬东方精神文明的复活了。他们因为追求资本主义不可得，于是把资本主义没落的命运看做是唯物主义的后果，把资本主义的罪恶一古脑儿算在科学家的身上。这其实乃是今天西欧没落的资本主义一种悲观主义意识的反映，而搬到东方来却俨然成为一种思潮。在这种认识下，“五四”的基本精神就被否定了。我们试读底下一段话吧：

> “五四”时代的人，一面因为时代的情感太不正常，他们对于中国旧文化，只有反感，没有同情，骂礼教杀人，向孔家店开火，此种万方不平的偏激感情，那能涵渊虚心地对中国文化有自我认识……这是“五四”人物不能获得深远启示的真正原因。……我们若清算“五四”的成绩，除了接受文艺复兴以来这

一脉思想和制度，把它移植到中国外，我们看不出“五四”有什么成就……。（冯大麟：《期待东方的文艺复兴》）

五四运动的“过火”，“破坏过烈而建设不足”，很久以来就成为流行于绅士学者们口头上的“五四”罪状了。这正是反映出上层中国知识分子一种妥协和动摇的意识。当他们自己和旧意识存着妥协企图的时候，自然对于当年“五四”的战斗精神会感觉是过火了。他们恰恰把五四运动的最大特点——彻底不妥协精神理解为“五四”的一种缺点。从这样观点去看“五四”，自然是“看不出‘五四’有什么成就”了。

另外一种对“五四”的批评，就是把他看成完全是西洋思想的移植。例如上述这位作者就认为，“这些‘五四’所有的觉醒和发见，都是旧的而不是新的，都是已有的而不是新发见的……至多只是西洋文艺复兴浪潮在东方的尾闾延长”。又有人，把今天中国的问题，解释为欧美、苏联和中国等文化渣滓三种不同的文化在国内作怪。他们完全忽略了中国民族与人民自身的要求，忽略了五四运动的社会基础。不知道外来的因素不通过内在的矛盾是不能发生作用。从这样的观点去认识“五四”，“五四”倒似乎成为一种今天时局紊乱的根源了。

更等而下之的，连“五四”的民主精神也不要了。我们试听一位把胡适歌颂为“五四元勋”的记者的话吧：“中国还谈不上民主”，“中国还需要训政，如果不是在朝的政党训政，也还是读书人训政”，甚至还幻想到“如果一朝天上飞下一个真正的大独裁者”（大公报：《吾家有个夜哭郎》）。这是“五四”二十九年以后一个中国“自由主义者”的政治见解。而这个“自由主义者”如今正拿着美帝国主义者的金元，企图组织一个司徒雷登所指示的什么“新五四运动”，这不仅是理论上，而且是在实践上来诬蔑“五四”了。

无论这种或那种，有意或无意地对于“五四”的曲解，都有一个共同的特点，即是漠视了“五四”的人民意义，漠视了“五四”以来人民革命的传统与力量。离开了人民，是看不到历史的真实的。在“五四”二十九年以后的今天，我们正看到一些各式各样的“无物之阵”出现在中国文化界，他们在帝国主义和封建统治者的羽翼之下，进行着伪装的活动，他们甚至敢于假借“五四”的名义。对于这些活动，我们应该予以最彻底的揭露，而同时对于那些离开现实去认识历史的人们，则应该希望他们把眼睛从虚幻的精神世界中移向实际的人民斗争中来。

二、“五四”历史意义的所在

每一年“五四”纪念中间，人们都会谈到“科学与民主”。无疑这是“五四”的基本精神。但是仅仅从这五个字，是不能说明“五四”的意义的。我们必须追问，这民主是怎样的民主呢？是欧美式的旧民主呢，还是二十世纪的新民主呢？这科学是怎样的科学呢？是十八世纪唯物主义的科学观点呢，还是唯物辩证法的科学观点呢？如果是前者，则“五四”以前梁启超严复等人也早已介绍提倡，又何能专归功于“五四”，而“五四”划时期的意义又何在呢？搞清楚这些问题是必要的，因为这里正是指引着两条不同的历史道路：一条是已经碰了壁的旧民主主义的死路，一条正是今天中国人民所坚持着并且实现了的新民主主义的活路。对于“五四”的不同见解，大半是从这个不同的基本点出发的。

近百年来中国的历史，毛泽东把它分为两大段落——前八十年和后二十年，而以“五四”为其分水线，“这两大段落中，各有一个基本的带历史性质的特点，即在前八十年，中国资产阶级民主革命是属于旧范畴的；而在后二十年，由于国际国内政治形势的变化，便属于新范畴了。旧民主主义——前八十年的特点。新民主主义——后二十年的特点。这种区别，在政治上如此，在文化上也是如此。”

这是根据于客观历史现实一个最正确的科学划分。“五四”以前和“五四”以后中国的革命运动与文化运动，无论在性质、形势、规模上都起了显著的变化，这是谁都能辨别的。构成这个变化的是什么呢？我们可以说，基本上是革命中间阶级关系起了变化。“五四”以前革命是资产阶级领导的，富于妥协性的上层的改革运动，“五四”以后则是以无产阶级领导的，彻底不妥协的人民反帝反封建革命。在“五四”以前，中国的新文化运动，中国的文化革命，是资产阶级领导的，它们还有领导作用。在“五四”以后，这个阶级的文化思想却比较它的政治上的东西还要落后，就绝无领导作用，至多在革命时在一定程度上充当一个盟员，至于盟长资格，就不得不落在无产阶级文化思想的肩上。从这里我们可以看出，五四运动之所以产生那样伟大的历史作用，之所以成为百年来历史两大段落的分水线，既不如某些人所说是由于几个思想界权威的倡导，也不是仅由于外来思想的影响，最基本的是由中国社会自身矛盾的发展，配合着国际矛盾的发展已经达到一个相当成熟的程度，中国工农大众对于反帝反封建的明确要求和革命的强大力量，已经成为现实的存在。这是产生新民主主义的物质基础，也是五四运动的物质基础，不从这根本的一点出发，我们是无法认识“五四”的真正意义的。

毛泽东指出“五四”运动杰出的历史意义，“在于它带着为辛亥革命还不曾有的姿态，这就是彻底地不妥协地反帝国主义和彻底地不妥协地反封建主义”。这种彻底不妥协的精神（正是某些人所谓“过火”）是从哪里来的呢，何以是为辛亥革命所不曾有的呢？显然的，只有无产阶级和广大人民才能具有这种精神，只有无产阶级和广大人民参加了这个运动，才能使这个运动具有这种精神。就“五四”初期来说，工人农民还没有直接参加这个运动，但是从初期“五四”运动的主要骨干——具有初步的共产主义思想的知识分子身上，已经是反映了工农大众的这种革命要求和意识了。当时在政治与社会思想上最进步的也是处于领导地位的是李守常先生，在文艺思想上是鲁迅先生，从他们两个人身上所反映的显然并不是资产阶级的思想，而是工农大众的思想。

“五四”彻底不妥协的反帝反封建，是说明了无产阶级与广大人民斗争意识在中国革命历史上第一次起领导的作用，毛泽东所谓“杰出的历史意义”，我以为是指这点来说的。

“五四”的第二个历史意义，即这个运动成为当时无产阶级世界革命的一部分，这也是以前历史上所不曾有过的。十月革命的成功直接改变了整个世界的形势，即如斯大林所说的“十月革命开辟了一个新时代，即世界各被压迫国家人民与无产阶级联盟、并在无产阶级领导下进行殖民地革命的时代”（《十月革命的国际性质》）。又说：十月革命“在社会主义的西方和被奴役的东方之间，架起一道桥梁，从西方的无产阶级，经过俄国的革命，到东方被压迫民族止，建筑了一条反对帝国主义的革命战线”（《论民族问题》）。十月革命的成功对于五四运动的产生以及对于它的性质的决定，无疑是有极大的关系。但是我们也必须指出，中国人民反帝反封建的要求和其强大潜力的存在，是使中国人民能够接受十月革命影响的一个基本条件。这个要求和力量的存在，才构成那条世界桥梁在东方的一个有力桥墩。所以毛泽东说：“五四运动是在当时世界革命号召之下，是在俄国革命号召之下，是在列宁号召之下发生的。”他用“号召”两个字，这和那些所谓“移植论”者的说法是完全不同的。“移植论”者的最大错误，即是把中国人民自身的要求和力量完全抹煞了。

从这个意义上来说，“五四”的彻底反帝反封建的任务，决不是旧式资产阶级革命的任务，而是世界无产阶级革命的一部分，那末，所谓科学与民主这个要求，也绝不是一种单纯的资本主义文化的要求，而应该是无产阶级领导的人民大众反帝反封建的文化，它所要求的是新的民主（彻底反帝反封建的民主），新的科学（辩证唯物主义的科学）。换句话说，也就是新民主主义的文化的内容了。

五四运动的另一历史意义，即这个运动“在思想上与干部上准备了一九二一年中国共产党的成立，又准备了‘五卅’与北伐战争”。在“五四”初期，中国已经出现了马克思主义研究小组，最初不过是单纯学术的研究，但是当这种思想和当时的革命实践结合起来的时候，它立刻发展成为行动的纲领，发展为一个指导革命的工人政党了。思想运动与群众运动的结合，是“五四”的一个特点，从群众运动的实践中间，于是涌出无数突出的无产阶级的先觉者，也觉醒了大批小资产阶级知识分子，使他们投身革命。中国知识分子的急剧倾向革命，是从“五四”开始的。这固然由于小资产阶级在帝国主义和封建势力压迫下日趋破产，但是使他们积极走向无产阶级革命的，却不能不归功于“五四”初期无产阶级思想的领导与影响，因为这个思想是给落后的小资产阶级指出一条现实的出路。革命知识分子与劳动大众在革命实践过程中的结合，这对于中国革命运动的发展是发生了极大作用的。

总之，无论在政治运动上或在文化运动上来说，我们只有从“五四”与人民大众的关系上、“五四”与世界革命与中国革命的关系上，才能真正认识到它真正历史意义的所在，也只有从这些关系上，才能认识到新民主主义的实质。

今天，这个从“五四”一直发展下来的新民主主义运动，不仅取得了它更充实更灿烂的内容，而且已经在三分之一以上的中国土地上实现了。二十九年的血的奋斗中间，中国人民始终坚持着“五四”彻底不妥协的传统精神，把马克思主义理论和中国革命实践紧密地结合起来，成为最光辉的毛泽东思想。这是“五四”以来，也是几千年以来中国文化上最大的成果。我们今天来纪念“五四”的时候，也只有在这个思想的照耀之下更加倍地努力，争取新民主主义在全中国最彻底的胜利。

（原载 1948 年香港《群众》第 2 卷第 17 期）

悼念伟大的导师斯大林

全世界劳动人民的伟大领袖和导师斯大林同志离开我们已经六天了。斯大林同志的遗体,已经和列宁的遗体一起永久地安葬在莫斯科的红场陵墓了。

在这些最沉痛的日子里,我们还很难以文字来表达出我们无限的悲痛。但是在我们所有一切人中间,都可以互相觉察到一种共同的心情:无比的沉重和哀痛,而同时又是无比的坚定和坚毅。每个人都在深深的悲痛中锻炼着自己,激励着自己:为着哀悼我们伟大的导师的丧失,每一个优秀的中国儿女,定将以最大的努力和忠诚,以高度的警惕,紧密地团结在毛主席和党的领导下,遵循着斯大林同志所指示的方向,一刻不懈地为着人类的和平事业和祖国的建设事业奋勇前进。

这是全人类共同的悲痛。在这共同的悲痛中,中国人民和苏联人民的心,以及全世界一切爱好和平、民主、正义的人民的心更紧密地联结起来了。我们相信,在这悲痛的日子里,还将有更多的在帝国主义奴役下的人民,会像被磁石所吸引似的,勇敢、坚决地团结到斯大林的党和伟大苏联人民的周围来。世界和平民主阵线将在这个时候,更显出其强大无敌的威力,更增强了由于这种团结和友谊所产生的巨大力量。

毛泽东同志教养下的中国人民，永远铭记着斯大林同志三十多年来对于中国革命事业的关怀、指导和支持；特别是在中国革命初期的艰苦岁月里，他对于中国革命问题上所作的那些天才的，具有历史决定性的指示，以及祖国解放后，斯大林同志、苏联的党和政府对我们国家建设那种慷慨无私的援助，是使我们永念不忘的。中国人民是从这些具体的历史事实中，深切地体会到伟大的斯大林同志与中国革命事业完全不可分开的关系，认识到中苏两国人民牢不可破的友谊的真实基础。因此每个中国人定将坚决地来执行毛泽东同志在《最伟大的友谊》一文中的指示："为着纪念我们伟大的导师斯大林，中国共产党和中国人民同苏联共产党和苏联人民，在斯大林的名义下的伟大友谊将无限地加强起来。中国共产党人和中国人民将更加紧学习斯大林的学说，学习苏联的科学和技术，以建设我们的国家。"

在这个任务前面，中国的文学艺术工作者应该坚决地担当起自己的责任。首先是以艺术的创造来反映和培养我国人民中间那种团结一致的、英勇无畏的、大公无私的、为着人民利益和共产主义而献身的英雄气概和高尚品质；以具有这种高尚品质的艺术形象去教育人民，教育青年。我们知道这种高尚品质，乃是我们国家坚不可摧的力量的源泉。三十多年来，斯大林同志和苏联的党是那样孜孜不倦地以共产主义精神教育着苏联人民，使苏联人民成为今天世界上最先进的、最优秀的、具有高度共产主义道德修养的人民，因而也是最有力量的人民。斯大林同志一生中是那样关怀和重视文学艺术的事业，他以"人类灵魂工程师"的称号称呼作家，正是要求文学艺术工作者以马克思列宁主义的思想，以共产主义的道德力量，来武装全体劳动人民，教导人民向前看，认识新生事物的力量，并为新事物而奋斗。

斯大林同志关于文学艺术理论方面的贡献，是和他关于政治、经济、哲学等各方面的理论贡献同样具有不可估量的价值。一九三四年斯大林同志亲自订定的关于社会主义现实主义创作方法的定义，是对于列宁的文学的党性原则的创造性的发展。这个理论把社会主义文学艺术的教育作用提高到空前的高度。它教导我们，文学艺术的任务是应该从现实生活中去发扬历史的新生的力量，照耀出人民前进的道路，并引导着他们永远前进。斯大林同志严厉谴责那些不敢正视新生事物、不敢正视未来的倾向，以及那种对于生活作虚伪描写的倾向。在斯大林同志这种理论的指导下，使苏联文学艺术推进到一个生气勃勃的崭新的阶段。

斯大林同志教导我们说：如果一个作家要诚实地反映生活，他就必须是一个马克思主义者。这是一个作家要掌握社会主义现实主义创作方法的最根本的问题。应该承认，我们对于这方面的学习，还很不够。为了使我们无愧于做一个斯大林的好学生，我们必须严格地遵照毛泽东同志的指示，更有系统地去加紧学习马克思列宁主义和斯大林学说，学习苏联的文学艺术以及他们的创作经验。

我们应该以这种认真的学习精神和严肃的创作工作，去纪念我们伟大的导师斯大林，以学习苏联去加强中苏两国人民之间的牢不可破的友谊。

伟大的斯大林同志和我们永别了。但是斯大林同志光辉灿烂的学说和不朽的事业将永生在人间,永生在中国人民的心中。

（原载 1953 年《人民文学》4 月号）

血　　画

据美联社五月二十二日一则西德(应为联邦德国)的电讯中说,西德有一个五十二岁的"大画家"夏利·舒佛,为了标新立异,改用血来作画。

"每一幅'血画'需用大约三品脱(应为分升,1品脱=5.6826分升)的血,好在舒佛的公寓的楼下就是一间兼设有屠房的肉食公司,他买血极为方便。

"舒佛太太是一个执业医师,她用秘密的科学方法,把血保存得很好,冷藏着而不使凝结,舒佛可以随时取用。

"血画的色彩自浅红至深红色都有,深浅方面取自各种浓度不同的血液。"

西方资本主义国家文化艺术的堕落程度,有时竟出乎你想象之外!

近年来,我们常常听说,这些国家的一些画家,用脚板在画布上乱踩,或者叫猩猩在画布瞎涂一通,就算是"杰作"。这已经够荒唐了,但却是可以理解的。当资本主义艺术堕落到愈来愈空虚的时候,便只有找寻一些荒诞怪异的东西去刺激观众。这是丧失了生活意义的人们一种没落意识的反映,也是整个资本主义社会的没落在意识形态上的反映。

而到了用血作画，这就更进一步了，不仅仅是为了“标新立异”或依靠荒诞怪异去刺激观众，这里还包含着一种极反动的艺术意识——对于残忍的欣赏。

本来，在黄色电影和小说中，用残忍的描写来刺激观众和读者，已经是这些国家文化生活的家常便饭，但究竟还是通过文字或画面去表现，而现在这位西德“大画家”却干脆拿出实物——鲜血来表现了。这确实使那些黄色作者感到自愧弗如。自然，他现在用的还是动物的血，但谁能相信，他有一天不会用人民的鲜血来作画呢？希特勒匪徒们不就曾经用人皮制成各种装饰品来作“艺术欣赏”么？

用血作画，在绘画上本来是件不可想象的事，谁能想象屠房里的血能够作艺术家的材料？这是一种兽性的意识，这个画家只是想从这中间获得一种嗜血的快感，瞧，这是血画的！他就凭着这样一种兽性的快感去刺激他的观众。此外，不消说，他还想靠这些血去赚进一笔大钱。

如果说，那些用脚板作画的画家是代表了西方资产阶级文化的空虚与腐烂，那末，这个用血作画的西德画家则是代表了它们疯狂的兽性。

（原载 1959 年《新观察》第 13 期）

粗犷的美

粗犷的美，这样一个名词，也许会引起你的误解，以为我们是要来提倡污秽，不整洁，杂乱的生活——这显然是不“文明”的。我们这里需要说明，这并不是我们终极的目的；我们最后所求的，是人类精神上与物质上并等的美，是人类真实的美。当那样一个时代到来时，我们将看见那样一件美丽的生活：人类是自由而活泼的，强健而富庶的，整齐而有规律的，为大众利益而共同劳动的，有如太阳一般的愉快而热情的。但这样的时代还很遥远——虽然我们可以确信它将到来。在现在，我们为努力追求这样一个目标，我们首先得要把旧时代虚伪的，病态的，以别人的血汗来修饰自己的美的概念剥除了。当你这样做时，你会看到现代社会生活下劳苦者的反抗的容貌，肉体紧张，以及从污秽，粗暴，无礼貌，强烈的生活中看到人类真实的灵魂，以及人类真正可爱的地方——由于这一切要素所组成的，便是粗犷的美的全部。

换句话说，从一群五股汗淋，筋肉怒突的船夫的喉咙中所发出洪亮的，悲壮的劳动合唱，或从一张污秽的，太阳炙焦的脸上浮出来的一丝纯朴的，不能非难的狞笑，这在你看来（假使你也是属于社会大众的一个，）不会比头上涂着白粉的绅士们的幽雅举止，或以脂粉与香水为营养的淑女们的甜蜜微笑更觉妩媚可爱吗？

从文学上来举出这样的例子，最好莫如把却尔司·狄更斯的人物与马克星·高尔基的人物作一个对照，狄更斯无疑是十七世纪中描写人物最成功的一个人，他的技巧是值得学习的。但是他的每本小说中的人物几乎有一种一定的格式，即凡是作者认为是善良的人物，却是一些温文，慈恺，端庄和像鸽子般的驯柔的，而被作者认作恶人的，多是丑陋，污秽，粗暴，整天在咒骂，和不信上帝的。他把这种丑和美都写得非常极端，甚至善人在困苦的环境中也不失其鸽子般的驯良，而恶人在优裕环境中也到处显露其粗犷的弱点。当你读这样作品时，就会深刻地印进作者那种美的概念，而无意地把人类分成优美的，文明的一部分——上帝的选民，和丑陋的，污俗的平凡的一部分，而在客观上即滋长了高帽阶级应该统治大多数人民的意识。但当你读到高尔基的小说时，你却相反的会惊愕于他书中的主人公，几乎都是褴褛的，粗犷的一群——私贩，逃亡者，船夫，饥饿的农民，盗贼，上帝的叛徒。凡狄更斯用以形容他书中的反角者，高尔基都加在他的主人公身上，如稻草般的乱发，褐色的短刚的髭须，红烂的眼睛，污皱的皮肤，几乎到处可以见到。当你和这些主人初接触时，你也许会感觉可憎和可笑，但当你渐渐和他们熟识了，你会忽然感觉他们可爱起来，而当你读完它时，你将感觉你的灵魂和这些粗犷的人们融合了，甚至他们的一颦一笑，在这时都对你是妩媚的，美丽的了；而这一种美感绝非从绅士们中间所能获得的。真的，高尔基是以他那么伟大的笔，给我们显示出人类灵魂中的美丽，和使我们从粗犷中去看到人类可爱的地方。

这样的美的概念当自然主义开始的时候，实已经萌芽了，当米兰拒绝了政府叫他画的《沙漠中的夏甲与伊实玛尔》而跑回到巴比松乡下去时，他就公开地对旧的美的概念提出一个猛烈的抗议，虽然他在当时是被骂作“丑陋的描绘者”。在我们中国的旧小说中，我们也能找到这种例子，如《水浒传》中，作者把李逵和鲁智深写成最出色的人物，而他们的特征就在他们具有这种粗犷的美，所以使十七世纪的中国批评家金圣叹也不能不称这两个粗犷的人物为“妩媚可爱”了。

本来，世界上是没有绝对的美的（所谓纯粹美），因为艺术乃是社会意识形态之一种。但是艺术家却应认识他自己历史时代的任务，而从正确的立场去观察社会的生活，从那里显示出时代的美来。

1937年3月15日，《月报》第一卷第三期，开明书店出版。

关于保卫浙江的意见

一、保卫武汉战争与浙江当前的形势

今天保卫武汉的战争，显然已经到了抗战以来从未有过的危险关头。武汉假使很快失守，将使中国抗战在国际和国内的影响上都增加绝大的困难，这和争取最后胜利的前途有很大关系。可是这绝不是说，武汉失守将丧失中国继续抗战力量和争取最后胜利的前途，中国抗战主力决不会因武汉万一失守而消灭。一切有利的条件，将保证中国抗战不管怎样艰苦，要继续坚持到最后的胜利。

现在的问题，是武汉在今天这样危急的关头，是否还有保卫的可能？我们的回答是：这种可能性还存在的。虽然我们在保卫武汉中间，失去有利的时机，没有充分的执行保卫武汉的计划，那使我们在今天增加了许多困难，但是我们如果能拿出一切力量坚决不移，执行正确的战略，我们坚信武汉危局是可能和马德里一样被保卫的。

实践挽救武汉的任务，除了加强各战线上部队的作战力，和采取紧急动员武装大批民众参加作战外，尤须发动武汉战场的外线各省，实行广泛的军事反攻和民众动员。因此今天保卫浙江的问题和保卫武汉的问题是不能分离的。保卫浙江并不是到敌人进攻浙东时候的任务，而是今天眼前迫切的任务，即是今天全国民众保卫大武汉任务的一部分，它不仅是具有保卫一省的意义，而同时是具有更重大的全国意义。我们认识今天武汉的危急，就应该更深刻去认识今天保卫浙江加倍严重的意义。

今天在保卫武汉中，虽然也会收获了若干胜利(例如长江会战的胜利)，但我们认为严重的危机，尚未消除，例如国际条件有因武汉战局不利而转向更恶劣的可能，国内妥协和平空气有随着抬头的倾向，抗日阵线在今天还存在若干缺陷，政治动员还是大大落后于军事动员，战略上缺乏各个战线的协同性，外线的反攻与内线的抵抗配合不够等等，这种危机对抗战前途是有莫大关系。要克服这些危机，必须有计划地配合全国力量，加紧执行抢救武汉的任务。我们今天能否实践保卫浙江，对于武汉的前途是具有部分决定作用的。所谓保卫武汉的胜利与失败并不能以武汉是否陷落来判断，如果我们能够尽可能争取时间达到消耗敌人的目的，这对于争取最后胜利上就能够减少许多困难，缩短许多时间，也正是在这一点意义上，我们可以说，即使万一武汉失守，我们抗战的前途还是光明的。因此，我们在保卫武汉保卫浙江的意义上，必须反对那些以为武汉已经是“大事去矣”的失败论调，这种观念足以减低我们对保卫浙江任务的积极性和对它严重意义的认识。我们尤须肃清一切企图苟安一时或准备退却的汉奸论调，这种观念是今天保卫浙江工作最有害的毒素。

浙江在保卫武汉的战局上，显然是处在外线作战的地位，在整个战局上讲，它在目前是次要的战场，但是第一，浙江对于牵制和消耗敌人后方根据地南京、上海、杭州的兵力上，是具有重大作用。第二，在万一武汉失守以后，我们为要切断敌人延长的战线，发动广大的消耗的游击战，以粉碎敌人进兵湘西扫荡江南的计划，和华中华北的各战场是有同样重大的地位。第三，横贯浙江的浙赣铁路是将来从海口直达湘鄂一条重要动脉，在万一战局移向湘省的时候，这条铁路将成为必争的干线，这使浙江在战略上的地位也将随之提高。第四，宁波、温州等海口是东南敌我所争取的资源地带，浙江的得失和敌人经济资源获得上，是有相当重要的意义。总上所述，我们对于浙江在战略上的地位并不容忽视，我们如果能切实执行武装保卫浙江的任务，则进可以根掘敌人后方的政权中心，袭击敌人的大本营，以牵制敌人对武汉的进攻，退可以建立广大的抗日根据地，利用一切有利条件作再接再厉的抗战。尤其在武汉危急的今天，我们必须清楚地认识目前外线作战的重要性，尽量发挥它战略上的广大效能。

从目前的形势看来，敌人进攻浙江可能是在进攻武汉以后（当然不是说武汉不失敌人就不会进攻浙江）分兵进击南昌，切断湘赣浙赣二线，一方面南渡钱塘，由浙赣路二端并进，夺取这东南的大动脉。另一方面侵扰甬瓯海口，占取重要城镇；而由于敌人兵力的不够分配，他们还可能嗾使汉奸托匪，资助军火，收买土匪，在内地捣乱，因此在武装保卫浙江中，除军事外尤须加紧政治斗争。

大家都知道敌人在东战场方面兵力的单薄与战线上空隙

的广大，这是敌人最大的弱点，敌人要用兵力来扫荡整个浙江，显然是具有绝大的困难。其次，敌人的士气日益沮丧，这使敌军部队作战力大大减低。第三，浙江是多山地带，峦岳绵延，地形险要，尤其在游击战争中，将使敌人的机械化部队失却很大效用，即使毒气施用，对于游击作战也不能奏很大效力。第四，敌人要占领浙赣全线，必须分配很多兵力，护守沿铁路地带，这对于敌人单薄的兵力是一个绝大的难题。以上这些敌人的弱点，也就是我们的有利条件，尤其是运用游击战与运动战上很有利的条件。我们如能把握这些有利条件，灵活地去运用，武装保卫浙江，是具有绝大保证的。

但是我们必须严重地注意到我们自己的缺点，加紧提高全省民众的戒备与警觉性。首先是民众运动还大大的不够。庞大的民众不仅还没有武装起来，而且极大部分还没有被组织起来。青运工运妇运在浙江比较武汉及各省均落后，这使抗日阵线的力量大大地削弱。其次是政治上还存在许多不必要的磨擦，战时政治纲领还未被积极地执行，适合战区的灵活政治机械还不够健全。再次，汉奸土匪的活动在潜伏进行，最近闽浙边境的土匪蠢动，与温州所破获的汉奸案件，足见问题的严重；而一部分民众苟安一隅的心理与歌舞升平的生活状态，仍未扫除，这是今天一个必须克服的严重现象。至于军力方面，浙江还嫌不够，可以作为抗战重要力量的民众武装还不够充分运用，地方自卫团队仍缺乏充分训练，游击队伍的政治认识与作战力还须提高。一般讲来，在浙江还是敌优我劣的情势，但我们如能把握着各种有利的条件，进行灵活性计划性的战略与战术，改变敌我之间的形势，是可能的。

分析了整个局势与浙江目前的局势，我们认识了保卫浙江不仅与保卫武汉，而且与抗战前途，均具有莫大的关系。因此，目前浙江的中心任务，应该是，第一，发动庞大游击战，突破敌人战线的间隙，实行战役与战斗的积极反攻，以牵制敌人进攻武汉；第二，立即做充分的准备，建立后方抗日根据地与前线的游击根据地，以树立坚强的抗战堡垒；为要完成这两个任务，必须第一在政治上加紧统一团结，提高战时警觉性，坚决执行战时政治纲领，第二，紧急动员庞大民众，予以必要的武装，第三，加紧军队政治与军事的训练，提高作战能力以及在军火与经济上作物质的紧急动员。

为鼓动全省民众来实现这些任务，我们应配合全省党政军民的力量，来一个总动员的突击运动。

二、对于保卫浙江军事上的意见

浙江在保卫武汉战局上，是处在外线作战的地位，这已经说过了，但是如果我们目前在战术上不采取积极的进攻，等敌人回兵来进攻浙江的时候，我们就可能变为被敌人包围的内线了，因此在目前抓住时机实行战术的进攻，压迫敌人对武汉的外线，在战略上是具有重大意义的。

但是从整个客观和目前浙江主观力量来看，浙江在战略上还是处在持久防御战的地位，我们要在目前去克服整个东战场失地和夺回南京杭州上海还是不可能的，我们目前的目的还是在消耗敌人和作局部的歼灭，因此战略上虽然是防御战，但战术上却应该是速决的进攻战，我们并应争取这进攻战的主动地位与时间性。在进攻的形式上，我们是应该以游击战为主辅之以运动战，而在沿江沿海的防线上同时加紧阵地的防御，配置充足的兵力与坚强工事，阻止敌人进攻。

其次，我们应抓住敌人的弱点，突破浙西敌线上广大的空隙，用各个包围的方式，歼灭敌人的支点，利用湖沼山岳地带，建立大块小块的游击战区，同时组织挺进军团野战军团，深入敌人后方，配合当地游击队，破坏沪杭铁路的交通线，展开灵活的运动战。

此项挺进军团与游击队伍，应与苏皖的友军取得密切的联络与配合，在必要时，应在第三战区司令部领导之下，组织统一的指挥机关，使一切行动都具有计划性，灵活性与主动性。

浙西据有天目山脉的险要，北达孝丰安吉，东通余杭杭州，西毗安徽，南又足以保障桐庐建德，一方面可以袭击杭湖余杭，一方面可以掣进攻之江上游之敌，另一方面可以与苏皖友军取得灵活联系，是一个绝好的抗日游击根据地，我们必须配合一切主观条件，在这里建立一个模范根据地，以与冀察晋及鲁西北之抗日根据地互相映辉，成为持久抗战中的重要堡垒。

为要达到上项任务，在旧有的武装部队基础上，我们必须加紧训练，予以游击战术的必要技术及知识，特别政训工作，对于游击队战斗力上是有更大的作用，我们不讳言：在目前前线若干游击队伍中，成分还不够健全，因此尚未能充分发挥军民合作的效能与精神，我们希望政府能遣派大批青年干部加入前线部队，或组织战时工作队广泛展开前线军民合作的工作。

为了准备克服敌人切断浙赣线以及所遭遇的种种困难，我们必须在前方的根据地带，准备必要的军火与食粮，例如建立小规模军火工厂，甚至加紧制造土炮土枪，建立仓库储藏必要粮食及医药品，在浙西方，米粮有过剩现象（听说前方某些地方米价惨跌至三四元）而食盐则感觉缺乏，政府方面亟应予以调整。

对于江防海防，应加紧建筑坚固的工事，重要口岸应施行戒严，防止日寇汉奸的混入。各县的碉堡在将来游击战争中是害多利少应予拆除，浙赣路在必要时也应该予以拆毁。

最后，人口疏散问题，也值得我们事前准备，我们应学习武汉的经验，来处理这一问题，年富力壮的壮丁，应努力设法使其参加地方自卫队及任务队，起保卫家乡的积极作用，老弱妇孺应预先准备疏散到安全区域，此外如最近本省所进行的儿童保育及救济工厂，都是很重要的工作。

发动千千万万民众去服兵役，这是今天重大任务，但必须切实配合优待出征壮丁家属的办法并行。过去优待出征壮丁家属工作缺憾尚多。我们以为每一县必须经常筹募充分出征壮丁家属的安家费，由政府统筹统支，按月按户发给出征壮丁家属，以免多寡不均，及中饱冒领等弊，并广泛推行代耕制设立救济工厂等以资救济。

三、建立抗日根据地

持久抗战是异常艰苦的工作，我们必须把握住主观与客观不平衡性的发展，树立起若干大大小小的抗日战争根据地，这在目前阶段是有绝对的需要。浙江在天然环境上已经具备了这种优越的条件。浙江百分之六十五均是海拔五百到二千尺的山地。横亘全省的有天目山脉、括苍山脉、天台山脉及闽浙边境之武夷山脉，崎岖险要是予浙人以抗日自卫的最有利保证。我们应该选择适当地点，在省内树立起此项根据地作为武装保卫浙江的骨干。

树立根据地除了地理及经济条件以外，更需要配合主观上的重要条件。第一就是政治，第二就是军事。政治上至少应做到民众能广大动员，党政军民能精诚团结，政治机构能民主化。军事上应做到有一部分正规部队，配合山炮重机关枪等必要兵器，以及有相当战斗力的地方武装队伍，与广大的半武装的土枪土炮队伍，对于弹药及轻易兵器的制造与补充有一定的准备。

根据客观主观条件，目前浙江应在下列各地点赶紧进行此项工作：一、苏浙皖边区（天目山脉），二、闽浙赣边（武夷山脉），三、温台（天台山脉及括苍山脉），此外宁绍方面利用四明山及会稽山也可能建立一根据地。

在这些根据地带，政府应遣派得力军事政治人才主持，并集中优秀工作干部，加紧下层动员工作。经验告诉我们，只要有人才与办法，发动民众并不是困难的事。

为要加紧动员工作，必须健全动员机构，我们以为必要时应该在那些根据地带，除政府之外，设立动员委员会，作为动员该区民众之总机纽，同时充实各县的抗日自卫会，此项机构应包含各界抗日群众领袖，及扩大民主的范围，严厉克服过去形式主义的毛病，并把此项组织推行到各乡镇中去。

对于这些根据地的行政机关，上级政府应予以相当广阔的工作自由与便利，俾能因地制宜，创造适合当地的办法，以收行政上的更大效能，而对于民众的自由权利，更需提高，以实现战时政治纲领规定的一切。

关于地方武力的改进，是这些区域中一个切迫的问题，过去各县自卫队质与量均呈现不够，我们以为是可以归纳于下列两个原因：第一，是士兵的待遇太低，第二，是缺乏政训工作。现在各县自卫队饷银大概只有四五元，一个需要维持农民或工人，感觉加入队伍就无法养家，因此质地较好的分子相率不前，再加以军队管理仍取旧日方法，士兵的政治意识无从提高。要克服这种缺陷首先应提高士兵待遇与政治训练。但各县财政困难，加饷事实所难许，因此解决这一问题，除树立健全的政训工作加紧游击战术的训练外，尤须切实执行有钱出钱的原则，关于这一点，《泥足》的作者尤脱莱女士说得很透彻“以自由募捐的方法去向富人筹划战时经费是一种幻想”（见远东透视：论中国局势），过去事实告诉我们确是这样，因此，我们希望政府规定一定办法，征收累进的殷富捐，或抗日自卫捐，并严厉执行战时政治纲领第十条没收汉奸及脱离抗日阵线分子的财产，以解决地方自卫经费的困难。此外政府尤应订定办法，集中民间枪支，分给自卫队，以充实地方部队的实力。

汉奸土匪问题，在后方建立根据地的任务上，是值得严重注意的。我们知道敌人企图以全部兵力来占领整个浙江是很少可能，因此对于偏僻险要的县份，敌人可能派遣汉奸来鼓动土匪捣乱，例如最近闽浙边区刀匪曾利用反对征兵的口号来煽动愚民。这并不是一个简单的问题。对于那些土匪，应以政治为主军事为辅的方法去消灭，扩大“肃清汉奸”的宣传去针对“反对征兵”的口号，同时实现改善征兵办法，改善贫民生活，争取广大群众到抗日阵线中来，才能以群众力量去根绝汉奸托匪的活动。

最后，各地政府及民众应以突击的方法，来切实执行省政府所规定的经济政策，广泛地组织合作社，设置农仓，扩大垦荒合作，加紧贮盐作为建立抗日根据地的日常任务之一。

四、要更巩固和扩大我们的抗日阵线

保卫浙江一切任务的中心关键，就是要更巩固和扩大我们的抗日阵线。

过去若干政治形式不能与内容相统一，就是因为统一团结还不够，以致轰动一时的战时政治纲领未能加紧执行。黄主席巡视邻近战区各县回来，以及谷主任委员来浙以后，都同样指出上述各种缺陷以及说明今后调整党政军关系以及精诚团结的重要意义。这一种新闻，是值得全省民众欣慰的。我们希望把这种精神更扩大开来，使上层领导与民众及各抗日党派团体实行精诚合作，避免一切无谓的磨擦，实现以工作领导工作的精神，同时下级救亡干部，应着重底层的实际工作，表现坚定沉着的新作风，反对自傲自大标新立异的幼稚倾向。敌人已迫近武汉，我们自己尚相龃龉，不仅对不起前线千百万浴血的勇士，也对不起千百万流离失所的同胞！

更巩固和扩大抗日阵线，不仅是消极的避免磨擦，而且应该积极地展开群众工作。只有在广泛的坚强的群众基础之上，抗日阵线才能获得更确切的保证。因此我们希望党政当局应根据战时政治纲领所指出“培养民主精神”的原则，积极扶导各地工农商学及妇女文化的组织，予以民主的自由与便利，更进一步地建立起全省统一性的各种群众组织。

关于动员民众工作，最近中央通令各地组织国民抗敌任务队，拟将全省所有适龄壮丁，一律予以组织，这表示当局具有发动全省民众参加抗战的决心。我们应号召全省民众来积极完成当局这一计划。可是我们不能不指出，这种计划如果仅靠政府机关上层的命令与决定，而没有自下而上从群众基础上去动员民众，结果又会陷于空泛和缺乏内容的窠臼，因此为要充实任务队，使其能真正担任战时的任务，必须保障一切民众团体自由的发展，只有通过一切群众组织，任务队才能确立巩固的基础，才能成为有生命的组织。

过去经验告诉我们，发动广大群众与改善生活是有极密切的关系。目前农民工人所要求的并不很高，政府如有决心替他们解决一二问题（例如二五减租），我们相信群众的动员是有绝对把握的。

最近中央颁布的省县参议会组织法，全省民众应予以热烈的欢迎与期望。虽然参议会的产生还谈不上民选，但如果能像国民参政会一样，也未始不能成为一种抗战建国的民意机关。因此为要使省县参议会能充分发挥这种机能，必须搜罗各社会职业团体与抗日党派的代表共同参加，尤其是县参议会应有真正工农妇女的代表参加，勿再蹈过去各县抗卫会的覆辙，关于参议会的内容应力求民主化，防止为少数人所包办，同时政府应尊重并执行它的决议案。我们盼望由于政治民主化的进步，使各级行政机构能真正改革，以适应战时的需要。

经过一年三个月的抗战，浙江的救亡工作已经由凌乱状态而走入到有组织性，但直到今天还是充分的不够，青年文化团体及救亡刊物，产生的可不算很少，可是没有一种很好的联系，整个青运妇运，缺乏适应客观需要的计划性，而且在某些地方还有解散青年团体，查禁救亡书报的事实，学校教育与外界救亡工作尚未能打成一片，这些现象亟须克服。因此建立青年统一救亡阵线是目前青运上第一个任务。我们要求各地青年团体及学生会最好能推出代表，举行一次全省青年代表大会，讨论出一个浙江青年战时共同纲领，并成立全省青年联合会，包括各种有系统的职业性组织单位（如省学联，省妇女会，职业青年联合会，战地工作队，战时服务团等）在党政机关领导及保障之下，展开广泛坚强的青年救亡阵线。

过去青运不易展开之另一原因，是没有把握青年本身的需要，今后必须注意到青年本身利益的争取，并提高其自由学习的机会。

关于全省的工运，农运，亦应立即予以改造与健全，使民运系统与行政系统军事系统取得战斗的协同性。

最后，干部问题是一切工作的枢纽。今天保卫浙江的严重任务下，干部还是大大的缺乏，许多优秀干部还不能得到工作。党政机关对这个问题，应以宽大的原则，吸收一切优秀青年分子到行政机构及部队中去，以工作能力与抗敌情绪作为衡量干部的标准。我们知道干部的产生，不仅靠训练，主要还是靠群众实际工作的锻炼，因此，大胆地广泛地发动救亡青年到下层群众中去学习工作，从工作中去考核其成绩，是培养干部的最好方法。黄主席最近对政工队关于这一问题所指示的，是完全正确的。

同时，青年同志应抓住一切机会，环境，去展开群众救亡工作，不要存必先组织然后工作的刻板观念。我们应实现工作的创造性与实际性，只有自下而上的工作展开与自上而下的提拔干部互相配合，才能解决干部缺乏的恐慌。

武汉危急！浙江危急！中华民族危急！不愿做亡国奴的人们，愿我们莫错过最紧急的一分钟，一齐来担起这抢救武汉保卫浙江的艰苦任务！

本文起草以前，曾经和几位朋友，作一番讨论，所以里面并参加了一部分朋友们的意见，顺便这里声明一下。

作者附志。一九三八，十，八。

（原载 1938 年 10 月 19 日《大风》第五十六期）

今年的国际青年节与中国青年

每年九月第一个星期日(本年即为九月四日),乃全世界青年所一致纪念的国际青年节,本刊第五期曾及时特约邵荃麟先生撰一篇纪念文;但战时邮程每多延误,致第五期已不及刊载。兹因该文意深义长,同时又为邵先生扶病而作,故补刊于此,尚希各地青年勿以明日黄花相视也!——编者志。

一九一八年第一次世界大战结束和苏联十月革命成功以后的二十年中,世界从没有像今年这样的动荡不宁。世界的青年运动也从来没有像今年这样热烈澎湃,今年的这个国际青年节确是值得我们和全世界的青年更热烈地来纪念!不仅用会议示威来纪念,而且用最英勇的反法西斯血战来纪念!

今天在西班牙,成千万的青年兄弟正在共和政府领导之下和弗郎哥作英勇的肉搏;今天捷克的青年兄弟,正在卷起反法西斯的怒潮,准备打击希特勒的进攻;今天苏联的广大青年正在准备予打击者以打击,社会主义伟大的力量征服了日寇在张鼓峰的挑衅。苏联的每个青年兄弟都在热烈地以实力和物资来援助中国和西班牙的战争;今天奥大利、阿比西尼亚的青年兄弟正在亡国惨痛中秘密准备反法西斯的革命；今天美国的纽约正集合着五十二国的青年代表在举行伟大热烈的世界青年大会。为反对日本意大利的进攻中国和西班牙而奋斗；世界学联代表跑遍全世界，为人类正义在奔走呼号；今天中国的每一个青年都已卷入救亡的怒潮，在前线上，在后方，在失地上成为抗战最有力的队伍。学生游击队，战地服务团，青年救国会广大地展开空前英勇的战斗；无论哪个城市与乡村，无论环境怎样艰苦，无论敌寇怎样惨酷，都有青年在进行抗敌的工作，今天日本广大的青年，也在地下进行其英勇的反战运动，二十万反战志士正在东京以及各地的牢狱中度他们的青年节。今天全世界从非洲到美洲，到处都有青年在示威抗议日寇的疯狂轰炸，和要求制裁法西斯。全世界千千万万的青年，都在叫出一个共同的口号：

打倒法西斯的疯狂侵略！

反法西斯新斗争毫无问题，是今天世界青年运动的中心口号。全世界青年不分党派不分阶级在这个口号下迅速统一起来。这个趋势在今天已经表现出伟大的成绩，而且在澎湃的斗争狂潮中，这种趋势更迅速在发展。

但是另外一方面青年运动之发展，仍免不了若干的阻碍，例如对于青年救亡运动和青年的工作干部之不合理的处置，这不能不说是一大遗憾！

中国青年和世界青年，都认识目前中国唯一的任务是驱逐日寇出中国，都认识中国的抗战是长期的抗战，都认识保证中国最后胜利是国内统一战线的巩固和发展，是需要国际广大群众的援助，因此在今年国际青年节，我们特别向国内各界以及国际的青年提出如下意见：

对于国内当局，我们第一，希望扩大开放青年运动给予青年以一切合法的权利，保障并扶植青年爱国运动，禁止各地压制青年运动的悲剧。第二，希望当局能普遍提拔优秀青年干部，参加一切行政经济军队工作，使热心青年不致有救国无门之叹。第三，希望执行国民参政会关于书籍查禁问题的决议，使全国青年不至有文化饥渴之虑。对于各界人士，我们希望以善意援助青年爱国运动，勿加以无端的嫉视，并热烈响应青年的各种爱国工作，使救亡运动迅速地展开。

对于国际的青年，尤其是最近美国的世界青年大会，希望第一以国际青年的力量，来昭示全世界以日寇的暴行建立各国的青年大会，号召全世界人士对日作正义的制裁。第二，希望以青年作先锋，请求各国政府与资本家停止以军火及物资供给日寇，以及发动广大的抵制日货运动。第三，希望不断地以人力和物力来援助中国的抗战，以及救济被日寇蹂躏的难民与难童。第四，希望各国青年遣派代表来华考察日本军阀暴行。此外，对于日本的青年，尤其希望积极展开国内的反战运动，号召军队的哗变，对于他们因反战运动而牺牲的青年，我们谨致以无限的同情和敬意。对于印度、安南、捷克、菲律宾、阿比西尼亚各弱小民族或殖民地的青年，尤其是苏联与西班牙的青年，我们尤希望建立亲密的合作，以与世界法西斯恶魔作殊死战！

最后对于中国青年本身，我们必须特别指出目前任务的严重。今天日寇已经以全力来进攻中国政治、经济、文化的重心武汉。我们每一个青年必须武装起来为保卫武汉而战，我们决不因为某些挫折而失望灰心。我们要以事实与群众去表现青年的力量，去争取合法的地位。我们深切了解统一战线的意义。我们将与一切亲日派汉奸敌探作无情的斗争，以青年的力量粉碎敌人所散布的和平的空气，因此我们必须毅然担负起下列的任务：

第一，到军队中去，到游击队中去，效法赵侗杨秀林那种勇敢的精神。第二，深入农村中去，发动千千万万后方的工农群众。第三，参与一切行政经济的建设工作，成为抗战建国的优秀干部。第四，加紧青年运动的统一工作，使各救亡青年团体都能亲密合作。

青年的兄弟们，大时代已经到来了！中国的青年正处在时代的最前线，在全世界反法西斯的怒潮中，我们应该英勇地负起世界青年前卫的责任！

（原载《抗建论坛》1938 年第 6 期）

给小朋友们

亲爱的龙泉小朋友们：

我到龙泉十几天，就是“一二·八”六周纪念日。在纪念日前一天，有几个宣传队出发到大街上去演讲。我看见首先响应那宣传队的，就是一批亲爱的小朋友，鼓起了冻红的小腮儿，大着两只天真的眼睛，一句一句认真地听着，十分钟之后，他们就自动地组成一个歌咏队，跟在那些大人背后，兴奋地唱着“打倒东洋”、“打倒东洋……”从街上大踏步过去。

以后，每次大游行的时候，小朋友们总是参加最热烈的一部分，他们叫口号，唱歌，都比什么人更起劲，无论什么时候，我们在每一条街巷上都可以听到《大刀进行曲》《义勇军进行曲》的歌声，而唱这些救亡歌曲的，大都就是我们亲爱的小朋友！

再过了一星期，我们又看见龙泉战时儿童服务团成立了，儿童救亡剧正式演出了，小朋友们在放学以后的游戏中间，也在扮演中国军队打日本鬼子的故事了。

这一切都是说：龙泉的小朋友们，在爱国热忱上，比起大人来，可是一点儿也不差！

不过，有一些老气横秋的大人，却板起脸孔来说话了：

“你们小孩子懂得什么？你们应该规规矩矩，这样叫叫唱唱，有什么屁用？”

小朋友们碰了这个钉子，一定会堵起一张小嘴生大气了，真的，我们小朋友难道就不能干救亡工作吗？

“不，我们能够的！”我们全体的小朋友们一定会同声回答着。

好！那末我们要怎么干呢？

现在让我一件一件来告诉你们：

第一，你们可以自己组织你们的救亡歌咏队和演讲队，在放假的日子或者纪念日，在教师的指导下，去到街上或乡村里做抗敌救亡的宣传工作。

第二，你们可以组织儿童剧团，请教师指导，在民众剧场和学校里去表演救亡剧或者开游艺会，现在民众剧场有人专门在编选儿童剧本，还有一位姓陶的小朋友，他就是杭州儿童剧场里出来的，他可以专门来领导你们做这件工作。

第三，你们可以在学校里出版壁报，由小朋友自己写文章画图画，给大家看。

第四，你们可以做小先生，把先生教给你们的抗战知识去教导你们的叔叔伯伯和左右邻居。

第五，你们可以组织募捐队或者利用游艺会，向大人们去募些钱，寄给前线将士们或后方的难民，以慰劳他们。

第六，你们可以组织慰劳队，用唱歌游艺去慰劳由前线回来的受伤将士（龙泉不久就有许多受伤将士来了）。

第七，你们可以去把那些没钱读书的小朋友们组织到战时儿童服务团来，教他们唱歌识字和一起来参加救亡工作。

第八，在防空警报的时候，战时儿童服务团和童子军可以出发指导民众避难和协助交通管制工作。此外还可以帮助军警做侦察汉奸的工作。

这许多工作，只消我们有决心，有组织，有训练去做，并没有什么困难，并没有什么麻烦。我们要大家拿出事实来，谁还能说我们小朋友不中用呀?

我们小朋友，人虽小，心可不小。我们目前虽不能打仗，三五年后，我们可不是中国最强壮的青年?我们敌人日本强盗在十几年前，就处心积虑地在训练小朋友。因为他们知道小朋友们是未来国家的主人，我们小朋友可不是一样?要知道创造新中国的责任正是在各位小朋友的身上呀!

现在，敌人已经快要进龙泉了，我们的首都和省会已经沦陷了。在敌人占领的区域内，我们的小朋友要被强迫去读敌人编的课本，要强迫向日本国旗敬礼，要强迫向敌人下跪，我们三五岁的小同胞，被敌人用轮船装回国去，预备长大起来，冒充他们的国民，我们的父兄姐妹，被他们杀的杀，奸的奸，这些事实，每天报上都登载着，各位小朋友看了气不气?恨不恨?

可是气不中用，恨也不中用，我们只有从今天起大家立定决心，组织起来和大人们一起来参加救亡工作，我们终有一天能够报我们的仇，雪我们的恨!

各位小朋友当过童子军的，一定知道童子军里有一个“日行一善”的办法。我们应该从今天起，模仿这个办法，每个人每天应该做一件有利于抗战的工作。我希望在几个星期后，我们龙泉的儿童救亡工作，在整个龙泉救亡运动上树立起一个坚强的岗位。我敬祝你们的成功！

我的话完了，我盼望你们随便哪一位能够给我一个回信（信送县政府第三科我收），我可以把它在《大家看》上登出来。

最后我向你们敬致

民族革命的敬礼！

（载《大家看》1938年儿童节专号）

1981年12月《龙泉县革命斗争史资料》第三期

一年来浙江文化运动的回顾与前瞻

一、敌人的炸弹虽能毁灭我们的文化机关，但决不能阻遏我们文化运动的怒苗。

我们如果回想一下去年今天的浙江情形，大家总还记得，那时浙江的文化园地是多么的凄惨荒凉，大学是逼得一迁再迁，中小学多半是关门了。《东南日报》只能出一张四开版，刊物不必说了，书店里买不到新书，文化食粮的恐慌，在前线，在后方，都一样的蔓延着。然而我们相信，敌人炮火纵然凶猛，敌人的炸弹纵然厉害，可是澎湃的抗战的怒潮，将培养出一切中华民族的生命，这决不是敌人所能阻遏的。果然，到了今天，浙江文化的繁荣，不仅恢复了而且超过了战前的状况。今天全省的出版物不下五六十种，全省的学校都一样地照常进行，而且民众教育较过去展开了，新的书店到处建立起了，戏剧、歌咏、木刻、绘画，这些在过去是罕见的，现在已经深入到最偏僻的小城市里去了；不仅在后方，并且在前线，报纸也办起的[来]了，文化工作队在组织了，这一切都是以飞跃的速度在进展。就从这个例子来看，可以证明抗战将使中国的文化复兴，抗战将创造出中华民族的新生命。

首先以崭新的姿态出现在现在战后浙江文化界的，是戏剧运动，前年年底在浙东各乡村展开戏剧的游击战的，有省抗敌后援会的流动剧团，第八集团军宣传大队，十集团的话剧团，浙大同大学生的战时宣传队，永嘉的战时青年服务团，上海职业青业宣传队，以及其他大大小小的宣传队与流动性剧团。这些队伍包括各地来的文化青年，随着他们的足迹，把许多新的抗战艺术，注入到各个边僻的乡村，使广大落后的民众，开始和文化生活接触起来，而也就在这一运动的过程中间，在农村里首先打下了救亡工作的基础。

随着抗战刊物慢慢出现了。首先是永嘉的《生线》，金华的《浙江潮》《战时生活》《大风三日刊》，丽水的《动员周刊》都以新颖的活泼的姿态供给了广大青年的需要。同时文化流动工作也建立起来了，全国的书报广泛地销行到各县，配合着救亡工作在各县飞快地展开，浙江呈现出一度紧张热烈的空气。戏剧运动，歌咏运动更迅速地展开了。龙泉、遂昌、云和、青田、丽水的民众剧场纷纷地建立起来，从流动而更深入了，接着中心剧团也成立了，巨大的群众行列，热烈的抗战讲座，雄伟的救亡歌声，激动的抗战壁画，不仅在大城市中可以常常看到，即使在小市镇上也成为不稀罕的事情。

随着文化工作广大地展开，文化界的组织建立起来了。浙江文化界抗敌协会，包括了一二十个分会，几千个会员，轰轰烈烈地展开了大众的文化运动。可惜这一组织没有得到当局的谅解，终于停止活动了。接着，文联会代之而出现，工作虽然还不够与广大的群众联系，可是却表现了文化界的统一。

同时各种刊物都像雨后春笋似的生长起来，当局对于这一工作帮助与赞助，尤其值得钦佩的，到了最近，为了配合政府的政治进攻，前线的日报已在积极筹备，文联会的文化工作队准备到沦陷区域去传播文化种子，粉碎敌寇的文化麻醉，在全国各省中，浙江的文化运动已经成为东南重要的一环。

一年的浙江文化运动，简括说来，大概就是如此了。

二、历史车轮是在猛速地进展，但是我们不能忘记不断地检讨，不断地改进。

争取抗战第[二]阶段迅速到来的任务，不仅决定于军事，而且必须是决定于政治、国际、经济，以及于文化力量的对比。文化是国家精神生命之所寄托，及其国力发扬滋长的凭藉。文化运动的发展在抗战力量的增加上是含有重大的意义，尤其和政治动员是有密不可分的联系。有人以为一颗炸弹可以抵得千万小册子，因此就产生文化无用论，这种歪曲见解必须纠正的。又有人以为今天的文化工作，应该回复到研究室和实验室中去，作为将来建国的准备，在抗战的军事中间，救亡文化工作是用不到的，这种误解文化意义的谬见尤须值得批驳与打击。今天文化运动中同时担负着三种重要的任务：第一，是粉碎敌人的文化麻醉，使沦陷区域内的民众，能够坚定他们抗战的信心。第二，是提高民众的文化水准，因此今天的文化工作必须利用一切形式普遍到广大劳苦大众中间去。第三，是沟通都市与乡村，前线与后方文化。今天后方农村中，与前线的兵营中，还大大地感觉文化食粮恐慌，著作界、出版界、艺术界必须努力设法，使从前都市中所能看到的东西能流布到广大的农民与士兵中间去。这一种工作必须靠文化界有计划地做去，才能收获美满的效果。

根据这上面三点，我们来检查一下目前浙江文化运动，虽然觉得是进步不少，但是离开我们的目标还是有相当的距离。首先，我们的文化工作似乎只在一些文化人中间兜圈子。日报的销路虽然增加了，可是平均起来，每个县份中还不过百来份，至于出版物种类虽然不少，可是内地仍感觉不能畅销，每一期在书店搁置起来的浪费，这很可惊人。作者这一次经过离金华几十里的兰溪，看见大书店放着的还是四书五经之类，这可以看到刊物的增多还是在畸形状态中发展。这些报纸、书籍、刊物为什么不能广大流通呢？那就是因为文化工作和文化运动不能很好地配合。文化必须成为一种运动。文化人除写作以外，必须深入民众中去，发动和号召广大群众来争取政治与文化生活，歌咏书籍为什么销得好呢？因为歌咏运动比较普遍了，政治文艺刊物为什么销得钝呢？因为许多民众对政治问题与文艺创作还不感兴趣，这是很明显的事情。由于上述例子，即可证明浙江文化运动的群众性还大大的不够。

第二，是大众化的工作做得非常差，虽然文教会已经出版了许多通俗的小册子，通俗的刊物和画报也有了好几种，可是真正能被群众热烈接受的还是很少。就戏剧界来说，最近似乎有偏于贵族化的倾向，乡村的流动演剧和街头剧渐渐减少了，舞台的技术有偏于向都市化的趋势，这种倾向必须予以改正的。

第三，是学校教育与民众教育还不能和抗战很好地联系。

学校里还采取关门读书的作风，民众学校不能被利用成为抗战宣传教育的重要工具，这使许多青年学生与要求知识的工农大众，没有适当地与正在怒长的文化运动打成一片，使文化运动的进展，受到许多的阻碍。

第四，前线士兵中间，今天仍缺乏文化生活。特别在浙西游击区内，看不到书也看不到报，官长和士兵主要的精神调剂，还是打牌，各个部队虽然都有它的机关报了，可是看到的还是后方民众，这固然由于我们工作不够，同时也由于没有建立很好的发行路线。发行工作在文化运动上是占重要的地位的，这一工作没有计划性去建立，是一个很大的缺憾。

最后，文化与思想统制的作风，虽然已经逐渐在改变了，可是还没有完全克服。这是文化运动不能成为群众性的一个重大原因。在今天抗战中间，我们最高的原则只有争取抗战的胜利，在这一原则下，应该给人民以一切思想言论的自由。齐一思想不仅是不必需要，而且是不可缺的。

当然，其他缺点还有，因为篇幅的关系，只能概括地指出了。

三、巨大的任务正放在我们的面前，我们必须以加倍的努力和突击的精神来完成它！

民国二十八年正展开在我们的面前。这一年我们将遭遇更多的艰苦，我们将担负起更重大的任务。我们的一切工作的总目标，应该是：加强我们的力量，建立抗日的根据地，发动广泛的全面游击战，争取敌我相持的第二阶段更迅速地到来。

在这个总目标之下，浙江文化运动的主要任务，就是建立东南的文化中心。自从武汉广州失守以后，全国文化中心西移，和东南的关系已经断绝，同时在军事上东南事实上将形成独立军区，因此文化上也必须建立它自给自足的中心区域，以供给广大的东南各省的需要。

就一切人才，印刷，发行的条件来说，浙江是比较最适宜的。环绕着这一中心，有安徽、江西、福建各省，均将仰给于浙江，因此今后浙江文化界必须担负起更艰重的任务。

怎样来实践这一任务呢？

首先，我们必须集中人才，加强自己的主观力量，因此希望各地的文[化]工作者能够来共同参加这一工作；文化统一战线必须更巩固与扩大，放弃文人相轻的恶习，广大地开放文化园地；而尤其重要的，应该使文化与群众运动联系起来，文化界领导机关应有计划地来领导各种群众性的活动。

第二，我们应有计划地展开沦陷区域的文化工作，健全文化工作队的组织，把出版、戏剧、歌咏、绘画等广泛地传播到失地去，和敌人的文化麻醉工作作坚决的斗争。前方的报纸必须有计划地发行到敌人占领区域去，后方应经常不断地供给前方以通俗的画报、小册子、书籍、刊物，同时前方应普遍成立文化通讯站，供给后方的材料。

第三，为了各地文化工作，建立密切的联系，应立即建立文化通讯网，普及于安徽、江西、福建各省，以及本省的各大城市，前线各部队，每一个地方建立一个文化通讯站，不断地供给通讯，交换刊物情报，使每一运动，通过这一种文化网，能号召各地文化工作者来共同参加。

第四，有计划地成立发行网，通过各大书店，再加上政府的协助，使每一城市都有为文化服务的推销处，负责推销战时各种书籍与杂志，使每一种出版物印成以后，不致浪费停滞。

第五，东南各大城市在今后仍有可能沦陷于敌手，因此我们一方面必须加紧准备工作，在必要地点，建立印刷上[厂]，发行机关，勿使一旦混乱，文化工作立即停顿，同时准备在物质条件极端困难情形下，能利用土纸的印刷继续文化食粮的供给。对于沿海各口岸的印刷机器及纸张，应由政府协助，勒令其早日迁入安全地带，免资敌人利用。

第六，建立独立的出版社，以供书籍的自给，政府对于这种出版社应尽力予以经济上的协助，同时我们必须沟通上海文化界的关系，使一时文化资料书籍的供给，不致发生恐慌。

第七，协助政府推进抗战教育，供给各学校以适用的战时补充教材与参考书籍，并号召学生青年参加文化活动，改变关门读书的作风。对于民众教育必须认为是重要工作之一，一切文化活动均可适用民众学校，推广到广大民众中去。民众剧团、民众歌咏班、民众识字小组，应有计划地去推动和执行。

第八，展开科学与艺术的大众化运动，搜罗专门人才，从事此项工作。我们应把一切文化活动，送到田庄上、工厂中、兵营中去，利用一切旧的形式，来参入新的抗战内容，使千千万万的民众，在更艰苦的阶段中，获得更丰富的文化生活。

第九，培养广大的新文化干部，是今天文化界重要任务之一。在抗战怒涛中，一定有许多青年艺术与写作的干部，尚未被发现出来，文化界的同志必须大胆地去教育去提拔他们，予他们以自动创作的机会，不要自高自大，轻视别人。在目前人才极端缺乏的时候，不能解决这一问题，是无法担负起这一艰苦任务的。

我们是黄帝的子孙，我们是中华民族优秀的儿女，我们有几千年光荣的文化历史，在持久抗战中，它必然将更发扬光大。现在伟大的困苦的一年带着许多艰巨的任务正在迎接我们，让我们加倍努力吧，全浙江文化界的同志！

（录自《浙江潮》第42、43期合刊，1939年1月1日）

论关岛设防

一、华盛顿四国公约的死亡

自去年泛美会议以后，美国对国际的态度，一天一天地强硬起来，例如对华的贷款，对日本严重的牒文，对德国猛烈的抨击，大西洋舰队的出动演习，以及海军根据地与军备准备的扩充。这一切都表示泛美会议以后，美洲联系工作固然更加紧，但另一方面由于世界法西斯到处猖獗，美国的门罗主义和中立主义显然已经到了没落的时期，山姆大叔的长腿不能不插入到南太平洋和中欧地中海中间去。美国这种积极的态度，不问其主观上还仅仅是限于巩固其在东西半球的势力，客观上却具了反法西斯斗争的重大意义。这一世界最大金融王国的昂首不仅给法西斯一个威胁，而且对英法的外交政策也起了一种极大的刺激作用。

在美国最近各种积极的表示中间，最值得日德法西斯焦灼的，应该是关岛设防这一问题了。据哈瓦斯一月二十日电，美参议院海军委员会主席华尔许提出法案，主张拨五百万元美金在关岛开辟海港，建造营房，树立航空根据地。这个提案并已获得罗斯福与各界人士的赞同，但提案中对于防御工事的建筑尚未谈到，据罗斯福总统意见似乎目前还是改善防务，至于设访问题尚待看世界时局如何演进而转移。

这一个问题今天虽然没有完全决定，但日本已在表示十分的焦灼了。据日本海军发言人表示此举“不但为对日非友谊的态度，且亦予日本以一种威胁。……日本之委任统治地均为美领之夏威夷，密都威岛，关岛及菲律宾群岛所包围，今美若在关岛设防，则日本即无法保御其南太平洋之各岛。……”

日本为什么这样焦急呢！这表示关岛的设防将根本改变了一九二一年华盛顿会议所划定的太平洋势力圈，打破目前太平洋上的均衡局面，亦即是说，美国将改变它传统的门罗主义。

我们知道关岛原本是美国在太平洋上一个重要根据地。自从欧战以后，美国心满意足地踏上世界的皇座，那时日本刚在我国青岛方面积极活动。美国为了防止日本势力向大陆的发展，并压迫英日解散同盟起见，特地在一九二一年召集了华盛顿会议。在这个会议上，把太平洋上英欧日的势力重作如下的分配：

美国：菲律宾，关岛，萨摩亚，阿留申群岛

英国：香港，英领婆罗洲。

日本：千叶群岛，小笠原群岛，奄美大岛，琉球，台湾，澎湖群岛。

而且，在公约上还限制了各国在太平洋上的军事设备，特别规定了“在各国的领属海岛上不得设防及建立海军根据地”。当时美国这样做法，以为英日同盟解散，日本显然无力单独进攻南太平洋，而且南太平洋上自己尚有菲律宾群岛，借此限制英国在远东一带扩充军备，也未始不是妙策。美国就在这诺言下自动把关岛的防务撤除了。

华盛顿会议以后十余年中，美国就藉这种均衡局面，高唱其门罗主义，想保住它优越的地位。可是帝国主义矛盾的发展，这种局面是不能维持多久的，日本早就在南太平洋诸小岛上积极建筑其秘密军备。同时日本的经济侵略积极向南洋市场伸进。英国又在新加坡建立了它坚强的军港，这使太平洋新的危机早已日趋迫近，但一般地说还没有达到极尖锐的程度。

自从日本侵略中国战争开始，日本法西斯势力在远东更疯狂地猖獗起来，一九三一年“九一八”以后，日本就在南洋委任统治地群岛中的赛班岛(SAIPAN LSLAND)和帛琉群岛(PELEW LSLANDS)进行其秘密军事设备，以包围关岛及截断夏威夷群岛与菲律宾群岛的联络，此外小笠原群岛方面，也早有建筑了军事根据地，到“八一三”以后，日本更公然地撕毁九国公约，蹂躏中国各省，独霸长江的通航，掠夺中国的海关，这一切已经使美国忍无可忍了，但是因为史汀生主义的未实行，英美没有协调，美国门罗主义政策始终还维持着。不料日本得寸进尺，一方面进攻华南，一方面近卫公然宣废九国公约，而尤其难忍的，是日本在澎湖群岛建筑海军根据地(这在华府公约是禁止的)以及最近在日本德意军事同盟声明中，日德在关岛附近的加罗林群岛上与马治尔群岛上已在建立空军根据地了。这使关岛还没有威胁别人，而本身倒反被人家威胁。这无怪关岛设防的建议一提出，美国各界都报以热烈的赞同。

华府条约的精神今天早已死亡了。首先破坏这条约的，当然不是美国而是日本，美国今天对太平洋问题的积极态度，不仅是为反对日本侵华，而更是为维持其自身的生命线，而尤其是希特勒排斥美国的政策，德日意秘密军事同盟的缔订，使关岛设防问题的意义更是严重了。

二、关岛在战略上的地位

关岛为什么这么重要呢？这首先要了解关岛在太平洋上所处的地位。

关岛是在菲律宾群岛之东，加罗林群岛之北。夏威夷（它是通荷兰港，旧金山，巴拿马的一个总站）到菲律宾群岛一个主要的联络站，也是横断太平洋飞航的一个重站。它和各重要海口的距离如下：

上海东南约一八〇〇英里

香港东南约一八〇〇英里

新加坡东北约二七〇〇英里

澳洲正北约一五〇〇英里

横滨正南约一五〇〇英里

马纳拉正东约一四〇〇英里

它虽是只有二百零七万里面积，却是马利亚纳群岛中最大的一个岛，它的四周全是委任统治地，下图（图略——编者

注）中一个方框框就是表示日本委任统治地，而关岛则像眼中钉一般恰嵌在这个方框框的中间。就地图看来，日本的雅浦岛，帛琉群岛，加罗林群岛，马绍尔群岛，马利亚纳群岛，小笠原群岛（这些岛上大半都有军事设备的）恰恰把关岛包围在内线中间，而且如果这个包围完成，日本可以不藉航空母舰便可切断菲律宾与美国的航空与海军联络线。美国太平洋舰队欲从新大陆来远征日本就得吃力不讨好，另一方面日本可利用台湾澎湖群岛的根据地直袭菲律宾，使菲岛感受孤立的威胁。至少在日本讲来，这可以使它大胆进行其南进政策，让美国无可奈何它。然而如果关岛一旦设了强大的防务，则太平洋形势将完全改换。美国从阿拉斯加的阿留申群岛起经过夏威夷，萨摩亚，关岛，到菲律宾完成一个半圆形的大包围，这样反把日本三岛包围在内线了。美国海军的大巡洋舰便可纵横太平洋上，而从旧金山经瓦基密都威到菲律宾的航空站，可以使美国的飞机大大活跃于太平洋上的天空而无忧。如果这样，日本委任统治地同势力便将被美国海空军所冲破，日本从千叶岛到南洋的一串链锁，将因关岛设防而被切成两段。

再进一步说，如果英美法苏的合作成功，则南有香港新加坡达尔温的英国三角形海军联络线，北有海参崴的苏联远东舰队，团团地包围起来，日本的海军势非全部崩溃不可。

再从海军的力量来说，日本目前在西太平洋所有的海军，还不够进攻，而美国正在扩充舰队，制造大型的巡洋舰，其次势力较日本当然强得多，空军的力量日本更大大落后于美国。过去美国的缺憾，就是水站煤站汽油站航空站的联络太远，照海军部长文生氏的新计划，拟以四千四百万美金作为建筑海军根据地之用。据华盛顿观察家称，美国重要海军根据地共十五处，其中十处如夏威夷群岛中之阿湖岛，密都威岛，关岛等之空军根据地均在太平洋(合众社十三日华盛顿电)。如果这个计划通过，则太平洋上美领各小岛均将取得联络，美国的太平洋海军自然将一跃千丈，正如共和党议员奇勃逊所说，“若将关岛设防，则日本将永远无以大队进攻菲岛之可能”，也正如日本海军发言人所说，“如美在关岛设防，日本即无法保御其南太平洋之各岛”。关岛在战略上所处之地位的重要可想而知了。

三、关岛设防的意义与前途

关岛设防的意义，我们在上面已经大概指出，是美国对于太平洋上法西斯进攻的一个答复，现在我们可以更详细地指出下列各点：

首先，关岛设防不仅在军事上有重大意义，而在政治上亦具有同样的重要性。太平洋上的矛盾在今天早已超出华府四国公约所能限制的程度了。美国明知道这一点，所以去年通牒中曾经根据华盛顿会议条约，要求日本召集英法美日四国会议来解决远东问题。这一会议的形势对日本显然是不利的，当时日本就不客气地拒绝了。据美国海陆军公报谓，“关岛筑港提议并动机，在强迫日本向民主国家要求开会讨论太平洋问题，日本果有此项要求，则英美法三国均愿与之商谈，且会议如有结果，美亦愿放弃其筑港计划”。这可见关岛设防主要还是政治上一种示威，罗斯福想借此来强迫日本向英美法就范，所以国务院方面说，“日本若就关岛问题提出抗议，其性质必须有便利一种新协定之成立，美政府始可以予听取”。日本在这个问题之前只有两条路：一条是加速日德意军事同盟的执行，藉德意的响应继续其疯狂的南进政策，一条是藉既成事实对英美作相当的让步。但是中国抗战决不停止，日本的侵略欲也不会中止。美国所期望的新协定并不能解决远东的基本矛盾，太平洋上的国际形势将随着矛盾尖锐化的进展而转趋于有利。

第二，关岛设防对国际民主国的外交政策上也具重大的影响。罗斯福在一月底提出国会的咨文中曾声明对于法西斯独裁所采取的方式，“除在精神上加以非难而外，尚须在外交上军事上经济上着手分解。美国政府兹已决定将国防线自阿留申群岛起迄至关岛，予以充实，世界各国不乏与美国具有同样的利益，具有同样的防御观念者，英法两国即在其内，自当以积极抵制各全能国为原则，尤其是抵制德日两国为原则，赞助各该情完成扩充工作，并在科学研究工作上交换情报”。这可见美国在扩充国防线的计划中，是极力想拉拢英法，使美国在南太平洋的海军力量与英法取得一种密切的联络与配合，以抵制日德的势力。关岛如果设防则对于英国在远东的政策，将有一种积极的刺激。英国近年以来对于远东的轻弱态度，可能因此而转向进步，而太平洋和平外交阵线的建立在这种实力联系的基础上，有更具体成立的可能。

第三，关岛设防与菲律宾独立问题是有很密切关系的。罗斯福已拟向国会提出修改菲岛独立法，与关岛问题同时讨论。据一般估计美国可能给予菲律宾以更大的政治独立性，因为关岛如建筑了防地，美国当可允许菲律宾设置军队以保护其自身领土的完整。但我们必须认识，菲律宾这种独立还是在美国一定控制下的自由，而且美国对于菲律宾重要的海军防地必然仍旧抓在自己手里，在实质上是美国更加强了对菲律宾的统治，至于名义上的漂亮人情，美国当然是乐得做的。

最后，我们需要特别注意的，就是日本于本月十日强占海南岛一事，是和关岛设防有针对的关系。海南岛是在菲律宾以西，日本如在这里建立海军根据地，则可以和台湾与委任统治地诸岛取得联络，对菲律宾再来一个反包围，及截断英国印度洋到新加坡的航线。这一着显然异常毒辣，而且显然是对关岛设防先发制人的狡计。这也说明日本在太平洋上野心并不因美国的关岛设防而戢止。今后的形势将可能促成英美在太平洋上由精神的一致到行动的一致，如果英美法海军能协力积极对付日本，则印度洋新加坡菲律宾关岛的英美海军力量，仍足分别摧毁日军根据地。在矛盾日益尖锐化中，日寇这种冒险行动，结果是将促成其更迅速的崩溃。

（原载《东南战线》1939 年第 3 期）

论南昌战局

一、战局的新形势

上月间纽约《民声讲坛报》，对于目前中日战局曾作如下的评论：

“日军对于湖南省所进行之攻势，显已不振。华军若在该处前线进行反攻，当可击破日军在华中所据各线各点。按之外国军事观察家所见日军集中机械化装备，用以掩护步兵前进，原可达到目标；反之，日军之炮队飞机，若无法发挥其强大之火力，又无大队坦克车为之掩护，其步兵即无法切实推进。该国军事当局且已获有苦痛经验，深知日军倘与华军肉搏，则此种华军，无论其为苦力或学生，均非日军所能敌。准是而论，中国军队若在十余处前线从事反攻，则日军机械化装备所占优势，必为华军所打破，益以游击队之扰乱日军交通线，则日本榨取中国财源之幻想必告消灭，要而言之，日本对华之冒险举动，将在数星期之内，入于紧急关头，有可断言。”

这项观察，可以说是相当精确的。在二十一月抗战以后的今天，日本进攻力量已经削弱了一大半，战区的扩大使敌人机械化部队集中感觉最大困难。这在敌我伤亡的比例上反映得最明显。据第×战区负责机关发表，在廿七年三月以前，我二十三个半人才能换得敌一人，廿七年三月以后变为运动战，攻强则我牺牲一点四人换敌一人，打行进间则我三敌五，夜袭则我一敌四；而根据其他游击战役的报告，则甚至达敌二十我一之比。这种可靠的数字是最足说明敌我力量的变动，和敌人机械化部队作用的减低。在敌人的文件中我们也看到了同样的叙述，例如敌一〇三旅山田团长致鹫津中将书中即说明“敌人（指我军）多用避重就轻，避实击虚之战术，今已改用游击战术，吾人既不识其轻重，又不知其虚实，战线愈广而应付亦愈难，故扫荡战已无效果，而轻重及小部队又常遭伏击，此种损耗殊为不值，实有即行讲求根本对策之必要”。

由于这种原因，敌人在攻下武汉以后，企图分兵裁断我国南北两大交通路线的计划，受到很大打击，晋粤战事历半年之久，敌人不能越雷池一步，中条山七次围攻的失败，更使敌人速战速决的战略，根本发生动摇。而同时政治上和平阴谋又失败，这使敌人不得不抛弃其原来的战略，另求“根本对策之必要”。在今年二三月间，全国战局曾一度呈沉寂之态，这就是表示敌人在苦闷的踌躇之中。当时我们曾指出这种停滞现象，是表示敌人战略进攻在原则已经衰退，但仍保留继续进攻的力量。果然，在一度沉寂之后，鄂中赣北浙东的战局又续趋紧张，进攻鄂中和南昌可以作为敌人回兵进攻华中的一个起点。敌人为什么要把战争重心重新移向长江呢？这明显是有下列几点理由：

一，敌人鉴于我国西南西北建设的突飞猛进，以及游击战争广泛的发展，感觉以速战速决的方法切断国际路线的企图，非但不能急切达到，反而徒遭消耗，不如在华中另图发展，以挽救战局之危机。

二，敌人既抛弃其速战速决的野心，乃不得不另求稳扎稳打的方法，所以想巩固武汉，占夺拱卫武汉之三大重镇——宜昌长沙南昌，并打通其联络线，以图作“百年战争”(?)的大计。

三，两年战争使敌国经济崩溃更速，乃求扫荡长江两岸之我游击区，以图华中经济的开拓与扬子江航业的发展。

四，为了争取国际上的面子，特别是响应德意在欧洲的进攻，以及刺激国内民众疲惫之情结，乃施其突据大都市之故技，以耸动视听。

最后，尚有一点极重要理由，绝不能被忽视的，即敌寇此项军事战略，是为配合着一种政治上的阴谋而运用，我们记得汪逆与平沼所订定的卖国密约中，即包括“在华中日军应占长沙，截湘赣铁路，并占襄阳与樊城，以制湘川两省”。又“日军占领南宁长沙宜昌沙市襄阳樊城与西安时，汪将另发宣言，一改已往所抱吁请蒋介石开始和平谈判之政策，而自行出面处理大局”。西安南宁二点，敌人已经尝试了半天，始终是个幻梦，因此，目前战局的主要目标，便自然移向长沙宜昌襄樊等处，以图控制华中，进迫四川。

我们研究敌人在华中进攻的战乱，大概是要占领华中四个重要据点，即宜昌，长沙，南昌，及浙赣路的东南段，以完成其开发华中经济，扫荡长江两岸游击区，进而威胁四川的企图。其计划似以占领南昌入手，打通高安通城，汇合湘北之敌进攻长沙，然后西渡洞庭犯常德，与鄂中之敌，会攻沙市宜昌，同时北取襄樊窥汉中，完成武汉外围三大重镇之占领，华中既定，浙东之经济作用已失，乃开始扫荡江南，以稳定傀儡政权。所以这个战略在进攻中是包含着巩固的作用，不急急于突进，而以全力争取各据点的占领。在战术上便是进行其大迂回的包围。

这个战略如果成功，不可不谓毒辣，可惜已经迟了一步。首先在敌人主观力量说，现在已非会攻武汉时可比。作战力量的衰退，机械化部队技术的低落，这是敌人致命的创伤。以进攻武汉的力量尚不能消灭我们主力，现在更谈不到，敌人不能消灭我们主力，这种毒辣计划就少实现可能。其次就现在作战的环境来说，敌人要实现这一计划，首先应解决的，即打通赣湘的联络，但这一带山岳地带的作战，敌人机械化兵器的作用就减少，正如《民声讲坛报》所谓“华军若能在十数处前线同时反攻，则日本机械化装置的优势，必为华军所打破”。

然而仅仅这样，这还不够说明敌人进攻不能成功的原因。主要的一点，是在我军战略与战术的进步。敌人一直到现在，战术上所采用的仍不外迂回包围和锥形突击的战术，这次进攻南昌便是迂回的方法。所谓“无论以寡敌众之际，亦应彻底放胆，采取迂回包围之势，以期一举歼灭敌人”（见日本参谋部编：《对中国军队作战之参考》）。这种战术在我军作战缺乏协同性、机动性及主动性的条件之下，是颇有效的。但是自从南岳会议以后，我军已积极地克服了这些缺点。

总裁在南岳会议上指出如何运用侧击战术以打破敌人锥形突击，如何注意协同性与机动性，如何争取主动以完成此种新战术的运用。这些新的战术在这次反攻南昌的战役中已经充分发挥作用，使敌人那种冒险战术受到致命打击，最近赣北的胜利绝非偶然的，这是台儿庄以后最有意义的一次胜利，而且比台儿庄一役用得更进步更广泛，这一胜利告诉我们，我们在战斗上已经击中了敌人的要害，我们已经由被动的地位争取到主动的地位。由于我们的进步，配合敌人的退步，这是第二期抗战中转败为胜的关键上一个特征，我们对于这一特征，必须细细去研究。

但是对于目前胜利的反攻，我们还不能过高地估计以为是足以整个歼灭敌军的战略的反攻，同样对于敌人，我们还不能过低地估计为已经完全失却进攻能力。过高地估计自己与过低地估计敌人，这是最危险的，一般地说，我们在整个战略上还是带防御战的性质，目前正是在转向战略反攻的过渡时间中，敌我均势的形势正须在目前的战役中用全力去争取，正如某将军所说："现在是个危险的时期，但同时也是中华民族难得的时机，是由于敌人准备新的力量继续进攻，我们准备新的力量开始反攻，战事暂时沉寂的时候，同时也是最严重最痛苦的时期，只有挨过这一个时期，我们才能打破敌人，建立一个崭新的中国。"

现在新的进攻与新的反攻刚在开始了。这是一个更艰苦的肇端，更严重的一个关头。从数周来不断的捷报中看来，我们显然已经占了优势的地位，但是这更须以最大的警惕与苦斗，才能挨过这个时期，完成初期的胜利。

二、南昌外围战的检讨

赣北的战局无疑已成为全国战局的重心，尤其最近反攻南昌的胜利，已引起全国人士绝大的兴奋，神经过敏之流且目为胜利之期即在眼前，这种速胜论者的看法当然是不正确。我们上面已经指出，这次反攻还不能即认为决定中日胜负的战略反攻。但是这次反攻中所获得的成功，是值得我们指出的。

当敌人进攻南昌之际，他们的战略是分西南二路进兵，西自箬溪攻武宁，南渡修河袭安义奉新，渡河后复分二路，一路由万家埠直迫南昌，一路西趋上高安，截断南万公路，以扼南昌我军之后并作西窥长沙的准备。当时武宁高安二大据点均先后失陷，战线遂移在锦河抚河二水隔岸相持。敌军获得此二据点之后，一时颇占优势，野心勃勃大有直捣长沙之势。高安方面敌以全力与我军相搏斗以期直趋万载萍乡，武宁靖安间之敌则大部沿修水西犯，谋与鄂南通城之敌取得联络。同时通城之敌由汉口调兵三万，长江敌舰移驶洞庭湖向南岸猛攻，通山崇阳岳阳之间敌军亦积极活动。敌人的战略显然以武宁、高安、通山三处为据点，作成由湘鄂边，赣西，三面半圆形包围形势，向长沙进攻。

可是敌人虽据有这种优势，但却是有一绝大的弱点，即兵力不敷调遣，敌以四师团之兵力攻陷南昌，而损失竟达三万人，以后敌人虽陆续由华北调兵增援，然远水救不得近火，而幕阜山九岭山的天险，又使敌军之机械化部队无法施展，这种时间空间的条件，却给我们反攻一个绝好机会，所以华中大会战的局势未成，而我军已直薄南昌。敌人的失败显非偶然的。

我军在这次反攻中所采用的战略与战术是非常正确的。首先这次反攻是和全国各地的反攻如晋西，粤北，鄂中以及皖南豫中相配合的，这使敌人欲集中兵力感到极大困难，这和过去敌人集中兵力来攻击一处迥不相同。其次，我们把握住敌人进攻的计划，而予以个别击破。敌人以全力攻高安，我们一方面以全力堵住敌人使不能渡河，一方面侧击奉新大城，使高安之敌前后受胁，另一方面更加紧抚河方面的反攻，以直胁南昌。因此高安经数次争夺卒为我克服，我军且进而包围奉新大城。高安克复，日军进攻湘省之第一个据点即被我击破。再次，敌以武宁为据点沿修水向鄂南通山通城进袭时，我即由修水北岸分三路侧击武宁，以切断敌人之后路。同时鄂南方面突出奇兵克通山，使敌人欲由湘鄂边占到我要道又被我切断。通山收复，不仅赣敌势挫，即岳阳崇阳之敌，亦顿起恐慌；蒲圻方面我复猛烈反攻，直迫咸宁阳新。南路方面配着高安奉新大城的反攻，我复发动左右两翼向抚河东岸反攻，合围向塘莲塘，与生米街我军取得联络，直薄南昌城郊，甚至冲入南昌城内，火焚飞机场，一时声势之雄壮直使举世震惊。

目前南昌以东，滨湖临江各地，南至向塘，西南经万寿宫至大城，西北经万家埠至张公渡，以及大城经奉新安义张公渡各公路与靖安武宁等地域，均为我出击部队纵横出入之所，鄂南阳新鄂城间与咸宁通城间之两公路，及其南林桥至辛潭铺一段东西国家经纬线，湘北之岳州以北铁道地区，亦无处无有我出击部队之活跃。凡敌在赣北鄂南湘北仅有之据点据线，已经我击成支离破碎。这就是一月余以来，敌军企图冒险进犯湘赣所获得之惨果，也是我军第二期抗战初期新战略成功的一个证明。另一方面，也是对平沼汪精卫密约的一个致命打击。

目前战局的中心虽似在围攻南昌，但就战略上说，我们反攻的目的，并不在克复南昌一座城池，而是粉碎敌人进攻华中的阴谋，摧毁他们的力量和据点。争取我们的主动，这次反攻胜利主要也并不在突入南昌，而在高安，通山几个据点的夺回，以及在敌人攻势的被打破。这种战略上任务，我们显然已经初步地完成了。

不仅在战略上获得巨大的胜利，而在战术上的成功，尤其值得发扬的。这次反攻的胜利，可以说是正确地执行了南岳会议中总裁的指示，这一指示经过此次战役的证明，益显出其伟大的价值。

首先，这次反攻是正确执行了总裁所指示的侧击战术，使敌人欲由高安武宁突进的计划，完全被击破。其次，在侧击战术运用中，正面阵地的稳定持久是必要的，这次我们以极大力量，阻止敌军于锦河、抚河及修河，使他们屡次攻击不能前进，而从侧面我们猛烈进击，遂使重要据点，先后收复。第三，在协同作战及机动性上是发挥了极大的效能。南昌，高安，奉新，武宁，通山，蒲圻，湖口，彭泽各地的同时反攻，使敌人首尾不顾，正如某级将官所说，“此次攻略南昌，由纯战术上视之，已达充分之机动运动，至将官掌握部队灵活，与士兵协同动作一致，尤有惊人进步。”第四，在争取主动上，我军获得空前的成功。所谓争取主动，就是“‘攻其所必救，取其所必争。’使他们自守自救不暇，处处陷于被动，敌人陷于被动，我们就可以发挥力量来击破它”（总裁对参谋人员训词）。此次反攻，完全是按照我们一定计划，与全国各地反攻互相呼应，逐步实施，所以反攻开始以后，敌人处处在被击的地位，这在过去战役上是很少见的。

敌人文件中曾夸说，日军拥有优越的兵器，横冲直突不必取得联系，只要占其一个据点，我军便不敢反攻。这种错误的认识，在此次战役中已受到痛苦的教训了。

此次反攻的胜利，当然不是偶然的，但是我们绝不应自满自大，应牢记总裁“胜不骄，败不馁”之训词，从此次战役的经验中去学习更进步的战术。

三、战局的展望与更大胜利的争取

最近数日以来，赣北战局形势的变化，已无一周前那么的激烈，这个原因是敌人鉴于进攻的惨败，正以全力死争南昌近郊的据点，及在靖安奉新安义之间保持其据线，以等待增援部队的到来，另一方面正加紧从国内调兵，由沪火速运赴九江，以期继续进攻。

南昌能否克复，这一问题现在还不能确定答复。而且这一问题并非主要。战局能否顺利继续进展，其关键不在南昌克复与否，而在我军是否能在敌军增援部队大批开到以前，继续摧毁敌军现有的据点，使增援敌军立脚不稳，根本消灭他们的战斗力量。

如果能够完成这一任务，则克服南昌自然不成问题，而且战局亦许可以急转直下，使赣北敌人根本无立足之地。否则，新的恶战也许不久将在南昌外围及湘鄂赣三角地带中猛烈展开，我军在这时必需准备和补充新的生力军队，予敌人以第二次的打击。

敌人在目前形势之下，是具有巨大弱点。据敌军参谋部所编《对华作战参考录》中所指示对中国军之攻击通则中说，“一日开始攻击，便应继续以至成功为止，否则，尔后之攻击当更加困难。”目前敌人显然即在这种困难之中。其次，敌军在此次进攻中，死伤之大为过去所少有，上海伤兵医院中，送到的伤兵几不及运输医治，而且据前线归来之士兵谈，敌人此次作战之胆怯，亦为过去所少见，足证敌军士气已大衰，这使敌人战斗能力将大见减低。再次，目前豫中，鄂中，华北，均有我军猛烈的反攻，使敌人欲集中兵力以挽华中颓势很少可能，而自国内调兵，既感滞缓，而对于日本人民反战情绪刺激更大。

把握敌人的弱点，我们在目前战略上与战术上必须注意到下列各点：

第一，敌人即欲集中兵力继续进攻，其时间尚须数月，我们应利用这一时机，趁敌人配备未竣之前，继续向残余各要点进攻，以夺取其整理与补充的机会。

第二，对于南昌，能克复则当然克复，如须花巨大牺牲，使我军受不必要的过多消耗，则我不亟亟于夺取一座在目前战略上已失去重要性的城池。敌军营谓我军对大都市争执心非常之大，因此贻误作战者，殊属不少。我们必须克服此种错误，一切无把握的决战，我们是应避免的。

第三，我们应利用敌人衰颓士气，加紧敌军的政治工作，以促进敌军内部的瓦解。同时加强本军政治工作，以取得更广泛民众之援助。而对于必要的兵力与军火补充，尤须以迅速的方法妥为布置，使九仞之功不致因一篑而亏。

第四，加紧鄂南鄂中的反攻与扰乱以牵制敌军的调动，在敌后广泛地发动游击战争在目前尤有必要。

目前我们仍然在一个严重关头之中，我们必须以更大的警惕，作更大的努力，才能在艰苦奋斗中去继续这一光荣的胜利。

（原载《文化战士》半月刊 1939 年第 1 期）

漫木界的希望

张乐平先生在金华要举行一次素描展览，《大风》社特地出一漫木特刊，这消息引起我很大兴奋，因此，也引起我对中国漫木界几点热烈的希望，虽然我得声明，对于漫木，我是个外行人。

抗战两年来，漫画和木刻在艺术领域内，确实呈现一种飞跃的进步。两年前许多人恐怕连木刻是怎么一回事都弄不清楚，而现在到处刊物上都可以看到木刻作品了。两年前漫画只有报纸杂志上你可看得到，现在呢？连三家村的泥墙上也贴着大张的抗战漫画了。不仅是量，而且质也大大进步，现在连日本漫木界也不得不承认，日本的漫木是给中国击败了。

这自然是时代的要求，然而也由于艺术和现实更接近了，使伟大的作品在现实主义的基础上更迅速生长起来。关于这一点，更不能不使我们想到鲁迅先生的伟大，他在晚年是怎样花了一番心血在提倡这种新兴的艺术啊。

现在的收获已经不少了，但我想漫木界同志决不会引以自满，而是不断努力再向前迈进，因此，下面几点希望，也许可以供漫木同志一个参考吧。

首先，我觉得漫木在中国虽然还是一种新兴的艺术，然而在绘画领域内，已经有逐渐取得主要地位的趋势，但是关于漫画艺术理论的研究，却还不多。我以为理论是指导创作和帮助它发展的重要武器，这一武器绝不可少的，因而特别希望漫木界同志，多做些理论探讨、介绍，以及对中国古代版画艺术研究等工作，以适合目前民族战争的漫木艺术理论基地。

其次和其他艺术部门一样，由于客观需要的急迫，漫木作品内容很容易倾向于公式化，甚至因此引起一部分艺术家的作品，有走向“与抗战无关”的倾向上去，这自然是应该加以批评的，但是为了充实艺术作品的内容。漫木作家首先应充实自己的生活，到战斗生活中去改造。这次张乐平先生展览的几百幅素描，都是从前线现实生活中取来的，因此给我们印象也特别深刻和生动。漫木作家的笔和刀具不仅是描刻的工具，而且还应该是创造生命的工具。

再次，漫木艺术是不久才从西洋介绍过来的，因此我们看到中国的漫木作品，往往浓重地带着西洋作品的气味。为了适合中国大众，我们必须提出“中国化”的口号，因此对于古代中国艺术的研究和旧形式利用，是很重要的。最近看了赖少其先生一幅《抗战门神》，把旧式门神画加以改造，获得很大成功，这是值得赞美的。只有通过这类方法，漫木艺术才能更容易传送到大众中去。

“这是开始，不是成功，是几个前哨的进行，愿此后更有无尽的旌旗蔽空的大队。”这是鲁迅先生 1935 年对全国漫木展的讲话，现在旌旗蔽空的大队是出现在民族战争中间了，但我们还希望这大队创造出更多的光荣战绩。

（原载《大风》半月刊 107 期。1939 年 9 月）

论第二次世界大战

我知道，帝国主义战争是资本家所组织的，目的是在于巩固那种秩序，使得“和平”时期的每天的“野蛮行为”，成为普通的现象，而且还在于他自己要发财，却并不为着民族的利益。

高尔基

第一章　历史的命运

问题的本质

一九三九年九月一日，希特拉向波兰放出第一声大炮以后，世界第二次大战在欧陆上正式地爆发开来了。严格说来，第二次世界大战的开始，已经不是今天，这不过是大战从片面转变到全面罢了。人们也没有像一九一四年那样的惊惶和狂热。上过一回当，学会一次乖，人们很知道，第二次大战的爆发是必然的。

其实，远在凡尔赛和约签字那一天，就有人预言过了。第二次帝国主义大战将必然爆发，今天他的预言是证实了。

为什么是必然的呢？凡是稍稍懂得社会科学的人都会毫不迟疑地回答说，这是资本主义矛盾发展的必然结果。譬如说，生产过剩啦，市场不够啦，殖民地不够啦，大众的贫困无法解决啦，于是第一次大战后帝国主义者互相瓜分好了的殖民地，现在又要争夺了。你争我夺，结果就必然诉之于战争。

但是问题当然不是这么单纯，例如战争为什么在今天爆发？战争的性质是怎样？它的前途是怎样？苏联美国以及其他各国在大战中会取什么态度？这一切问题都需要解答，然而要理解这一切问题，首先应捉住问题的本质，然后才能把握错综复杂的国际现象。这本质是什么呢？就是今天资本主义的总恐慌。我们知道，今天资本主义不仅到了垂死期，而是到了总恐慌的时代，而且是总恐慌时代的第三次恐慌了。这次恐慌不是“旧恐慌的简单重复”，不是资产阶级所谈的十年一次的循环，而是破坏了资本主义恐慌周期性的恐慌。在这种世界性的经济恐慌基础上，就必然引起世界严重的政治危机，而在它的前面只有一条路——就是战争。

一切问题必须从这基点上去着手。

二十年代与四十年代的差别

但是一九一四年的大战，不也是资本主义矛盾的爆发吗？为什么上次战争并没有清算了资本主义矛盾而使它崩溃呢？这次大战是不是一九一四年历史的重演呢？我想这问题是需要首先回答的。事实上，主张历史重演的人们，只是机械主义的还原论者，他们把历史的发展看成均势的破坏与重建立，看成是“天道循环”，而忽略了历史本质发展上的一切条件。这恰和帝国主义者的观点一致，因为帝国主义者正在想以战争来挽救他们的垂死命运，而梦想资本主义的复兴。然而我们看得清清楚楚，第二次帝国主义大战的目的，虽然和第一次大战，并无不同，都是为了掠夺，但是二次世界大战的资本主义危机与国际间诸条件，和一九一四年以前显然有巨大的差别了。这差别将说明为什么前次大战没有清算了资本主义的矛盾，而历史的命运将使世界走入更酷烈的第二次帝国主义战争。

这差别表现在哪里呢？

第一，一九一四年以前，资本主义恐慌还是局部的，只是在资本主义国家内兜圈子，还没有波及全球，而战后的经济恐慌却是一般的，全面的，除开社会主义苏联以外，世界任何一角，都免不了卷入恐慌的漩涡。

第二，战后资本主义的恐慌不仅在广度上，而且在深度和速度上，也较过去时代更强烈了。由于生产力更高度的发展，资本的更集中，所引起的金融紊乱，市场缩小，失业增加，生产过剩等等现象，达到空前猛烈迅速的程度，已经不是旧的方法所能应付；而在另一方面，世界资本主义国家的工业恐慌与世界的农业恐慌也结合起来了。

第三，一九一四年以前，世界殖民地还未被分配完毕。第一次大战的结果把它全部分配了，现在不仅是掠夺殖民地而且是重新分配殖民地，不仅是重新分配殖民地，而且还是欧洲本身再侵害的战争了，这就促进帝国主义集团中间矛盾的更尖锐化。

第四，第一次大战以后，世界上多了一个占六分之一土地的社会主义国家苏联，多出一种社会主义体系与资本主义体系的矛盾，而且由于社会主义在六分之一土地上迅速地发展，更缩小了资本主义活动的领域，加深了资本主义本身的矛盾。

第五，战后殖民地的革命解放运动蓬勃地生长了，弱小民族与殖民地再不甘作帝国主义的附庸了，反侵略的怒潮更加深了帝国主义与弱小民族殖民地的对立。

第六，由于资本主义矛盾的加深，自由经济逐渐被集团的统制经济所代替，而由于资本主义发展的不平衡，一部分新兴帝国主义便趋向法西斯化，为了挽救经济的危机，使经济机构军事化，加紧军火的制造，企图解决生产过剩与失业增加的恐慌，造成所谓军需景气，这样更促进尖锐的政治危机与所谓民主国家与法西斯国家的对立。

以上这样差别，说明了“资本主义危机的一般性”。这是今天新帝国主义大战的特征。这是代表着今天国际间多样的矛盾。如果一九一四年的大战，是帝国主义膨胀的结果所产生的彼此间矛盾的爆发，这次大战却是帝国主义达到膨胀不能再膨胀的时代，为了挽救其垂死运命而爆发的战争。今天除了帝国主义与帝国主义矛盾以外，帝国主义与殖民地弱小民族的矛盾，帝国主义国内阶级的矛盾都大大地提高了，而且更加上了社会主义体系与帝国主义体系的矛盾，这种错综复杂的矛盾，是造成了今天国际局面错综复杂的基本因素，这是理解第二次大战问题必须把握的骨干。然而这一切总结起来，都是资本主义在最后阶段中所包含的内在与外在的矛盾。所以我们说，资本主义的总恐慌是这一问题的本质，我们只有从这里着手，才能正确认识这次战争的性质与前途，才能分析诡谲幻变的现象，才能认识历史的命运。

历史的命运

历史的法则不是人们意识所能改变的，张伯伦和希特拉，各在企图挽救其自己的危机，想复兴资本主义的繁盛。张伯伦达拉第的一套，是想挑唆法西斯国家去进攻苏联，企图把资本主义的矛盾到社会主义国家广大土地上去解决，而希特拉、墨沙里尼呢，则想重新分配殖民地，从弱小民族身上去解决其经济的危机。这样就使国家形势弄得极端的复杂。然而这一切都是梦想，徒然牺牲千百万生命来造成巨大的人类的悲剧。资本主义的命运不是张伯伦希特拉所能挽救，资本主义复兴的前途终于是完结了。战争将导引他们走入自己的坟墓里去！

然而仅仅了解战后资本主义“危机的一般性”一点，还不够帮助我们说明今天战争的现象，我们今天是在资本主义新经济恐慌之中。这次恐慌是从一九三七年开始的，它不仅和第一次大战前的恐慌不同，而且和一九二〇年，一九二九年的恐慌也不同。这是第一次大战后，即世界资本主义总恐慌时代的第三次恐慌，这次恐慌不仅迅速与深刻程度是空前未有，而且具备它许多特点，这是理解战争为什么在今天爆发，和战争中一切问题所必需把握的。

捉住一些表面的现象，抹煞事物的本质发展，或者夸张一点新奇的事实，故作惊人之笔，这种浮泛的观察不仅不能认识今日国际间复杂的关系，而且一不小心就会上帝国主义者的当，替他们去宣传虚伪的理论，这是一种危险的尝试。

第二章　新经济恐慌与第二次世界大战

什么叫总恐慌

我们现在是第一次大战以后的第三次世界经济恐慌中间，我们叫它做资本主义总恐慌的第三时期。为什么这样叫它呢？它的内容与特征是什么呢？它和二次世界大战有什么具体的关系呢？这需在这里解释的了。

什么叫做总恐慌呢？我们先得了解什么叫做恐慌。原来资本主义经济有一种古怪的毛病，这毛病每隔若干年要发一次，就叫经济恐慌。因为资本主义的生产是盲目的，资本家为了赚钱只晓得拼命地制造商品，这样工厂公司愈开愈多，经济就到了繁荣的时期，生产范围极度扩大；但是资本主义生产是在神圣不可侵犯的私有财产制度之下进行的，社会的浪费与购买力都要受钱的限制，不特不能和生产力扩大一样增高，而且还要一天天地缩小，生产与消费遂陷于极度的不平衡，结果生产出来的商品自然消费不掉，于是彼此拼命跌价以竞争市场；物价愈跌，工厂公司就愈维持不住，于是这家关门那家倒闭，并且引起金融的紊乱，失业的骤增，生活的贫困，这样就形成经济恐慌。在这恐慌当中，资本力量最大的或比较雄厚的，还比较容易熬受过去，它们一般都是用倾销的方法，将中小资本家或中小生产部门打下去或并吞了，（资本一天天集中和富者愈富的道理在这里可以明白看出。）因为后者资力较薄，不能经常赔本以制胜。这样,生产力就赖大小资本相互间的剿杀,消极的破坏,渐渐地与狭小的消费力接近起来,经过一个萧条时期,又走向复兴而达到新的繁荣路上去。这在经济学上叫做周期性的恐慌。第一次大战以前,这种恐慌往往只限于一个或几个国家,然而战后不同了,战后的恐慌,我们叫它做总恐慌(General Crisis)。因为第一,恐慌是由局部性而变成世界性了,一处的恐慌迅速地波及到他处,第二,资本主义各国工业的恐慌和农业的恐慌一并地爆发出来,并且与殖民地半殖民地的农业恐慌又迅速地结合起来(工业国恐慌,引起农产物的跌价和市场缩小,影响到农业国,也产生恐慌)。第三,是资本主义一切内在外在的矛盾(国内的,帝国主义之间的,与社会主义的,与殖民地弱小民族的),都一起生长而爆发了,这好像一个垂死的病人,已经弄得百病齐发,莫可药救。到今天资本主义稳定的基础已经根本动摇,复兴的希望一天一天幻灭了。

一九一八年大战结束以后,一共发生了三次经济恐慌,第一次是在一九二〇年,第二次在一九二九年,第三次在一九三七年。每次中间大约间隔了八九年,每一次都加深了资本主义本身的危机。而由于经济危机的深刻化,就必然引起各资本主义国家政治危机的尖锐化。首先是各资本主义国家彼此之间,为了扩大市场争取资源,必然引起对殖民地与半殖民地统治问题的酷烈的斗争;再则是第一次大战后战胜国与战败国之间的斗争。二十余年来,这种斗争一天一天在向前发展,于是所谓法西斯政权形式,就随着经济恐慌的尖锐化而出现,使世界政治推入更严重的危机时期。其次是资本主义国家内革命危机扩大了，资本主义国家为了挽救其经济危机，只有加紧对人民的残酷剥削，结果引起了劳苦大众的反抗，于是罢工，暴动，革命不断地蜂起，资本主义国家政府除了加紧镇压以外，更企图把国内政治危机移到国外去解决，把人民的视线移到国际问题上去，这样就更加强国际间对立的因素。总之，经济恐慌愈猛烈，政治危机也愈深刻，新帝国主义的战争也愈迫切，好像梅毒病从第一期到了第三期，再不能拖下去，战争就在这第三期中爆发了。

这三次恐慌的生长条件，都各不相同，不同的地方就反映出整个资本主义体系各个不同的时期。

三次恐慌的特质

我们这里主要是来说明目前这第三次恐慌，对于一九二〇年，一九二九年的恐慌，只能简略地说明它的特质。

一九二〇年的恐慌，是由于第一次大战经济破坏的结果，造成货币膨胀，物价腾贵，金融紊乱等现象，表现得最尖锐的是英国与美国。这一次恐慌的特点，是表现在从战争与革命的大门出来，走向资本主义相对稳定的大门里去的过程中，军事经济矛盾克服的困难，和常例从繁荣转向恐慌是不同的。

这次恐慌延到一九二三年慢慢结束了，资本主义又趋向相对的稳定。到了一九二九年，第二次恐慌又从美国的银行风潮而开始了。这次恐慌较过去任何一次恐慌都更猛烈而普遍。所谓生产合理化，统制经济一类挖空心思的剥削方法都无法阻遏恐慌的发展，一直到一九三三年以后才逐渐转向萧条的阶段。这次恐慌的特点就是从资本主义相对稳定的大门里出来，而却迷失了他走向复兴的道路。一年一年过去了，从萧条期老是转不出去，老是看不到复兴，所以有人就叫它“特种萧条”。这样它不经过复兴期和繁盛期便又产生第三次恐慌了。这是历史以来从未有过的现象，这就规定了第三次恐慌一个最基本的特点，即它是从破坏了的资本主义相对稳定的基础上生长出来，没落到没有前途的战争深渊中去。在一部资本主义史里找不到同样一次恐慌的。

总恐慌时代中，我们没有看到一次完整的资本主义恐慌的周期替换。这是最值得注意的。

这好比一个病人，血液已经不能正常循环了，自然一切毛病都会更猛烈地爆发出来。

为了简明起见，我们可把上述情形，画成下面的表：

正常的资本主义经济恐慌的周期替换

繁盛——→恐慌——→萧条——→复兴——→繁盛

（中间过程大抵十年）

战后总恐慌时代周期替换被破坏状态

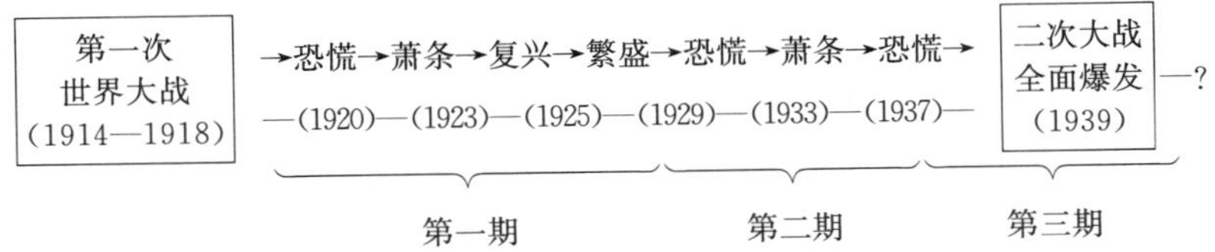

第三期恐慌

好了，我们现在来看看总恐慌第三期经济的大概内容吧！

第三期恐慌是开始于一九三七年下半年，还是从资本主义王国美利坚传播出来，当时还没有恢复一九二九年的生产水准，前一次恐慌的受创还没有医好，但各种数字又往下掉了。

首先，拿资本主义国家失业的人数来说吧，因为这是表示产业兴衰的最好水准。一九二九年恐慌以前是五至六百万人，一九三三年恐慌中间达到三千万人的顶点，以后转好了，减少到一千四百万人，但是离开恐慌前的数目还有一半时候，一九三八年又突增至一千八百万人了。这事实就清楚地表示出资本主义的恐慌病还未医好，又忽然转重了。

其次，我们拿一九三四年——一九三八年的工业生产指数来看吧！

（以一九二九年生产为基数）

	美　国	英　国	法　国	意大利	德　国	日　本
一九三四	六七·四	九八·八	七一	八〇·〇	七九·八	一二八·七
一九三五	七五·六	一〇五·八	六七·四	九三·八	九四·〇	一四一·八
一九三六	八八·一	一一五·九	七九·三	八七·五	一〇六·三	一五一·一
一九三七	九二·二	一二三·七	八二·八	九九·六	一一七·二	一七〇·八
一九三八	七二·〇	一一二·〇	七〇·〇	九六·〇	一二五·〇	一六五·〇

这张表告诉我们什么呢？

第一，英美法三个国家的工业生产，到了一九三七年以后都跌回到一九三六年甚至一九三五年以前的数字下面去了。特别美法二国差不多快回到刚从第二次恐慌中出来时候的情形。英国情形似乎好一点，却是因为扩充军备的缘故。我们只消举出一个事实就够了。一九三七年十一月（恐慌开始的时候）一个月内（这是圣诞节以前），伦敦失业人数增加十万〇九千人，而在一九三六年的同期却只有七千人，这巨大的失业增加额是说明什么呢？

第二，德日意三国的生产数字，还能保持较高的指数，这和英法美刚巧相反，可是除开德国，日意二国一九三八年的数字，也跌回到一九三七年的数字下面去了。

为什么德意日没有恐慌

这不是很奇怪吗？恐慌似乎只及于英美法等国家，所谓法西斯国家却看不到严重的恐慌痕迹。是的，总恐慌第三时期中的第一个特点就在这里。但决不是说这些国家是从恐慌中幸免了。相反的，这里是包含着一个更大的恐慌。要了解这一特点，必须了解另一特点，就是这次经济恐慌“并不是在和平时期长成的，而是在第二次的帝国主义战争已经开始的时期中长成的……”（约瑟夫）。因为这样，所以这些侵略国家已经把国民经济改置于战时经济轨道的上面，对工业实行军事的统制，尽量扩大军用品的制造，减少民众的消费品，用这种军需的景气来强制着国家经济发展，希特拉用大炮代替牛油就是这种政策，这样在经济的数字上就呈现向上的姿态了。

我们举一个数字来看就明白了。一九三八年德国工业生产和一九二八年比起来要增加百分之二十七点八，可是在这中间，用于扩充军备的生产工具的生产，却要增加百分之三十五点九。相反一方面，民众的消费量较之一九二八年却要减低了六分之一。这就是说民众的脂肪都转化成为大炮飞机了。

军需景气的背后是什么呢

在这种情形背后,可能是真正的经济复兴吗?我们来看吧:

“疯狂的军备吞并了庞大的金额。这数目在本年度是一百十八万万马克,而在整个的法西斯当政期间则为五百万万马克。军备财政来源乃是最残酷的征税,不顾信用地发行公债,欺骗地发行证券与狂妄地印刷纸币,国家的赋税与关税在希特拉当政六年中由六十万万马克增加到一百七十万万马克,全国省区与各乡镇的租税共由一百〇二万万马克加到二百二十万万马克,正式公债在同一时期由一百二十八万万马克增加到二百七十八万万马克,到今天在这数目止还加上一百三十万万马克担保证券以及三十万万马克其他债券,因而全债额成为四百三十七万万马克,而且还有在卍字旗统治之下由三十五万万马克一跃而六十万万马克的国营路公债,以至乡村公债,都未计算在内。

货币流通额增加了两倍;可注意的,恰是最后一年急剧的增加;几乎增加了百分之五十,第三帝国正以加速的速度昏头昏脑地走上通货膨胀的道路。”(德文政治评论)

这通货膨胀的对面就是生活的贫困与黄金的减少,这些黄金到哪里去了呢?希特拉拿去造大炮去了。

“由于扩军和为军备用的原料输入,部分的也由于世界贸易的低落和推行倾销政策仍然困难的德国输出,于是对外贸易乃显出了很不利的状况。在输出为五十六万万一千九百万马克,输入一百六十万万五千二百万马克中,一九三八年入超

是四万万四千三百万马克。”(同上)

“一九三八年德国货币流通额几乎增加百分之四十，而生产增加只有百分之七……原料的恐慌加重了军事工业的困难，存金降低，只剩很低的数额。”(真理报)

“财富积聚在军备工业的王侯手中，是以无比地劫掠工人和人民而形成的……生产增加了一倍以上，而工资与在业人数平均只增加了半倍，工人做了一倍多的工，但收入却不因此增加好多，反而减少了!”(德文政治评论)

农业方面呢，德国《佛克郎福报》自己宣布出来的，一九三八年有六十五万公亩土地，其中有一部分最好的土地，为了军事目的脱离了农业经营。

够了，够了，这告诉我们德国军需景气背后是什么了。德国如此，日本意大利更不必说，因为后者连数字上的景气也在下降了。

今天国际间军备的竞争，主要自然是由于法西斯国家的制造战争。但这里我们必须指出一点，就是德日意都是无资源国，为了获得资源，他们需要战争，而为了增加战争工具的制造，又必须获得更多的资源，这样就造成一种战争的循环：打下了阿比西里亚，又要打西班牙；打下了西班牙，又要打阿尔巴尼亚。胃口越吃越大，越大就越要吃，今天法西斯国家就是这样把世界拖往大战的恐怖中去，所以我们说“法西斯就是战争”!

对于这些侵略国家的经济状态，我们现在可以获得一个明确的说明了。就是:战时经济制度使这些国家没有陷入生产过剩的恐慌中间，而另一方面也正是战时经济制度，在把这一些国家的经济，推向一个更酷烈的恐慌中间去。一面是原料不足，一面是大众贫穷化结果所引起的市场缩小与生产过剩，这样交织成为未来的生产低降，正如斯大林所说：“当着经济力强大的非侵略国逃出了恐慌的顶点，侵略国在狂热战时状态中耗尽了他们的现金与原料的存储，那末就要跨进最残酷的慌恐顶点。”

战争与战时经济没有挽救法西斯国家的危机，却促进了世界资本主义的更深矛盾。

英美法民主国家的矛盾

那末在英美法等国家怎么样呢？他们也陷在两种特殊的矛盾之中。由于恐慌的发生没有经过繁盛期，所以恐慌的速度与深度特别猛烈。拿美国来做个例子吧，工业总产量的指数从一九三七年五月到十一月七个月中间，降落了百分之三十五，这在一九二九年恐慌期内，需要十八个月的时间，才降低到同样大的数字，就是说，这次恐慌中生产降落的速度，比前次要快两倍半。这种尖锐的恐慌使这些国家急欲扩大其商业输出，以求出路，可是这时世界各殖民地市场上正在进行战争，商品市场的范围大大缩小了。而在另一方面呢，这些国家为了扩张其贸易市场不愿意拖到斗争中间去，然而为了解决其恐慌中生产降落的问题，他们也只有准备走向工业军事化的一条路。英美法等还是不免想靠军火工业来刺激景气。为了要说明这一点，我们不能不把最近国际军备竞争的情形大概地介绍一下：

世界在军备竞争中

一九三八年，全世界的军费总额，共达五百七十万万元，这中间中日战争西班牙战争的费用还不在内。这数目是足以惊人的，我们只要拿第一次大战前的世界军费总额来比一下就知道了。当时所谓军备扩张，也不过一百二十九万三千万元，和现在一比，现在要增加二倍半了(注：疑有误)，不消说今年的军备更继续在扩充。这样下去，这快将崩溃的世界经济又如何支得住呢？世界大战又安得不爆发呢？

在这庞大的扩军中间，法西斯国家自然是罪魁，然而英法美等国家呢，又何独不往这路上跑。英国自慕尼黑会议以后，疯狂地增加军费，一九三八年国防预算为六十二万万元，一九三九年新国防预算更达到八十一万九百万元之巨。英国的海军大臣说，“本年内英国平均每星期将有一新舰完成。”今天英国工业产额能不致猛烈降低，显然就是这个缘故。美国进度虽比较慢，但是大西洋舰队正在积极扩充。据美国海军记者洛赛逊说，“美国现在大小共有百艘军舰在建造中，要比英国多几艘。”此外美国军火商人正日夜地赶造飞机大炮，以供给侵略国家。当罗斯福痛斥日寇对华的暴行，而日本人却拿美国制造的炸弹来轰炸美国在华的产业，这种悲剧就十足代表今天英美等民主国家的矛盾。

“军备这样一天一天地增加，战争的爆发早晚自不能免，因此其中一些财政脆弱的国家，竟想以战争来解除它们的重荷，一如患了皮肤病的人，想剔破脓胞来减轻痛楚一样。这种打算，目前充满了整个的欧洲。”(日本，伊藤正德)

德意如此，英法也何尝不如此，世界资本主义就这样一天天倾向于法西斯化路上去。

新经济恐慌的特质

根据以上所述，我们可以找出这次经济的几个特质，即（一）恐慌没有繁盛期的先驱，是从破坏了的相对的稳定基础上生长起来的，（二）恐慌是在新帝国主义战争已经开始时生长出来，（三）恐慌首先打击了英法美等民主国家，法西斯国家则尚在军需景气之中，（四）恐慌的程度是空前的尖锐与深刻；结果促进了疯狂的国际军备竞争。

从这些分析中间，我们可以得两个有兴味的结果，就是：

第一，德日意等国是想用侵略战争和战时经济制度来躲避恐慌和和缓国内的矛盾，结果却因战争而把自己往更酷烈的恐慌中拖去。

第二，英法美等国家是想躲避战争来挣脱目前的恐慌，然而自己还是不得不趋向由工业军事化所造成的战争危机路上去。

而在整个方面来说，就是：战争促进恐慌，恐慌更扩大战争；随着战争范围扩大的程度，资本主义经济将或慢或快趋向崩溃。

这样，就概略地说明第二次世界大战与新经济恐慌的因果关系。也就可以明白，张伯伦为什么一面要求和平，一面却在纵容战争，布置战争；达拉第为什么要背叛人民阵线，美国为什么要死守那可耻的中立政策；也可以明白日本德国意大利为什么不停止地侵略殖民地和弱小民族。在一切错综复杂的变化中，我们并不难把握其经济因素。不过要了解每一国的特点，我们还是得理解每一个国家具体经济情形，可是这不在本章的论列范围之内了。

最后，我们必须不要忘记一点，就是六分之一土地上社会主义苏联的存在和社会主义经济迅速地发展，这对于资本主义的加速崩溃与国际形势的转移是具有重大的决定作用的。

世界的另一面

我们这里不需要特别来叙述了，我们借 Browder 一张比较表，来看一看苏联与资本主义国家经济的对照吧（这张表是把苏联的生产指数表和国联一种不包括苏联的各国生产指数合起来制成的）。

这张表（表略——编者注）告诉我们一个最可靠的事实，就是一九二九年世界经济恐慌以来，苏联非但没有受到恐慌的影响，却以一种无可比拟的突飞猛进的姿态扶摇直上。从一九一三年以来，苏联的工业生产增加到十倍以上。这是打破人类历史任何记录的。这里我们再来简略地报告几个简单的数目字，藉以明了苏联经济发展的大概。据斯大林今年报告，苏联工业总生产额已由一九三三年之四二点〇三〇百万卢布（一九二六年——一九二七年价格）增至一九三八年之一〇〇点三七五百万卢布，五年中间增加了百分之一三八点八。其中社会主义资本占百分之九九点九七，而私有资本仅占百分之〇点〇三。农业方面集体农场的耕种面积由一九三三年之七千五百万俄亩，增加到一九三八年之九千二百万俄亩，而农业机械化进步尤速，电犁与收获机五年之间增加了百分之一百余。国内贸易增加百分之一七八，集体农场之零卖增加百分之一一二。这一切都是在世界经济陷入第三期恐慌时发展的。现在第三个五年计划还在前进之中。

苏联经济的发展,对于世界资本主义的恐慌与战争有什么关系呢?

在一方面说来,它是促进了资本主义的崩溃与腐烂;苏联经济愈发展,倚赖于国际市场的供给愈少,这使资本主义市场更缩小。因此使帝国主义者之间矛盾益深,而同时帝国主义对苏联的仇恨亦更增高。

而另一方面呢,苏联经济的发展巩固了苏联在国际上的地位(无论政治的,经济的),不仅如此,而且加强了他对于殖民地反侵略运动的援助,特别是苏联与欧亚各小国商务关系的推进,以及对被侵略国物质的援助,扩展了社会主义在国际间的影响,使帝国主义对苏联无可奈何然而又不得不顾忌,同时又不得不拉拢,这样就使苏联和平政策获得巨大的保障,帝国主义进攻苏联的危险逐渐减少,世界战争得不至早日扩大,苏联的力量是起了极大的作用。

上面我们从国际经济形势的轮廓上,了解了目前大战的问题的本质,在以下各节里,我们再从政治上来分析大战中间的各问题。

第三章　第二次大战的第一阶段

世界半数人口已经卷入战争

一般人的想象,往往以为世界大战一定是世界列强彼此相互宣战，像一九一四年的大战一样，其实呢，世界大战早已爆发了。一九三一年以来，战争的烽火已经在亚洲大陆，非洲大陆，欧洲大陆和地中海之间蔓延着了。世界十二万万五千万人民，已经有六万万人口被卷入到战争炮火之中了。

从一九三一年起到目前为止，我们看到的有日本进攻中国东四省的战争（一九三一），意大利进攻阿比西尼亚的战争（一九三五），德意进攻西班牙的战争（一九三六），日本大规模进攻中国大陆的战争（一九三七），德国瓜分捷克（一九三八），德国并吞奥大利（一九三八），德国并吞米美尔（一九三九）（以上三种虽然没有出之以战争形式，但却具备了战争的实质）。此外还有张鼓峰的日苏冲突（一九三八），南美玻利维亚巴拉圭的战争，巴力斯坦的叛乱，虽然是小规模的，但同样也包含了国际的意义。

这些战争，我们都可以称之为第二次世界大战的一部分。从一九三一年的中日战争，到德波战争爆发止，我们可以称之为第二次世界大战的第一阶段，上述各次战争的综合，就是代表这第一阶段的全貌。

为什么说它是世界大战呢？

我们说它是世界大战，有什么根据呢？这当然不仅仅是拿卷入战争的人口来决定，例如八国联军进攻中国的时候，卷入战争的国家与人口又何尝不多呢，但它不能称之为世界大战，因为那只是局部的对中国领土的瓜分，只是帝国主义对东方殖民地的矛盾，并没有代表整个世界的矛盾，世界战争的危机与条件并不存在。而现在呢，形势完全不同了。

第一，侵略国家集团已经组织起来了，准备把全世界土地重新分配一下；德国向东南欧，意大利取非洲东北角和地中海，日本占夺中国及南洋。这是有计划地来分割世界，当然不是局部的问题了。同时反侵略的力量，也逐渐统一起来了。这样形成世界上两条阵线明显的对立，每一个战争都反映着两种力量的搏斗。

第二，无论中日战争也好，意阿战争也好，西班牙战争也好，都不是单纯地从事战争两国的问题，它背后是包含着国际极复杂的矛盾。例如西班牙战争吧，一面是德意法西斯和其嗾使的佛朗哥，另一面是西班牙人民政府和援助被侵略者的苏联及全世界反战反法西斯的人民。阿比西尼亚吧，背后是英法意的矛盾。即如巴力斯坦叛乱吧，也包含着英德的矛盾。总之每一个战争都牵动着整个世界的。这自然是具有世界性的了。

第三，促起战争的基本因素，是资本主义的总恐慌。这恐慌既是世界性的，因此这每一个战争都是促进资本主义恐慌发展的因素，也是汇成第二次大战总爆发的因素。每一战争都是资本主义恐慌发展过程中的一环。

战争为什么以这样形式爆发呢？

既然战争是世界性的了，现在世界上到处都埋伏着战争的火药线，照理随便哪里一点着，整个儿都要爆发了。为什么这次大战不是像一九一四年那样马上就总爆发呢？

这是有下列几点原因：

第一，由于资本主义发展的不均衡和战后一部分帝国主义认为分赃的不平等，特别是一九二九年至一九三三年空前的世界经济恐慌，所以，一部分帝国主义国家如德意日，首先转向法西化，急迫要求侵略，企图用战争解决自己的矛盾，挽救资本主义的最后崩溃；同时，另一部分在战后获得重大利益的帝国主义国家如英美法等，为着要保持自己的既得利益，则企图维持现状。一个想打，一个不想打，这样就使战争的爆发成为从局部到全部，从片面到全面。

第二，由于社会主义苏联与帝国主义间矛盾的存在，这使那些所谓民主国家的英美法，特别是英国，企图组织反苏阵线进攻苏联。因此，对于侵略国的侵略各弱小民族，和侵犯各民主国家的利益，以及在各民主国内部策动法西斯威胁，采取“不干涉政策”，纵容与援助侵略者。他们的目的，在于挑拨德苏与日苏冲突，以期借刀杀人，两败俱伤，然后他们就好独霸世界。这样就牺牲了各弱小民族和所谓民主国部分利益，就形成了一方进攻一方坐视的战争片面性，这是战争不会立刻扩大的主要原因。

第三，由于矛盾发展的不平衡性，所以矛盾必然在危机最深刻而力量又最脆弱的地方首先爆发，例如中日的矛盾发展到了一九三七年已经不可能再容忍了，所以战争就爆发开来。阿比西尼亚远在东非，英国在那边保护的力量很不够，而英国政策又极端软弱，所以墨沙里尼就不客气先下手了。又如希特拉为什么先取捷克奥大利后攻波兰呢？也是强弱程度不同的缘故。再如张鼓峰战争为什么不扩大呢？是因为苏联强大的缘故。

第四，是反侵略的革命力量膨大了，帝国主义者并不能予求予取，苏联与全世界广大民众反对战争，特别是中国，西班牙，阿比西尼亚英勇的抗战，使侵略者有所顾忌。

第五，是侵略国家本身力量还不充足，暂时未便和各大国直接作战，因此企图用巧妙的方法，不战而使殖民地屈服，同时使自己强大起来，以削弱各大国力量，再与各大国作战。

第一阶段战争的特点

以上五种原因，就形成第一阶段大战中的特点。这特点就是：

第一，战争是片面性的——一面是法西斯的疯狂进攻，一面是所谓民主国家的故意坐视，而这种故意坐视，实际上就是纵容侵略战争，帮助侵略者掠夺弱小民族。

第二，除了侵略战争以外，在世界的广大土地上，同时存在着反侵略的战争，例如西班牙，中国英勇的抗战。

要了解第一阶段的战争，必须把握住这两个特点。

这一切都证明，第二次帝国主义的战争实际上已经开始，不过只是悄悄地不宣而战罢了。世界各民族却不知不觉牵入这二次帝国主义战争的圈子里来了。战争已由三个侵略国家——日德意法西斯统治集团——在地球的各部分发动了。从直布陀罗到上海的广大地带，都在进行着战争。五万万以上人民已经卷入战争的漩涡。前后分析起来，这次战争是不利于英法美三国资本主义的利益，因为它的目的在于取得世界和势力范围的重新划分，以利于侵略国，而牺牲所谓民主国家。

第二次帝国主义战争的特征，就在于目前它是侵略国发动，这战争在事实上是向“民主”的列强进攻，而民主的列强却装做战争不干己事，袖手旁观，他们自诩和平，嘲骂法西斯侵略者……实际一步一步地同侵略者退让，同时却说他们是准备着抵抗。(《联共简史》)

第一阶段战争形式上的特点

第一阶段战争既然具有上述诸特点，因此在战争的形式上，也表现出许多特点。侵略国家很调皮，它看到资本主义民治国家的弱点，竭力想用最少的代价，取得最大的收获。因此我们就看到下列各种不同的战争方式：第一种叫做“不宣而战”，例如日本对中国，意大利对阿比西尼亚，公开地进行大规模战争，但是却不经过宣战的手续，往往借口于一件小事，突然进兵，逐渐扩大，造成既成事实，强迫列强承认。采取这种方式的目的，是利用民主国家的无意制裁和犹豫动摇的弱点。因为不宣而战，在国际公法上还没有战争的根据，妥协动摇的帝国主义者可以老着脸皮推不管，例如“一二八”时候的英国，对中国就是这样。

第二种叫做“借刀杀人”，例如西班牙的战争，侵略国家培养出一些弗朗哥之类的傀儡，来挑起内战，侵略国家便从旁支持这些叛军——不，直接指挥这些叛军，来为侵略国家争取地盘。这种方式也用之于第一种战争方式之中，如日本之以华制华政策。因此，西班牙有弗朗哥，捷克就有汉伦，中国就有汪精卫。这种方式的目的，是想利用国内战争的名义，来阻止其他各国的干涉，而一些民主国居然会老着面皮叫出“不干涉主义”。

第三种叫做“不战而胜”，这是最巧妙的一种，可以不费一弹而占领人家土地，例如德国之占领捷克，奥大利，米美尔。虽然没有战争的表面，却有战争的实际。因为很明显的，他是把军队占领了人家的土地破坏人家的政权了。这大概是对付自己既不能自力更生，友邦又袖手旁观的小国。崇朝亡国，实天下最惨之事。

纵观一九三一年到一九三九年八年中间的历次战争都逃不出这三种形式，这和第一次大战显然是大不相同了。

和平阵线与侵略阵线

在战争第一阶段中间，还有一个特点，就是所谓“和平阵线”与“侵略阵线”的对立。现在有人说国际间只有利害，没有什么“阵线”，这话是没有根据的，因为他只看到了表面的现象，而忽视了里面的本质。为什么会有“和平阵线”与“侵略阵线”呢？这原因上面已经提到一点了，就是由于资本主义本身不平衡的发展，以及第一次大战后所造成的畸形的均势，使一部分在凡尔赛和约后未能满足的帝国主义国家，为了迫切要求殖民地与市场，便首先趋向法西斯化，积极地去侵略人家；不仅想侵略殖民地与弱小民族，不仅企图进攻苏联，而且也企图侵略英法美等民主国家的利益。在这一共同目标之下，就造成“侵略阵线”存在的根据，侵略的法西斯国家，为了压迫世界民族的反侵略怒潮，为了挣脱第一次大战各种条约的束缚，他们就必然要利用一种共同的、漂亮的口号结合起来，于是所谓“反共协定”一类把戏就出现了。这个协定虽然用“反共”“反苏”口号作为表面的装饰，实际上他们的眼光却注视在殖民地和弱小民族身上。所以我们看到，希特拉到奥大利捷克去“除赤”了，墨沙里尼到阿比西尼亚去“反共”了，日本鬼子也到中国来“剿赤”了！

法西斯国家为了侵略弱小民族殖民地和半殖民地，和反对第一次大战后对他们的约束，这种要求上的共同一致，就造成他们中间的“统一”，但是我们也必得指出侵略阵线中间的“矛盾”，这矛盾的根据，就是帝国主义与帝国主义之间本身矛盾的存在。因此日德意三个法西国家中间，一面是互相勾结，一面却互相欺骗，互相利用。我们必须认识这种矛盾的统一性。只看到一面，就认为侵略阵线不存在，这会使我们陷入机械论的错误。

我们上面已经指出，战争的片面性和反侵略战争的存在是第一阶段中的特点，因此为了反对这种片面性的疯狂进攻，为了援助弱小民族反侵略战争，必须把一切反对侵略的力量组成一个反侵略的统一战线。这就是和平阵线存在的根据。这个统一战线中间，不仅包括反侵略的主干苏联，不仅包括帝国主义国家内人民统一战线，不仅包括殖民地与半殖民地的民族统一战线，而且也包括了民主国家内资产阶级及其政府。这最后一个组成部分，为什么也包括在内呢？因为在当时情势下，“这些民主国家资产阶级及其所谓民主政府，同他们本国人民之间，同他们的殖民地与半殖民地的人民之间，同苏联之间，在各法西斯国家的疯狂侵略之下，在各国内部法西斯势力的威胁之下，以及存在着的反苏危险之下，是有着某种程度的共同利益的。”由于这“某种程度上的共同利益”存在，就使苏联与民主国家中间有缔立一个统一战线的可能性，这个统一战线配合着各国的人民统一战线与殖民地半殖民地的民族统一战线，是可能把法西侵略狂焰阻遏下去，可能把大规模世界战争的爆发延缓下去，也可能在战争无法避免时，把侵略战争变为反侵略的战争，这一革命策略对于全世界人类不消说是绝对有利的。

但是除非傻瓜，就没有人把这些所谓民主国家的资产阶级及政府的动摇性忽略过。民主国家资产阶级与政府的动摇性是基立于他们本身中间的矛盾；他们一方面想防御法西斯日德意侵害他们的利益，一方面又害怕革命潮流的高涨和苏联的强大，因此他们可能参加和平阵线，同时也可能出卖和平去制造战争。这两种可能性是并存的，而革命的策略是应该用尽一切可能性，当前一种可能性没有完全丧失以前，我们决不轻易放弃，但是当这种可能性完全丧失的时候，我们也决不留恋，而立刻坚决地把破坏和平的分子一脚踢出去。这就是为什么西班牙失败，捷克牺牲以后，苏联还要诚心诚意去和英法谈判，也就是为什么当英法苏谈判绝望的时候，苏联毫不疑迟地签订了德苏不侵略协定。这一切都是证明是异常正确的，必要的。

反对法西斯进攻的共同要求，民主国家资产阶级与政府对苏联殖民地半殖民地及其国内人民中间原来的矛盾，这两种条件的同时存在，就说明了第一阶段中和平阵线方面的“矛盾的统一”性。

英法苏谈判的失败，使苏联与民主国家政府缔立统一战线的可能性完全丧失，这样结束了战争的第一阶段，今天英法已成了帝国主义战争的集团之一了，它和世界反侵略力量缔立统一战线的时期已经过去。因此民主国家与法西斯国家这一个划分已经没有意义了。今天只有非正义的进行掠夺战争的帝国主义国家，与进行正义的非掠夺的反侵略战争以及援助这些战争的国家的划分。苏联，中国，以及全世界反侵略的殖民地，半殖民地，弱小民族，与帝国主义国家内的和平人民站在一边，进行其坚决反侵略与和平政策，英美法德意等帝国主义国家政府站在一边，而在帝国主义中间又分开两个战争的集团，在互相火并，或背后鼓动，这就是今天国际情形的一个大变化。但是在这里，和平阵线和侵略阵线的本质并不会被否定，不过和平阵线中间最要不得的一个组成部分已经被踢出去罢了。

第一阶段中三个时期

第一阶段中间，我们可以根据基本形势的变化，分为三个时期:第一时期是自从意阿战争起到德意反共公约订立，第二时期从德意反共公约订立到慕尼黑会议，第三时期是慕尼黑到德苏不侵犯条约的订立。现在我们就把各个时期的特点与其变化，作概括的分析，以研究战争的动向。

意阿战争

意阿战争是爆发于一九三五年十月三日，战争继续到一年以上。这不消说是墨沙里尼掠夺非洲黑人的一个屠杀战争。战争的经过这里不谈了。我们这里需知道的，是意大利为什么要侵略阿比西尼亚？意阿战争在国际上是反映着怎样的矛盾？意阿战争结果在国际上产生什么变化？这会帮助我们来理解这一战争与国际矛盾推进的关系。

阿比西尼亚虽然在荒漠的非洲，但却是一个资源丰富的地带，它有查那湖和蓝尼罗河的水利，所以农产物很丰（如咖啡，棉花，烟草等），特别是无穷的矿产如煤，铁，镍，金，钾，尤其是东部的煤油，这都是最吸引帝国主义者贪欲的东西。而意大利呢，却是三个侵略国家中最穷的一国，我们只要看看当时意大利的经济危机就知道了。

一九二九		一九三四（战争爆发前一年）	
生产指数	（一九二八为一〇〇）一一一	八八	减少二三%
进口贸易	二一七亿里拉	七七亿里拉	减少六四·五%
出口贸易	一五二亿里拉	五二亿里拉	减少六五·八%

多么深刻的恐慌啊！在生产低落，贸易萎缩的条件下，意大利的黄金大大减少了，在这几年间，差不多减少一半，结果自然币价狂跌，一九三五年战争以前它已经被迫抛弃金本位了，这样就形成当时深刻财政的危机。

然而意大利还不仅是后天贫乏，而且还害了先天不足，拿一九二八年意大利的每个国民收入的数字来看，要比德国少一倍，比英国少二倍半，比美国少五倍，这样一个法西斯穷国，眼瞧着隔壁有阿比西尼亚一块肥肉，又怎么不眼红呢？这是经济上的原因。

在政治上，阿比西尼亚位置是在通达印度和远东的航道上，谁占据它，谁就可以控制红海的霸权，因此不仅意大利，英法早就注目了。十九世纪末年前英国就取得阿国的索谋里兰，法国取得了吉布提港，成立了法属索谋里兰，意大利也于一八九二年取得了东南部的意属索谋里兰，三国平分秋色，把阿比西尼亚沿海部分瓜分完毕了。此外日本美国势力也逐渐侵入这一片黑人王国，于是这黑人王国就成为各帝国主义共争之目的物，然而也因为彼此矛盾太尖锐了，阿比西尼亚却能在暂时均势上侥幸存在。可是资本主义不平衡的发展，却终究打破了这种均势，英法最初原想拉拢墨沙里尼以作己助，结果却纵容了这个法西斯强盗，就利用两位前辈的矛盾，老实不客气把整个阿比西尼亚吞下去了。

然而意阿战争还不仅改变了红海上的形势，而且也改变了中欧的形势，这对于欧洲形势的演变尤有莫大关系的。

意阿战争爆发以前，德意为了争夺奥大利是对立着的，英国和德国则从英德海军协定订立后打得火热，而法国为了抑制德国向中欧的发展却和意大利订立了罗马协定，意大利也就利用法意的亲善，开始进攻阿比西尼亚。意阿战争爆发以后，英国竭力拉拢法国，想加强自己力量，而德国呢，为了分化意法在多瑙河流域的合作，便对意大利暗送秋波，暂时放弃了吞并奥大利的企图，于是英法德意的关系起了一种变化，在这种变化中间，英国一手拉住德国，一手拉住法国，暗中在布置一个反苏阴谋。他一方面和缓了德法的矛盾，暗示希特拉向东进攻，一方面却把法国从苏联方面拉过来，增长自己势力以换得其对意阿问题的合作。德国在这种情势之下，就利用时机，撕毁了凡尔赛和约，实行征兵，在莱茵区驻兵设防；另一方面造成德波奥匈的联合战线，一面反苏，一面打击法国领导的小协约国。张伯伦这一政策确实是巧妙的，可是结果却意外的糟糕。英国拉拢了法国，却引起了希特拉的猜忌，法苏关系没有拆散，反而法苏协定却在次年二月批准了，这一来倒促进了法苏的重新合作。阿比西尼亚问题上,英国费尽心思终于落了空,眼瞧着阿国土地插上汛系党旗帜,还脱不了一个出卖阿比西尼亚的丑名。为了嗾使德国去进攻苏联,答应了德国重整军备,然而等老虎放出了笼,德军并未遵命东进,到了一九三六年七月,西班牙问题发生,德意的军队反而威胁到大不列颠地中海的门户了。赔了夫人又折兵,张伯伦先生的遭遇真可谓惨极了。

这一个国际形势的转变促进了反共轴心的建立。在这一变化中间,我们看到张伯伦一贯的"变帝国主义战争为反苏战争"的阴谋,可是,一点不含糊,"搬了石头压自己的脚",张伯伦先生是吃了亏了。

在这一时期中,有两件事情是值得特别注意的。第一,是以苏联为中心的集体安全体制逐渐推进了。一九三五年苏联被邀请加入国联,同时,苏联和各小国的互不侵犯协定都订立了。这造成以后反侵略阵线的雏形。第二,是德国一九三五年一月收回萨尔区,同年三月十六日希特拉宣布恢复征兵制,六月十八日订立英德海军协定,建立纳粹的新海军,不久后又进兵莱茵区,这造成以后纳粹侵略势力的伸张;而促成这股力量生长的,却是英国。

以上可以算是第一阶段的第一个时期,这时德意轴心虽还没有正式建立,但已经接近了。

西班牙战争

一九三六年七月十八日,西班牙的弗朗哥举起了叛乱的旗帜,国际的形势又发展到了一个新的局面。

为什么西班牙会成为矛盾的爆发点呢?第一,从欧洲形势上来说,西班牙是地中海西门,红海是地中海的东门。意大利已经快霸住东门了,德意志自然也亟想来霸住这座西门,何况占领西班牙还在第一次大战时,德国已经有此计划了。第二,一九三六年一月西班牙人民阵线政府成立,西班牙革命到了狂热的高潮,这不仅是法西斯国家所极端憎忌,就是大英帝国也十分嫉恨的。因此帝国主义者自然不得不首先合力来窒死这青年革命的西班牙。

然而帝国主义的矛盾永不会一致的,地中海西门把守者向来是大不列颠,如果德国在西班牙占了优势,大英帝国的大门又要岌岌可危了。而地中海另一股势力是意大利,德国要进攻西班牙,自然不得不和这位强盗同志重修旧好,这样,同年十一月中德意反共同盟就订定了。英国这个时候一方面怕德意夺取他的门户,一方面又怕西班牙革命胜利,夹在两种矛盾之间的张伯伦,于是又来耍他"脚踏两头船"的老把戏,他一边高唱和平正义,想拉拢法苏以制德,一边又想讨好意大利以分化德意轴心。张伯伦的法宝就是那可耻的不干涉主义。所谓"不干涉"实际上就是教大家袖手旁观,而却让强盗去宰割革命力量。因为张伯伦仔细一想,西班牙的大不列颠势力反正难保了,与其送给革命党,倒不如送与强盗,会分他一些贼赃也未可知,而且,他还想吊吊弗朗哥的膀子,弗朗哥也许会投入他的怀抱里来。也许强盗看他小心,于是张伯伦觉得不干涉协定还不够,一九三七年四月又和意大利订下了一个出卖西班牙的英意协定。阿比西尼亚送掉了,大英帝国还要向他对手去陪笑,张伯伦苦心可算够了,然而,他那分化德意的梦终于是个梦，德意轴心现在是拆不散了。

但是在这时期中间，和平阵线的声浪却高起来了，一方面是德意侵略阵线的刺激，另一方面是苏联对西班牙加以热烈援助，法国人民阵线政府成立后法苏互助协定在这年中订立了，接着苏联互助公约也订立了，这样就使和平力量也同时大大增加起来。可是这一条大路张伯伦不愿意走，死硬地想拉着法国，同他一起往妥协路上跑，勃鲁姆二次人民阵线内阁才组成了二十六天，张伯伦就嗾使巴黎金融资本家借财政问题把他推翻，于是一九三八年四月达勒第的右倾内阁便成立了。张伯伦找到一个好对手，不干涉主义唱得益发起劲，甚至相反的贷款给弗朗哥，和弗朗哥订立了秘密协定，西班牙的抗战就在英法可耻的不干涉主义下，日益困难了。

在德意防共协定订定以后，接着日德意防共协定又在一九三八年订立了，侵略阵线在欧洲大大地活动起来，什么德波协定，德奥协定，奥匈协定，意奥协定，意南协定都先后订定了，这显然是给小协约国一个打击。张伯伦看到德国向东南欧前进，恐惶得不得了，于是更彻底地想用反苏的口号来讨好德国，转移其进攻路线，这样就种下后来慕尼黑的祸苗。

和平力量的生长，侵略轴心的成立与发展，张伯伦的不干涉主义，是这个时期——我们可以叫它做第一阶段的第二时期——的特征。

奥大利的悲剧

在德意干涉西班牙战事中间，希特拉从来没有一天忘记他建立“第三帝国”的梦想。希特拉有一张地图，照这张地图上的计划是：

一九三八年春　　解决奥大利
一九三八年秋　　解决捷克
一九三九年春　　解决匈加牙
一九三九年秋　　解决波兰
一九四〇年春　　解决南斯拉夫
一九四〇年秋　　解决罗马尼亚
一九四一年春　　进攻法，比，荷兰，丹麦，瑞士
一九四一年秋　　进攻苏联

好了，希特拉就按照他计划来实行了。一九三八年春到来，第一步是解决奥大利。

奥大利在军事地位来说，是通巴尔干的门户，在经济上来说是农业的国家，正是工业国德意志所需要的地带，在政治上来说，它是中欧德法意均势的关键，解决奥大利，德国就可在中欧占优势。所以希特拉的第一刀就落在奥大利的身上。

希特拉要夺取奥大利已经不是一天了，法意两国为了保持中欧的均势，维护奥大利的独立，会订立罗马协定，以防止德国进攻。希特拉为要建立反共轴心，不得不暂乎丢一丢手，可是到了阿比西尼亚被意国吞并以后，墨沙里尼得到部分的满足，同时希特拉又帮助墨沙里尼到西班牙去活动，把地中海让给他，而法意纽带又松弛开来，英国这时正想讨好德国，希特拉趁此机会就下手了。

奥大利本来就是法西斯的国家，它的存在是依靠意大利的保护，墨沙里尼既然为了要德国对干涉西班牙的援助，对奥大利取了让步态度，舒斯尼格自然只有俯首受宰，这正是半殖

民地法西斯对外妥协对内压迫的特征,所以希特拉亡国条件一提出来,在三月十二日廿四小时之内,奥大利就吞入德意志的版图了。

死硬派的张伯伦对这件事毫无疑义是默许的,因为照他的看法,这也许可以满足希特拉的殖民地饥欲,又是实行进攻苏联的初步,同时加深了德意的矛盾有利于英意谈判,此外使法国力量削弱一点,可以让他听命英国,也未始不是佳计,这就是张伯伦的"现实主义",奥大利就随着阿比西尼亚断送在他"现实主义"的手里了。

捷克的厄运

奥大利牺牲以后,捷克的三面就被德意志包围起来了。因此按照预定计划,就在当年秋天,希特拉向他开刀。

捷克的地位确实太重要了。"有着捷克存在,纳粹的扩张和征略路线是永远是坚强地被封锁着。"有个政论家这样说过,同样俾斯麦不也说过吗?"谁能统治波希米亚,谁就是欧洲的主人!"而现在的波希米亚,不仅是多瑙河流域的门户,去黑海的要道,而且由于铁道网的建成,成为巴尔干与近东的锁钥,希特拉无论如何是要粉碎它的。

捷克知道它自己地位的危险,所以和法苏订立了互助协定,而且积极地加强了国防,这使德国不敢轻易下手。因此希特拉便去找到一个汉伦,借着苏台德区"民族自决"的美石,来做他的借口。希特拉这样做法,他是看穿了英法的弱点,张伯伦为了转移希特拉去进攻苏联,是不惜牺牲捷克的。而这时达拉第已成为伦敦金融资本家的尾巴了。所以法捷协定正可不必担心。就是这样促成了慕尼黑会议的举行。英法是公开地出卖捷克了，虽然他们还要扭扭捏捏答应一些空洞的保障，然而协定里的条文墨汁还没有干，希特拉老实不客气就把他撕毁，而到了一九三九年春天，希特拉更进一步不费一颗子弹便把捷克吞并了。张伯伦达拉第连屁也没有放一个。

慕尼黑是历史上最可耻的一次会议。这个会议是促进大战走入新阶段的一个重要因素，它结束了第一阶段的第二时期。慕尼黑以后，政局又走上一个新的时期。这放到下面一节去讨论。

中日战争

欧洲形势日益紧张的时候，东方强盗日本自然不肯太平了。一九三一年的日本占领满洲，可算是二次大战的序幕，而到了卢变，更燃起满天的远东烽火。这正是日本加入防共协定后的出手好戏。日本的计划并不比希特拉小，希特拉想吞下整个欧洲，日本则想吞下整个亚洲。这简直是一种失去理性的疯狂。关于日本侵略战争这里不详论了。但是我们要指出几个关于国际形势上的特点。第一，日本比不得意大利德意志，在东方讨不到像捷克奥大利那样便宜了。中国坚决地持久抗战，将使日本比他的盟友们更快地被拖入到毁灭的坟墓中去。第二，太平洋有苏联和美国两大和平支持者。英国的妥协政策不能像在欧陆上那么随意所欲。第三，但是英国仍然可耻地在执行他一贯的妥协政策，大使都给人家炸伤了，他还老着脸皮来替敌人调停乞和，在海南岛，天津，上海，鼓浪屿等事件一贯表现他可耻政策，最近甚至企图把“慕尼黑”的好戏搬到东方来重演一番。第四,日本一方面扩大反英运动,来夺取大英帝国在远东的利益,一方面故意装出攻苏的姿态来诱惑张伯伦,在一哄一吓的政策之下,张伯伦有更趋向妥协的可能。第五,英国远东市场是不列颠帝国的生命线,日本疯狂的侵略增加了英日的矛盾,因此决定他不可能彻底去帮助日本。关于这一切我们放在下面再谈吧。

片面性战争必然转入全面性战争

从上述历次局部战争中,我们看到了一些共同的特点,就是侵略者狂焰的嚣张,使他们战争的欲望益发增加了。第二,英法等国家处处退让妥协,结果却扩大了战争的危机,而且这些绅士们还不断在制造反苏战争。第三,由于战争的蔓延,必然促进世界经济恐慌更猛烈,使法西斯国家与资产阶级民主国家的矛盾更尖锐化。第四,由于法西斯国家疯狂的侵略,却引起被侵略者英勇的反抗战争,而且这些反侵略的力量,逐渐统一起来了。

这样就决定,战争必然将从片面性而转变为全面性。

第四章 慕尼黑以后的欧洲形势

慕尼黑的内幕

一九三八年九月二十八日下午,英国国会里挤满了人,听张伯伦关于调解(?)德捷问题和《努力和平》的报告,鲍尔温,哈里法克斯以及其他勋爵高踞在贵族席上,客席上坐的则是外交家。张伯伦正报告得兴高采烈的时候，忽然哈里法克斯收到一张条子，他遂即离开座位，不久这两张纸被塞到西门的手里，那时张伯伦还在大吹“为和平而尽其最后一分钟努力”，西门未便打断他的话头，等他略为一停的时候，西门就把纸头塞到他的手里去，全场寂然，望着张伯伦读那两张纸，几分钟后，张伯伦安详地向听众报告说：“希特拉请我和墨沙里尼、达拉第明天早上到慕尼黑去，不必说，我的答复很明显的，你们谅已知道，不需我报告。”

全场愕然，国会就散了。

“慕尼黑”三个字，就是从这时候起，开始被大家注意的。

第二天中午，张伯伦、达拉第二巨头坐着飞机到慕尼黑了。飞机场上欢迎者呼声震天，向着张伯伦高唱其“德国高于一切”的歌曲，张伯伦被德国人当作一个活宝贝送到希特拉那里去。下午一点钟四位巨头在一个密室里开会了。捷克代表布拉格（张氏曾再三主张他参与会议的），则被摒弃在旅馆里“静听好音”。九月三十日上午一时，慕尼黑协定签字了。四位巨头离开密室，当时《星期六晚报》记者描写各人的表情是这样：“达拉第的表情是陷于失望的泥沼中，张伯伦还与平常无异，墨沙里尼则笑容满面，希特拉则喜得好似驾云腾雾。”

历史上有名的慕尼黑会议就这样开成的，会议的促动者是张伯伦，帮忙者是墨沙里尼。完成者又是张伯伦。

慕尼黑协定的大概内容是这样：一，捷军应于十月一日由苏台区撤退；二，一切撤退手续应在十月十日前完竣，捷军并不得在撤退时破坏任何建筑物；三，英德法意捷组织国际委员会规定撤兵手续；四，德军分五个时期占领日耳曼民族区；

五，公民投票区域，由国际委员会商定，举行“公民投票”；六，国界之最后划定由国际委员会负责；七，协定签字后六个月内，人民在割让土地上，有自由居住及退出之权；八，捷政府应释放苏台德区被拘禁之人民。

同时为了分割反侵略阵线，强迫捷克废止苏捷互助协定，这个宰割弱小民族的协定已经够惨了，然而更惨的还在后面，因为希特拉根本不照这协定做，一点面子也不留给张伯伦，几天之内就把苏德台区占领了。什么国际委员会，根本就没有执行过一点权力，然而后面还有更惨的，不到半年，德国不费一颗子弹把整个捷克完全吞并了。

张伯伦是不是无可奈何被迫这样做呢？一点也不，他是甘心情愿的。这里我们可以拿罪恶的铁证来，那就是张伯伦在慕尼黑会议以前给墨沙里尼一封亲笔信：

“余今日已函希特拉，请其不必将苏台德区的问题，诉之干戈，盖余深信可运用谈判的方式以解决该问题，举凡希氏所期望要得之土地，人民，以及捷克人与苏台德之保护权，一一均可在移交中转入希氏手中。但此事，余且建议即亲赴柏林，与德捷代表苦苦协商，如希氏不反对，则法意二国亦派代表出席……（下略）”

读者诸君请看吧，慕尼黑会议的造成者是哪一个？出卖捷克的主凶是哪一个？然而张伯伦在完成宰割任务回到伦敦时，却会老着脸皮向伦敦市民说：“这是我们历史上第二次荣耀地由德国带了和平回到唐宁街来，我相信，我们这一代是可以保证和平了。”

张伯伦政策的解剖

慕尼黑是表示集体安全制的破坏，而破坏的罪魁是张伯伦，要了解慕尼黑以后的形势，首先要了解张伯伦的外交政策。

英国政论家权威杜德说："我们已经又一次加重说过：英国的反动政策并不只限于通常讨论中所认为简单的'被动'，'无助'，'机会主义'，'投机主义'等等，而是驱赴战争的决定因素。这就是说，战争的直接纵火者是柏林，罗马，东京，而最终的战争罪恶制造者，却在伦敦。"

这话是非常确切的。英国在当时是起决定欧洲的重要作用的。

张伯伦外交政策的精华，就是他的不干涉主义。不干涉主义是什么呢？拿句中国老话说，就是"坐山观虎斗"，或者，"坐看鹬蚌相争，以待渔人得利"。斯大林对于不干涉主义曾经有过一个很好的说明：

"在不干涉政策下，浸透着这样一种愿望和希望，就是不妨碍侵略者去创造他们的黑暗勾当；譬如说不妨碍日本纠缠于对华的战争，或者是更好的对苏联的战争；譬如不妨碍德国忙于欧洲事务，及纠缠于对苏联作战，让各参战国深深陷入战争的深渊，暗中鼓动他们，让他们去彼此削弱互相消耗，然后，当他们都充分疲惫时，就带着新鲜力量出现于舞台。当然，这种出现'是为了和平的利益'，并且迫令那些已经筋疲力尽的交战国，来接受他们的条件。"

然而，这是含有危险的政治把戏，这种把戏的结果，"将使他们自己身受严重的失败”。

大英帝国是自诩为世界之王的，为了保持他的地位，他希望世界永远保持均势，但是战后美苏却成为比他更强的国家了，何况苏联还是个共产主义国家。为了抑制他们，他需要豢养一只狮子去咬它，这只狮子就是希特拉了。从英德海军协定订定，默认德国恢复军备时候，张伯伦就打算着这样心思，可是希特拉这头狮子不容易养，一翻身会来咬自己，于是他又得去假意和美苏拉拢拉拢，好像对希特拉恐吓说，你如果不去咬他们，我就将和他们来窒死你，而同时为了控制这狮子，张伯伦又不得不拼命扩张自己的军备，于是巨额的国防预算就不断出现了。

然而他还想找一个训练狮子的助手，而这助手必须听他的话，因此就不能使这助手力量超过他。他请了一位助手，而暗中又在处处计算他。这助手是谁呢？就是法国的达拉第。捷克解决以后，法国是失望了，奥大利解决，法国又吃亏了。然而张伯伦却在沾然自得。从慕尼黑会场里出来，达拉第是垂头丧气，张伯伦却若无其事，这是一幅极有趣的图画，而今天达拉第已无可奈何，只有去做张伯伦的尾巴了。

这样，张伯伦就在不停地制造战争。然而他懂得英国人民的心理，他却会假借一个“和平”的名义在到处招摇撞骗，以保持他内阁的地位。

地中海与中欧

慕尼黑会议种了一个滔天的祸根，希特拉和墨沙里尼就益发猖獗了，一方面加紧压迫西班牙的政府军，把西班牙战争结束了，一方面希特拉在东欧方面张牙舞爪，要想取米美尔和乌克兰，同时吞并了捷克，意大利则想在地中海攫夺突尼斯，阿尔巴尼亚，这个时期法西斯凶手是疯狂到了极点。

希特拉在占领捷克苏德台区时候，就开始发狂言了。十月九日他在萨尔区演说，谓“我立志愿将散居在外的一千万日耳曼人民领回德国”，接着就开始拟向乌克兰，米美尔提要求了。同时德国经济部长开始大活动，德罗的经济协定订定了，大的经济复兴计划提出来了，要把德国商业市场直伸入近东与巴尔干。接着，为了一件小事就在柏林对犹太人举行大屠杀，这一切都给英法以极端的难堪。十一月内，有一个谣传，谓法国将与德国缔结一个慕尼黑同样的协定，于是墨沙里尼自忖，这是他对英法德表示其地位重要的时候了。他立刻提出地中海问题，要求法国把突尼斯和科西加划给他，这分明是向法国一个示威，法意关系顿然紧张起来，英国那时刚和意大利订立了一个维持地中海现状的君子协定，而不到两星期，地中海就充满火药的气味。张伯伦为了此事亲自赶到罗马去，可是这次英意谈话结果却不妙，墨沙里尼一味不买账，这时西班牙战争已经快结束了，弗朗哥掌握西班牙的统治权，地中海的法国势力几乎要扫除干净，法国也急了。达拉第亲自出巡地中海。德国又表示支持墨沙里尼，当时地中海战争几有一触即发之势。但是也因为达拉第那么一硬，墨沙里尼却软了下来，到了一九三九年三月里，地中海问题暂时告一结束。但是这时墨沙里尼终于在西班牙抢到一块米诺加。

在这个时期中，希特拉已经伸手抢夺了立陶宛的米美尔，吞并了捷克全境。在一月三十一日，希特拉曾发表了一篇火药气味的演说，公开宣说“德国非获得可供生存之回旋余地不可”，“除非德国可能获得生存上之回旋余地，德国将永成为国际时局上之导火线”。而且公开要求德国应有与国力相称的殖民地，且谓英国照理不应该有那么多殖民地。张伯伦豢养的狮子这时已经长大了，它开始掉回头来咬他的主人。

墨沙里尼眼也红了，四月上旬派兵威胁南斯拉夫与希腊旁边的阿尔巴尼亚，不到四天，阿尔巴尼亚国王便把土地献给黑衫国王了。

侵略国家知道形势很尖锐了。于是德日意军事同盟的呼声便高涨起来，匈加利西班牙先后的加入反共协定，他们不恤一切要击败民主国家对他们的牵制。

同时，英法也慌了，一方面举行英法同盟谈判（三月底），一方面急于想找个盟友。到了灾难时代才想起苏联，想利用这位红色朋友来抵制希特拉。二月二十二日派了经济司长到莫斯科去作商务谈判。三月三十日伦敦各大报上用大字登出张伯伦宣布增加国防义勇军到三四十万人的宣言，和达拉第不放弃寸土的坚决演说。这算是表示他们将改变态度了。从这天起，英国分头和希腊，罗马尼亚，土耳其，苏联，接洽组织集体安全制。到了要利用的时候，张伯伦这老滑头又忘记了慕尼黑的故事，重新想来掮这块招牌了。

民主国家与法西国家的对立，到了极尖锐的形势。这形势就以英法苏谈判与德意军事同盟表现出来。

慕尼黑与远东的影响

慕尼黑会议不仅在欧洲造下了滔天的大孽，而且也祸及远东，张伯伦真是一个“不自陨灭”的该死东西。英国的妥协态度既然暴露无遗，日本帝国主义自然也想学学他的盟友们来分一杯羹。所以过去日本对华中华南利益多少还有顾忌，尤其对香港不敢过分侵犯，可是在慕尼黑以后，十月十二日日寇就在广东登陆，进攻广州，企图割断中国与英国的直接联系，到了今年更占据海南岛，斯巴莱岛，鼓浪屿，扩大反英运动，封锁天津租界，威胁上海工部局；同时德意也积极在太平洋上活动，太平洋形势在今春曾一度紧张，这一切都是看穿了张伯伦的弱点，一方面排斥其远东的势力，一方面想利用他作调解的工具。福无双全，祸不单行，张伯伦是怪不得别人的。

然而中国坚决的抗战却并不受英国妥协主义的影响，不管国际如何变化，中国抗战的国策始终不变。只有汪精卫之流才会叫出“国际形势不利论”而走向悲观投降的路上去。

慕尼黑以后的反法西斯运动

张伯伦所制造的丑陋的“和平”，却是被千万万人民所唾弃的，憎恨的。当帝国主义者为其自己的利益与阴谋而牺牲弱小民族的时候，全世界人民却举起反法西斯的大旗，这一运动特别从慕尼黑以后迅速地展开，这事实我们不能不予以注意。这表示今天的世界人民已经不是一九一四年时候那样愚蠢的人民了。

当捷克被瓜分的时候，英法各国几乎每天都有要求保卫捷克的群众大会，各大报纸每天要收到读者成百封信，抗议出卖捷克，英国合作社执行委员会代表五百万社员，要求英国政府开国会并援助捷克。在法国，群众的示威运动，蔓延到各个城市。在南斯拉夫等一些法西斯国家，也发生同样的运动。在美国，援捷运动达到极广泛的范围。有二十种民族的团体代表，写信给罗斯福，要求履行凯洛格公约，许多城市里都组织了“援捷委员会”。在中国，正当保卫大武汉的时候，全国报纸都发出悲壮的抗议，全国人民都鼓励捷克兄弟坚决反抗，甚至在许多殖民地国家内，都展开反法西斯的斗争。

这一切能认为空言无补吗？能认为是不足记载吗？不，这些力量是最伟大的，它正在生长，最后颠覆帝国主义者将就是它！

第五章　从英法苏谈判到德苏不侵犯条约

张伯伦的新政策

一月三十日和三月二十八日的希特拉演说发表以后，形势是很明白了。张伯伦所豢养的狮子是决心掉过头来咬自己的主人了。

在这两次演说中，我们看到了几点，第一，向来是反布尔什维克先锋的希特拉，现在却不再叫反共反苏，而代之以“生存回旋余地之必须获得”的口号了（他的盟弟墨沙里尼也不喊反共，而大喊其“天然愿望”了）。第二，他把一九三五年订立的英德海军协定片面废止了，这协定曾经是张伯伦收买希特拉的莫大恩惠，而现在却被希特拉所唾弃了。第三，他正式向英国提出殖民地要求了。“英国目前的殖民地，殊嫌过大”，这简直对张伯伦老实不客气；然而对法国却说“并无领土问题”

存在，这显又是想分化英法，孤立不列颠的策略。第四，波兰但泽问题正式提了出来，大战的形势更迫切了。

这些是表示什么呢？原来过去德意想挣脱凡尔赛和约的束缚，所以大卖力气替英法资本家扮演反共反苏的丑角，如今慕尼黑会议已经把他们的手解放了。他们当然先要拣四周的肥肉填饱饥欲，苏联是那么强大，希特拉又何必做那样傻瓜，向它先去打冲锋呢？所以“反共”轴心的“反共”两个字，根本成为一种幌子，谁也明白这是骗人的勾当。

于是希特拉朝着东南欧急进，用德罗商约扼住了罗马尼亚的喉咙，把匈牙利西班牙拉入反共协定集团，强迫南斯拉夫订立经济合作。墨沙里尼则向地中海旁边伸手，占领阿尔巴尼亚，宰割西班牙，威胁希腊与罗马尼亚。法西斯国家的这样做法，是因为国内经济危机更增加了，大众的贫穷化益发厉害了，而同时看到人民反侵略的运动更澎湃了，所以亟想扩充周围的领土，以缓和国内的经济危机，以及打击反侵略势力的抬头。因此帝国主义与帝国主义的矛盾便更尖锐起来，超过了帝国主义与社会主义国家的矛盾，战争的因素更加浓厚了。

狮子掉过头来咬主人，豢养狮子的张伯伦急了，便要另想新的办法。

张伯伦原来的旧政策是这样：第一，纵容德意侵略及并吞比较弱小的国家，来壮大德意力量，诱使德国进攻苏联；第二，英法保证互助，扩张自己军备，强迫法西斯放弃其对西欧的要求。

要实现这两个政策，必须有两个条件，就是(一)英法力量必须有压倒德意的绝对优势，(二)苏联不是一个强大的国家，使法西斯国家有进攻它的把握与决心。然而这两个条件现在一个也不具备了。自慕尼黑以后,德意英法力量的消长已经很清楚,单单英法两国是决控制不了德意,而苏联的强盛更非任何一国所能比拟,因此,张伯伦政策自然不得不失败了。

张伯伦新的政策是什么呢?第一,他想拉拢东南欧各小国组织一个“东欧集体安全制”,自波罗的海到亚得里亚海,作为对德国东南部的包围,这些小国包括波兰,土耳其,罗马尼亚,希腊等;第二,他知道这一阵线需要一个中心,这中心仅仅靠英法二国还不够,必须把苏联去找来,利用他来帮忙。这样把德国四面一包围,岂不是瓮中捉鳖?

如果张伯伦果然有诚意反侵略,这样做法未尝不能把欧洲安全集体制重新建立,把法西斯势力镇压下去。可是张伯伦却并没有这样的诚意,他对于东南欧各小国,无非想利用他们作喽啰,当这些弱小国家当真遭受灾难时候,他未必肯用力援助;其次,对苏联更其不放心,而且强迫德国进攻苏联的希望并不肯丢弃,因此他觉得必须留一缺口,给德国到东方去,同时限制苏联,使其在包围德国政策中不能伸张势力。所以波罗的海和斯干狄那维亚半岛,必须不包括进去。张伯伦自己一想,这样做法,成功是自己获利,失败则人家吃亏,损人利己,岂不妙哉!因此他的新政策还拖了一条尾巴,就是如何德意能够转圜一点,去进攻苏联,他还是不妨牺牲一些弱小民族,来妥协解决,张伯伦每一次演说中,从来没有把纵容德意侵略的门户完全关断过。

于是他开始来执行他的新策略了。

三月二十日,英法提议联合苏,波,罗,南,土,保六国发表一个反侵略宣言，这第一炮就没有打响，因为英国既没有给波兰切实保障，又不同意苏联军队在作战时开入波兰，对于苏联建议的集体安全会议又不赞成，结果发宣言事就取消了。接着第二步就用秘密同盟的方法来代替公开的宣言。三月底英法举行军事同盟谈判，决定英法共同的政策是：（一）英法密切合作，共同御侮。（二）英法尽力促波兰、罗马尼亚与南斯拉夫成立秘密互助协定。（三）如此项东欧同盟成立后，西欧同盟即予以协助。（四）与苏联维持极友谊关系。四月开始，英波，英罗，法罗，英土谈话，以及英法苏谈判都先后进行了。四月六日张伯伦宣布英波互助协定业已成立，法国与罗马尼亚南斯拉夫订立的商务协定亦于四日起发生效力，四月十三日英法声明保障希腊，四月二十七日，英罗成立谅解，英国保证罗马尼亚独立，不久英土互助协定也订定了。英国并想利用土耳其组织一个近东集团，团结伊朗，伊拉克，阿拉伯，埃及等，使以保障英国至远东的航线（英国这一动机是含着吃醋作用的，因为那时苏土的秘密互助协定已经订立了）。到了六月初旬法土协定也订立了，同时从四月十五日起，英法苏谈判也正式进行了。这就是张伯伦所谓包围政策。那时候张伯伦发表了许多得意的演说，表示坚决反对侵略，要求苏联合作，世界人士对于张伯伦的期望大大地高起来，但是有识之士却已经看穿了他的狐狸尾巴。

德意军政同盟

张伯伦在欧洲大陆上纵横捭阖之际，希墨二位法西斯仁兄自然也决不示弱，英法苏在谈判军事同盟，德意的军事同盟却先一着订立。意德日中间本来早订立反共协定，后来又加上西班牙与匈加利，但对于军事合作上还没有明确规定。为了应付英法的合作，于是五月二十二日德意政治军事同盟便正式签订了。

这一个协定中间，没有日本参加是很值得注意的，希特拉对日本向中国的进攻，已经不大感兴趣了。日本希望德意在东方能予他帮忙是不大可能，而日本对德意在欧洲的活动更无法出力，因此反共同盟中这个东方盟弟便逐渐被抛弃开来。不知趣的日本这时还希望在苏联边境上制造一点事端，来声援欧洲侵略轴心，然而这对希特拉却实在没有什么兴味，因此不管白鸟敏夫之流拼命鼓吹加入同盟，日本终于被摈弃了。

德意同盟包括了军事与经济的合作。两位法西斯魔王把欧洲大陆来重新重配一下。意大利是想破坏巴尔干协商，把匈加利、南斯拉夫、保加利亚、阿尔巴尼亚联合起来，组织一个集团，由意大利为首，帮助德国去压迫罗马尼亚、希腊和土耳其(这些国家是可能倾向英法的)。意大利占取了地中海的霸权，而把中欧，黑海，波罗的海让给希特拉[①]。希特拉则尽力压迫罗马尼亚，威胁南斯拉夫，同时更在北欧拉拢爱沙尼亚、拉脱维亚、丹麦、挪威、瑞典、芬兰，以突破张伯伦的包围。

柏林罗马的外交部便大大活动起来，他们运用的方法还不外威胁利诱两大套。于是我们看见五月初旬的意罗会议，意大利叫罗马尼亚与匈加利订立不侵犯条约，减少了匈罗的

---

① 罗马五月八日路透电："意德两国承认彼此各有其利益范围，地中海全部为意大利的利益范围，波罗的海及中欧为德国之利益范围，两方各自动地实施其计划。"

矛盾，而想把罗马尼亚抓过来。同时德匈又举行一次谈话，把匈加利拉入反共轴心。五月四日德南又举行经济谈判，把南斯拉夫置在自己经济控制之下。此外德国在北欧方面则和爱沙尼亚、拉脱维亚订立了互不侵犯条约。在斯干狄那维亚半岛，则企图组织中立阵线，以防止苏联的进攻。在近东方面，德国又派使节到伊朗、伊拉克等小国去活动，攫夺了近东的一部分经济权，希特拉这种做法，显然是想把势力从多瑙河、黑海伸到波斯湾去，以实现过去威廉大帝的二 B 政策。

在两大集团的争夺之下，这些欧洲小国真有点左右为难了，投到英法一边去吧？捷克的例子是叫他们放不下心；投到德意方面去吧？又怕做奥大利第二。集体安全制没有真正建立起来以前，这些小国终是栗栗自危的。其中匈加利、南斯拉夫、保加利亚是老早就站在法西旗帜底下。西班牙、奥大利、捷克则已经是被宰割了的地盘，土耳其在近东方面与苏联很接近，相当保持中立态度。芬兰、比利时，则只有听命英法。其余北欧及斯干狄那维亚半岛诸国，则因距离稍远，只好取两国讨好的中立办法。只有波兰、罗马尼亚顶为难，常常摇摆不定，不知究竟投谁好。这两国一个有但泽与走廊问题，一个有丰富的煤油，正是最引人注目的地方，而战争的火药线也就埋伏在这两片土地上了。

英法苏谈判的经过

英法苏三国互助协定谈判，可以说是这次战争爆发前的一个最重要关键，因为如能谈判成立，则欧洲甚至世界的集体安全制可能建立，大战也可能避免，反之谈判失败，法西斯国家必然将藉此机会立刻进攻，战争的爆发自然无可避免。要了解英法苏何以不能成功，首先应该把英法苏谈判经过加以研究，关于这一点，我愿意介绍九月十四至十六日《中央日报》上陈孝直先生一篇综合的资料，作为读者的参考。

一、第一次提案与第一次对案

自捷克于三月十五日为德吞并后，张伯伦先生自承受骗，并表示以德侵捷为出发点，重新决定外交政策；英苏谈判，正是他新外交政策的骨干。

英苏会谈的序幕，始于三月十九日大使迈斯基与英外相哈里法克斯的谈话。当时迈斯基面交致德国牒文副本(其内容系声明苏联政府，拒不承认德并捷克。)并声明苏联虽对慕尼黑协定失望，但仍准备参加集体行动，以防止德国扩展势力。英外相遂正式表示，愿与苏联通力合作。

四月十五日，英驻苏大使与苏外长李维诺夫正式在苏京开始会议，当时英国并提出第一提案，内容约为苏联以一般性质的词语，声明在接有波兰或罗马尼亚请求时，即当在某种条件之下予以援助，此种援助限于空军及军火粮食原料的供给。

苏联接英方第一次建议后，经考虑结果，于十八日向英提出第一次对案，其中包括几点：

(一)英法苏成立互助协定，十年为期。

(二)保证范围包括波罗的海诸国。

(三)谈话范围应包括远东。

英国接苏方对案后，第二、三两点，均难同意，对互助协定反对的理由有三——

(一)恐有“包围德国”之嫌。

（二）拟对德留回旋余地，俾他日受苏联威胁时，仍可与德接近。

（三）波兰、罗马尼亚坚决反对苏联陆军假道。

在上述三种理由之下，英国在四月二十八日对苏联对案提出意见，表示几点——

（一）英苏协定成立后，英法苏可在军事上交换意见，不必由英法苏订立互助协定。

（二）希望苏方能明白表示，若其邻邦被侵略向苏求援时，苏政府将采何种态度。

（三）为使日本与轴心国分离，不赞成谈话包括远东问题。

二、第一次僵局与英国第二次提案

当英国意见送到莫斯科后，引起极大的反感，谈判当即停顿，而由迈斯基在伦敦折冲，惟由二十九日至五月二日，除“谈话不包括远东”一层苏联让步接受外，其余均无具体结果，至五月三日李维诺夫辞职，谈判遂陷于僵局。当英法苏谈判停顿之时，欧洲又盛传德苏关系有接近的可能，而希特拉四月二十八日演说中，语未侵及苏联，更不无蛛丝马迹了。

从五月三日到五月六日，双方无外交接触，谈话破裂的希望甚大，幸而五月七日，英大使西兹与苏新外长莫洛托夫约期会晤，并提出新对案（英国第二次提案），谈话乃得赓续。

英国新对案，并无建设性质的内容，而只将第一次提案加以修正，即主张一旦英法两国为履行其对波罗二国之保证而采取军事行动时，苏联即须立刻援助英法二国，至苏联如为履行对东欧若干国家而采取军事行动时，英法如何予以互助之援助，则仍未说明。此与第一次提案之分别即在前者为要求苏联无条件的保证，而后者则英法于本身履行保证义务之后，始要求苏联协助。

三、苏联覆文与英国第三次提案

苏联接获英国第二次提案后，“互助协定”及“波罗的海各国保证”问题仍未解决，故于五月十五日致英覆文，坚持三点——

（一）英法苏订互助协定，以维持欧洲安全。

（二）保证范围不仅限于波、罗，并应推及拉特维亚、爱沙尼亚、芬兰三国安全。

（三）英法苏三国应商定各项军事措置，俟一旦有事，现行政治协定即可迅付实施。

苏联此次覆文与其第一次对案比较，一、二两点相同，第三点则更进一步，至远东问题则已放弃不谈了。

苏联此项覆文发出后，英政府知苏联态度的坚决，乃为相当的让步，并于十八日提出新对案——第三次提案——内容分析于次——

（一）苏联以保障给予各邻邦。（对苏提出波罗的海诸国保证问题，表示原则的接受。）

（二）三国军事谈话。

（三）苏联如因实施保障而受侵略时，英法当加援助。（此与第二点均系对苏方所提互助协定之答覆，英方宁愿事实上让步，而不愿有“互助协定”之名。）

四、第二次僵局与第一次英法苏协定草案

英国第三次提案，以未全符苏联“互助公约”之主张，故苏联政府于十九日向英表示，认为仍难接受，并坚持必须订立互

助协定，时适苏大使起程赴莫斯科，于是伦敦的谈判又成为僵局。

英苏谈话的久悬不决，引起法国的关怀，经一度调停后，于二十一日由哈里法克斯与迈斯基在日内瓦继续谈话，而以英法在巴黎所拟定之新建议为谈判的基础，至二十三日哈里法克斯离日内瓦时为止，谈判有相当的进步，英方对反对订立互助协定一层，已不再坚持，此为谈判以来英方第一次的大让步。

英法所拟定之英法苏协定草案，于五月二十七日由西慈送交莫洛托夫，内容要点——

（一）签字国任何一方倘受侵略，其他各签字国即当予以援助，但此种援助，须与国联盟约基本原则适应。

（二）缔约国中任何一国，对于波、罗、土、希、比各国之独立，应予以保证。

五、苏拒绝英法苏协定草案并提覆文

苏联对于英法苏协定草案，经一番研究后，仍抱遗憾，五月三十一日莫洛托夫演说中已表示不满，正式覆文于六月三日交英法代表，并提出新对案——为苏联第二次对案。内容据合众社传如次——

第一条——设若有欧洲任何国家，直接进攻缔约国中任何一国，则本公约应即予实施。

第二条——如缔约国中任何一国，因维护波兰、罗马尼亚、土耳其、希腊、比利时、爱沙尼亚、芬兰、拉特维亚各国之独立，因而卷入战争之漩涡，则本公条应即予实施。

第三条——如有其他国家遭受侵略，因而要求援助，则三国应立即讨论如何于技术上互相援助，制止侵略行动，三国间之咨商，应与国联规定之程序毫不相涉。

第四条——缔约国在接受新的约束以前，应先互相通知。

第五条——缔约国约定勿单独与其他国缔结和约或休战协定。

第六条——本公约为期五年，期满后得续订之。

按苏联所提对案与英法草案基本上的距离共有两点：一，英法应将保障推行及苏联边境波罗的海各国；二，保障规定应自动的实施，即不必受国联盟约的限制。而波罗的海保障问题，尤为症结所在。

六、史特朗赴苏与英法新提案

英接苏联覆文后，即决定派中欧司司长史特朗赴苏，协助西慈大使谈判，史氏于六月十二日启程，六月十四日抵苏，十五日谈话开始，至二十一日英法大使并向莫洛托夫提出新提案（第二次提案），内容略如后——

（一）互助协定草案，不提及国际盟约精神字样一层，接受苏联意见。

（二）波罗的海诸国保障问题，对于国名仍不明白道及，但规定签约国之一，如觉其生存攸关之利益，已受威胁，其他两国即当实行互助。例如德国假道波罗的海国以攻击苏联，则苏联即可认该国等之安全为生存攸关之利益而要求互助协定的实施，英法认为虽不提诸国之名，有此规定，已含有保障的作用了。

（三）根据前项规定予各该国以保障前，须经洽商。

根据上述（二）（三）两点，英法新提案对于苏联要求保障波罗的海诸国一层，虽原则上接受，但加了两个限制：第一，须苏联先声明她生存攸关的利益受了威胁；第二，须经三国事先的洽商。这与苏联原意，距离仍大，难怪苏联认为无甚进步了。

七、苏联拒绝与英法第三次提案

英法新提案送到苏联当局，只经过了一天，于二十二日即由莫洛托夫向英法大使表示（一说二十一日），认为仍不能接受，并表示关于保障波罗的海各国一点，坚持原来主张。至此，英法苏谈判又陷于第三次僵局。

由六月二十二日至三十一日，谈判中止了九天，至七月一日，始由英法向苏联提出新建议——为英法第三次的提案。

英法第三次提案中，关于对苏联让步的有两点，关于新提出的有一点，内容如下——

对苏联让步者——

（一）英对芬兰，爱沙尼亚，拉特维亚三国，愿予以自动的间接的保障。

（二）三国国名，可明白指出。

（三）要求苏联保证荷兰瑞士之独立。

八、苏联的新建议

七月三日，苏联对英法第三次提案提出覆文，内含新建议数项。（苏联第四次之对案）覆文内容约为——

（一）对波罗的海诸国保障问题，大致接受英法建议。

（二）互助协定中被保障国（包括波罗的海诸国在内）所受侵略，分“直接”与“间接”两种，“间接侵略”的界说，应予确定。

（三）在正式签订互助协定之前，先行成立军事协定。

（四）苏联须俟波土对该国提保障后，始能保障荷比。

苏联对案提出后，英法苏代表继续在莫斯科举行多次谈话，但仍没有圆满的结果，而对“间接侵略”的界说，双方意见，竟无法谋得一致的结论。在苏联方面呢，却又始终认为英法既对保障波罗的海各国未必具有诚意，则必想利用“间接侵略”的定义去为侵略者开方便之门，而规避了实际赴援的责任。这层隔阂，虽不是如何重要，却又使得谈话顿挫下来了。

九、举行军事谈话

从七月三日谈到七月底，“间接侵略”定义仍未确定，于是英法又接受了苏联的建议，在三国互助协定成立之前，先举行军事谈话（这也是苏联七月三日覆文中所提出的）。

三国军事谈话于八月十二日在莫斯科开始，英法代表系于五日由伦敦启程，乘英国海军部所雇专轮，遵循海道前往，并未经过德国的国境，三国代表的人选如次：

法国——首席代表杜孟将军，空军代表法林将军，海军代表威廉司令、克雷少校等。

英国——首席代表普伦盖德海军上将及海陆空军参谋部人员共十七人。

苏联——首席代表伏罗希洛夫上将，陆军参谋夏波尼柯夫将军，海军人民委员长古斯纳卓夫将军，空军参谋长罗克席诺夫将军等。

军事谈话自八月十二日开始，每日举行，颇为积极，虽星期日亦不间断。但是究竟谈话是怎样的内容，三国官方既无发表，各通讯社亦未露出丝毫消息，凡是感觉稍为灵敏的人，已知道这一种沉默，已经象征谈话黯淡的前途了。

十、从停顿到破裂

当莫斯科在商组反侵略集团的时候，波兰问题忽然紧张起来了，形势必然的发展，应当是谈话加紧地进行，可是表现的事实，却完全相反，我们且看这几天的经过：

八月十八日　谈话开始停顿。

十九日　德苏签订商约。

廿二日　德苏将签订不侵犯条约的消息，正式发表。

在莫斯科的英法代表会晤。是日深夜，英法训令其驻德大使，令其通知苏外长，波兰现已准备接受苏联之军队援助，并要求立即答复。

廿三日　德苏不侵犯条约在莫斯科签字。

英法一致决定，三国谈话暂停。

廿五日　英法代表向伏罗希洛夫辞行。

廿六日　英法代表启程返国，一幕军事谈话，至此完全结束。

关于谈话停顿破裂的原因，现在真相未白，不便揣测，而德苏不侵犯协定与谈话的破裂究孰因果，也要待将来事实的证明，但是唯一可得的史料足以稍稍供给我们参考的，却只有塔斯社二十七日发表一个专电（路透社亦有发表，内容大体相同），兹特全部附录于后。

（塔斯社莫斯科二十七日电）消息报代表顷向苏联军事代表团首席代表伏罗希洛夫提出若干问题，当承伏氏一一详为解答。

（问）苏联与英法军事代表团谈判结果如何？

（答）由于发生严重争论，谈判已破裂，英法军事代表团已离开莫斯科，各自返国矣。

（问）争论之内容可得而闻乎？

（答）苏联军事代表团，认为苏联与侵略者并无接壤之处，是故仅有允许苏军假道波境，苏军始能予英法波以援助，因苏军欲与侵略国军队发生接触，舍假道波境外，别无他途可循也，正如过去世界大战时，英美军队苟无在法国境内作军事行动之可能性，即不克与法国兵力建立军事合作，同样，苟不允苏军入波境，则苏军自亦不能参加英法之军事合作，虽然此种立场分明极为正确，而英法军事代表团始终反对苏联代表团此种立场，至于波兰政府则更公然宣称不需要，且亦不愿接受苏联之军事援助。此点即使苏联与此类国能成立军事合作。此点亦即形成基本之争点。此间之谈判业已破裂。

（问）谈判期间，曾讨论以原料及战争用品援助波兰之问题乎？

（答）否，迄未讨论此一问题。盖以原料及战争用品相援助，乃商务问题，如仅为以原料及战争用品供给波兰，决无缔结互助公约之必要。军事同盟更无论矣。必须注意，美国正与其他若干国家同，亦未与日本订有互助公约或军事同盟，然彼等以原料及战争用品售与日本业已两年于兹，事实上日本正与中国发生战争状态，彼等在所不愿也。须知此次谈判，系讨论以军队援助之问题，而非讨论以原料及战争用品援助之问题。

（问）《每日通报》外交观察员极力宣称，英法军事代表团曾询问苏联代表团，苏联是否准备以飞机军火供给波兰，而命令红军驻扎边疆枕戈待发？苏联军事代表团当即提出下列计划作肯定回答："大战一经爆发，塔诺波尔与斯坦尼斯拉佛等省，以便于必要时红军得由此数区域予波兰以军事援助。"大元帅对《每日通报》外交观察员此种报告有何意见？此种报告与事实符合乎？

（答）此种报告从头至尾尽系谎谬，作此谎语者，乃一胡说八道之诳者，而刊载其外交观察员此种伪造报告之报纸亦一造谣之报纸。

（问）路透社无线电息"今日伏罗希洛夫对英法军事代表团领袖称：因苏联已缔结互不侵犯条约，苏政府认为与英法进一步谈判已毫无意义。"路透社所传此种消息与事实符合乎？

（答）否，此种消息与事实完全不符。苏联与英法军事谈判之中止，并非由于苏德缔结互不侵犯条约，完全相反，事实上，苏联与英法军事谈判，由于发生不能克服之争点，已达停顿状态，此乃促成苏德缔结互不侵犯条约若干原因之一也。

十一、几件值得注意的事实

英苏谈判之功过，正如前文所说，真相未白，不便揣测，而且亦非本文目的之所在，但就谈判的发展来看，却发现几件值得注意的事实——

(一)整个谈判中英国共提提案三次,英法合提协定草案三次,苏联则先后提出对案及含有建议的复文四次。在十种方案中,苏联的主张是“坚定的”和“一贯的”,而英法的提案则是“让步的”和“变化的”,而每次的又都是小小让步和文字技术的变化。

(二)在整个谈判中,苏联正式表示不满共有四次,第一次为苏联《消息报》十二日的社论,谓英法对苏联建议实际上不符合平等互惠之规则。第二为莫洛托夫六月一日在最高苏维埃大会的演说,认为英法无意缔结反侵略的有效的互助公约。第三次为七月卅日《真理报》所发表苏维埃代表日丹诺夫的论文,谓“谈判为英法的迁就与因循所荒谬,英法应负一切的责任”。第四次则为伏罗希洛夫的谈话(见上节)。可在伦敦方面呢,除了张伯伦对下院质问的答辩外,并无不满的表示,而下院质问中,却常有激烈的责难的言论。

(三)法国以调停的资格,参加实际的谈判,其热切希望协定成功的程度,似在英国之上,但却为了她一贯的“与英同一的步骤”的外交政策,在此次谈判中,似未能尽展她的抱负。

英法苏谈判的主要症结

从陈先生这篇史料中,我们已经可以看到谈判之经过中的详细情形,知道谈判之所以失败,是因为张伯伦之故意刁难。但是也许读者会问,张伯伦既然需要包围德国,为什么不直接痛快一点呢?苏联过去对民主国家,曾经有许多地方都容忍过,这一回为什么不再容忍一点呢?双方一让步,不是协定就订立起来了吗?

我们应该明白,虽然张伯伦的新政策是有点改变了,但基本并没有放弃妥协主义和不干涉政策的立场,张伯伦想订立三国互助公约的意思,并不是真正想制裁侵略,而是想借三国同盟作为他的资本,和希特拉去讨价还价,接洽一个最后妥协,而把苏联作为他"从火中取栗的猫脚爪"。所以他所希望的,只是一张不着边际,可紧可宽的空头协定。而苏联呢,却希望站在互惠平等基础上去重树欧洲的安全集体制,裁判已有的侵略和防止未来的侵略,然而这在张伯伦看来它却是太"危险"了。因此英法与苏联基本出发点上并不相同,谈判的结果自难圆满了。

同时,我们还应知道,苏联对英法过去已经容忍不少了。但是每一次都被英法出卖,特别慕尼黑以后,英法的信用已经完全破坏。这次英法既然提出了三国合作,苏联自然不得不在每一个细小关节上都抓得很紧,使协定成为一个真正保障和平的协定,否则谁能保证英法不再来一次出卖呢?苏联在这次谈判中态度特别坚决,就是为此。总之,苏联所需要的,是真正的和平,不是藉和平幌子来出卖和平的狗皮膏药,更不是替英法去做猫脚爪的鬼把戏。

再次,我们还须明白一点,就是这次谈判失败的最大原因,是在波罗的海诸国保障的问题,和苏联军队援助波兰时经过波兰国境问题。英法为什么不肯保障波罗的海诸国呢?和拒绝苏军经过波兰呢?这又是张伯伦的一个阴谋,他打算在包围德国政策中独留出一个东方缺口,使德国可以由波罗的海去攻苏联的克隆斯坦特军港,挑拨起德苏的战争。因此他又暗示波兰拒绝苏军经过波兰土地。试想英波已经订立互助协定了，波兰又是一个需要援助的小国，他居然拒绝苏军过境，这事情说没有张伯伦在内作祟，谁会相信呢？

读者诸君试想一想吧！英法要求苏联援助波兰，而却不允许他军队通过国境，苏联和德国中间是隔着波兰的，不过境又怎样能武力援助呢？这好比一个人给强盗捉到了，大声地叫救命，而又不许救命的人跑进大门来，天下有这样滑稽的事情吗？

然而张伯伦装作极其焦虑的样子，说苏联缠绕不清，其实他肚子是雪亮的，不仅是他，就是邱吉尔、劳合乔治等也透顶明白，我们试看劳合乔治七月二十九日演说吧！“吾国给予波兰保证，愿与该国被侵略时予以援助，但欲派遣军舰前往援助，既属势不可能，则未能获得苏联之合作，岂克实行相助，须知苏联乃世界上陆军最强之人，现正与一友邦谈判，请其必要时出而相助，此为其事，非与敌国议和可比，顾乃张伯伦首相，宁愿于去年九月间，亲自前往德国，与希特拉元首会晤，本年一月间，又往罗马聘问，并祝墨沙里尼政躬康健，而称之为好人，独今兹之与苏联举行谈判之际，则匪特不能屈驾亲往，即次要阁员亦不予派遣，而仅派外务部一书记前往莫斯科，是岂事理之常？”劳合乔治这辛辣无比的演说，可以说是把张伯伦的肺腑完全掏了出来。同时邱吉尔更明白指出谈判的不能成功，是由于张伯伦的缺乏诚意。这总不算是冤枉吧？而且张伯伦自己也再三声明，“英国并不愿意欧洲形成明显的壁垒”，这分明对于组织反侵略阵线没有坚决的意志，而随时随地准备和侵略国再来一次慕尼黑协定。这样的谈判哪里有好结果呢？

大战的火山口——波兰

当英法苏谈判正在进行的时候，希特拉在五月初旬突然向波兰提出交还但泽的建议了，建议的内容是（一）交还但泽市，（二）德国获一通走廊之道路及一铁道线，供其支配，其地位就如走廊之于波兰。这么一来，欧洲形势就顿然紧张起来。

本来但泽问题已经酝酿得很久了，希特拉在三月演说中间，就宣布废止德波互不侵犯协定，以后德波边境纠纷迭起，那时就谁都知道了，但泽迟早将成为希特拉秋季运动的对象。

但泽的本身固然够重要了。因为这个自由市，原来就是第一次大战后一个很危险的地方，第一次大战以前，这个地方是德国占领的（一七七二年波兰被瓜分时归德）。大战以后波兰复国，为了维持波兰通商的要道，才硬从东普鲁士与德国本部中间，划出一个走廊给波兰，通到但泽港口，而把但泽作为国联保护下的自由市。这在波兰感觉是夹在人家中间，怪不舒服，而在德国却似一条鱼骨鲠在喉咙里一样，没有一刻不想把它咽下去。凡尔赛会议上摆得最蹊跷的就是这块石头，而今天果然就从这块石头上出了毛病。

但是问题的中心点，却还不在但泽本身，因为它究竟不过是一个小小贸易港，希特拉所希望的，决不止这点，占有三十八万平方公里肥沃土地的波兰，才是他真正的目标。我们知道波兰在地位上是连接东西欧的桥梁，另一方面又是从波罗的海通黑海的要道，波兰一下，罗马尼亚便不成问题。德国如果占领波兰，则欧洲均势便被完全打破，德意志在欧洲上更占较英法更强的地位。波兰拥有一百七十五万的陆军和强大的空军，这正是希特拉亟欲攫取的东西，而波兰的主要的产物石炭、金和石油、亚铅、铁，尤是法西斯德意志所急需的原料。

波兰本身却是一个极矛盾的国家，一方面它是夹处在德苏两大极端国家之间一个小国，一方面国内的阶级矛盾又极其尖锐化，经济永远陷在慢性的恐慌之中，而民族问题尤极其复杂，因此就决定他国内政治的半法西斯化，它的外交政策永远动摇于亲英亲德之间。为了讨好这两个国家，曾经勇敢地充过反苏的先锋，而当德国吞并捷克的时候，他非但没有狐死兔悲之感，反而想分一杯羹，要求匈波接境，这真是无耻之尤。假使欧洲的外交是希腊寓言上的鸟兽大会，那么波兰就是蝙蝠，柏克上校一贯的蝙蝠外交，想讨好人家以求幸存的政策，就是造成它今天惨果的主要因素。

然而波兰和捷克究竟不同了。德国要吞并波兰并不难，却需顾忌英国，希特拉生怕为了波兰问题引起英法苏的联盟，使反侵略阵线正式形成，这才对他不利。所以在吞并捷克以后，希特拉对波兰还不敢下一个决心。那时他曾经暗示波兰组织第三轴心，作为反共轴心的附庸，以便利他向东南欧发展；等到米美尔，捷克问题都解决了，希特拉的目光便钉住在这边广袤的东邻土地上。

当时希特拉为了顾忌反侵略阵线，还不敢冒险用武力来解决，他只想抄用汉伦的办法，通过政治的手段来夺取但泽和走廊，因此德波空气曾一度缓和，希特拉这种做法，是具有两种作用，第一是试探英法有无作战决心，第二是威胁波兰，希图他不战而屈，把但泽和走廊取到手，再作计较。所以三、四月间，希特拉派了许多国社党徒到但泽去制造事件，同时召见但泽纳粹领袖想利用他来做一下汉伦第二。可是英法苏谈判滞延不决，张伯伦的心思却给他全部看透了。希特拉喜出望外，认为这个良机不能坐失。一方面可根本拆散反侵略阵线组织，一方面又可略费代价掠夺广大的土地。不管英波互助协定已经订立，到了六七月间，希特拉就断然下决心了。希特拉估计没有错，不到两星期波兰已成为他的收获物。

波兰的灭亡，一半怪英国，一半还该怪自己。当亡国惨祸快到头上的时候，他还不知道坚决起来，团结人民，实行反对侵略，却一味跟着张伯伦的妥协主义跑，拒绝苏联的援助，压迫人民的抗战，企图藉英国的势力，和希特拉来一个讨价还价，以便刀下逃生，可惜这一回，柏克上校的蝙蝠外交，却把自己埋葬了。

惊人的外交

一切大错都已经制成了。波兰已经在被屠割的命运之前了，英法苏谈判已经完全失望了，张伯伦出卖和平利益，已经是彰明较著的事实了。这个时候，欧洲的外交局势上起了一个巨大的变动，八月十九日德苏订立商约，到了二十二日德苏互不侵犯条约突然宣布了。这个协定的内容是这样：

一，缔约国双方相约避免单独的与其他国家联合以任何暴力侵犯或攻击行为加于对方。

二，缔约国之一方与第三国卷入类似战争时，则其他一方即不得对上述第三国予以援助。

三，二缔约国政府今后应就彼此有关之各项问题保障密切接触并交换情报。

四，缔约国任何一方对直接或间接不利于对方之任何集团均不得参加。

五，缔约国彼此设对本约各项规定发生纠纷或争议时，双方应以友好的交换意见，或在必要时组织仲裁委员会以谋解决。

六，本约有效期间为十年。

七，本约应速予以批准。

当条约宣布的时候，全世界都震动了。英法是惊惶得目瞪口呆了，日本更哭笑不得，意大利表示赞成，美国则取沉默的旁观。张伯伦原来企图以德攻苏的幻想被粉碎了，日本在外蒙边境对苏联的挑衅行为，原期借此讨好德国以便加入德意军事同盟，现在是爽然若失了。莫洛托夫这出奇的一击，使帝国主义都相顾而失色。

德苏互不侵犯的意义何在呢？这放在下面一节去说。这里我们首先应把几个观念弄清楚：第一，有人以为这是两个极端国的互惠，纳粹主义与社会主义互相结合了。这是不对的，德国政策的本质是侵略，苏联政策的本质是和平和保卫苏联。这两种思想根本无结合可能，但是苏联是可能利用帝国主义与帝国主义的矛盾，来进行其保卫和平，保卫苏联，阻止反苏阴谋的战略。国际外交政策的原则是少树敌人，现在，德国肯表示放弃反苏态度，苏联又何乐而不为。所以这是外交战术上的联合，而不是政治思想上的结合；是击破了法西斯的联合阵线，绝不是和法西斯建立阵线。苏联今天反法西斯反战争的任务，非但没有改变，而且更加重了。第二，有人以为德苏不侵犯条约是英法苏谈判破裂的原因，这又是错误的。英法苏谈判延滞至四月余之久而不能解决，其原因显然在本身的症结，上节已说明了。德苏不侵犯条约的订立，是由于张伯伦的无诚意与狡谋日益暴露所促成的，所以英法苏谈判失败是德苏不侵犯条约订立的原因，并不是不侵犯条约的订立是英法苏谈判失败的原因。第三，有人以为德苏不侵犯条约是大战爆发的导火线，这更其是荒谬的。波兰问题日益紧急，英法苏谈判滞延不决，战争危机已经到了不可避免的时候，而促进此种危机的，是张伯伦的妥协主义。德苏不侵犯条约的订立是苏联把反苏联的战争变为帝国主义间的火并，而前者对世界和平的威胁是更大的。所以相反的德苏不侵犯条约的订立，是使战争的火焰不至延到苏联边境，不至延到东南欧，不至延到远东日苏边境，减少了第二次世界大战更大的危险性。

德苏互不侵犯条约的政治意义

把上面几种观念弄清楚了，我们对于德苏互不侵犯条约的意义才容易明了。

第一，苏联是社会主义的国家，它没有殖民地的要求，但是它是在资本主义国家包围中间，为了保卫一国社会主义建设的发展，它必须击破帝国主义对它包围的企图，必须具有强大的军事经济力量和坚决的和平政策，才能真正使人家不敢侵犯。因此近年以来，苏联在世界经济恐慌中间，特别加紧努力建设。苏联建设的成功与国防的坚强，教训了希特拉不敢东窥，这是苏联的一个大成功。而由于苏联与世界和平的不可分，这一成功更缩少了可能发生武装冲突的区域，而裨益于世界和平。

所以第一个政治意义，就是苏联社会主义力量增强与执行和平政策的结果。

第二，是打击了张伯伦历年以来，以德制苏，以苏制德的阴谋。大英帝国为了保全他现在的利益，没有一天忘把帝国主义间的矛盾转化于帝国主义对社会主义国家的矛盾；而苏联则几次三番想帮助民主国家共同制裁侵略，当这种好意再三被拒绝，而集体安全已绝望的时候，苏联只有把战争推给战争的制造者身上去。正如苏联今年十八届联共会议上斯大林所说："随时审慎，毋使吾国被善于利用他人火中取栗之挑拨战争家引入冲突。"在协定成立前一天，张伯伦与斯大林之间，这种斗争还是尖锐地在发展，协定一宣布，张伯伦是失败了。

所以第二个政治意义，就是粉碎了反苏战争的阴谋。

第三，日德意反共同盟的缔立，原来是法西斯国家想借反共反苏幌子，欺骗英法等国家，以挣脱凡尔赛束缚，来扩张殖民地的企图，自从墨沙里尼到阿比西尼亚去"反共"，日本到中国来"剿赤"，希特拉到捷克奥大利去"扫除布尔什维克"以后，大家很明白所谓"反共"同盟的作用了，而且反共三角同盟中间，虽表面一致，而内部仍彼此矛盾。德苏不侵犯条约的订立是拆穿了这个西洋镜，分裂了反共轴心国的矛盾，也就是给法西斯阵线一个打击，我们看到协定宣布以后，日德立刻反目，就明白了。

所以第三个政治意义是揭穿了反共集团关于反对共产主义与共产国际的欺骗。

第四，德苏不侵犯条约的订立，孤立了远东的日本，对于日本是一个棒喝。在另一方面就是援助了中国，推进了中国抗战的形势，我们只看德苏不侵犯条约一订立，平沼内阁马上倒台，就是一个明证。

所以第四个政治意义就是援助了世界人民争取自由的解放运动。

也许读者会说，这条约终究有利于德意法西斯，对于和平终究是威胁吧？但是要问欧洲情势到了今天，这是谁人的责任，而当战争爆发已无可避免的时候，苏联为了保障其自身的安全与缩小战争的范围起见，舍此又有何法呢？苏联今春十八届联共大会上曾规定“吾人主张和平，并与一切国强事务关系，此为吾人之立场，吾人将坚守之，只要此诸国与吾人维持同样关系而不企图侵犯吾人利益”一条，德苏不侵犯条约正是此种外交政策的实行。而且条约订立以后，增强了苏联在东欧的地位，这对于东南欧的和平也未始不是一种保障啊。

德苏不侵犯条约清算了慕尼黑以来的阴谋，埋葬了张伯伦的“不干涉主义”。德波战争的爆发把第二次世界大战推入一个新的阶段。

（载九月一日至三日上海《中美日报》）

一 个 附 录

莫洛托夫关于缔订德苏不侵犯条约经过的报告

自最高会议三届全会以来，国际形势不曾进步正相反且更趋于紧张，各国政府虽曾设法消灭此种局势，但其努力并不充分亦无成效。欧洲如此，东亚方面亦然，日本军队仍占领中国各主要城市，及不小部分领土，此外日本更继续对苏联从事敌对行动，在此种局势下，苏联与德国之缔结互不侵犯公约，确有重大的积极价值，因此消灭德苏两国间之战争危机。为充分说明此公约之意义起见，余必须先将数月来与英法两国代表，在莫斯科进行之谈判加以分析：

诸君共知英法苏三国关于缔结欧洲方面反侵略互助公约之谈判，系于本年四月开始，诸君亦知最初英政府之建议，全非吾国所能接收，因其完全抹煞此种谈判之主要先决条件，即义务之相互与平等原则，但苏联政府并未因此而拒绝谈判，仅自行提出己方之建议，缘吾人深知英法两国政府突然变更其截至最近犹封苏联不友好之政策，而根据义务平等之条件，与吾国从事庄严谈判，实大不易，嗣后谈判亦无良好结果。经过四个月之后，仅使问题数项得以阐明，同时亦使英法两国代表，认识苏联在国际事件为必须重视之国家，然而谈判终遭遇不能克服之困难，且不在各个方案，或公约草案之某一条文上，而另有严重之成因。

反侵略互助公约之缔结如欲发生实效，必须英法苏三国关于抵抗侵略国进攻之切实军事步骤成立协定，因此，有一时期，不但政治谈判即军事谈判亦会在莫斯科与英法代表共同进行，但此项军事谈判，亦无结果，缘应被英法苏三国共同保障之波兰，竟拒绝苏联之军事援助。嗣后虽屡曾设法加以克服，但并无成效，且从谈判之经过，并证明英国不但无克服波兰此项反对立场之意，甚至加以怂恿，波兰之态度既属如此，英法苏谈判显然自无成功之望，后此吾人更认识谈判已注定归于失败。

英法苏谈判之经过，说明英法两国立场，自始至终，含有不少显明矛盾。

首先一方面英法两国代表要求苏联于波兰被侵略时，与以军事援助，君等共知苏联诚愿接受此项要求，惟英法对苏联应给予同样援助，别方面，英法两国复勾引波兰出头，坚决拒绝苏联之军事援助，援助既被认为不必要及强行干预，则互助协定又安能有成立之望。其次一方面，英法向苏联提供反侵略军事援助之担保，以报答苏联方面之同样援助，别方面彼等乃于其援助上加以足以使其化为幻影之关于间接侵略之保留条件，如附加法律形式上之遁辞，果得避免实施援助，而陷苏联于对侵略者孤立之地位，此种互助与欺骗公约又有何别？复次，一方面英法两国特别指出互助公约之重要从而要求苏联对之特别重视，并迅速解决一切与公约有关之问题，别方面英法本身对于谈判乃表现极端因循轻率之态度，仅派并无切实权力之二等人物为代表，例如英法两国军事代表团抵达莫斯科时，即并无任何切实权力，甚至无权签订任何军事条约（叹笑），尤有甚者英国军事代表团且连证明文件亦无之（大笑），而经吾国军事代表团要求之后，乃于谈判破裂之前夕，方提出证明文件，且即此文件，仍非常含糊，并无正当权力。英法两国此种轻率态度，与故作游戏谈判，而有意使整个事件变为毫无价值，又有何别。

英法两国态度之此种本质上的矛盾，实为谈判破裂之主因。英法两国之所以如此矛盾，自有其根本原因，一方面英法政府畏惧侵略，从而冀与苏联成立互助公约，惟以增强其本国势力为限，别方面英法政府复畏惧互助公约缔结后，将使苏联增强。此种畏惧心理似竟压住其他一切考虑，吾人惟有从此点出发，方能认识在英法指示下波兰国行动之真相。

余今继续讨论苏德不侵犯公约，苏联与德国，缔结此项公约最初决定，系在英法苏军事谈判因上述不能克服之争执而陷于僵局之后。吾人因谈判经过，表明互助公约之缔结，已属无望。乃不得不探觅其他保障和平及消灭德苏战争危机之可能方法。英法政府苟不愿计及此点，彼等尽可自由，吾人之责任则为考虑苏联民众及苏维埃社会主义联邦之利益（持久鼓掌），尤其因吾人深信苏联之利益，乃与各国民众之基本利益相符（鼓掌）。此尤为问题之一方面，此外苏德两国苟欲成立互不侵犯公约，必须德国在其外交政策上改采与苏联敦睦邦交之态度，此第二条件成立后，亦即吾人明知德国政府确愿改变外交政策，从改进对苏联邦交之后，两国互不侵犯公约成立基础，方始奠定。人人共知六年以来即自国社党秉政之后，德苏政治关系也在紧张状态之中，人人亦知，虽两国及政治体系不同，苏联政府仍曾努力维持，对德国之正常商业及政治关系。诸君周知，近年来此类关系中，曾发生各种独立事件，现在不必再加详叙，余必须指出者为数月前，吾党十八届代表大会中关于吾外交政策之说明，斯大林当时述及吾人外交政策方面之任务时，曾阐明吾国对各国之态度如下：第一，继续和平政策与一切国家增强事务上之关系，第二，随时审慎，毋使吾国被善于利用他人火中取栗之挑拨战争家引入冲突。（兴奋）如此，斯大林早已宣言，苏联力主与一切国家增强事务关系，同时，斯大林更警告吾人勿受专为本身利益，力图使吾国与他国发生冲突之挑拨战争家利用，斯大林并曾暴露英法美等国报纸关于德国占领苏联乌克兰计划之喧哗真相，其言曰："此可疑的喧哗之目的，似在挑拨苏联反对德国造成——毒化空气，而无理由与德国启和"，斯大林于此，已将努力挑拨德苏冲突之西欧政治家之阴谋，彻底揭发，但吾人必须承认，即在吾国亦有短视之人，彼等被过度简单及法西斯宣传所中，竟忘记敌人之此种挑拨。斯大林虑及此点，当时曾提及德苏成立善邻关系之可能。现在吾人可知德国在大体上，业经正确理解斯大林之上述宣言，因而引作实际的结论。（大笑）苏德互不侵犯条约之缔结，说明斯大林之历史预见，业已完全证实。本年春季，德政府即向吾国建议重开商务信用谈判，不久此谈判即经重开，双方互相让步后，两国乃成立协定，而于八月十九日签字。德苏两国签订此种协定，此非初次。但此协定，不但与一九三五年之协定不同，即与过去一切协定，甚至吾国与英法或任何国家所缔结任何经济协定比较，亦属有利。其有利点乃在信用之期限长达七年，以及使吾国有机会定购多量必须之设备品；苏联方面，亦愿以多余之原料品一定额量售与德国，供其工业之用，此与吾国利益亦属相符。如此有利之经济协定，吾人安能拒绝？岂为献媚于彼不愿苏联与他国成立有利经济协定之徒乎？且此协定，不但适合于吾国之经济国防利益，亦与吾党十八届大会所通过斯大林关于"增强对一切国家事务关系"之需要之宣言相符，及至德国政府并表示更愿改进政治关系之后，苏联政府亦自无理由拒绝，因此，乃发生成立互不侵犯公约之问题。目前各方面所起之声浪，适足证明彼等不理解现在开始之改进苏德政治关系之最简单理由，例如有人以天真之态度问曰："苏联何能同意与法西斯型国家改进政治关系?”但彼等忘却此非吾人对他国国内政体问题,而系两国外交关系之问题,彼等忘却吾人之主张为不干涉他国内政,同时亦不许他国干涉吾内政,进一步言之,彼等以忘却吾外交政策之主要原则,即如斯大林在十八届党代表大会上所规定者,“吾人主张和平,并与一切国家增强事务关系,此为吾人之立场,而吾人将坚守之,只要此诸国亦与吾人维持同样关系,而不企图侵犯吾利益。”此言之意义,至为明白,即苏联愿与一切非苏维埃国家,维持善邻关系,仅须诸国家亦以同样态度,对待苏联。吾人对待非苏维埃国家之外交政策随时均依照列宁关于苏维埃国家与资本主义国家和平并存之著名原则,关于吾人如何实地执行此原则,有无数实例可证,余人略举数端,例如吾人于一九三三年以来,即与意大利国订有互不侵犯及中立条约,而后来无人曾加反对,此无足怪,缘该约确与苏联利益相符,亦苏联与资本主义国家和平并存之原则相符。同时吾人与波兰及其他人所共知政体为半法西斯性质之数国,亦订有互不侵犯公约,此诸约亦未引起怀疑。别方面吾国与某某非法西斯资产阶级民主国反未订结此种条约,例如英国即其中之一。然此非吾人之过失,自一九二六年起,吾国与德国邦交之政治基础即为两国中立条约,此约且经现德国政府于一九三三年延长,而直至今日依然有效,苏联政府并且早已认定有设法改善对德政治关系之需要,但环境使其直至现在方成为可能。当然吾人所称非如英法苏谈判所讨论之互助公约问题,而仅系互不侵犯公约,然而在现在之条件下,此苏德公约之国际重要性,终不可忽视。吾人之重视德外长里宾特洛甫来苏访问,即为此故。苏联与德国缔结互不侵犯公约之一九三九年八月二十三日，实应认为历史性非常重大之日，缘此德苏互不侵犯公约乃欧洲历史之转折点，且犹不限于欧洲，数日以前德国法西斯党徒，犹采敌视吾人之政策。数日以前，两国在外交上犹为敌人，今日则形势一变，吾人已不再为敌人政治之艺术。在外交关系上原不在增加本国之敌，正相反，乃在减少敌人，并变昨日之敌为今日维持和平邦交之善邻。

历史早已证明吾与德国互相仇视及战争之结果，仅使两国深受其害。一九一四至一九一八年大战中受害最烈者，即俄德两国，因此苏德两国人民之利益，决不在相互为敌，正相反，双方均需要和平邦交。苏德互不侵犯公约，即使两国之敌视中止，自属符合两国利益。两国世界观及政治体系之差别，决不应亦不能阻碍两国友好政治关系之建立，正与同样之差别，并不妨碍苏联与其他非苏维埃资本主义国家维持友好关系相同。惟有苏德两国之敌人，方力图造成两国人民之敌视，吾人则历来实行主张苏德两国人民应相互友好，应努力增进及发展其睦谊(热烈持久鼓掌)。

苏德互不侵犯公约之主要重要性，乃在欧洲俩最大国家已同意中止相互敌视，消灭战争危机，而相互和平共存，从而使欧洲可能发生武力冲突之地域减少。苟欧洲武力冲突成为不可避免，从此敌对行动之范围，亦较有限制。唯有志在挑拨全欧混乱战争之徒，唯有在和平主义假面具下阴图燃起全球巨灾之徒，对此种局势方能不表满意。苏德公约成立以来，曾受英法及美国报纸大肆攻击，某种“社会主义”报纸亦成其本国资本主义之忠仆，得酬甚重之忠仆于此尤为特别卖力。从此辈绅士期望真理自属不可能之事，彼等曾企图散布妄语，称英法苏互助公约谈判系因苏德互不侵犯公约签订而破裂，此其荒谬早经伏罗希洛夫于谈话中揭发，事实经过正相反，苏德互不侵犯公约之缔结，其理由之一正在英法苏谈判因英法资产阶级之过失遭遇不能克服之争执而终归失败。

进一步，彼等并攻击吾人称：该公约不应不载万一签字国之一在他人可以借口指为侵略者之条件下被卷入战争时，公约即当废止之条文，但彼等乃忘却此种保留条文，并不载于一九三九年缔结，一九三九年经德未得波兰同意取消之波德互不侵犯条约，亦不载于数月前签订之英德互不侵犯宣言。由此吾人可问，何以波兰及英国早已自行享用之权利，苏联乃不能援用？

最后更有自作聪明之徒，于公约所用书以外，妄测其他种种（大笑），彼等自制各种揣测及暗示，使各国对公约发生怀疑，此种伎俩，仅仅暴露敌视公约者本人之无能，暴露其本人为苏德两国之敌，企图挑拨两国战争而已。

在上述各点中，吾人于斯大林之警告，即吾人应特别留意被善于利用他人“火中取栗”之挑拨战争家一语，又得证明吾人必须随时防范此辈。缘彼等以德苏交恶为利，彼等尤不愿德苏两国维持和平及善邻关系。百分之百的帝国主义者与执行此种政策，吾人可以理解其故，但吾人决不能忽视英法两国社会主义党派一部分领袖，最近于此特别卖力之事实，此辈绅士盖已全部卖身投靠矣（大笑）。尤有进者，彼等乃断然要求苏联加入英国方面对德作战，彼等岂尽丧心病狂乎？（大笑）彼等岂竟真不能认识苏德互不侵犯条约之目的，而苏联根据该公约当已过去及今后均将和永远仅仅根据本国人民之利益，而推行其独立政策？（持久鼓掌）此辈绅士既非战不可，彼等尽可自战，何必苏联（大笑鼓掌）？吾人将静观彼等究系何种战斗资料所造成者也。（大笑鼓掌）就吾全体苏联人民目光观之，此种和平之敌，与欧洲其他一切挑拨战争家实无以异，唯有此辈期望大屠杀，期望各国混战之徒，即为力谋破坏苏德两国人民新进恢复之善邻关系者。“苏联之与德国签此公约乃缘完全深信苏德人民保持和平系与一切志愿普遍和平之人民之利益相符，每一真正拥护和平者必认识此中真理，此公约亦与苏联劳动大众之基本利益相符，而不致削弱吾人保护大众利益之警觉性。此公约有吾国实力之坚决信心为后盾，有抵抗任何对苏侵略之完全准备为后盾，（热烈鼓掌）此公约正与不成功之英法苏谈判相同。”证明任何重要国际问题及东欧问题，如无苏联积极参加即不能解决，证明苟企图撇开苏联而企图解决此类问题，即绝无成功之望。（鼓掌）苏德公约已引起欧局发展之新转向，欧洲最大两国改进邦交之转向，此公约不但消苏德战争危机，缩减欧洲可能发生战争之地区，而以有利于和平，并且为吾人展开新的可能，增强吾国力量，巩固吾国地位，增加苏联对于国际局势发展之影响，吾人今无须逐条讨论公约条文。人民委员长会议有理由可信，此公约作为对苏联极端重要之文件必得广大赞同（鼓掌）。“人民委员会议，谨将此苏德互不侵犯公约呈于最高议会之前并建议速加批准。”（热烈及持久鼓掌，全体起立）。（三十一日塔斯社）

第六章　大战走入新阶段

新阶段战争的性质

英法苏谈判破裂以后，苏联与所谓民主国家缔立反侵略统一战线的可能性，已经完全丧失了；波兰战事一爆发，英法与德国帝国主义直接对垒起来了。其他帝国主义国家，如美意等，都在准备在新帝国主义战争中来趁火打劫了。英国在东方准备和日本帝国主义更妥协了。整个国际情势与条件都起了一个变化，所以我们说帝国主义大战已经进入到一个新阶段，或者说第二阶段。

第一阶段的战争是基立于一九二九开始的第二次经济恐慌。在那次恐慌中间，产生了日德意各国的法西斯政权与经济组织，因此就引起了法西斯片面的局部的侵略战争和殖民地半殖民地反侵略的战争。而第二阶段的战争却是基立于一九三七年开始的第三次经济恐慌，在这次更深刻的恐慌中间，使殖民地的重新分配，成为帝国主义国家更迫切的要求，帝国主义与帝国主义的矛盾更尖锐化，使一些所谓民主国家，也积极从事于战争的制造与准备，使他们经济组织也逐渐法西斯化，使他们对于殖民地的革命更加害怕，而不干涉主义的结果，却把他们自己更往战争危险中间拖去。这样就引起帝国主义与帝国主义全面性的掠夺战争，同时也将引起半殖民地殖民地反侵略战争的更猛烈展开。

这样，对于目前欧洲进行着的英法与德国的战争，就不难去探求其性质了。决定战争性质的，有两个主要的条件，第一，战争的目的是争夺殖民地的，还是摇动弱小民族的？第二，战争是民主化的还是法西斯化的？德国今天是侵略者固无疑义，然而打着“正义”“和平”旗帜的英法实际上又怎样呢？我们看吧：

第一，英法不仅不愿与苏联合作，而且处心积虑在破坏苏联了。

第二，英法不仅没有诚意援助波兰，而且在损人利己的阴谋下，把整个波兰牺牲了(英国的陆军不曾为波兰放出一颗炮弹)。

第三，英法不仅没有用民主方式去动员国内反侵略的广大民众，而且把最后的一点民主都借战争的口实而剥夺了。

第四，英法不仅没有决心去制止东方日本强盗的暴行，而且准备用远东慕尼黑形式来实行分赃了。

第五，英法不仅没有勇气(而且也没有资格)去消灭希特拉主义，而在目下正和希特拉讨价还价想准备来一次新的慕尼黑了。

不管张伯伦达拉第用什么口号在欺骗着全世界人民，然而谁也不能从他的身上去找出一丝反侵略的痕迹。事情是清清楚楚的，英法之于德意，正如半斤比八两，谁也不比谁更进步一点。战争的性质很明显的是帝国主义者争夺殖民地统治权的战争。

如果不从整个局势的变化上去看，与新局势性质的变化中去看，而仅仅看到英法援波的表面形式。而遂认英法是反侵略的，或至少英法比德国要进步一点的，这都是皮相的观察，而会把我们引导到一九一四时代社会主义党的错误泥沼中去。

然而，我们并不忽略，全世界人士也不会忘记，在东方的土地上，今天正进行着中华民族英勇的抗日战争，这一个为人类正义人类和平的革命战争，和西方的反动战争正遥相照映。这将是第二次世界大战中一股重要的革命力量，这一战争在新阶段中也起一种重大的变化——从退却而转变到相持，转变到准备反攻。因此，我们对于目前国际间进步与退步的斗争形势，就应该用一种新的界限来划分，即是说，一面是正义的，为人类解放的革命战争，一面是残戾的反动的帝国主义掠夺战争。这两种战争力量的发展，最后将使进步的克服了退步的，将可能在一个更高阶段中，使第二次世界大战的性质根本改变过来。

新阶段战争的特点

根据以上的分析，我们可以看到，第一阶段战争中所具备的两个基本特点，已经改变了。第一，战争不是片面而是全面性了，第二，为援助反侵略战争而组织的反侵略阵线，现在是由复杂而变成单纯了(资本主义民主国家退出去了)。同时战争的形式也改变了。帝国主义者正在准备着空前的大屠杀，双方的主力军已经正式对垒了。

除此以外，我们还可以看到一些特点：

第一，新阶段的战争将是长期的，然而它却不像第一次大战一样，战争一爆发，立刻所有国家卷入进去，它将是以曲线的状态进行的。在军事的战争中纠缠着复杂的诡谲的外交战与经济战。例如德国在占领波兰以后，便提出和平的建议；意大利一面在暗中厉兵秣马；一面却帮助希特拉在觅求讲和机会；英法虽然陈兵东境，但直到现在还没开始大规模的战斗；美国一方面在旁观，一方面却准备在发战争的洋财；这一切都说明，各人都希望以最小的代价，在战争中取得最大的收获，都希望别人去从火中取栗，而自己坐享成功。所以客观的条件虽然决定战争的扩大性，然而扩大的过程却需要经过一些曲线的途径。

第二，由战争的扩大与延长，原来所谓一些民主国家也必然把政治与经济制度安置到战时军事统制的轨道上去了，使所谓民主国家也倾向于法西斯化。例如英国战时经济制度的建立，强迫的兵役制的实施，法国战时内阁的组织，达拉第总揽军政经济的大权，法国共产党的被解散，共产党议员的被逮捕，一百余种刊物的被禁止。这一切将使残余的民主基础，遭受到酷烈的打击。

第三，全世界人民对于这次战争将与以坚决的反对，世界反侵略怒潮将更猛烈展开，反侵略阵线将因单纯化而更趋巩固，特别是反侵略战争的存在，将使正义与非正义的战争的划分更加清楚。在第一次大战中间，各殖民地都盲目地去做帝国主义战争的工具，然而这一次他们却认识了战争对他们的不利，而拒绝参加了，例如印度国民大会公开宣传否认参战，这是一个重要的特征。

第四，欧洲各小国在这次战争中，将表示其重要的作用与地位。目前英法德意都是拼命争取这些小国，然而由于波兰、捷克等亡国的教训，各小国将慢慢觉悟过来，避免为帝国主义者作工具。大战开始以后，各小国先后宣布中立，并且与苏联订立联盟，这和第一次大战时，各小国迅速投入协约国或同盟国怀抱里的情形大不相同了。

综合上述各特点，我们可以看出两种倾向：第一，由于战争的爆发，世界资本主义将更趋向法西斯化同时也加深恐慌的程度；第二，世界反侵略的力量将继续生长。这两种倾向矛盾的发展，将决定大战的前途。

波兰迅速崩溃的原因

九月一日德国向波兰下最后通牒以后，战争便开始进行了。

德国军队，分三路进攻华沙，第一路中锋由西里西亚直向趋华沙，第二路左翼由东普鲁士南下，第三路右翼由捷克之斯洛伐克省北上，但泽就在战争开始时被并入德国版图了。

九月三日英法对德正式宣战，第二天法国陆军便开始向德国的防线攻击，同时，英国军队亦开始在北海和波罗的海实行对德国封锁，到了七日，法国军队进逼萨尔镇和布律根，而在这时波兰的首都华沙已快被德军包围了。

希特拉的战略是很明白的，他乘英法开始军事动作之际，便用全力向东疾进，以速战速决的手段，把华沙解决了，然后再和英法算账。所以他的战略是东攻西守，战争开始后两天，希特拉亲赴东线督战，而以三分之一的兵力在西线死守。不到六天，德军就打通走廊而直薄华沙，波兰首都迁移到卢布林。八日德军赶到卢布林，波兰首都又搬到罗夫镇。同时维斯杜拉河（从波兰流入波罗的海的一条大江）东岸所谓“皮囊地带”的二三十万波军被德军包围起来，但是接着冲出了。这个时候波兰军队已被打得四分五裂。到了九月十七日，波兰就全盘瓦解了。

波兰拥有一百七十万陆军和精锐的空军，何以竟会像秋风落叶一般溃败得如此迅速呢？这不是偶然的。我们先从军事来看，波兰在这次战争的战略上完全失败。自从捷克米美尔被德国吞并以后，波兰本来已经陷入德国三面包围之中，所以德国进攻波兰所采取的战略是大规模的外线包围，南北二路的主力，用蟹钳式的运动，南面伸入到罗夫，北面切断了华沙与亚里斯多克的联络。波兰东北方的主力部队被隔绝在维斯杜拉河以东，而西南方面的后路又被德军所割绝，等到大包围的局势已成，波兰还想采取打死仗的固守战略，主力自然难免歼灭，加以政府的领导人首先退却，使主脑与军队被德军中间切断，于是数十万大军，就只好像丧家之犬，等待人家来缴械了。波兰这种拙笨的打法，是由于他们军队编制的性质，只配进攻，不配防守，只配集中作阵地战，不配分散作游击战，这正是毕苏斯基以来的传统作风，想用强大的骑兵（骑兵占三十个师的波兰军队的六分之一）去扮演进攻苏联原野的先锋队，孰料却被德国的机械化部队从屁股后面打得落花流水，这是毕苏斯基将军生前所不曾梦想到的了。

然而军事上的失败，还不是主要的原因。主要的原因还在政治上。古人说天作孽尤可违，自作孽不可活，波兰的失败，就是自己作孽。首先波兰是个半法西斯的国家，民众被专制政治压迫得不能生活，政府与民众，特别是百分之七十八的农民，多年来就尖锐地对立着，尤其对于少数民族，如白俄罗斯,乌克兰人,不仅不能一致团结,反而压制与歧视他们。国内无法统一,这是波兰亡国的惨痛教训。据意大利日报载,波兰军民在战争中甚至互相残杀,互相仇恨,乘机报复,这样情形,作战又安将不败。其次,由于波兰半法西斯国家的特质,它的政策全依附于帝国主义国家而生存,所以外交上完全没有自力更生的立场,起初想依赖德国,后来想依赖英国,然而英国却同样把他出卖了。当德军已包围华沙的时候,英国还是按兵不动,哈里法克斯九月二十一日在上院承认说,“在此次波兰作战期间,吾人亦未能予以直接有效的援助,否则结果或不致遭此惨剧。”这可谓波兰外交政策的报应,然而莫锡基逃到外国以后,却还老着脸皮在说,“吾人之友邦必将予吾人以援助”,这真是至死不悟了。

政治上的专制昏庸,统治阶级生活的腐败黑暗,军事上的拙笨不灵,外交上的依赖外力,这一切因素就使偌大的波兰比阿比西尼亚还不如,短短十七天中就断送在莫锡基这类奴才手里了。

对于牺牲受难的亡国波兰民众,我们应当予同情与援助,但是对那批昏庸专制的统治者。我们却只好说一声“死有余辜”。

波兰崩溃后的战争形势

九日中旬以后,波兰政府已经不知去向(哈瓦斯伦敦十七日电),整个波兰可以说已经瓦解了。苏联军队于九月十七日开入波兰境界,没有遭受任何抵抗,占领了波兰的东部与德国会师不勒斯特里多夫斯克。两天以后华沙又陷落于德军之手。到了九月二十二日,德苏共同发表了一个划疆条约,同时又联合发表了一个和平的宣言。照这个划疆条约，从比纳河起，南行至比利拉河与纳罗河之合流处，然后再转比拉河至森纳罗河与布格河源流，此凹进部分，杜维斯在拉河西岸之华沙，归德军占领，维斯杜拉河之东岸则归苏联占领。

苏联为什么进兵波兰，这问题放到下一章专门讨论。但是从这时起，东线的战事却告了一个段落，从九月二十日以后，战局重心就从东线移向西线，希特拉且于九月二十三日亲自赴西线督战。

一般说来，四线战争到目前为止，尚是一种序幕战的性质。从九月五日开始到九月二十日，这一期间，希特拉的战略是死守西线，而法军则企图趁德军主力向东的时候，迅速突破坚强的西格法利防线，所以当时法国的进攻相当猛烈。它的目的是想突破布律根防线占领萨尔区，获得战略上优的地位。据七八两日法国的战报，说已经突入萨尔区，这个消息显然是过分夸大，因为萨尔省是德国前哨地带极重要的据点，德国在这里筑有极强固的工事，而西格法利防线还远在它背后，但是在初期战争中间，法军确实获得一部小小胜利，例如九月九日法军进占福文巴赫以东的瓦伦森林地带，十四日占西区克镇以北的利尔村，虽然并没有证明突入萨尔镇，但是已经逼近。不过在这初期序幕战中间，战事只在法国马奇诺防线与德国西格法利防线之间的地带，双方作据点的争夺，这称争夺战，对于战争的胜败，还不能作为决定的因素，而只是在将来大规模战争中争取战略上的有利据点罢了。

九月二十日以后，希特拉亲率七十师赶赴西线作战，西线情势，一度地紧张起来。但是一般地说，离开正式大战还是很远。希特拉在西线上还没决定攻势的战略，他不过企图用军事进攻的姿态，来威胁英法接受和议。据德方的表示，“英国既不改变其阴谋，仍拟以封锁食粮的方法，企图击败德国，则德国绝无匿诸西部防线之后，专事等待之理。”这个表示是很明显的，因为即使采取防御的战略，也绝无等待不理之理。因此希特拉到达西线以后，德国即开始局部的反攻，以期驱逐已经占领若干据点的法军。但是对于马奇诺防线进行大规模的攻击，德国还是竭力避免；即使将来战争扩大，德国进攻的路线也许还在其他方面。至于法军方面的战略，在这个时期也还谈不到大规模的攻势，据法军总司令甘末林将军的意见，目下尚在大战的第一时期，法军战略上的任务，就是竭全力以摧毁德国的工事，以求得大规模战争中间战略上的优势。因为突破西格法利防线，至少需五十万至一百万人，而英法在这时都不愿作过大的牺牲，再加上政治外交上的因素，英法对于和战，尚在举棋不定之中，而希特拉又竭力冀求和平。所以西线上虽然双方大军云集，但战况却一天一天沉寂起来。

综合双方情形，彼此对于正式的大规模战争，都不愿过早爆发，而即使和平绝望的时候，彼此也尽量想逃避过大的牺牲。所以我们可以说，这次战争将不像第一次大战那样迅速地蔓延开来，然而到了大规模战争无法避免的时候，其惨酷情形也将较上一次大战更加厉害。

现在我们再来看一看英德中间的情形吧。英国是个老奸巨猾的国家，它仗着英德在陆地上并不接壤，早就打算把用巨大代价去冲破西格法利防道的任务，推到法国身上，自己虽然也开了许多军队到法国去，但是初期的战争中间，英国军队实际上并不曾参加什么积极行动。英国主要的策略是想用经济战去制胜德国，派海军去封锁波罗的海的港口，断绝德国的食粮与经济的接济。同时用潜水艇去阻止德国的航运。然而这并不能予德国很大的威胁，因为德国今天既占领中欧许多农业国家的土地，同时从苏联和地中海方面仍然能够获得大量的粮食与原料。因此德国方面的主要战略，就是下述三项：（一）大规模利用空军轰炸英国海口海军及英法两国之工业中心，（二）加强潜水艇活动，损坏英国航运；以报复英国封锁粮食政策，并使英国亦感粮食恐慌，（三）避免自法国马奇诺强固防线施以大规模攻击。这种战略在性质上明显的是属于防御战；不过德国也可能从瑞士，比利时方面去侧击英法，例如九月下旬，德国把许多军队集中到巴塞尔一带（在瑞士德国边境），十月上旬又集中一部军队到卢森堡边境，似有假道瑞，比，卢等国，两面同时侧攻法国的企图。

战争的黏性进行，主要的固然有政治的原因——德国的主和，英法的犹豫，但是在这二十世纪四十年代军事技术的特点，也是使战争不立刻扩大的重要因素。经过第一次大战教训以后，帝国主义处心积虑地筑下强固的要塞和防线。马奇诺和西格法利防线所花去的代价是深可惊人的，要突破这些防线，其代价决不在建筑防线的代价之下。虽然今天坦克军和机械化部队的发展，改变了近代阵地战面目，但防御坦克车的大炮的发明，实使一些笨重战车失去效用。据一九一七年的经验，英军进攻西线的代价是牺牲四十万人始推进九英里，那么这次战争中应尝的代价可想而知了。帝国主义者都想保住自己的实力以作最后的决斗，轻易的进攻是他们所忌的。

这些因素决定了战争在基本趋势上必然是扩大的，但是达到总决战的阶段，中间仍须经过一些曲线的途径。

自从希特拉的和平建议被英法拒绝以后，形势虽有急转直下之势，而同时希特拉又准备第二次出发西线督战，德国似有转守为攻的模样，但我们估计，离开真正的主力决战恐还有相当时间。希特拉声势汹汹的姿态，似乎还在夺回被法军占领的若干据点，以达到对英法的威胁目的吧？

英法的态度

现在大家最关心的问题，自然是战争还是和平解决呢？还是扩大呢？要研究这个问题，首先应该把交战国英法德，以及非交战国苏联美国意大利与各欧洲小国的态度，加入考虑程序之中。

波兰打下以后，希特拉是口口声声在叫和平，这比较容易看得明白，但是张伯伦和达拉第，却是阴阳怪气的，究是打不打呢？这问题大家更需要知道吧？

在今天，世界大战已经转入第二阶段的时候，我们对于张伯伦和达拉第的看法当然和慕尼黑时代不同了。这不同的意义并非张伯伦达拉第已经坚决站起来了，相反的张伯伦达拉第反动的不干涉主义已经破产而导入到必然结果的掠夺战争中来了。张伯伦和达拉第的作战非但没有一分保卫和平与民主的意义，相反地是增强了人类和平的威胁。但是张伯伦是不是有决心作战到底呢？这还是一个问题。

事实上，今天张伯伦仍是在动摇和苦闷两种矛盾之间。不过过去的动摇与苦闷中间还包含着一种坐山观虎斗的幸灾乐祸心理，和挑拨别人战争，自己坐享其成的损人利己毒谋，而今天张伯伦的苦闷和动摇才是哑子吃黄连，自己的苦自知了。

张伯伦今天想打，却又害怕下面几件事情：

第一，今天英法没有苏联帮助，和德意作战是否有把握？万一打了一个败仗，则今后欧洲大陆上将无大不列颠的地位。即使不败，英国经济亦将遭巨大的消耗，而使恐慌益发加重。

第二，英法德战争的扩大，将使苏联的地位与势力更强大起来，这赤色的巨熊，在伦敦资本家眼中，实在比希特拉更加可怕而且是比希特拉更大的仇敌。

第三，战争的扩大，可能削弱大不列颠对全世界殖民地统治的力量，而引起殖民地的革命运动的爆发。

第四，如果战争扩大，意大利加入作战，则地中海和红海的航线有被敌方切断的危险，大不列颠的远东与东非的殖民地与市场将不堪设想。

这一些问题，张伯伦找不出一个适当的答复。

张伯伦今天又想和，却又担心另外几件事情：

第一，欧洲原来的均势已经破坏了，希特拉的第三帝国将代而称霸欧洲，这次和了，以后英法要再来控制大陆更不可能了。

第二，中东欧巴尔干以及近东各小国，今后将益发不信赖英国，张伯伦数月来艰苦缔结的中东欧各小国关系将一旦付诸流水，眼瞧着这些小国将依附苏联，或投降德意去了。

第三，英国各政党今天是在战争口号下支持着张伯伦内阁，如果一旦议和，毫无所获，白白丢了一回脸，则张伯伦内阁的寿命旦夕难保，偌大年纪的张伯伦先生如何丢得下这个脸？

第四，议和以后，又安保希特拉不扩展领土，又安保墨沙里尼不在巴尔干与地中海另提要求？张伯伦又将如何应付？

这一些问题，张伯伦又找不出一个适当的答复。

彷徨在两难之间的张伯伦，对于战争就取着一种矛盾的态度：

他想打，但是不愿意遭受过多的牺牲，宁使时间延长，不愿空间扩大。如果是打，张伯伦战略将是持久地消耗敌人，而竭力避免主力的决战。

他想和，但是希望在新的欧洲均势条件下讲和，就是说，企图在外交上获得若干优势，在和局上获得相当保障与面子然后讲和。而更主要的，是企图在新的均势中间来组织反苏的阵线。然而所谓和，也无非迁延一点时候，准备再来一次大屠杀罢了。

由于张伯伦上述态度，所以他目前的策略还是宣而不战，讨价还价。

从英法宣战到目下（十月半）为止，张伯伦和哈里法克斯发表过四五次重要的演说，这些演说是很有趣的资料。

九月三日张伯伦打起“保卫和平”“保卫民主”的旗帜，说是为“援助波兰”而作战了。到了九月二十日波兰已经崩溃，张伯伦马上转变了口风，告诫英人“勿从事匆促的冒险举动”，提出三年作战准备的口号（这对于波兰，简直是急惊风碰着慢郎中）。到了十月三日，更坦白地说出，英法作战的基本原因，并非为了波兰，而是“英法二国对于目下难以容忍之事态所生之观念”。（这确是张伯伦的真正苦衷。）同时对于各方提出英国应确定态度一节，仍然含糊地过去。九月四日哈里法克斯在上院对于希特拉的和平建议，提出三个考虑的条件，即（一）其提出之条件若何？（二）提出建议者系属如何之政府？（三）设若缔约以后，其安全程度若何？这已经开始在还价了；即是说，如果有某些中立的民主国家，能够出来斡旋，而使德国作若干让步，英国是准备议和了。十月十二日张伯伦在上院答复希特拉的演说，虽然拒绝希特拉的和平，但语吻之间仍然留出一个妥协的余地，就是说，要停止战争，“须德国提出充分证据，藉使各国确信其所提担保及约束确是诚意”。就历次张氏的言论来看，到今天为止，双方仍然在讨价还价之中，而交涉的前途，破裂与妥协的两种可能性，今天同样存在。但有一点我们必须指出，即帝国主义与帝国主义间矛盾尖锐化的程度，在今天已经不是像大战第一阶段中那样容易解决了。

然而在另一方面，我们必须看清楚，张伯伦纵然在今天，依然没有抛弃反苏的阴谋。他无时无刻还是在计划，如何把矛盾的中心移到帝国主义与苏联方面去。波兰战争中间他原想借波兰东部的利益问题来挑拨德苏冲突，不料苏联出兵波兰，德国作大让步，张伯伦偷不着小鸡却蚀了一把米。之后苏联在东北欧积极展开外交活动，老奸巨猾的张伯伦知道这又是一个机会，因为他很明白德苏，意苏之间未必又有什真正联盟的可能。波罗的海的问题，希特拉是在焦灼，而和北欧商务有关的美国也决不愿苏联势力伸入斯干狄那维亚岛诸国。至于黑海与巴尔干方面，意大利更害怕苏土协定的成立，和苏联东南欧的发展。所以尽管希特拉在西线上装作汹汹的姿态，张伯伦却沉着地在计划他的阴谋。他一面想改变意大利对土耳其问题的态度，一面在挑拨美国和暗示德国把北欧问题闹成僵局。他认为大战慢一天扩大，这些矛盾便有早一天扩大的可能。他就可多一些精力来进行分化。所以张伯伦宣而不战的策略中间，还包含着这样一个企图。

张伯伦欲战不战欲和不和的动摇态度，很可能把自己拖到失败路上去。因为政治上既然没有确定的态度，在外交上和军事上就容易遭受机会主义的失败；而另一方面，这种含糊的态度，将逐渐引起国内各政党的厌恶和攻讦。十月十六日伦敦电传，劳合乔治的政治组织通过一个决议，认为“张伯伦之宣言（即十月十二日的演说）完全不妥，一致同意如不能保障安全之和平，决难适应目前形势的需要，故求英政府对所抱目的，作一个充分并明晰之宣言，提交下院及地方加以考虑……”到了十月十九日，工党领袖阿特里又在国会猛烈攻击张伯伦的糊涂。可见今天英国内部的意见已经开始分歧，今后张伯伦的苦闷将更增加了。

此外，我们尤须注意的，就是英法之间的一致程度，也有若干差异。一般地说，法国的地位较英国更危急，法国要求战争也更迫切，达拉第态度也比张伯伦强硬一点。张伯伦今天对于法国依然是抱着利用的心思。攻击西格法利防线的艰难任务，英国是加诸法国，而法国如果真正打败德国时候，英国却又害怕他势力强大。张伯伦这种心思在欧洲差不多已是公开的秘密，法国何尝不知，但是今天英法联击事实上已无法拆开，达拉第自然也只跟着英国跑了。

希特拉的和战观

英法态度既如上述，现在我们再回头来看看希特拉先生的态度。德国原来是一个第一次大战后的俘虏，自希特拉登台以后，打破了军备限制的枷锁，撕毁了凡尔赛条约的束缚，不到六年，东冲西闯，居然要实现第三帝国的梦想，而到了今天，他不仅想和英法争雄，而且差不多快独霸中欧了。

希特拉原来是利用英法的妥协政策，兵不血刃地吞并了捷克、奥大利和米美尔，到了波兰问题上，眼瞧着英法要站起来了，便用速战速决的手段，先把波兰解决了，造成既成事实，再和英法来讲话。波兰解决以后，希特拉向英法提出胜利的和平，这在大家早已可以断定的。

九月十九日，波兰解决后二天，希特拉发表战后第一次演说，已经透露出避免长期战争的意思，九月廿三日希特拉的盟友意大利，便出面提议和平。这中间尤其一件事情值得注意的，就是德国空军从未轰炸伦敦巴黎，这显然是准备议和的作用。九月廿九日德苏发表联合公报，又提出战事应及早结束，十月开始，所谓和平攻势的声浪已经传遍欧洲，十月四日巴黎电报，谓希特拉已经把和议条件转托意大利送达英法政府，这项条件的内容据“电讯”社柏林特派员称，共包含二点，即(一)在波兰成立缓冲国，(二)提议召集五强会议，解决一切重要问题。但详细内容却未正式宣布，不过主要的意思当和十月六日希特拉的演说，无大出入。十月六日希特拉演说的大意，除了说明要求和平的意思以外，并声明德国的现行政策凡十一条，关于各国民族问题提出六项，根据这项条件并提出德国的任务三点。现在我们先把这些资料摘录下来以供研究。

希特拉宣布的现行政策十一项：

(一)德国在经济上,并无侵略波罗的海沿岸各国之意。

(二)德国与斯干狄那维亚半岛各国,并无引起冲突之理由。

(三)德国与丹麦国并无领土争夺之事,双方在现行互不侵犯条约之下,保有忠实的友好关系。

(四)德国与荷兰保有传统的睦谊。

(五)德国亟愿与比利时保有友好关系,对于该国,且已放弃一切要求。

(六)德国愿与瑞士保持良好关系。

(七)德国与南斯拉夫国现行界线,业已明白划定。

(八)德国与匈加利亦然,并当与之维持友好关系。

(九)斯洛伐克邦之独立,德国业已切实予以承认,决不破坏之。

(十)至以意国而论,余已一手将双方关系予以改变,向日之敌国,业已成为友邦,并已成立思想的政治的协定。

(十一)余始终愿以全力与法国修好,此种立场,并无变更。

希特拉对于欧洲各国民族生活问题提出的六项条件和三点任务：

(一)划定德国东部界线。

(二)完成各民族组织。

(三)解决犹太问题。

(四)复兴经济。

（五）保障新领土安全。

（六）恢复波兰国，但必须以不危及德苏两国关系为基础，凡此第二项中之六端，德国任务极其重要，计有（一）欧洲各国政治目标须予澄清，德国愿就本国所推行之政策，尽量说明。（二）德国旧有殖民地必首先予以归还，此乃依据权利主张，并不具有哀的美敦书方式。（三）复兴欧洲之主要条件，厥乃将军备减至合理的水准。

以一个贪得无厌的法西斯巨魔来侈谈和平保障，自然是不可信，而且有些滑稽，但希特拉这样做法，自然是有他政治上的作用。

德国为什么要求和呢？这原因并不是德国已经满足了。目前德国一时的满足固然是事实，但是法西斯的侵略野心决不会因此停止。希特拉所谓和平攻势，是基立于下列各因素：

第一，波兰打下以后，旧的欧洲均势已经完全打破，为要巩固德国今后的基础，它需要一个休息机会，整理波兰的获得，并布置第三帝国新的计划，加强经济的开发。希特拉明白知道战争长期拖延下去，对于经济危机百出的德国是无法支持，正如斯大林所说："当侵略国在狂热战时状态中耗尽了他们的现金与原料的存储，那么就将跨进最残酷的恐慌顶点。"为求避免过早陷入这种最残酷的恐慌，决定希特拉在今天提出和平的要求，因此在他演说中，也就特别提及了经济复兴这一点。

第二，希特拉很明白知道，今天英法如果讲和，则今后欧陆上德国已确定占据优势，凡尔赛和约后的形势将根本改变。希特拉自然想乘战胜余威造成德国占优越地位的欧洲新均势，以洗涤凡尔赛和约后的耻辱，和削弱以后英法对他进攻的力量；更进一步地分化英法的统一，和英法内部的统一。所以他的和议条件中，特别提出了五强会议的召集。

第三，希特拉今天虽然与苏联拉拢，但对于苏联的强大与东北欧东南欧反侵略阵线的组织，却是惴惴不安。如果战争继续和延长，结果将必然促进苏联和反侵略阵线的迅速生长，这是希特拉与墨沙里尼所最恐惧的。这促使希特拉焦灼地想把新欧洲均势赶快建立起来。

第四，欧洲各小国的地位，今天在欧洲有极重要的关系，这些小国在战争中大多宣布中立了，而苏联和各小国的关系又逐渐密切起来。希特拉知道争取这些小国在今天是非常重要的，但是如果西线战争继续扩大，则势难东西兼顾，黑海波罗的海方面德国势力将逐渐减少，所以今天希特拉不得不戴上一副假慈悲的脸孔，保证对波罗的海、斯干狄那维亚，以及南斯拉夫、匈加利、斯洛伐克等国没有侵略的企图，同时更表示对荷兰、比利时、瑞士一类从属于英法国家（这里没有提到罗马尼亚是值得注意的），特别表示好意，更有趣的是单独对法国表示愿以全力与其修好，这里显然表示不仅想藉和平来争取各小国，而且想藉此来分化各小国与苏联以与英法的关系，甚至分化英法二国的关系。

希特拉和平计划的背后，主要的就是以上几点。

但是希特拉很知道，要达到这个目的，必须用多样的手段，他的手段是什么呢？

第一，是拉拢与国。他知直接的议和是很少希望，必须拉出意大利或美国出来调停，墨沙里尼原是预先准备好来做白脸孔的，美国则希特拉目前正在设法拉拢，至于苏联本来想在这时候加紧反侵略阵线的组织与和平政策的推进，希特拉就对他特别讨好，特别让步，想借他三分力量来达到和平计划的实现。

第二，是威胁议和。希特拉知道，一味的求和对张伯伦是没有多大用处的，因此为了达到他的目的，同时表示了一种猛烈进攻的姿态，向英法威胁，当张伯伦拒绝和平的演讲以后，希特拉故意装出大举进攻的汹汹姿势，这跟他的和平活动显然并没有矛盾。

第三，是分化敌国。在希特拉六日演讲中，对法国灌了这样一大段迷汤："溯自法国将萨尔问题诚意解决之后，德法之间已无引起争议之任何因素，法国各政治家中决无一人能谓余向之提出违反该国荣誉与利益的要求，反之，余始终抱有一种愿望，务将法德间之前嫌与以廓清，余曾竭尽所能以消除足以引起双方不睦之一切原因。"而同时利用通讯社散播法国愿意接受和平的谣言。希特拉显然明白英法之间某种程度上的不一致，以及英国利用法国的阴谋，所以紧紧抓住这一点，通过种种政治手腕来分化英法间的联系，以孤立英国。

以上就是所谓和平攻势口号下希特拉的锦囊妙计。

但是，我们还得指出一点，就是今天希特拉虽然似乎踌躇满志不可一世，可是在他内心里却正和张伯伦一样，另外藏着一种说不出口的苦闷和焦灼。这一次德苏不侵犯条约的订定，希特拉固然讨到了一些便宜，然而获得最大胜利的，还是苏联的革命外交政策。这个赤色大熊，在希特拉眼里看来，当然是非我族类，而且还是一个可怕的东西，而希特拉也明白，苏联决不会把法西斯德国当做真正的密友(希特拉演说中就未提及苏联援德的可能问题)。波兰解决以后,革命的空气已经洋溢到乌克兰广大的原野上,而自德军移师西指以后,东南欧和北欧各小国都纷纷和苏联进行集体安全的谈判,假如北欧与东南欧各小国都和苏订立起联盟,则希特拉再休想窥望苏联,也休想伸足于波罗的海与黑海。即使希特拉在西方得到一点收获,而在背后却要遭到一种革命的威胁,这在希特拉心中自然是一种焦灼。然而在今天,第一,他还得死死吊牢苏联,不让他给英法拖去,第二,他正垂涎苏联对他食粮与原料的帮助,以救济他迫切的需要,因此这位泼辣无比的法西斯恶魔,虽然心里焦灼,面上却不得不摆了一副讨好的笑容。苏联巧妙的革命外交政策,是把这匹狂暴的巨魔乖乖地控制住了。

希特拉对于苏联,既无可奈何,权衡重轻,只有让苏联向东欧及东南欧去发展,而自己退出东欧(波兰问题,德国的大慷其慨,就是这个意思),而想抓紧北欧各小国,作为北面的屏障。所以战争中间,他先后派员和拉特维亚、爱沙尼亚、丹麦等国签订了商务协定,对于苏联与芬兰,爱沙尼亚的谈判,暗中还取着挑拨的态度。然而苏联的目的本不是与帝国主义者来分赃,为了建立广泛的反侵略阵线,他并不放松北欧缔约的工作,苏爱苏立苏芬谈判都将先后成功了。这在希特拉真是哑子吃黄连,说不出的苦。

巴尔干半岛上的墨沙里尼

除了英法德苏以外,在这次战争中具有重要作用的,自然要推意大利与美国了。现在我们就先来谈意大利吧。

墨沙里尼原来是希特拉的盟弟，自从奥大利被德吞并以后，罗马的政权实际上已逐渐在希特拉统治之下。他的目光向来注视在地中海与巴尔干，波兰问题对他兴味并不很浓，但对于希特拉大刀阔斧计划，也自然只有默契，而且意法意英的旧恨未消，英法如果失败，则东南欧和地中海巴尔干一带，也许会转入他独霸的范围，即使战争延滞，也正好便利他在这方面趁火打劫。所以一般的说，意大利自然是支持德国的。德苏不侵犯条约的订立与德国进兵波兰，德国事先显然是获得意大利的默契。但是在另一方面，墨沙里尼当然也要考虑到参战对于他的利害关系。首先是意大利参战以后，法意边境上固然会顿时紧张，而同时战争范围立刻会扩大到地中海去，他在那边是否能获得德国海军的支持，是一个问题。其次，德国对苏联让步，苏联势力是否会侵入到巴尔干半岛，影响自己的势力范围，这又是一个问题。再次，德国对英法的战略既然是速和速结，意大利自然也没有必要去扩大战争，意大利在战事初起时，就宣布中立，到波兰攻下后又奔走调停；这一方面未始非希特拉的授意，准备自己做红脸孔，意大利做白脸孔，对英法两位瘟神来大敲一下竹杠。另一方面，也是墨沙里尼自己的打算，准备看战争对他的利害程度而准备来趁火打劫。齐亚诺两次的奔走柏林，盖达（墨沙里尼）的屡发和论，中间就藏着德意之间微妙的关系。

但是墨沙里尼却有一件事，感到难堪，就是德国对苏联已经默认他向东南欧来活动了。在希特拉的意思是与其让苏联去向波罗的海各国发展，倒不如在东南欧和巴尔干予苏联以活动自由，以便分化英法土的联盟。然而这对意大利却是极大的威胁。巴尔干半岛侵入苏联的力量，在他看来，要比英法的势力更可怕啊。据哈瓦斯罗马电传，谓“德意最近在柏林交换意见，意国必以苏联势力侵入东南欧洲后意国感受之种种‘微妙关系’告知德国，并促其转请苏联，务以在波罗的海沿岸暨在波兰所获占之地位为已足，勿向东南欧扩展势力。关于此层，意国业已表示愿协助东南欧洲各国组成集团，并保卫其中立。职是之故，意国倘若被迫出而保障，各该掼以与苏联相抗，则事务所迫，必与英法两国相合作。”

我们看，墨沙里尼是老实不客气跟希特拉在绷脸皮了。墨沙里尼对于德苏联合宣言中关于东欧问题一节，显然极不满意，所以他马上想急起直追，组织以他为中心的巴尔干集团，一方面减少爱琴海上诸小岛的驻军，表示对土耳其交好；一方面促使罗马尼亚南斯拉夫与匈牙利撤退边境驻军，减少罗匈南中间的矛盾，以期团结在巴尔干同盟之下，这就是意大利目前的主要政策。

但是，这也不容我们把德意矛盾估计得太大。基本上说来，德意轴心今天并无破裂可能；对英法合作以反抗苏联，还不过是墨沙里尼一种恫吓的空气而已。最近在柏林举行的德意谈话，和准备中的德苏意协商，可见德意两大法西斯巨国，还是一个鼻孔出气，过分地估计他们中间的矛盾未免是神经过敏了。墨沙里尼今天的意思，仍然想用五强会议一类形式来建立欧洲新的均势，而在这新的均势中间，必须是对他有利。一方面是支持德国以抑英法，一方面是阻遏苏联的发展，而便利他从中取得好处；而万一战事扩大不可避免时候，意大利还是站在德国一边的。

英法德意两大集团之中，各自存在着内部的矛盾，因此各方面便互相进行挑拨离间的手段。德国在离间英法，英国也同样在想离间德意，尤其关于苏土谈判和英法土互助同盟之间的微妙关系，英国是不会忽视意大利对苏联嫉视这一点的。

美国与欧洲战争

意大利虽然是英法德中间一个重要的调停人，但是在希特拉看来，却还不够重要，而最重要的还是大西洋对岸的美利坚。美国是资本主义的王国，虽然世界经济恐慌是从他国土上传播出来，然而它却是资本主义体系内最强大的一环，而且是平衡帝国主义均势的一个重要杠杆，所以在第二次大战中无疑它仍占有极重要的地位。从德国来说，如果美国现在能出面斡旋，则希特拉的和平运动，自然可以大壮声势。从英法来说，今天正要仰望美国经济军火上的援助，所以交战国双方都在竭力向罗斯福暗送秋波。希特拉和平建议提出以后，虽然没有得到美国良好的反应，但是德国情报部长第脱利区仍在恭维“只有美国一国仍可防止欧洲成为历史上最可怖之屠场”。希特拉今天只盼望美国出头说这样一句话：如果英国不同意用协商方法来解决争端，美国就不支持英国作战。可是罗斯福总统到今天为止却偏偏卖一卖关子，虽然不愿意马上出面调解，但却没有坚决拒绝，同时对于英法虽然作精神上的同情，但对于战争的实力援助问题，也不作明确的表示，显然还想再等一等，卖弄卖弄它的身份。但是美国的意思究竟怎样呢？这得让我们来分析一下。

美国最近有几件重大的事情，从这些事情上就可以反映出美国的真正态度。第一是九月廿三日到十月三日是临时泛美大会。第二是罗斯福召开国会，在国会中提出中立法修改问题。第三，是实施太平洋上安全巡防制，把大批军舰集中夏威夷演习。

这次泛美大会上通过了两个重要的宣言，一个是巴拿马宣言，在美洲四周海面实施安全中立区，确定了美洲各国的军事合作；另一个是对大战中立的宣言，包括美洲各国的经济合作。这两个宣言还是继承上次泛美大会的精神，把美洲从战争的危险中独立出来。从表面上看，这对和平自然不是无利，但是美国还是和过去一样，没有了解世界和平不可分割的原理，只是把美洲殖民地和半殖民地环绕在周围，取隔岸观火的态度，而不愿意去和世界一切反侵略力量更进一步地团结起来，参加到保障整个世界和平的斗争中去。这样，在实质上就会使美洲变成在美国帝国主义领导下另一集团，等待欧洲战局的变化，准备在某一适当时机再来参加分肥。美国之所以决定这样政策，自然是由于它帝国主义的本质和美国经济与地理上的种种因素。在第一次大战中，美国是发了一票大财，到今天自然还不曾忘记这个甜头。但是我们知道，世界到了今天，侵略与反侵略界限日益分明，美国如果不坚决地和世界反侵略的力量站在一起，却怀着“发战争财”的鬼胎，则将来还是不免拖到帝国主义战争的漩涡中去。而且我们还得指出的，就是美国虽然在第一次大战发了一票洋财，然而第二次大战结果情形却不会相同了。由于这次战争是从资本主义总恐慌基础上生长的，战争的结局将使资本主义世界陷入一个不可想象的悲惨局面中去，美国在那时也决计逃避不了这灾难的。

其次，关于中立法修正问题，很明显地反映出美国资产阶级对欧战的态度。本来所谓中立法就是一种消极的不彻底办法，它对于侵略国与被侵略国，一视同仁，并无轩轾，而实际上却等于张伯伦的“不干涉主义”，是纵容了侵略者。这是美国孤立派一贯的政策，而民主党毕德门一派屡次加以抨击的。欧洲战争爆发以后，罗斯福召集临时国会，提出修改中立法案，到了九月廿八日，这个修正案在众院已经通过，就是把禁止军火输出改为现购自运。这自然是为了英法的缘故，因为英法在美国向来有许多军火定货，如果照中立法施行，这些军火均不能运往英国，军火商人岂不要大赔其本。这样修改的理由，当然是认为美国应该援助英法，不应偏袒德国，可是我们知道今天欧洲进行的战争，根本就是帝国主义掠夺的战争，无论帮助英法或帮助德国，其意义并无分别，孤立派的主张也好，非孤立派主张也好，对于和平都毫无裨益，只是便宜了军火商人的发财，这就是美国资产阶级的“生意眼”。而且所谓现购自运方法，对于远东方面，却是有利于日本而不利于我国（我国根本无法自运），更是予侵略者一种便利。所以，美国的中立法修正案，和泛美宣言一样，并没有从侵略与反侵略的立场上去区别，因此失去了修正中立法的进步意义。这与其说其制裁侵略，毋宁是资助帝国主义的战争，而想从战争中来获得利益。从这一点上，我们也可以看出美国在保卫和平与民主的口号掩护下的真正意思了。

美国对于欧洲战争，虽然并没有站在真正和平的立场上来对付，但是对于其他帝国主义要在战争中来侵害他的利益范围,却决不允许。这样就促使美国在远东方面采取积极的态度。他决不让日本在这个时候,利用欧洲各国不能兼顾远东的机会来扩张太平洋的势力。于是太平洋的美国海军便积极活动起来。十月三日美政府派遣安德卢少将率领兵舰四十五艘驶抵夏威夷,实行所谓安全巡防制,同时在菲律宾方面遣派海军,增强防务,显然是对日本一个示威,和支持英国力量在远东方面减弱后的新形势。这在客观上是起了一种制裁东方强盗侵略的作用。

从上面三件事情看来,对于美国的基本态度,我们可以得到三个结论:

第一,他继续采取孤立政策,巩固自己和加紧美洲殖民地与半殖民地的联带关系,从战争危险中间独立出来,而等待着一个适当的时机,再从战争去获取巨大的利益。

第二,他打算在欧洲战争中间去扩大他军火与商品的输出,以和缓国内的经济恐慌。

第三,他将制止其他国家利用战争把势力侵入它的利益范围。

美国是世界资本主义体系的领袖国家,第一次大战以后,英美的矛盾曾经成为世界资本主义最主要的矛盾,但是从法西斯国家与所谓民主国家的矛盾抬头以后,纳粹的势力侵入到南美和中美,并损害了他欧洲的利益,暴日的进攻中国又侵犯了他在远东的贸易,这一切使英美矛盾暂时降落到次要地位,而法西斯国家与美国的矛盾升到第一位。美国人士对于法西斯怀着深仇嫉妒。罗斯福对日德的抨击,曾经在反侵略运动中起了若干积极的作用,但是美国的资产阶级是向来把商业的利益看成高于一切，而国内深刻的经济恐慌更使他害怕革命的高涨和嫉忌苏联的经济发展，这样就形成美国孤立主义的基础，和他不彻底的反侵略政策。

一般的说，美国是不愿破坏今天的国际均势；在经济上，他不愿已经分割了的殖民地市场多有变动，更不愿社会主义力量过分增长；在政治上，他在目前还希望保持民主制度。因此，对于这次欧洲战争，他可能站在英法一边，但在目前除经济上援助以外，决不会做傻瓜去代打不平。如果欧洲和议能建立一个新的均势，限制德国势力过分的发展与苏联革命力量的生长，他还是愿意出面斡旋，而在和议中增强其世界领袖的地位，与获取一部分利益。

在太平洋方面，英国既因西欧战争而不得不减少对远东的力量与经济权益，美国势必起而瓜代，英国为了换取美国对他的支持，对美国在远东方面可能作谅解的让步。十月二日英国外交次长在下院中声称，英国在远东将与美国“取密切联络”，正是反映这一点。因此日美在东方的矛盾势必增加，而客观上将在某种程度上增强对我国抗战的援助。但我们必需提高警觉，美国还是可能用调停妥协手段来解决中日战争，因为中国抗战的彻底胜利，美国还是害怕的。

最后，美国与苏联之间的关系亦颇堪注意。这两大国能密切合作，则对于奠定和平将有较大贡献，但自德苏不侵犯协定订立以后，美苏关系比较冷淡，最近苏联与北欧各国进行谈判，特别在苏芬谈判之际，美国表示颇不愿意，罗斯福且电苏联主席加里宁提出声请。因为美国在斯干狄那维亚岛上是保有相当商务利益的。但是除此以外，美苏二国之间，在目前并无特殊的直接矛盾，相反的在远东方面，二国仍然保有制裁暴日的一致要求，仍然可以互相呼应。

总之，美国和其领导下的泛美集团，是今天英法德意两大帝国主义集团之外的另一个中立集团，它既没有参加到战争的漩涡之中，也没有坚决地站在反侵略阵线方面。虽然它在将来也许会参加战争，但是目前为了它自己利益，它至少还保持一种超然的地位。这表现在：第一，它一般说还是中立的，第二，它还想保持残余的民主和平时经济生活，第三，它在远东还继续着反对日本侵略的斗争。由于这些特征，它虽然一方面在资助战争，而另一方面对于反侵略的可能性还继续存在。因此，我们希望以世界人民与美国人民反侵略力量推动它站到真正和平立场上，希望它把泛美会议的力量和世界反侵略力量结合在一起。

新阶段在东方

新阶段大战中起最重要作用的除上述帝国主义国家以外，当然还有苏联和欧洲各小国。关于他们，我们将在下一章里专门讨论，现在我们先来看看第二次世界大战走入新阶段后的东方。

继续了两年以上的中国反侵略战争，新阶段中当然是极重要的一环。关于第二次世界大战与中国抗战的关系与前途，我们放在最后一章中去详细讨论。在这里，我们仅仅简明地指出第二次世界大战转入新阶段，对于中日战争以及东方形势所产生的主要影响和变化。

当世界大战从片面性转变为全面性的时候，中国的抗战也正在从退却阶段转向准备反攻阶段的过程中。种种条件的配合——国际形势的变化，各国远东外交形势的变化，中国抗战形势的变化，日本内部的变化——造成了新阶段战争中东方的新形势。

首先，是德苏不侵犯协定的签订，给日本帝国主义者一个巨大的打击。日本的外交政策几乎全部动摇了，平沼内阁立刻倒台了，外蒙边境的日军销声匿迹地屈服了。德意出卖了他们的盟弟，反共的西洋镜拆穿了。日本进攻苏蒙扑了一个空，而对中国战争却加上了一层新的困难。

其次，由于英法背叛和平阵线以及欧洲战争的爆发，援助中国抗战的东方和平阵线也受了若干影响。英法趋向对日妥协的可能性更加增大了。阿部内阁的新政策是对英法让步，诱使英国来强迫中国屈服投降。英国虽然声明不变更远东政策，但是上海防区问题英国妥协了，天津警权问题又让步了，长江的英国炮舰也开走了，而且在背后还半公开地准备以远东慕尼黑方式来解决中国了。

再次，社会主义苏联在国际间的地位增强了。坚决的革命外交在西方获得成功，同样在东方也取得胜利。诺蒙坎停战以后，日本再不敢轻窥苏蒙。苏联力量的增强，就是增加了中国抗战的援助，和打击了日寇在东方的野心。

最后，美日的矛盾加强了。为了防止日本的趁火打劫，和英日妥协，美国不仅废止了日美商约，而且进一步扩张太平洋上的军事防务，夏夷威巡防制实施与菲律宾增防以后，关岛设防的建议又复活了，舆论界关于禁止军火和原料运日的声浪又猛烈起来。这明显表示出太平洋上英美势力在起一种交替作用，对于远东形势上显然又是一个重大的变化。

这是现阶段中整个国际形势的变化对于远东国际形势所产生的变化，这变化中间最主要的，就是说明日本在国际上陷入更孤立的地位。其次，我们再来看日本内部的变化。

首先是平沼内阁的倒台，已经证明日本政治上的失败，而以强化首相权限，统一侵华军事指挥为主张的阿部内阁上台仅一月余，而今天又因贸易省问题闹得一天星斗。这问题的背后，一方面是由于军事工业膨胀结果所造成的入超增加与黄金枯竭现象，因欧战的爆发更促进了日本输出贸易与财政的困难，使日本经济陷入严重的恐慌，逐渐接近到恐慌的顶点。另一方面是少壮派军人与政府的矛盾更加扩大，野村外相的英法外交路线遭遇到少壮派军人猛烈的攻讦，这就是贸易省风潮的内幕。经济危机与政治危机的合并爆发，内的矛盾与外的矛盾结合，就使日本本身遭受到空前的困难，再加上军事上愈打愈弱，伪中央政权之无法实现，这种困难量的增加到了目前就发生侵略战争质的变化。全线大规模的进攻已经终结，局部防御的战略将起而代替，这说明中日战争，日本进攻我国退却的阶段便将因此终止，而相持阶段已经开始。

最后，中国抗战形势上在这时期中，也有巨大的进步。主要的是政治上坚决不妥协，打击了汪逆的阴谋，巩固了国内的团结，外交上坚持自力更生的立场，击破了英国调停的阴谋，军事上展开了广泛的敌后战争，消耗了敌人的巨大兵力(如中条山及壶关之役)，支持了正面的防御，尤其长沙一役，我们不仅阻遏了敌人进攻的企图，而且从被动变为主动，击溃了敌人的主力。这是划时期的战役。此外军事经济内政文化上尚有各种显著的进步（虽然这些进步还不够），配合着敌人的退步，使中国抗战推入到相持的阶段。

中国的坚持持久抗战，绝不妥协，日本的内部困难从量的增加到质的变化，国际间形势的推移，这三个条件是决定中日战争走入新阶段的重要因素。而中日战争形势的变化，也就表现了第二次世界大战走入新阶段中的东方形势。（在最后一章中，我们将更详细来讨论这问题。）

第七章　第二次世界大战与苏联

苏联的国策

谁都知道，在第二次世界战争中间，苏联是一个最重要的国家，这重要的意义，不仅是因为苏联是一个强盛的国家，不仅因为苏联在欧洲外交中间起了主动的作用，更主要的，是因为苏联是和资本主义体系对立着的一个社会主义的国家，是处在资本主义世界包围之中，而进行其一国社会主义建设的国家；是站在帝国主义掠夺战争对面的反侵略与世界和平运动的中坚领导的国家，是援助一切反侵略的弱小民族殖民地半殖民地的革命运动，以反抗帝国主义侵略的国家。苏联的存在，是战后世界上一个最重要的特征。由于它的存在，曾经使第二次世界大战延缓爆发，曾经使各部分反侵略的力量逐渐统一起来，有力地和帝国主义作坚决斗争，而且在今后将更扩大和团结一切和平力量，反对帝国主义的战争，使战争的性质与国际的局面逐渐地转变过来。

因此，对于苏联的国策，苏联外交的原则与其战争及战术，苏联在欧战中的政策及其作用，苏联与远东的关系，我们必须予以明确地了解，然后对第二次大战的前途，才能有正确的把握。

要了解苏联的国策，我们必须了解苏联今日之地位。今天苏联在空间上是被包围在资本主义国家之间，在时间上是资本主义总恐慌的时代。但是由于帝国主义与帝国主义之间矛盾的存在与必然扩大，由于世界经济发展的不平衡性，以及苏联本身所包含优越的条件，这决定了一国社会主义建设的可能性。根据于这可能性，列宁就决定了关于苏维埃国家与资本主义国家和平并存的著名原则，再根据于这一原则，苏联的基本国策，第一，就是完成一国社会主义的建设；巩固了苏维埃，发扬社会主义的经济，消极地减少被资本主义包围的危险，积极地击破资本主义国家的一致进攻。第二，就是以苏联为中心，团结了世界一切反帝国主义的力量与斗争，巩固苏联的国际地位，去坚决推行真正的世界和平政策。而这两个基本国策的最终目的，就是援助世界革命，推翻世界资本主义的统治。

斯大林继承着列宁的意志，并加以发扬。十余年来，这项政策已经获得伟大的胜利与成功，三次五年计划的实现，和平外交政策的推进，使苏联在今天，不仅能够击败帝国主义进攻它的企图，而且成为世界和平运动的巩固基石，不仅如此，而且是世界最强盛的国家，是世界上政治演变中一个最重要的关键的国家了。

自从一九三一年新帝国主义战争实际上已经开始以来，

苏联的地位益发重要了。根据于新的国际政治经济情势，苏联十八届联共大会上通过了斯大林的报告。这报告中指出了苏联目前的主要的内政外交的任务如下：

在内政方面："第一，继续发展工业，提高劳动生产率，改进生产技术之方针，畀苏联在生产技术及工业发展上超越主要国家后，在今后十年至十五年之内，更能在经济上超越各该国；第二，继续发展农业及畜牧业之方针，畀苏联于今后三四年内得每年产谷八十万万蒲德，提高平均收获量至每公顷十二至十三公担，增加农业作物收获平均百分之三十至三十五，增加牲畜类目，羊及猪至二倍，牛百分之四十，马百分之三十五；第三，继续改进工人农民及知识分子之物质及文化生活程度；第四，坚决遵行社会主义宪法，彻底推行国内政治生活之民主化，加强苏维埃社会之道德与政治团结，及工农知识分子之敦睦合作，促进苏联各民族之睦谊，培养及发展苏维埃爱国主义。第五，注意包围的资本主义世界，注意国外间谍机关必继续偷派间谍、暗杀凶手及破坏者潜入苏联，注意加强社会主义情报机关，助其系统地粉碎与根除人民之公敌。"

在外交方面："第一，吾人主张和平，并与其他国家维持事务性质之关系，若其他国家亦与吾人维持同样关系，不侵犯吾国利益，则吾人之态度始终不变；第二，对于与苏联共有边界之邻国，吾人与之维持友谊关系，若此种国家与吾人维持同样关系，不直接间接侵犯苏联边境，妨害边境之完整与安全，吾人态度将始终不变；第三，对于受侵略为自身之独立而斗争的国家，吾人与以援助；第四，吾人不畏侵略者之恫吓，战争鼓动者若图破坏苏联疆界，彼施吾人一拳，吾人当报之以三拳。"

以上就是最近苏联外交内部政策的全部，这政策无疑是建筑在上述的基本国策之上的。同时斯大林复指出，外交政策方面党的任务，这任务是："（一）继续和平政策与加强对各国的事务性质关系。（二）小心避免战争鼓动者使苏联卷入战争，因彼等常欲他人代为从火中取栗。（三）加强红陆海军之战斗力至最高限度。（四）加强吾人与国际工人之友谊，因彼等有利于国际和平与友谊。"

苏联的参加英法苏谈判，德苏不侵犯条约的订立，苏联之出兵波兰，苏联与欧洲各小国的缔立各种盟约，苏联在东方给日本的打击，苏联的援助中国以及其他一切反侵略斗争，都是根据上述政策出发。因此我们分析苏联的种种行动，也必须把他的内政外交政策，和苏联立国的基本原则作为一切问题的出发点。

对内的一国社会主义的建设与对外的和平政策是不可分的。没有社会主义建设的胜利，则革命的和平政策不能得到切实的保障；同样的，没有和平的外交政策，则一国社会主义建设容易遭受帝国主义者包围的威胁。这就说明苏联与世界和平是不可分割的。苏联外交政策的力量，正如斯大林所说，是建筑于下列的基础：（一）渐渐增长之经济政治文化威力，（二）苏联社会之道德政治的统一，（三）苏联各民族间的友谊，（四）强大的红军与海陆军，（五）和平政策，（六）全世界爱好之工人阶级的拥护，（七）为主将联络而不欲破坏和平诸国家的常识。

苏联目前在经济上说，是唯一的不受恐慌打击反而飞跃发展的国家，在政治上说，它不仅有一万万七千万已经解放而团结一致的广大人民，和已经颁布了苏维埃宪法，而且还获得全世界劳苦大众的同情与拥护，在军事上说，它不仅是世界最强的陆军国，而且陆军的数量与素质，均超过英法等帝国主义国家一倍或两倍。这不可轻侮的力量，是苏联外交政策获得成功的最有力保障。德苏不侵犯条约的成功，决不是莫洛托夫的投机取巧，而是由于它本身真实的力量，教训了希特拉不得不放弃其向来仇苏的态度；苏联取得各弱小民族与世界人民的同情，也决不是靠它宣传说教，而是由于它诚意援助的事实，与坚决态度，取得了人家的信任。

苏联外交的特点

从上述苏联外交政策中间，我们首先应了解它几个特征：第一，苏联是社会主义的国家，在它的国家经济性质上说来，它根本不需要争夺殖民地与市场。因此它根本没有去侵略人家的可能，更没有这个需要；但是它却很明白，它自己是在资本主义包围之中，帝国主义者无时无刻不在想进攻这片六分之一的土地，因此他必需提高警觉性，时时刻刻准备答复敌人的阴谋。它必需保有强大的国防力，保护边疆的安全，严防帝国主义者及其走狗的挑拨破坏。

第二，它知道社会主义与资本主义是目前世界上最基本的矛盾，这个矛盾只可以缓和，却不能消灭也不能避免的。它同时也认识帝国主义者与帝国主义者中间的矛盾的存在与必然扩大，但是它们却不是没有可能，联合起来进攻共同的敌人——社会主义。所以它必须利用帝国主义者彼此中间的矛盾，击破它们一致进攻苏联的阴谋，以保卫苏联保卫世界和平。因此它与各国分别缔立了各种互不侵略条约，根据列宁的原则与各国去增强事务的关系。而且为了暴露侵略者的阴谋，它加入了国际联盟。

第三，它知道大战的爆发，无论其为进攻苏联的战争，抑或为帝国主义的战争，对苏联均是无利的，对全人类也是不利的。因为战争的爆发愈延迟一天，苏联的建设成功就愈迅速一天，资本主义国家与苏联力量消长的对比也更大一天，而人类在战争中的损害程度也可以愈减少一分。因此，它努力地去建立欧洲的集体安全制，利用帝国主义国家延迟战争的各种可能性，去组织和平阵线。但是它决不幻想，战争终可以避免，它也决不像妥协主义者那样去迁就侵略者，用打吗啡针的方法去企求可耻的和平。如果战争以反苏的性质爆发的，它决不疑迟将予以敌人以双倍打击；如果战争是反侵略性质的，它将勇敢地站在前哨；如果战争是帝国主义掠夺性质的，它将孤立于战争之外，不参加任何一方面。然而它对于弱小民族殖民地半殖民地进行的正义的争取解放的革命战争，却始终坚决予以支持。这就是苏联对于战争的态度。

第四，它不放弃一切可能性，去和资产阶级民主国订立反侵略性质的协定，它欢迎一切诚意的和平建议；但是它深知有种阴谋之徒是在想利用它为自己争取利益，引诱它去上当。所以它必须提高警觉性，避免“为战争鼓动者卷入战争”，避免“代他人去从火中取栗”。

第五，它坚决援助一切被侵略的弱小民族和殖民地半殖民地，但必须这被侵略者是能够自力更生和有反侵略的诚意的（如西班牙与中国）。如果是投降主义的，投机主义的，甚至像波兰之类想借反苏以求恕于侵略者的，则苏联决不做傻瓜，去惹得一身羊骚臭。但是对于这类国家的反侵略人民大众，苏联仍将间接或直接的予以援助，帮助它们争取解放。

这就是苏联外交政策上的特点。从这些特点上，我们可以得到下列的结论：

第一，苏联是坚决维护和平，但却不是柏拉图式的理想主义的和平，它是完全站现实观点上，用斗争去争取和平。

第二，苏联对于帝国主义战争是采取中立的，但决不是美国孤立派的中立。它一方面是与一切反侵略战争更密切联系起来，一方面领导全世界爱好和平的人民去反对帝国主义战争。

第三，它是援助弱小民族的，但不是基督教式的慈悲主义。它是用一切方法去促进弱小民族争取解放的觉醒与积极地参加反侵略运动，而在反侵略斗争中去直接或间接援助它们。

苏联的实力

当帝国主义者都在扩充军备，制造战争，而且战争的烽火事实上已经蔓延及欧亚非三大陆，另一方面，阴谋国家仍在布置反苏战争，在这种局势之下，苏联自不能坐视，正如斯大林所说，“虽以我国的坚决维持和平政策，吾国仍不能不以全力加强苏联红陆海军之战斗力”。

苏联近年红海陆军的增强，在它外交上是起了巨大的支持作用。帝国主义者虽日夜梦想，而始终不敢发动反苏战争，就是因为苏联实力强大的缘故。所以苏联的实力是苏联外交政策成功的一个重大因素。

关于苏联军备的数字，传说不一，美国与德国日本报告数字均不相同，我们这里根据于苏联《真理报》一九三九年的报告，大概是比较最正确的。

苏联陆军与各国比较表

国别	平时陆军数（单位万）	战时陆军最高人数	轻重机枪数	轻重炮	坦克车
苏联	一八〇	一，一〇〇	五三，〇〇〇	三六，〇〇〇	一〇，〇〇〇
英国	五三	二〇〇	一四，〇〇〇	二九，〇〇〇	六〇〇
法国	六〇	五一〇	三四，〇〇〇	三三，〇〇〇	四，五〇〇
波兰	三〇	三六〇	一一，三〇〇	一，七八〇	七〇〇
美国	三六	二五〇	三五，〇〇〇	三，八〇〇	四〇〇
德国	一五〇	五五〇			
意国	四〇	二〇〇	一九，〇〇〇	二七，〇〇〇	一，一〇〇

苏联空军与各国空军比较表

国别	飞机数	空军人员数	国别	飞机数	空军人员数
苏联	九，〇〇〇	一〇〇，〇〇〇	英国	六，〇〇〇	七七，〇〇〇
法国	五，〇〇〇	四〇，〇〇〇	波兰	一，六〇〇	
美国	三，七〇〇		德国	八，〇〇〇	
意国	四，〇〇〇	二五，六〇〇			

从上面两张表看来，苏联的陆军人数要比英国多两倍余，比法国多两倍，比德国多六分之一，比意大利多三倍余。坦克车也要比英国多十分之四，比德国多十分之六。换句话说，就是英法陆军人数的总和，还只有苏联的三分之二。英法坦克车的总和，才能和苏联打个平手。至于空军更不必说了，苏联

空军人员要比任何国家超过九倍以上,飞机数超过三分之一到三分之二。

苏联军事力量不仅在数量上超过任何一国,而且在军队素质上也绝非任何一国所能望其项背,苏联的军队政治工作是最有名的,苏联的作战技术与火器的精良又是唯一的,苏联炮队与步兵的火力与各国的比较如下:

国别	一军团全体炮队火力一发重量	一军团步枪手榴弹每分钟火力
苏联	七,一三六公斤	七八,九三二公斤
法国	六,三七三公斤	六〇,九八一公斤
德国	六,〇七八公斤	五九,五〇九公斤

这里不过略为举出一二个例子,从这些例子上,可以证明苏联陆空军的强大,而这种强大的军事力量,在苏联今天是有绝对必要的。因为战争发展的基本方向还是反苏的,这种强大军事力量的存在,第一,是减弱了被资本主义国包围的危险,保障了苏联国土的安全;第二,是加强了反侵略阵线的实力,加强对弱小民族与殖民地半殖民地解放战争的援助;第三,是加强并巩固苏联在国际政治上的地位,支持他和平政策的推进。这强大军事力量的存在,直接是保卫苏联,间接是保卫世界和平。

苏联为什么进兵波兰

在这次战争中间,最引起大家注意,甚至疑讶的,当然是苏联进兵波兰的问题了。

苏联不是曾经宣布过“不侵略人家一寸土地”吗?为什么现在又进兵波兰呢?

苏联进兵波兰,不是与德国共同瓜分波兰,不是促进波兰早日崩溃吗?

社会主义也要侵略人家,不就是等于帝国主义吗?

这三个问题是大家所在争论的了,而且少数人还在故意地把它夸张,唯恐苏联之不是赤色帝国主义,借此可以大唱其反苏论。这必须在这里来说明一下。

首先,我们必得认识几个事实:

第一,苏联在英法苏谈判过程中间,曾经用诚意表示过,如果大家在互惠平等原则下共同去制止德国侵略,则德国进攻波兰时,苏联愿出兵相助,但是这个提议是给波兰拒绝了,也给英法拒绝了。苏联愿意帮助波兰,而波兰统治阶级却依旧拿仇人的眼光在看苏联,到了国家已经崩溃不堪的时候,却挨过来说苏联不援助它,这是不通情理的。

第二,英法历来的政策,以及在英法苏谈判中间,都一贯的想借波兰问题来挑拨德苏战争,和利用苏联去作他的猫脚爪;甚至德波战争已经开始了,英法参谋部还命令波军向苏联边境撤退,同时又利用通讯社来散播“德军向苏联边境疾进”的谣言。直到这时,英法还想在苏波边境挑起德苏战争。这一阴谋必须认识。

第三,波兰东部的土地二十六万平方公里,原是战前俄国的,其中的乌克兰人,白俄罗斯人都是苏联乌克兰人白俄罗斯人的同胞兄弟,这些人民平时是受波兰贵族统治阶级虐待和压制的,而在战争中间,却把他们毫不负责地抛弃了的。

第四,波兰的地位是异常重要的,它一面是和苏联接境,向来是帝国主义者准备进攻苏联的大道,一面是通黑海诸国,是希特拉计划中进攻东南欧的干线，再一方面是毗连波罗的海诸小国，又是希特拉进攻北欧的重要据点。波兰东部被德军所占，首先是威胁了苏联边境，其次东南欧各国将旦夕不保，再次北欧各国亦将沦为希特拉的禁脔。法西斯势力将在欧洲造下一条强固的牢栅。今天德苏虽然订立了不侵犯条约，但无法阻止希特拉不再侵犯东南欧和北欧各小国，而且英法帝国主义正在希望德国从波兰东部去进攻苏联。

第五，苏联军队闯入波兰的时候，已经是波兰军队瓦解，波兰政府崩溃的时候，当时的波兰政府不知道逃到什么地方去了。

第六，虽然张伯伦之流在大骂苏联侵略，但苏联红军进入波兰境内的时候，波兰人民都在举行盛大的欢迎，波兰的士兵都无条件投降，据乌克兰作家科纳楚克报告，“当苏军纵队休息时，常有波军士兵成群聚拢红军弟兄的周围，向已击溃波兰地主残暴的匪党的解放者热烈致敬，人们将鲜花与刺绣手巾，纷纷地向苏联坦克车抛掷，宛如急雨，少女们急急于把颈上的珊瑚颈带取下，向战士掷去……。”读者也许会说，这是偏袒苏联者的描写，但是在英法等报纸上，我们也从来没有看见一个通讯，说苏联军队与波兰民众有交恶的事件。如果苏联是侵略波兰，为什么会有这种现象呢？难道这广大波兰民众都是波奸吗？

认识了这些事实以后，我们再客观地来解释苏联为什么进攻波兰。

首先，由于波兰统治者的昏庸腐败，由于英法的欺骗利用，波兰在两个礼拜之内就全部瓦解了。因此德军占领波兰全部已经成为必然的趋势。苏联在这时出兵援波抗德吧，则因此挑起德苏战争，刚刚中了张伯伦的毒计；不出兵吧，德国军队将直接威胁苏联边境的安全，而且波兰国社党将乘机在德苏边境，挑拨种种事端。为了阻遏德国的可能直接威胁苏联，为了使波兰三分之一土地避免遭受法西斯统治的恐怖，苏联所以有出兵的必要，正如苏联《真理报》所说，“在波兰所已发生的形势，波兰国家的崩溃，以及目前波兰全国的无政府状态和混乱秩序的情形，这些情形已使波兰成为极容易酿成一切可能形成对苏联威胁的重大意外事态的祸地，鉴于这一点——苏联政府对已发生的形势，实在不能再维持中立态度。”（九月二十七日《救亡日报》）。所以我们说苏联出兵波兰，与其是和德国瓜分波兰，无宁是阻止德国霸占整个波兰。苏联把一百十一个师团闯入波兰，决不是仅仅为了解决七个残余的波兰师团啊。

第二，苏联对于不能自力更生，不能坚决抵抗侵略，甚至于反苏的波兰政府，虽然不能援助，但是对于广大的波兰民众，尤其是“对于居在波兰的乌克兰及白俄罗斯同胞手足的命运，不应漠不关心，也不能让他们陷于无人保护的境地”（《真理报》社论）。因此，为了从波兰贵族的半法西斯统治下，从立刻可能的德意志法西斯统治下去解放这些真挚诚善的人民，苏联决定把红军闯入波境。

第三，德军如果占领了整个波兰以后，第二步势必是威胁罗马尼亚，以及由黑海直趋土耳其与近东。法西斯势力这一发展不仅对苏联不利，对东南欧各国不利，也是对整个国际局面不利，苏联占领了波兰东部，无异是对希特拉前面一拦，告诉他,“老兄,你别再想往这边发展了!我和你已经订立不侵犯协定的!”苏联一出兵,不仅把希特拉的大乌克兰计划打破了,而且还缩小了大战可能扩大的范围。

第四,英法帝国主义者一直到今天,没有忘记反苏的计划。张伯伦今天虽然和希特拉翻脸,明天又何尝不会和希特拉妥协,牺牲一部分利益去引诱德国攻苏。因为今天国际的基本矛盾,仍然是社会主义与资本主义,苏联必须提高警觉,击破资本主义国家的反动联合战线的企图。波兰是国际资本主义国家进攻苏联明火药线,今天波兰已经崩溃了,这种危机可能更增加,为要粉碎张伯伦把帝国主义战争转化为进攻苏联战争的企图,非得占领了这片土地,才能算克服这种危机的可能。

以上各点,我们可以看到,第一点是根据于苏联保障其边疆安全的一贯政策;第二点是根据于援助反侵略力量与解放被压迫民族的政策;第三点是根据于反法西斯反战的政策与和平政策,第四点是根据于反对帝国主义进攻苏联的政策。总结起来说,苏联的出兵波兰是根据其一贯的对外政策,而其目的,是为要维护一国社会主义的建设,击破被资本主义包围的危险与积极推广和平政策,缩小战争的可能范围,以巩固社会主义的革命。

我们现在再来问一下诸位:苏联的出兵波兰是帮助德国瓜分波兰呢?是阻遏德国霸吞波兰呢?是把波兰民众推到悲惨命运中去呢?还是把波兰民众从法西斯统治的恐怖中拯救出来呢?是帮助法西斯势力向东南欧和北欧发展呢?还是阻遏希特拉实行其吞并东南欧的计划呢?苏联用武力克服了反

苏战争的危险，缩小了大战可能蔓延的范围，这是对世界和平有利呢？还是有害呢？

我想，大家可以明白了吧。

但是，这也许还是我个人的武断，那么让我引中央社关于这一问题的论证，作为一个结论吧。

"……德波战争中，波军溃退过速，出乎常人意料之外，如果任德军长驱直入，则苏联西境，大有受德国威胁的可能，和平安全就很难得保障均衡，权缓急轻重之后，不能不先用全力安定西陲，堵住了欧洲暴力的东进路线，然后再来制裁远东的侵略祸首。于是乎将计就计，顺着暴日的愿望，在诺蒙坎停了战，只要看这两月中间，苏联除划定了波苏的界线，进而扶助波兰境内白俄罗斯人和乌克兰人，并纷纷与波罗的海和黑海沿岸各国周旋，先后商订协定，目的求取得波罗的海和黑海的控制，以确保其在欧洲方面的安全。他的外交策略，无非于修好德国的形式下，遏止了德国的野心，同时又与英法保持始终中立，签唱和平，希望把欧洲的战局挽回过来，用协议的方式来解决一切争端。……"（十月十三号《正报》中央社社论）

最后，关于社会主义国家对资本主义国家局部进攻的问题，我们必须有一明白认识，这是一个革命战略的问题，关于这一点，我想引钱俊瑞先生《论欧局与远东诸问题》文中一段话（十月十一日《救亡日报》），作为本问题的解答：

"苏联统治阶级和执政当局本身有一定的战略。他们估计自身力量不够强大，退守成为必不可免的时候，就得作正确的退守，比方他们在一九一八年和德国签订布列斯特和约的时候，列宁就说："我们单独缔结和约，这样，我们就在现时可能的最高限度内，摆脱双方彼此敌对帝国主义的集团，利用它们相互间的敌视和战争——这种敌视和战争阻碍着它们勾结起来反对我们——以便取得相当的手足自由的时间，来继续并巩固社会主义的革命，但列宁曾说:“以推翻国际资产阶级为目的的战争，要比各个国家间一般战争中之最坚持的战争困难百倍，长久百倍，复杂百倍。但到必要和可能的场合，社会主义的国家决不拒绝革命的进攻。”但因为目前特殊的历史条件——帝国主义内部矛盾特别尖锐，某些帝国主义特别脆弱——苏联为在保卫弱小民族，特别在保卫社会主义建设是绝对必要时，当然就得做局部的进攻。社会主义苏联是革命的现实主义者，它一切服从于社会主义的革命和弱小民族的利益。它不会也不应受国际帝国主义任何虚伪的约束。它决不在帝国主义的人道说教下哭泣!

除非是另有成见的人，当不致神经过敏地再去担心苏联来侵略中国吧？当不致再去相信苏联出兵新疆的谣言吧？

德苏修好与划界条约

九月二十八日，在莫斯科发表了三件有名的外交文件，就是:德苏修好与划疆条约，德苏联合宣言与德苏关于经济问题的换文。这是德苏不侵犯签约以后苏联外交上又一成功。文件的内容很简单主要是划定疆界，保证居住前波兰领土上之人民依照各自民族之特殊性，均得和平生存。同时在宣言中，表示应结束德国与英法间的战争。在经济问题换文中，规定苏联长期以原料供给德国，德国则长期以工业品抵偿。

这一个条约的签订，在政治上具有重大的意义。我们知道东欧间德苏的矛盾（尤其是乌克兰问题），向来是引起国际间杌陧不安的重要因素，张伯伦向来就注目这块地方，不断地挑起许多纠纷，以期从中取利，昏庸的波兰就利用它所处的地位，和种种曲折复杂的形势而投机取巧，多年以来，形势就是这样。而这一次德苏修好条约却把这种形势完全转变过来，足以被张伯伦所利用来挑拨反苏战争的危险性，由这一条约的签订而大大减少了。换一句话，欧洲一大部分土地的战争危险得以缓和了，世界和平获得了一部分的保障。

对于英法德中间所进行的帝国主义战争，苏联始终是反对的，因为这类战争不论其为谁胜谁败，对于世界人类并无裨益。虽然希特拉今天求和的意思是包含着反动的作用，但是在要求结束战争这一点上，苏联是没有理由而亦没有必要去反对的。纵使战争并不至因这一条约而告结束，但至少是使这一战争的范围缩小，而尤其使反苏战争的前途在最近成为不可能。苏联《消息报》社论指出，“如无德苏条约，则全球遭遇空前之大战危机，远较一九一四年至一九一八年帝国主义者大屠杀所造成之一切恐怖为尤甚。在中欧爆发的帝国主义战争，已因苏德条约而地方化，其范围大加限制，战区亦因为缩小。苏联国家的英明领袖，决不允许战争的煽动，使苏联陷入毫无根据的冲突。因此努力解放已降临于苏联一万万七千万人民身上的战争威胁，并严正阻止战争的发展与扩大。”这一段话就是说明苏联对这次战争的态度，与签订德苏条约的政治意义。

而且德苏条约的签订，对于波罗的海及东南欧各小国和平政策，犹有良好的影响。一方面是表示苏联地位的增强，对于上述地带的和平建立了一种有力的保障;另一方面是给各小国一种教训,就是想依赖于某些帝国主义的挑拨政策而企图幸存的,其结果只有害人自害,正如波兰的没落。所以德苏条约签订以后,各小国报纸均有良好的反应,例如捷克的《列多维报》说:“苏德修好条约,不仅解决波兰问题,且使中欧与东南欧的形势,使黑海流域与地中海里部一带形势均因稳定。”土耳其的报纸说,“由于苏联执行和平政策的结果,巴尔干各国幸未卷入欧战漩涡。目前,巴尔干完全平静无事,此乃苏联政策之赐。苏联政策实予和平阵线以最有效之贡献,保证巴尔干各国的自信与和平是苏联。”又如瑞士《每日新闻》称:“苏德新约的缔结,苏联地位愈益强化。”匈加利报纸则谓,“此约之订立,对东南欧形势将发生远大的影响。”

这些反应是具有重大意义的,就是说,德苏新约的订立,将帮助苏联在东南欧及中欧更顺利地推进其和平阵线运动。

然而也许有读者会说吧,苏联与法西斯国家去订立这种条约是没有意思的,和法西斯强盗去修好算什么革命汉呢?说这样话的人,徒然证明其为愚蠢的书呆子,苏联今天是在帝国主义国家包围之中,它决没有把自己孤立着,让人家一致来包围它的道理。它曾经和法意捷波等各国都订立过种种条约,为什么一定要拒绝与德国签约,当前者表示愿意睦邻的时候?莫洛托夫说得好,外交政治艺术的原则是减少敌人,不是多树敌人。所以苏联外交政策中,曾规定“加强与所有各国的事务关系。倘若这些国家与苏联维持同样关系,倘若它们不作侵犯苏联利益的企图。”德苏条约的签订,就是根据这项政策而执行,绝不是苏联政策的突然变卦啊!

波罗的海的集体安全

由于苏联外交上胜利的收获，使苏联和平阵线运动在北欧与东南欧有迅速的发展。这些小国都纷纷与苏联来进行谈判。这是特别值得注意的事。我们现在先从波罗的海的东岸谈起吧。

首先是爱沙尼亚与苏联订立的互助协定。

这个协定是和德苏条约同一天订立的。在互助协定之外，同时又订立了一个商约。互助协定的内容如下：

第一条：缔约国双方保证：倘欧洲任何列强对缔约国在波罗的海中领海边境，或经过拉脱维亚共和国领土，对缔约国陆上边疆，或对第三条所指明之各根据地，发生直接侵略行动，或加以侵略之威胁时，即互相给予各种援助，包括军事援助在内。

第二条：苏联本友善之态度，以军器及其他军事配备帮助爱沙尼亚军队。

第三条：爱沙尼亚共和国保证苏联，在租期内，付适当租金，为在爱沙尼亚萨里岛（阿塞尔），希鸟岛（达哥）上及伯尔的斯基城（巴尔提斯基港）中，保持海军根据地及数飞机场之权，此类根据地与飞机场明确地址之规划，及其标界之确立，均由相互商定之。为保护此类根据地与飞机场起见，苏联在划定之各根据地与飞机场基址上，有用自费驻屯严格限制之苏联陆军与空军之权，其最高额由特别条约规定之。

第四条：缔约国双方保证，不得缔结对缔约国一方不利之任何同盟条约，亦不得参加对缔约国一方不利之任何联盟。

第五条:本协定之实施,不得妨碍缔约国双方之主权,对双方经济制度及国家组织,尤不得有丝毫影响,所划定之各根据地与飞机场基址(见第三条),依然为爱沙尼亚共和国之领土。

第六条:本协定至文字批准证件时生效,自签换之日起,六日以内,在塔林实行交换批准证件。本协定之有效时间定为十年,如缔约国之一方,在期满前一年,未决定必须宣告废弃,则本协定之有效期间即自动延长五年。

第七条:本协定用俄文与爱沙尼亚文缮写两份,一九三九年九月二十八日缔结于莫斯科。签字:莫洛托夫,赛尔德。

苏爱商约,亦与上述苏爱互助协定同时签字,该约规定将苏爱贸易周转额,增高四倍半,两国间普通卖出总额,定为三千九百万克罗纳(爱币)。苏联特准爱沙尼亚共和国有沿苏联铁道及水路运货至摩尔曼斯克、索劳基及黑海各港口之权,苏爱商约亦规定将苏联货物由爱沙尼亚各港口转运之范围大加扩充。

其次是苏联与拉特维亚的互助协定又于十月五日在莫斯科签字了,协定的内容共六条,大致与苏爱协定相同,苏联得在拉国之利巴与温陶二处建立海军根据地并将在两地驻兵。而以不妨害任何一方主权为原则,根据地主权仍属拉国。接着到了十月十日苏联与立陶宛的互助协定又订立成功了。这个协定的第一条,即由苏联允许将维尔那城暨左近地方归入立陶宛版图,而由立陶宛准许苏联在立境以廉价租借若干处地方,用以驻扎陆空军部队至一定员额,帮助立陶宛共同捍卫立国边境。

爱沙尼亚、拉特维亚、立陶宛是波罗的海东边的三个小国，夹在德国苏联与前波兰之间。上面曾经叙述过，在英法苏谈判中间，为了这三个波罗的海国家应受保障的问题，曾经使谈判一再停顿，而终究成为谈判破裂重要原因之一。张伯伦再三不肯把这三个国家加入保障之列，是想在波罗的海上给德国开一个攻苏的缺口，因为从这三国的沿海可以威胁苏联的克隆斯坦特军港，使苏联海军处于不利地位。所以那时张伯伦还暗示这三国拒绝受苏联的保障，但是张伯伦的理想没有实现，今天波罗的海三个小国却和苏联建立起东北欧的集体安全制了。苏联需要在该三国获得军事上的便利，正是对帝国主义者这种阴谋一个答复。

苏爱苏立苏拉互助协定的订立，表示以苏联为中心的东北欧和平集团已经胜利地成功了，仅仅在两个星期之内就迅速地成功了。这样迅速成功的另一面就证明了德苏条约与波兰问题解决的正确性。

也许会有人认为苏联在邻国内去建立海空军根据地是不应该的，这种说法刚刚是替张伯伦希特拉在作宣传。因为今天欧洲已经在战争的烽火之中，要建立真正的和平集团，没有充分之独立，还是空谈。苏联的外交是站在现实的观点上的。它“愿意保障一切军事力量脆弱国家的实立主权，但也不能允许任何弱小的邻邦变成为世界大战鼓动者所玩弄的盲目傀儡，因而变成对于苏联边境的威胁”（九月三十日《真理报》社论），因此它必须基立于互助平等的原则上来予这些小国以切实的保障，使这些小国不致再被野心国家所利用，互助协定中规了苏联以军火援助各该国，并且站在互惠的立场上，把维那尔城(前波兰的)划给立陶宛了。

波罗的海的东岸和平已经获得保障了。苏联的和平政策便继续推到芬兰湾与斯干狄那维亚半岛上去,于是苏芬谈判开始了。

芬兰是毗连苏联极西境界的一个国家,从芬兰湾可以直接威胁苏联的列宁格勒与克隆斯坦特军港,所以苏芬的互助协定如能实现,则北欧的集体安全亦可以算金瓯无缺,苏联波罗的海舰队才能获得安全的保障。在芬兰的波的尼亚湾与波罗的海之间的埃特伦群岛,向来是英德帝国主义者注目的地方。他们想在这些群岛设防,作为进攻苏联的根据地,这个计划已经酝酿多年了。

当苏芬谈判接着苏爱苏立互助条约而开始时候,英德帝国主义者都一致发慌了。他们想尽一切方法来破坏这个谈判,并且把美国拉出来干涉这一谈判,同时更唆使瑞典挪威丹麦等国家出来用四国会议方法阻止谈判的进行,英法的通讯社并且天天发出苏联进兵侵略芬兰的谣言,但是事实证明,直到今天苏芬的谈判仍在顺利地进行。据最近报道,协定的订定大致无甚问题了。苏芬两国会在一九三二年缔立不侵犯条约,这一次谈判将使前次不侵犯条约更具体化和获得更切实的互助保证而已。

苏联与波罗的海各国及芬兰的和平谈判,自然是防止德国将来威胁北欧与苏联,同时也是防止张伯伦挑拨反苏的阴谋,张伯伦与希特拉又何尝不清楚,但是在今天,他们自己之间正闹得天翻地覆,眼瞧着苏联和平力量伸入北欧也无可奈何,只好掉下牙齿往里吞,暗暗叫苦罢了。

苏土谈判与英法土协定

苏联一方面在波罗的海方面积极进行其缔约运动，同时又在近东与巴尔干半岛加紧其和平政策的推进。苏联很明白，只有利用帝国主义间矛盾的扩大与自己胜利的成功，在这时加紧和平运动，才能切实地缩小战争的范围，裨益世界的和平。

如果说在波罗的海方面的外交活动，着重在保卫苏联安全，那么在东南方面的活动，应是着重在缩小战争的范围与减少战争的危险。当然这二者还是不可分离的。巴尔干半岛曾经是第一次大战爆发的地点，在第二次帝国主义战争中，仍然是个极危险的地方，如果战事蔓延到巴尔干，则地中海立刻就会罩满炮火的云烟；而在今天巴尔干问题上，土耳其却是一个极重要的关键，英法德意都是争取这一国家。土耳其一方面是黑海的门户，英国可以从黑海去控制地中海，一方面可以利用它去截断苏联的航运；而从政治上来说，它是决定巴尔干近东方面英法德意均势的一着重要棋子。英法的意思是想把土耳其拉入它们的集团，借它牵制德意，准备作为反苏的伏线。意大利则想把它拉入巴尔干集团，以巩固它在南欧的势力，德国自然支持意大利这种做法：苏联则欲以土耳其为中心一方面团结保加利亚，罗马尼亚等国，一方面团结伊朗伊拉克等近东小国，作为东南欧集体安全的基础。土耳其地位因此就突见重要起来。

苏联对土耳其谈判的主要意义，就使希望土耳其不致卷入大战的漩涡，黑海方面得避免英国海军进攻的危险，因此希望它能封锁黑海的达达尼尔海峡，实行保卫黑海，苏联在这条件下，保障巴尔干的安全。

苏土谈判在十月上旬进行得极其顺利，但到了十月十七日，谈判忽然停止，土外长离莫斯科返国，到了十九日英法土互助协定正式签订了。这个协定的内容仅有四条，大致如下：

（一）土耳其国倘被欧洲任何一国加以侵略，或欧洲任何一国对于侵略兴趣导致在地中海引起战事而土国亦牵入漩涡，则英法两国应予土国以援助。

（二）欧洲任何一国倘若出于侵略兴趣，导致在地中海引起战事，而英法两国牵入漩涡，又英法两国倘因履行一九三九年四月十三日向罗马尼亚希腊两国所提供之保障而发生战争，则土国应予英法两国以援助。

（三）欧洲任何一国其独立与中立之维持，英法土三国之一所认为生存攸关者，倘被欧洲其他一国加以侵略，则英法土三国应即进行磋商，以便联合采取各种切实措施，以资应付。

（四）本约有效期限定为十五年。

此外，英法土三国另行签订议定书，规定本约特载义务，不得强制土国采取任何举动，致与苏联发生战事。

这最后一个议定书，大概是尊重土耳其意思而签订的。

英法土互助协定的签订，显然表示土耳其不愿脱离英法的关系。土耳其的意思是希望讨好于英苏双方，以保障自己的安全，所以它一方面对于苏联仍表示好感，苏土的经济协商仍然在进行，而且对英法表示不愿负进攻苏联的任务。这虽然是差强人意，但是它却忘记把自己拖入到大战的危险中间来了。所以苏联《消息报》评论说：“依照此项公约，土国有援助英法对德意作战的义务，故实未便认为有裨于维持和平。或谓土国加入英法同盟后，苏联必将蒙受损失亦非确词。苏联对于欧战，仍守中立，不加入任何集团，而保有行动的自由。此项态度实有裨益；但土国则不然，对于现行战事既负有责任，其所行政策，在最短期间将显示后果。自另一方面言，苏联对于经过事故，实毫无遗憾。”这短短几句话，很明显地表示出苏联对这个问题的严正态度。

英法土互助协定的订立，在地中海是造成了一个新的均势，这新的均势对于英法自然有利，而对于柏林和罗马却大感威胁。因此德希特拉立刻把驻土驻苏驻意大使星夜召回，商量对付的方法。希特拉的意思自然是希望苏联予以切实援助，但是苏联决不愿加入任何帝国主义集团，以从事战争，而更无借此压迫土耳其之理，所以据路透社电，苏联已拒绝德国请求军事协助之要求。这证之上述苏联《消息报》之评论，大概是可靠的。

苏土谈判虽然停顿，但非并破裂，土耳其也许希望在双方不相抵触的原则下继续谈判，英国目的本是借土耳其问题来挑拨苏德的恶感，因此对于土耳其向苏联讨好，暂不反对，据哈瓦斯二十四日伦敦电，传达伦敦政界的意见，认为“苏德两国关系虽属不断如缕，但因彼此缺乏同情心，尔诈我虞，苏联方面并以为德国对于英法倘能切实占有优势，定必转而东向以对苏联，故苏联实亦具有戒心。”可见英伦绅士正在借这一问题阴谋挑拨反苏战争了。

中立政策

总结上面所说，我们可以看到苏联在大战中所进行的政策，就是(一)巩固苏联边疆的安全，减少帝国主义进攻苏联的危险。(二)援助弱小民族，推进欧洲小国的集体安全制。(三)对帝国主义战争取中立的态度，不参加任何一方，并设法阻止战争的蔓延。这三个政策是互相关连，不可分割的。总合起来，就是苏联现阶段的和平政策的内容。

苏联反对帝国主义的战争，不赞助任何一方面的战争集团，但苏联根据于决定的外交政策，并不放弃对于任何一国增强事务关系(在不侵犯苏联利益的条件下)，因此德苏商务协定已经实施了，而同英苏的商务协定又在进行了。这正证明苏联并不欲帮助某一方面以压迫某一方面。对于土耳其问题，苏联亦始终保持其严正的态度。柏林方面虽在宣传苏联与德国意大利订立军事同盟，但事实上将不可能。只要是任何协定，可能阻止战争的扩大与有益于和平的，苏联并不拒绝参加，但是如果利用任何协定去促进帝国主义战争以破坏和平的，苏联将断然拒绝。不仅如是，而且苏联愿意尽一切力量，以保障未卷入战争的各小国，阻遏战争的蔓延，这就是苏联对欧战所采取的中立政策。这种中立政策与美国孤立派所主张的中立政策，显然是有巨大区别的。

苏联与远东

当德苏不侵犯条约缔立以后，尤其是诺蒙坎日苏停战协定以后，日寇和汉奸就在造谣，说苏联准备与日本妥协了，日苏准备订立不侵犯条约了，甚至说日苏准备来瓜分中国了；日德苏将组织集团了；到了不久以前，又说苏联已经进兵新疆了，苏联向中国提出赤化大西北的计划了。这一派胡说八道的谣言，显然是日寇有计划地中伤中苏友谊，分化我国团结的阴谋，而国内一部分不明事理之辈，也居然道听途说，以为苏联既可进兵波兰，又何尝不可能进兵新疆？这种无稽的传说，恰恰做了日本人的猫脚爪，替它在做宣传。

又有一种人，却以为德苏既已签订协定，则苏联无西顾之忧。斯大林的力量将集中于远东，蒙伪边境纠纷势必扩大，苏联红军不久就可以出击日本，我国抗战将很快获得胜利。这种速胜论者正保持他们在淞沪战事开始时，以及去年张鼓峰冲突时，希望日苏大战赶快爆发一贯的想法，这不消说又是错误的。

要了解苏联的远东政策，同样应从苏联的基本外交观点上出发。就是，第一，苏联将坚决巩固它边疆安全，予打击者以加倍打击。第二，它将坚决援助为争取独立自由而反侵略的国家。第三，如果人家不侵犯苏联，苏联也不去侵犯人家，它始终坚决实行它的和平政策。远东是苏联重要的边境，日本帝国主义者时时想在日苏边境上挑起战争的烽火，英法帝国主义者也在怂恿这个战争，苏联自然不能不重视这一方面。所以近年以来，苏联积极地加强远东的国防，建立远东的独立军区，建立远东的航空根据地。而当日本帝国主义企图进攻它边境的时候，它将毫不疑迟予以坚强的回击，但是苏联决不愿这时出兵远东，以加速远东日苏战争的爆发，因为这恰巧中了英法德日帝国主义的计策，他们可能联合起来，把帝国主义战争转化为反苏战争。这对于苏联固然是无利，对中国又何尝不然，日苏一战，徒然使日寇得到其他帝国主义者的支持，而妨碍了太平洋集体安全的进行。所以张鼓峰一役日本自愿屈服，渔业纠纷日本又自甘让步，苏联当然听它自便，这次诺蒙坎停战协定的订立，自然还是一样。因为停战协定的签订，是由日本看到德苏不侵犯协定的缔结，感到反共协定的失效，自己白出了一番力气，结果却变成更孤立，而同时苏联强大的力量又教训了它，所以不得不赶紧求和，日苏停战协定的签订，一方面是表示日本企图挑拨战争的失败，另一方面是表示苏联力量的增大与苏联在远东地位的巩固，那么苏联又有什么必要拒绝这协定的签订呢？

也许有人认为日苏停战协定签订以后，日本可以增调兵力到关内来，增加对华的军事力量。实际上日本并未撤兵，反而增兵了。日本在满洲方面经常就驻有三十万至四十万的最精良军队，这部分军队日本无论如何是要准备着对付苏联的。

这里我们需要更进一步谈到苏联对于日本的态度。塔斯社的伦敦通信员安德路·罗兹斯坦曾经写了一篇苏联对中日战争态度的文章，指出在一九三七年九国公约会议上，有些国家曾希望苏联单独取军事行动援助中国，苏联表示这会使苏联卷入对日战争，而其他国家却不愿意卷入任何危险之中。苏联代表并表示，对日本提出调停或妥协是无用的而且危险的，因为这会鼓励日本人，使他们有理由相信列强一点也没有阻挡他们的意思。苏联外交次长波丹金明确地表示，苏联愿意拥护采取集体行动的“一切具体建议”。

一直到现在，英美法等国家是在采用调停妥协一类危险方法,(最近英日美日谈判都将开始了),而始终不变地坚决援助中国,和欢迎一切集体制裁的具体方法。

苏联从来没有忽视过日本对它进攻的企图,因此对它特别具备了高度的警觉性,但是苏联也不把日本看成“命中注定非与它开战不可的敌人”。苏联相信凭它的强大红军与和平政策是可能击败日本这种企图的,因此它老早就曾经向日本提出过订立不侵犯条约,但是日本却拒绝了,苏联这样做法,是要击破帝国主义者的阴谋,绝不是妥协;因此,张鼓峰和诺蒙坎两役中,苏联毫不留情地教训了日本。但是有一点我们必须指出的,就是即使苏联与日本订立不侵犯协定,苏联对中国决不会停止援助的,上面已经叙述过苏联的和平外交政策与援助被侵略而独立作战的国家,是绝不可分离的。

然而日本在目前是否可能与苏联订立不侵犯条约呢?我们只要知道日本今天的侵华是拿反共反苏的口号为号召,如果对苏订立不侵犯协定,岂不是自打耳光使它的政治口号根本破产;其次,日本正想继续用反苏反共口号去引诱英美法来压迫中国屈服。跟苏联去亲近,岂不是得罪了英法美;日本法西斯军阀决不出此的。而且事实上,停战协定订立后,日本仍然没有放松它挑拨战争的企图,最近伪蒙边境又一度紧张,某西报谓协定已失去效力,足见日苏基本矛盾仍然是有增无减。

再次,所谓日德苏集团这种谣传根本就说不通,德苏不侵犯条约是把德日轴心关系拆散了,苏联不是傻瓜,怎样反会把两个强盗重新拉在一起,而跟他们去做蠢王婆?那么这个谣言是什么作用呢?我们仔细一想就可知道这谣言还是东京与伦敦放出来的。因为日本和英国正想分化中苏的关系,才好使中国屈服讲和，同时更需借日苏妥协空气来掩护其英日妥协，所以不惜制造这种谣言，以动摇中国抗战决心与挑拨中苏猜忌。我们切不可轻易上他们的当，也不可忽视这种谣言的阴谋作用。

最后，我们特别须谈到中苏关系。正如孙科先生所说“苏联是一个爱好和平的国家，一样具有维护世界和平的志愿。多年以来，在国际联盟以及其他国际方面的努力，都已经作了这种志愿最确切的证明。我们中国一样是一个爱好和平的国家，一样具有维护世界和平的志愿。……中苏两国既然同为爱好和平的国家，同具有维护世界和平的志愿，而在地理历史上，又具有深切的关系，为实现中苏两国共同的志愿，实有共同努力的必要。”这就决定在抗战中间，苏联必然援助我国到底，两年以来苏联在军火与经济上给我们巨大的帮助，这并非仅仅出于同情心，也不仅仅为了苏联本身利益，而且是因为中苏的和平在反帝斗争中是不可分的。自从英国对中国法币不肯加以应有支持以后，今年六月间中苏又订立了通商条约，这一条约更加紧了中苏经济上的密切联系。所以接着就是对我七千五百万卢布的大借款，和最近助我五百架飞机，这一切就是表示，当其他国家对我犹豫的时候，苏联就将更增加其援助。欧战爆发以后，苏联对我援助无疑将更增加而更重要，尤其在反对妥协调停一点上，苏联将坚决地支持中国。

只有日寇汉奸才会制造出苏联赤化中国的谣言来。苏联在目前决不致中国内部有所分裂，也决不会反对中国三民主义的实现，苏联无需去强迫一个国家改变其政治制度，苏联在今天只有在帮助中国加紧统一团结，才能帮助中国战胜日本，这一点苏联恐怕比中国还更清楚。

我们的国父孙中山先生临终时给苏联的信上说:“我已嘱咐国民党进行民族革命运动之工作,俾中国可免帝国主义加诸中国的半殖民地状况之急转。深信你们政府亦必继续长此予我国以援助。”又说:“两国在争取世界被压迫民族自由的大战中,携手并进以取得胜利。”

两国广大的人民将永远遵照这种伟大的启示,和兄弟一般,努力于世界真正和平运动的推进。

第八章　第二次世界大战的前途

战争发展的基本趋向

在上面各章中,我们对于战争的原因,战争发展的过程,战争的性质,战争的特点,以及战争中一般的形势,大概地说明了,现在我们就根据以上所述,来观察今后战争的趋势。

首先,我们已经明白,这次战争,并不是仅仅英法德三国的战争,不仅是单纯的某些帝国主义国家与某些帝国主义国家之间的战争。这次战争的一切特点与条件,已经说明它是世界性的;是从世界经济总恐慌的基础上所生长的战争;这次战争中间,除了帝国主义者本身矛盾以外,更包含着反苏联战争的阴谋,以及压迫殖民地半殖民地革命战争的毒计。而同时中国的伟大的民族抗战,在第二次世界中是代表着反动战争的另一面——革命的战争。

我们来观测战争前途的时候,仍然应该把握着问题的本质，从世界的基本矛盾上去出发。在第一二章中曾经指出第二次世界大战问题的本质是战后资本主义恐慌的一般性。而同时又指出在资本主义经济恐慌之外，是兀立着强盛的社会主义的苏联。而在分析大战过程中，又指出世界政治上的基本矛盾形势是侵略与反侵略的两大阵线，自从大战进入第二阶段以后，这种阵线的对立益发单纯，益发分明。再则在分析第二阶段战争的性质时，又指出今天世界是存在着两种基本相反的战争，非正义的掠夺战争与正义的革命解放战争。指出这两种力量的推移，是决定第二次世界大战前途的基本因素。

因此，在错综复杂的国际局势中，我们仍不难清清楚楚看出，世界最基本的两个敌对的堡垒，一方面是帝国主义各集团以及直接间接参加战争的反动资产阶级，一方面是中国，苏联，一切弱小民族半殖民地殖民地的民族运动，以及帝国主义国家内的人民反战与解放运动。前者的目的是在制造战争，赞助战争，掠夺被侵略者与进攻苏联而得益；后者则在反对战争，用革命的战争来克服帝国主义的战争，以保卫人类和平。所以今天战争虽然主要是英法与德意两大帝国主义集团在进行战争，但是战争的基本趋向还是走向反对苏联和瓜分殖民地与榨压广大人民的方面。

帝国主义集团之间所进行的战争，并不妨碍他们将来联合一致地反对苏联与压迫殖民地与半殖民地的解放运动。在以上各章叙述中，我们就可以看到英法德意美是怎样在互相暗示和挑拨，对于苏联是怎样的戒心惴惴，对中国抗战是怎样在阴谋调停，对国内人民是怎样在加紧统制压迫，这一些事实就显露着战争发展前途的基本趋向。

资本主义的经济恐慌在战争中必然日趋深刻，帝国主义的统治力量在战争中必然日益削弱，而它的反面，就必须是社会主义经济与殖民地民族经济日益发展，反帝国主义与战争力量日益强大与集中。这是一定消长的道理。就因为如此所以决定了这种趋向，但当然不是说今天欧战的战争已经是反苏的战争了。

也正因为这个原因，所以张伯伦希特拉都尽力地在想缓和彼此之间的战争，张伯伦竭力地计划着把帝国主义战争转化为反苏的战争，张伯伦之流看得很明白，战争对于他们将是一种致命的危险，只有把苏联拖入战争漩涡中来，才能缓和自己的危机，才能把自己灾祸分到人家头上去。

也正因为如此，所以苏联不能不加紧和平政策的推进，不能不出兵波兰，不能不巩固它的国防。苏联随时在警觉地准备着击破反苏的联合阵线。

战争基本趋向虽然是走向反苏，帝国主义者虽然也在企图酝酿反苏战争，然而在目前这一阶段内，我们不能忘记另一事实，就是帝国主义彼此之间的矛盾，在今天无法统一，帝国主义者的主观企图，并不能控制当前的现实。例如张伯伦多年以来，就在布置反苏战争，然而到头来，还是英法德的战争。而在另一方面，我们不能忽视世界伟大反侵略运动的存在，以及强大的苏联与其灵活的和平外交政策，这是减少反苏战争危险的主要因素；所以将来联合反苏战争能否成为事实，尚是一个问题，能否胜利更是一个问题。

反苏战争可能吗

反苏战争可能吗？我们说是可能的，理由上面已经说过了。忽视这种可能，以为帝国主义会永远那么打下去，这是幼稚的看法。但是目前以及最近将来反苏战争可能吗？我们说，不。为什么呢？因为目前一切情势并不许帝国主义者能达到这一目的。

首先，德国今天对于殖民地的饥欲还超过他对于革命的畏惧，因此，他在目前还积极想从英法或其他国家取还其战争中的消耗。我们看，在希特拉的演说中，就明白向英国提出归还旧殖民地的问题。英法二国呢，虽然主观上急图把战争转化为反苏战争，但是均势问题没法解决，他们和德意联合条件还不够具备。张伯伦牺牲弱小民族以换得德国去进攻苏联是愿意的，牺牲他一部分利益也是甘心的，但是要使大不列颠把欧洲霸主地位让给希特拉，那可办不到。

其次，革命的威胁还没到促使帝国主义一致的程度，在殖民地方面来说，争取解放的革命运动还不够根本动摇帝国主义的统治，除开中国以外，其余还没有踏入高潮的时期。在帝国主义国家国内来说，反帝运动还没有普遍展开。帝国主义者正想乘这个机会，加紧其欺骗的宣传，然而另一方面，帝国主义者还得顾忌万一反苏战争爆发的时候，会遭受国内人民猛烈的反对，而根本影响了他们的统治地位。

再次，欧洲以及各地的小国还是在犹豫的中间，帝国主义者没法保证他们一定能为他们在反苏战争去做喽啰，而这些国家目下正和苏联在做和平的联盟。没有这些小国去替他们打冲锋，帝国主义者是不敢贸然发动的。

然而最主要的还是苏联本身力量的强大，使帝国主义，在反苏阵线组成以前，不敢轻易地挑战，而苏联的和平政策，更在这时迅速发展，使帝国主义感觉到彷徨无策。

英法德意帝国主义者都知道，在这个时候去惹苏联，不仅得不到好处，反而会扑一鼻子灰的。

如果要进攻苏联，担任冲锋的，自然应该是波兰、德国、罗马尼亚，以及波罗的海诸小国，或者是土耳其。现在波兰灭亡了。德国在第三帝国的计划没有实现，殖民地欲望没有满足以前是不愿去做傻瓜的。波罗的海诸国是和苏联订立协定了。罗马尼亚目前正在担心德国去吞并它。土耳其虽然和英法订立协定了，然而却不敢去得罪苏联。因此张伯伦虽然念念不忘要缔立反苏阵线，在目前却是没有可能。

那么，在怎样条件下会有这种可能呢？我以为要等革命力量的威胁超过了帝国主义者自身矛盾的条件之下，才可能促使帝国主义联合一致来镇压革命与进攻苏联，例如殖民地革命了，国内战争爆发了，全世界人民在帝国主义战争的痛苦中，不能再忍受了，这时垂死的帝国主义者将完全变成失去理性的疯狂，不顾什么条件一致和社会主义国家以及革命的人民大众来决斗了。

帝国主义者，特别是欧洲帝国主义的首脑，是知道这种危险的，所以即在目前，他没有一刻忘记在布置这个战争。

然而到了那样一天时候，帝国主义者已经筋疲力尽了，而苏联与世界革命力量将更高涨了，帝国主义者会在反苏与反革命战争中，获得多少收获，这只有天晓得了。

战争将是扩大的但是持久的

反苏战争在目前既不可能，那么帝国主义的混战势必继续下去。帝国主义者也明白战争对于他们是痛苦的，不利的，对于整个资本主义世界是危险的，他们也想把战争早一点结束，最好是把战争转化到对苏联方面去，但是资本主义内在与外在矛盾尖锐地发展，使他们自己已无法控驭战争逻辑的发展了。

帝国主义之间的矛盾之所以能够暂时相对的统一，是因为彼此之间维持着一种均势，目前这种旧的均势已经破坏了，新的均势是否容易建立起来呢？这显然是一个问题。我们看希特拉是坚持着归还旧殖民地的要求，就是说要把中欧巴尔干地中海以及非洲的势力圈重新分割一下。据纳粹作家斯特塞报告，希特拉在占领波兰以前已经决定占领波兰后的计划，这计划是解决波兰以后，意大利将以迅雷不及掩耳的手段占领科西嘉，德意军队将进兵埃及苏丹港，以侵占苏伊士运河，同时西班牙要直布罗陀的放弃，于是地中海两头都被轴心国家封锁了起来。德国将设法突破马奇诺防线，自荷兰直接威胁英国，强迫它接受德国在占领华沙后所提出的和平建议。

"这计划同时还有如下的规定：为了经济的理由，占领丹麦与罗马尼亚，在亚拉伯与印度煽动叛变，又希望日本在东方牵制苏联。"

这个计划在英法是无法接受的。所以这次战争决不是英法德三国的战争，而是关联着整个资本主义世界重新分配的问题，这样就必然牵涉到其他帝国主义的国家和世界许多小国，而把他们一齐拖入战争的漩涡中去。战争使帝国主义之间的矛盾更扩大开来，不仅是市场的争夺而且是领土的分割，这种矛盾的扩大，就决定了战争的扩大性。

其次，我们看，目前许多国家如意大利，日本美国以及一切小国都宣布着中立，然而他们这是否是真正的中立呢？拿意大利来说，他正在想乘机扩大其巴尔干的势力，劫夺地中海英法的利益，如果战争足以使他的劫夺有利时，他毫无疑义地将加入战争。美国呢，同样地等待某一适当机会来获取战争的利益，不过它也许还要慢一步。至于日本因为外交上的孤立，只有暂时宣布中立，而在中立名义上来加紧对华的侵略，来拉拢他的同盟国，不消说，它正想和第一次大战一样来乘机掠夺东方。其余欧洲的各小国，如荷兰比利时瑞士，则在德国西线战争扩大时将无法避免卷入战争，其他中欧东南欧及北欧各小国，如果不能与苏联结成坚强阵线，则在帝国主义者威胁利诱之下，还是难以逃脱战争的厄运，例如土耳其之与英法同盟，就是英法迫使土耳其去作大战工具的一个最明白例子。所以除非是站在反侵略统一战线的坚定立场上，所谓中立都是不可靠的。

再次，从经济上来说，经济的恐慌迫使帝国主义国家去疯狂制造军备，到了今天已经是骑虎难下，没有国家观点，军火商人今天正拼命在加紧制造，希望从战争中获取其利益；而在资本主义国家内，无论德意与英法，都在把国内工业尽量地军事化，这种趋势只有促进战争的扩大。虽然希特拉在最近演讲中，会指出停止军备竞争是维持和平的唯一条件，但事实上每一个帝国主义国家都无法停止这种疯狂的扩军，如果军事工业一旦缩小，则各国恐慌的破绽将一齐爆发开来而无法挽救。

最后，世界革命的力量在战争过程中势必更膨大起来，首先是苏联力量的强大，与反侵略阵线的扩展；其次是民族解放运动必然在帝国主义者对殖民地控制力减少的条件下，加倍地生长起来；再则战争的痛苦将促进全世界人民反战运动的展开，与帝国主义国家内革命运动的发展，这种革命的威胁将使帝国主义者唯有用屠杀方法去对付，因此在帝国主义者混战的过程中，还会爆发局部的干涉战争与国内战争，这样就使大战更延长与扩大。

上述种种因素，就决定战争的必然扩大，使帝国主义陷入更接近崩溃的日子，当然最基本因素还是世界资本主义经济总恐慌的无法解决。

但是，这次战争却不像一九一四年大战那样单纯，那样迅速的爆发与蔓延。它将是黏性地进行，在中间或许要经过一个时间的不战不和状态。战争的发展将分解为许多性质的战争，而在战争过程中，战争将逐渐起变质的作用。

为什么是这样呢？这同样也是由许多条件决定的。

首先，是帝国主义者自己尽量在想阻止战争的延长与扩大。因为现代战争与经济是有极密切的关系的，恩格斯曾说过："除了海陆军，没有任何东西更能够同样程度依赖于经济条件。武器，人员，组织，战略与战术，在某种程度上，都直接依靠于生产而发展的。"而在战争中最主要的自然是原料与食粮。现在各资本主义国家正在原料的恐慌中，特别像德国，煤油的生产额与战时煤油的消费要相差二十几倍，而食粮的不足，英法德三国尤有同样的苦痛，这些困难的条件，使他们各人都想以最少代价去获得战争中的最大效果。主力的大决战，彼此尽量想避免，而想通过经济外交种种方法去制胜。所以在军事战争以外，还包括着复杂诡谲的外交战与经济战；这种纠缠着的钩心斗角的政治斗争，就决定战争的进行成为黏性的。

其次，苏联的存在与和平外交的发展，使帝国主义者有所顾忌，他们不得不尽量去缓和彼此间的矛盾来对付这共同敌人，因此张伯伦便积极在组织反苏的阵线，在诱惑意大利与土耳其去进行此项任务，日本则在东方诱惑美国，这也是促使英法宣而不战的主要原因之一。

再则在军事技术上，双方均具有坚强的防线，要采用速决战的战略，必须花极巨大的代价。所以彼此都不愿过早展开主力的决战，而相互采取消耗的手段，陆地战事很沉寂，而海上双方的潜水艇却很活跃，就是彼此都在采取袭击的方法，威胁双方的经济接济。空军的目标，多半注重在工业建设方面也是这个意思。

英法与德国的战争，可能在不和不战的局面继续一个时期，在这中间，大家各自进行其钩心斗角的阴谋，即使到了某一时期，彼此可能取得暂时的妥协，然而并不能解决彼此间的矛盾，而另一方面，弱小民族与殖民地半殖民地的革命战争势必继续展开，所以在最近将来，世界是没有太平日子的。

因此，第二次世界大战必然是持久的消耗战争，在绵延不绝的状态中，战争的范围逐渐扩大开来，正义与非正义的战争，侵略与反侵略的对垒日益明显起来。战争将分解为帝国主义的混战，侵略弱小民族殖民地的战争，与革命的战争而随着进步与反动两种力量的消长程度，把战争推向一个更高阶段中去。

然而这不是说大规模的酷烈战争，可以避免。虽然现在大家都在想避免它，可是当帝国主义者的阴谋家，一切企图都失败的时候，这总的决战仍然将出现，以比第一次大战更惨酷的状态来出现，正如伏罗希洛夫所说，“毫无疑问，在必然不可避免总的军事冲突中，要来一次破天荒的你死我活的决斗。”这次战争将使人类陷入极端痛苦与悲惨生活之中，而结果将促使人民的觉悟与团结，以反对帝国主义的战争。

革命的力量将迅速地生长起来

世界到了最黑暗的时候，也就是光明在孕育中的时候。帝国主义者把最惨酷的战争带给人类的时候，全世界人民起而反抗，在经过一个极痛苦的时期，人类的光明终于会到来。

第二次帝国主义大战，与第一次帝国主义大战时的情形大不相同了。在第一次大战的时候，苏联革命尚未成功，各国革命组织尚在极弱时代，社会民主党是在爱国美名下赞助着帝国主义战争，欧洲的人民被爱国主义的欺骗所风靡着，殖民地与弱小民族是急急依赖于参战的国家，甚至像埃及印度等自治领地，还幻想以参战去交换解放的条件，结果一个一个地上了当。纵然如此，大战的结果却产生了苏联的革命，德意的革命，以及各弱小民族的解放运动，使帝国主义者的统治彷徨动摇。而二十余年后的今天，六分之一的土地上已经建立一个强盛的苏联，这个不可侵犯的力量，是世界革命的一个柱石。再则今天中国的民族解放战争已经进行了两年，在持久抗战的正确战略下，使日本帝国主义一天一天陷入泥沼，这是第一次大战时梦想不到的事情。第三，各国革命组织要比第一次大战无论在质量或数量上都坚强了几倍，各国人民在受过第一次大战的惨痛教训以后，政治觉悟大大地提高了。这次战争中间，我们没有看见人民拥护战争的狂想，却一开始就看到反战运动的展开。巴黎伦敦许多著名人物以及工人都因犯反战罪而被捕了，英国各劳动团体发表决议，要求工党不应支持政府，铁路工人联合会决议痛斥战争。在埃及，议员爱尔梭演说，政府应立即停止为英国而牺牲。在印度为了抗议把印度卷入战争，孟买的三十家棉厂五万工人举行两天大罢工，提出反对榨压印度，反对英国罪恶战争的口号。在波兰，广大人民在建立新的革命政权。仅仅在战争开始时候，已经如此，在战争发展的过程中，当可想见。第四，一部分弱小民族都竭力在挣脱战争的危险而愿意与苏联去订立和平的同盟。这一切力量必然将更汇集拢来，团结起来，成为反帝国主义战争运动的主力，而这种反帝运动的背后，就在酝酿着各国的社会革命。首先是德国，多年以来法西斯统治的群众愤怒，将在这次大战爆发出来，英法爱好和平的人民与进步的自由主义者将和英国反战的政党结合在一起而展开反战斗争。日本的军民在战争中已经憎恨到极点，而当日本进攻中国失败的时候，日本的革命运动必然将极迅速地高涨起来。这说明帝国主义战争的结果，将产生各国的国内革命，而这种革命将颠覆资本主义的统治。

但是，我们却不能存着一种幼稚的，危险的见解，以为这些战争的制造者和鼓动者将很快就会被人民打倒，这些革命将很快地成功，这种见解是必须纠正的。我们知道世界革命，绝非一蹴即就的儿戏。帝国主义愈到崩溃时候，必然愈表现残酷的统治与压迫。在这次战争过程中，英法德意等国必然更倾向于法西斯化，更残忍地运用其统治者的武器来镇压人民的反抗，和剥削最小范围的民主与自由，因此将使革命任务更艰苦万倍，然而艰苦的斗争终于能战胜任何残忍的压迫，这是可以坚信的。

变帝国主义战争为反帝战争

因此，今天全世界人民的总任务，无论其为英法德意以及其他国家的，就是变帝国主义战争为反帝国主义的战争。在英法德等参战国家的人民，就是以失败主义的口号，来反对战争，把帝国主义战争转化为国内的革命战争。揭破虚伪爱国主义的宣传，要求自由与和平。在弱小民族与殖民地国家，就应该学习印度的弟兄展开反对卷入战争的斗争，加紧被侵略民族的团结，加紧与苏联携手，共同推进和平政策，同时加紧国内的民族解放运动，苏联在这次战争中，应该更积极地援助这一切为争取解放而斗争的弟兄国家，去推进和平阵线的组织，去加强自己的国防，以击破帝国主义者进攻他的阴谋。

特别是中国，应更加重它维护世界自由和平的任务，更勇敢地去担任反侵略战争的先锋，更加紧去唤醒和团结世界一切爱好和平的国家与其人民。中国的抗战胜利，不仅是争取了中华民族的解放，而且是帮助了世界一切被帝国主义压迫的弟兄们！

用革命战争去消灭帝国主义战争，去取得人类的正义和平。这是今天人类的共同任务。而要完成它，却需一个主要条件，就是全世界反侵略的统一阵线。

世界的前途是光明的，然而要达到这光明的前途，还需要我们尽最大的努力去争取。

第九章　第二次世界大战与中国抗战

中日战争是世界战争的一部分

在上面各章中，我们屡屡提到，第二次世界大战的一面是帝国主义掠夺战争，另一面是反侵略的正义战争；在后一方面，中国的抗战当然是最主要的一部分，蒋委员长在四次参政会上说："中日战争就是世界战争的起点，亦就是世界战局的重心。"这不仅因为中国包括三分之一的世界人口以及亚洲最大部分的土地，而且它是帝国主义者最大的一片半殖民地，是资本主义的东方最大市场。中国抗战的目标固然是打倒日本帝国主义，但是中华民族的解放，却直接会影响到全部帝国主义对世界的统治，尤其是影响到帝国主义的战争的进行。中国抗战的胜利，不仅使中国人民得自由与解放，并且必然促进日本国内的人民革命，而且也必然促进印度，安南，暹逻等殖民地国家革命。这样就将刺激整个世界的形势起巨大变化。反侵略战争的力量将可能压倒帝国主义战争的力量，而使第二次世界大战将转变为反帝国主义性质的战争。蒋委员长说："我们中国的抗战，一方面固然为保障本国独立生存，而一方面实在为要制裁这个世界侵略战争的祸首日本，维护世界的正义和平，因为如果中日战争一日不了，世界和平就永远不能恢复。”

在这一点意义上，我们首先应该说，中国抗战与世界和平是不可分的。

而在另一方面，中日战争既是世界战争的一部分，所以它必须获得国际的援助，获得全世界一切同情中国抗战与被压迫大众的支持与援助。世界最大多数人民是拥护中国抗战的，社会主义苏联是必然帮助中国的，这是中国抗战在国际上的基本优越条件，我们必不放弃而且抓紧这一优越条件加以发扬，使助我者日众而敌力日孤。这是决定我最后胜利的条件之一。因此，在第二个意义上说，中国抗战的胜利与国际广大人民的同情援助是不可分的。

但是，这绝不是说，中国抗战胜利要依赖国际条件来决定，反之，争取国际有利条件是要依靠我们的自力更生。所以自力更生应是我们的基本条件。对于国际的态度与策略，必须从这一基点出发。最主要的，就是靠我们自己的坚持与团结，去团结一切反侵略与援助我的国际力量，去坚持他们对我们的援助。如果自己不能团结，又焉能团结外力；自己不能坚持，又何能责人家犹豫观望。而且我们自己的巩固团结与坚持抗战，在客观上就是团结一切反帝国主义战争的力量，坚持反帝国主义战争的斗争。中国的统一团结是推动世界进步势力团结的重要条件，所以，在最后意义上说，中国的民族统一战线与世界反侵略统一战线又是不可分的。

中国对欧战的态度

中国抗战的利益与国际反侵略运动利益的一致，就决定中国对帝国主义战争的态度。帝国主义战争对人类的和平是不利的，对中国自然也是不利的。中国反对这种战争的爆发；但是既已爆发，中国决不卷入战争，也不帮助战争的任何一方，也不从战争中去投机取巧。蒋委员长在八月二十九日对新闻记者发表谈话时，指出对国际形势应取态度三点：第一，“两年来国际上逐渐有利之形势，实为我无数军民牺牲奋斗所造成，今日可谓已达预定目标之大半，而欲达到吾人之目的，尚须不辞艰苦，继续努力，故吾全国军民，不必专注重于国际形势的演变，而当力求无愧于先烈，无背于三民主义，以善尽吾人抗战之责任。”第二，“吾人抗战首为自卫生存，故自始即以独立自主与自力奋斗之决心，从事抗战，既不稍存依赖之心，更无利用国际形势之念，吾人只须循平平实实之大道做去，以一定不变之方针，应付瞬息万变之时局，必能达到吾人之目的。余以不屈不挠，自立自强，不背信义，不畏强权，为我外交唯一之基础，亦我革命抗战一贯之方针。中国抗战之特点及其必胜理由，即在于此。”第三，“国际局势，变迁无常，在我长期抗战之过程中，未必能每一变迁均属有利于我，故吾人于今日局势有利时应当慎戒，应当格外努力，不可因乐观而稍有懈怠，则虽遇至不利时，亦不致因悲观而动摇也。”接着在欧战既已爆发之后，蒋委员长在参政会上又重述中国的基本国策与外交方针，所谓外交方针，就是“在自立自主，完全以本国立场与抗战利益为前提，不受任何拘束，以求得中国之自由平等，实现三民主义，重要世界和平”。政府的这种政策是异常正确的，这正是反映中华民族的伟大性与斗争的坚韧性。蒋委员长再三地强调自立自主，尤具有不可忽视的严重意义。因为在今天国际形势巨大变动之际，日本帝国主义固然会乘机加紧对中国的政治军事进攻，而且还会造谣生事，挑拨离间，来分化中国国内的团结，与国际的关系，即是英法美等国家为了缓和中国的抗战胜利，保持其东方利益，也会或明或暗来进行调停妥协，如果我们不能自立自主，不能自力更生去坚持抗战，而一不小心就会陷入危险的圈套中去，使两年余抗战伟绩尽付流水，这是多么应该警惕啊。

中国对于欧洲保持中立的态度，和日本、美国、意大利的中立，意义完全不同的，日本的所谓中立，是想乘机来加紧对我侵略战争，就是蒋委员长所谓“不干涉欧洲战事，换句话说，就是不许欧美干涉中日战事，他可以独霸东亚，建立他所谓‘东亚新秩序’……”美意的中立，是想等待机会，从战争中去掠取利益，这种中立是含着侵略的意义的。但是我国的所谓中立，是从奠定世界和平基础的基本点出发的，是包含着加强自力更生以反对侵略战争的意义的。中国的中立，并不是对帝国主义战争取不反对不赞成的消极态度；相反的，我们的抗战，我们坚决的表现，我们与世界维护和平及反侵略的国家站在一起，这就说明我们不仅是在精神上是反对任何帝国主义战争，而且在实际上我们的抗战就是反帝国主义战争行为的表现。在世界弱小民族殖民地半殖民地的反侵略运动中，也只有中国英勇地站在最前哨。

然而，也许有人在考虑着国际形势对我的有利无利，以及参战与中立的有利无利，而怀疑中国应否中立，这种人实际上是缺乏自力更生的信心的，就是委员长所谓“存依赖之心”与“利用国际形势之念”的人。他们是在考虑着，假使我们不帮英法去作战，英法也许不会帮助我们了；或者，我们去参战，等英法胜利了，我们在远东也许可以分到一点利益；或甚至以为我们参战了，英法也许派兵来帮我打日本。这一切荒谬幼稚的念头，实在是抗战中一种毒素。大家总该记得第一次大战时，中国是参战了，但是结果只分到了几只破烂的德国兵船，却损失青岛与胶济铁路以及其他许多权利，去了一个德国却让段祺瑞招来了一个日本，种下今天大规模侵略的祸根；大家也总还记得，孙中山先生曾在广州召集非常国会，反对参加帝国主义战争；而且大家还应该明白，英法正在企图调停中日战争，如果英法继续这样政策，那么我们所能获得的帮助又是什么呢？

这样就够明白了。中国反侵略战争与欧洲的帝国主义战争决不可能调和在一起的。中国的最后胜利是要自己去争取的，希望欧战起来，日本就会被英法打倒，或者认为欧战起来，中国就会陷入孤立无援，都是侥幸的速胜论与妥协求和的悲观论的论断，我们必须予以肃清的外交的原则，第一是少树敌人，孤立敌人；第二是友友我者，敌敌我者。英法今天能继续援我，我们当然要与其建立友好关系；如果不援助我也不援助敌人，我们仍应争取之；如果援助敌人而损害我，则我们就应对他警戒。德意支援敌人，我们就不能与其友好，如果今后能够放弃助敌政策，我们也不妨和他接近。总之一切都应以抗战利益为出发点。中国是个半殖民地国家，帝国主义者在华利益，特别多又特别复杂，因此帝国主义者对华问题上的矛盾也特别多。我们必须在自主的立场上，利用他们的矛盾，以争取我们的兴国，集中目标，打倒当前敌人日本。同时我们必需了解帝国主义绝难援助我们达到彻底解放，因此我们必须时时警觉，刻刻提防，避免人家把我们去做猫脚爪，引我入和平妥协的圈套，这是非常重要的。

欧战对我抗战的影响

欧洲帝国主义战争对我有利呢无利呢？许多人常在这样发问。其实这样发问是没有意义的。上面已经说过帝国主义战争对世界和平是无利的，对我当然也是无利的。但这不是绝对的说法。绝对的说法会使我们倾向于悲观论。我们应该明白，第一，帝国主义战争对我是无利的，但反侵略力量的扩展对我却是有利的，今天欧洲固然陷入掠夺战争的烽火中间，但是另一方面苏联力量的增强与地位提高，对我援助可能增高，以及欧洲小国和平同盟的实现，这对我却是有利的。第二，欧战对我固然有不利影响，但是对日寇也有不利影响，因为它是更孤立了。这种对敌的不利，相反的就是对我的有利。我们必需辨证地去理解，才能从利害之间，运用我自立自主的外交，去争取国际对我有利的条件。正如蒋委员长所说，“两年来国际有利之形势，实为我无数军民牺牲奋斗所造成”，我们仍然应以坚苦卓绝的牺牲奋斗去造成有利的国际形势。

所谓欧战对我不利的地方，可以分开三方面来说。首先是欧洲对我的物质援助，例如军火与经济接济将相对地减少了，再则英国对我的法币不再支持了，这样使我们在作战上要增加一些困难。其次是经济方面，输出输入的贸易都将受到影响，而使敌货可能更倾销于沦陷区域，我方可能获得的外汇更加减少；再次在外交方面，英法因为无暇东顾，可能和日寇妥协，美国最近和日本进行谈判，也可能来调停中日战争。一般悲观论者大都是夸张以上几点，来作为他们论据的。

我们完全承认上述不利条件的存在，否则就是抹煞一切的过分乐观主义，但是我们却坚信我们主观的能力如能充分运用，克服这些困难是不成问题的。因为我们同时认识，在另一方面，我们是保有许多优越的条件。首先，从国际援助上来说，固然英法的援助将可能减少，然而由于苏联在国际上威信与地位的提高，却加强了对中国的援助。例如不久前苏联对我七万五千万卢布的大借款，以及最近五百架飞机运华。我们相信在今后抗战过程中，苏联对我援助将更增加。再如英国对我法币虽已经不支持了，但是我们经济建设原则本在自给自足，这个时候正是发扬我们民族工业的机会，加强中国经济的自主性。（关于经济方面，请看下面骆耕漠先生的《第二次世界大战与中国经济》）。至于外交方面，根本问题是我本身的坚决程度如何，现在中苏关系不成问题可以更密切起来，美国与日本中间是存在着深刻矛盾，如果我坚持抗战，可能把美国调停的幻想转变为对日积极的制裁，英日妥协倾向，可能被我坚决政策所粉碎，而使其不敢助敌，那时日本既失去德意的盟友，又拉不拢英法新友，势必陷于绝对孤立，我们外交战略上就站住了优越的地位。

有利的因素应该发扬，困难的因素可以克服，这样不管国际环境如何，绝不能使中国抗战受到威胁。

但是最主要的一点，也就是我们最需要注意的一点，还是日寇乘欧战爆发，西欧国家无力兼顾之际，必然将更猛地进行其政治军事与经济的进攻。第一，他将乘机引诱英法美来胁迫中国讲和，以东方慕尼黑会议的方式，来解决战事。第二，他将利用欧战来淆惑一般依赖外力的人的心理，加紧来分化我国的内部团结。第三，他将挑拨英美法与苏联的关系，以及中苏关系，例如苏日妥协，苏联进兵新疆的造谣，以孤立中国的外交。第四，他将乘欧洲于远东贸易减少之际，大量倾销日货，以破坏我国的贸易与外汇。第五，他将乘机加紧游击区的“扫荡”，以期早日结束战争。建立所谓“东亚新秩序”。总之欧洲战争爆发以后，日寇益图早日结束对华战争，因之进攻必益猛，阴谋必益刻毒，我们如果漠视了这种危机，那就可能使我丧失一切有利条件，而陷于绝对无利的局面之中。

敌人困难的增加

敌人虽然存着极狠毒的阴谋，想利用欧战的时机早日结束战争，阿部信行内阁虽然宣称着，“日本政府决本一贯政策向前迈进”。但是日寇内部的困难的增加配合着国际外交上的困难，却使他的泥足一天一天陷入泥沼之中。日寇困难的增加和我国困难的增加，意义是完全不同的。日寇困难的增加是原来的力量大大减少了，而新获得的东西又无法消化，要以战争去养战争吧，新的游击战一天一天在扩大，使他们非但偿付不了原来力量的损失，却须增加更大的新的支出，愈打下去，困难便增愈多。而至于我国，原来力量的质与量是减少了，但是新的力量却从民族觉醒中不断生长出来，在这减少与生长中间，却起了新陈代谢的作用。所以日寇的困难增加好比是临死时候的痉挛，而中国所遭遇的困难，却是诞生新中国产期中的苦痛。这一个分别必须弄清楚。这一个分别就是说，敌人的力量是在困难增加中一天一天地削弱，而我国的力量却在困难苦斗中一天一天地集中，这样就决定中国抗战，逐渐从敌优我劣的局面推向敌我相持的局面，再由这相持局面推进到我优敌弱的局面。

决定相持阶段的到来与否，主要的条件自然是敌我力量消长的对比。现在我们先来看敌人方面的情形，特别是在世界大战转入第二阶段后的情形。

首先，从经济上说起。日本是个军事封建性质的帝国主义，全国的工业是以军需工业为骨干而组织，而同时对于工农却保持半封建性的剥削，这决定日本向外必然不停止地侵略，而对内阶级矛盾必然趋向极度的尖锐化。这种矛盾表现得最明显的，便是战费庞大的增加与战争巨大的消耗。我们来看一看“七七”以来三年间日本的侵华军事预算吧。

年度	财政预算	对华军事预算	比例
一九三七	五，五一〇，〇〇〇，〇〇〇元	二，五五〇，〇〇〇，〇〇〇元	四六，三%
一九三八	八，三六四，〇〇〇，〇〇〇元	四，八五〇，〇〇〇，〇〇〇元	五五，九%
一九三九	九，四〇九，五四一，〇〇〇元	四，六五〇，〇〇〇，〇〇〇元	四九，八%

一九三九年度军费，是否还须追加，尚不得而知，但就上述数目看，我们知道从侵华战争以来，单独用于对华军费，已达一百二十万万余元了，这数目要占到日本财政预算的一半。

我们再来看消耗的程度吧，据专家估计，日本对华作战，每月需消耗四万四百万日元(《世界知识》七卷二期克兰姆氏报告）。在第一期抗战中，日本所消耗财力，约达其全部财力的十二分之一（日本全国财力约三百万万元左右，但据谢南光的估计是一千一百万万元，见《世界知识》八卷十期，“日制《东亚族邦》与世界三分论”）。第二期当然还要更大。照这样巨大的预算，拿日本人民平均来负责，每人要分派到一百二十元许，而日本人民的平均收入，每人不过二百元，差不要占去百分之六十，换句话说，每人终年辛苦的八个月所得，要给军阀剥削去充作侵略经费，这样的剥削是多么惊人啊！

日本帝国主义者将怎样应付这财政上的困难呢？自然只有增加赋税和发行公债了。一九三七年增加了租税三万万六千万元，一九三八又增加了三万万元。到了今年（一九三九）石渡藏相又提出增加租税二万万元，据专家计算，单租税一项，每个日本人民要担负到四十元以上，而特别是下层阶级，尤其厉害。然而单是靠租税还不够，还得发行巨额的公债。日本原来是公债极多的一个国家，现在可更不得了。据谢南光氏的估计，截至一九三九年，日本国债的总额，已达二百十万万元（《世界知识》八卷十期），约消耗全国动产五分之四，而其中一九三八年一年就要占三十六万三千万元。这样惊人的公债将怎样去消化呢？自然只有滥发钞票实行通货膨胀了。据今年二月同盟社消息，日本政府决定增加日本银行纸币发行额自五万万日元至二十七万万日元，同时各殖民地银行，亦将增发纸币，台湾银行拟自三千万增至八千万日元，朝鲜银行自六千万增至一千六百万元。就是说日本国内的通货增加了五倍有余，而现金保证分文未加，（现金准备为八万万元）。这样结果就使货币跌价成为不可避免的事实（见二十八年二月十二日报道)。

战费的增加,租税与公债的滥发,通货的膨胀,就形成日本经济新的危机,而在这危机中间,日本以军备扩充刺激的工业生产也开始下降了。

权威经济学者凡尔加,在《一九三九世界资本主义》一文中,有一段话分析得很好:

“军备扩充对于生产的鼓励作用,是不能没有限度的。等到空间的资本,在扩充军备中利用完了之后,就要发生转变了。军备继续地扩充,就会引起生产的低降,就会开始发现原料机器等不足,如果在其他国家中,同时发生生产过剩的危机,那么就可使情形更加变坏,因而从国外取得原料,必须运输,而运输是更加困难了。

“日本的情形,正是如此。在这里,不仅停止了侵华战争巨大需要所引起的工业高涨,而且生产已经开始很厉害地减少。

“日本工业生产指数如下:

一九二九为	一〇〇
一九三五	一四二
一九三六	一五一
一九三七	一七一
一九三八(七个月)	一七〇

一九三八年指数的最高点是一七九点一;一九三八年七月的指数为一六七点四。虽然一九三八年几个月指数,可惜没有计算出来,但依照已经有的材料看来,生产的减少是很厉害的。大部分的纺织工厂,一切小的企业都因为原料的缺乏

而关闭了。人造丝的生产，在八月只有一千二百四十万磅，但一九三七年八月则为二千八百九十万磅。

“日本不能保存她过去出口的范围，逐渐感觉到进口原料的缺乏，虽然在内部市场上使用这些原料是绝对禁止的。日本的出口（把她自己的殖民地，或在中国的占领地的出口除外），在一九三七年最初的九个月内，为一九二四百万日元，但一九三八年前九个月内，已经降落到一〇六三百万日元。但出口是日本得到外汇的来源，她需要用这种外汇，去偿付进口货物的价格。日本的存金已经用完了，所以进口也就更加减少了：从二八五三百万日元减到一五六四百万日元，就差不多减少了两倍。

“这一切都最明白地指出，日本已经超过了军备鼓励生产的作用的最高点。在日本国内早就开始了经济状况的迅速恶化，原料和制成品都感觉缺少的恐慌。”

在战争中间，尤其是以扩充军备来制造战争的国家中间，原料是最重要的问题。日本是个原料贫乏的国家，例如煤油，日本的自给额仅百分之八，汽油更少。日本虽会大量藏储，但消耗更激烈，而由于原料缺乏更影响到非军事工业。解决原料恐慌，只有两个办法，第一是强制的物资动员与采取代用品制，第二是向国外购买。物资动员方面，日本已经施行了物资总动员法，这只是竭泽而渔的办法，结果多数小企业等都先后破产了。而且为了第十一条动员法，（十一条内容即对事业资金的限制，限制红利与对金融机关强制黄金放款），引起了财阀与军阀巨大的矛盾。

向国外购买原料的结束，引起贸易上绝大的困难，这困难已经成为目前日本一个不可解决的问题。因为输入贸易增加必须输出也增加才能平衡国际收支,可是足供日本输出的货物却因非军事工业的破产与限制而锐减了(见上述),于是又产生黄金减少入超增加的现象,因此又发生了原料输入的困难(见上述),军需资源的供给也愈来愈少,这样就影响日本作战的能力。

入超的增加必然引起黄金的大量流出。日本现在究竟还有多少存金呢?日本存现金据原有十四万万元,去年七月止,运往美国之现金共为十一万万元之多,于是只剩三万万元,而此三万万元又被割为外汇基金而陆续输出了。

输出方面,照理多少可以捞一些回来,但是我们看,日本能够维持出超的,只有亚洲,而所谓亚洲市场主要就是被他们占领的满洲与中国本部各省,然而在这些地方所能挽回去的,却依然是日本钞伪币,这比挖肉补疮更不如了。"经济政策,是要实现战时的'自给自足'的,可是贸易的结果,是愈经营而愈远离于'自给自足',这又是一个矛盾而悲哀的现象呀"。(《大公报》,纯青:《战时日本的商品市场》)

钱光,原料光,存储军需光,而国外的来源又一天一天减少,这就是日本作战能力的致命伤。然而这还是欧战爆发以前的状况,欧战爆发以后,日本输出的市场必然更加狭窄了,日本货物只有大量地向中国沦陷区域倾销,换回去大量的不值钱日本纸币与军用票。而另一方面,军火与原料的输入更困难了,因为英法德意自己用还不够,那还能供给他呢。所以贸易问题本来是日本一个致命伤,而欧洲战争不啻在这个创口上又重重加上一刀。最近日本不是闹设立贸易省问题吗?

而且为贸易省问题引起了少壮派与野村外相的内讧，这反映出日本在对外贸易上无可挽救的困难。

经济是决定现代战争的主要因素，经济状况既然如此。作战能力就要发生问题了。我们再来看日寇军事上的困难吧。

作战的条件，除了武器以外，当然就是人。日本在华作战的兵力据精确调查当在五十个师团以上，而死伤消耗的约为一百零一万人，因此到目前日本剩下的合格壮丁仅二百万人，在这一年中将全部被吸收于中国战场之上，今后的兵力补充除了扩充伪军以外，将根本没有办法。但是中国如果没有抵抗能力，则兵力虽然不足，也未始不能征服中国。自从我国以游击战为主以后，敌人所受牵制比过去更多数倍，敌人作战能力也更减弱了。这在敌我伤亡的比率上表现出来，据第×战区的报告，在二十七年三月以前，我二十三个半人才能换得敌一人，二十七年三月以后变为运动战，攻强则我牺牲 1.4 人换敌一人，打行进间则我三敌五，夜袭则我一敌四，而根据其他游击战役的报告，则甚至达敌二十我一之比。这个变化是异常重要的，就是说明，第一，敌人不仅军队的量是被分散了，而且素质也大大低落了；第二，敌人所恃的机械化部队的效用大大减弱了。结果自然是战斗力量的衰退，造成了战略进攻力量的丧失。同时士兵哗变，将官压战，没落的征兆都暴露出来了。

经济上的崩溃，军事上的衰退，在政治上便必然增深了内部的矛盾。政府与军阀之间的冲突日益加强，而军阀本身又矛盾百出；因此统一的伪政权就无法实现。汪精卫的阴谋终被中国坚持抗战的国策所粉碎，六七次诱降的企图均被我严厉打击，速战速决不可能，速和速结又不可能，日本政治愈陷入于不可言喻的苦闷之中。

欧战爆发以后，在外交上使日本更陷于孤立，在经济上使日本对外贸易无法解决，在政治上促使平沼内阁迅速倒台，在军事上使军需原料发生空前恐慌。这一切都使日本陷于更困难的地步，更接近没落崩溃的日子。

但是过分地估低敌人，也是危险的。敌人虽然已经接近崩溃的日子，但不是已经到了崩溃的日子。今天敌人进攻力量虽然衰退了，但仍然保有局部进攻的力量，而且他们政治的进攻，经济的开发，游击区的“扫荡”，伪政权的建立，是比前更很毒辣的阴谋。我们如果不能克服这些困难而中途懈怠，则敌人未始无成功可能。我们固然不应悲观，但也切不可只看人之短而忽其所长，自高自大而陷入于失败的境地。

困难的量的增加促使敌人战略上起质的变化

照哲学上原理说，任何事物量的发展到了一定限度上，必然会起质的变化。敌人对我的侵略战争也是如此。敌人的目的，是想整个灭亡中国，一直到今天依然如此；但是为达到这个目的而采取的战略方针，今天却因困难量而起质的变化了。

敌人原来的战略方针，谁都知道是速战速决，到了武汉会战，敌人大举进攻的力量已经发展到了顶点，武汉沦陷以后，敌人的力量便由顶点而开始下降了。夺取武汉的时候，敌人是由北而南，由东而西的全面全线进攻。进攻上海敌人牺牲的代价是八万三千人，进攻南京是八万一千人，而进攻武汉所花的代价却达十九万五千人，这样就把敌人的全部心力使出来了。敌人满望打下武汉以后，灭亡中国就不成问题，孰料我主力并未损失，再接再厉，而且以新的战略来和敌人搏斗了。武汉会战以后，敌人虽然叫出速和速结口号，但所谓速和速结，在这个时期并不违背其速战速决的战略方针。于是有所切断中国南北两大国际交通线的大计划，今年上半年，敌人猛攻广东与山西，就企图实现这计划，结果不消说都惨败了。

所谓速和速结的阴谋，敌人有两种方式，一种是宇垣的计划，就是打下武汉以后，即与中国谈判议和，用外交的手段，以稳扎稳打方法，完成侵华目的。一种是板垣的“停战线”，是想占领自西安起经武汉衡阳以达北海止的一条线，然后强迫中国讲和。这两个计划的目的都是一样想早日结束侵华战争以图屈服中国。宇垣的计划早就失败了，汪精卫的叛国不仅没有达到妥协目的，反而加强了中国的团结抗战。板垣计划又无法实现，打了武汉以后，敌人虽然仍保持优势地位，但兵力却由集中而分散，战斗力衰退的现象已经呈露出来了。据敌人去年报告，对华的战线已经延长到三千公里，比欧战的战线要长四倍。这样长的战线，配上敌人不足分配的兵力，再加上地理上的困难，要占领自西安至北海谈何容易。南昌之役已经证明了敌人战略与战术上的失败，而中条山九次围攻更证明进攻西北的不可能。长沙战争的失败是总结了敌人南北全面进攻的战略。

但是军事上的失败还在其次，主要的是敌人政治阴谋上的失败。武汉会战以后，敌人在军事上便开始“扫荡”游击区域，采取巩固与进攻并进的战略，在政治上是加紧“以华灭华”

和“以战养战”的政策。军事上屡次失败以后，政治上的进攻便逐渐加紧。汪精卫的伪政权运动，沦陷区域的经济开发计划，破坏我国法币与封锁我经济的毒谋，勾结英法进行调停的企图，都一一扮演出来，但是有我国坚持不变的抗战国策，与自力更生的立场，任何阴谋都不能使我屈服。敌人屈我速降的策略既不能成功，在另一方面便更增加其政治经济上的困难，而影响到军事上，便使它战略上大举进攻的可能性，逐渐减少而至于丧失。

到了今天，国际形势又起变化，敌人的困难已经发展到旧的战略无法再继续维持的时候。要再像武汉会战时那样，全线全面的大规模进攻，主观客观条件都不允许了。因此敌人军事大举进攻的时期便已过去，新的战略阶段便已到来。

过渡时期中我国的进步与弱点

促成相持局面的到来，一方面是敌人力量的衰弱，另一方面是我国力量的生长。武汉退出以后，我国抗战的第一阶段已经结束，但是因为在第一阶段中许多任务还有完全实现，使敌优我劣的形势在基本上尚未改变，相持局面不能马上到来，在这中间就形成一个过渡时期，在这个时期中，我国的政治军事经济各方面，都有新的布置，在军事上重新决定以游击战为主要的战略。这一切都是为了争取准备反攻阶段的到来。在这新的战略下面，全国的军事布置，规定以三分之一深入敌后，三分之一支持正面，三分之一在后方训练。在建军方面，努力于新式军队的创造，政治教育的提高，兵役制度的改进；在政治方面，决定了政治进攻的方略，恢复游击区的政权，展开了反汪反和平妥协的运动，决定民主政治实施的步骤，建立下层民意机关，推进战地党政军的统一，实施国民精神总动员。在外交方面，确定自力更生的外交方针，拒绝了敌人的直接与间接求和，争取了英法苏对我的巨大援助。在经济方面，确立了自给自足的经济原则，开辟了西南西北两大国际交通干线，建立了内地民族的工业基础，以自力增强了法币的基础，统制对外贸易与汇兑，提倡国内的生产与节约运动，调整了物产运输与交通。这一切都自武汉失守以后在逐步实施新建，也自表现中华民族伟大力量在不断地生长。

然而这一切都自以一个基本条件为前提，没有这一个基本条件，则一切都不能成立，具备了这一基本条件，则任何困难都不难克服。这个基本条件是什么呢？就是坚持抗战和反对一切和平妥协的阴谋和企图。能坚持抗战，才能巩固团结，能巩固团结，则就能获得种种进步。这是一定的法则。抗战团结进步，这三者是不可分的。

两年四个月来的事实，已经明明白白在吾人前面，在蒋委员长领导及全国军民拥护与英勇奋斗之下，我们已经击败了敌人一切阴谋。去年，蒋委员长答复近卫声明的宣言，是历史上最光荣的一件文献，汪精卫的叛国阴谋在全民打击之下，已经原形毕露，喜多计划以及国际调停阴谋，都被我当局先后严正拒绝了，这是过渡时间最值得大书特书的事情。在这基本条件之下，我们才能来检查这一年来军事政治经济外交各方面的进步与不足之处。

我们这里因为篇幅关系仅能大概的指出。但是我们却需认识一点，就是我们的检讨是从进步中间去看缺点，和检讨敌人是从退步中间去考查他们的长处，意义是不同的。弄清楚这一点，我们才不会夸大也不会悲观。

在这一年中间，进步最迅速的还是军事方面，其次是政治，再次是经济。军事方面最大的收获，应该是敌后游击战的展开，百万的大军已经先后开入敌人占领的区域，今天不仅华中华南失地上都遍布我英勇游击队伍，华北各省如冀察鲁热等处尤建立起强固的敌后根据地，而且东四省方面马占山将军领导的游击队数十万人，已深入敌人最后根据地。这些游击队伍在战役中间已经表现出英勇的战绩。仅仅华北方面我们已经经常拖住了敌人十九个师团（差不多三分之一以上的敌兵），天天在被我消耗，这是使敌人无法展开正面进攻的最大原因，第二是战略与战术上的进步，在一期抗战中许多幼稚的毛病已经逐渐纠正过来。在南岩会议中，蒋委员长指出击破敌人锥形战术与迂回战术的方法，这些方法在南昌战役与湘北战役中都获得伟大的效果。在这一年中，最主要几个战役如中条山九次粉碎敌人进攻，晋西的大捷，南昌的反攻，湘北的大捷，都是战略与战术的胜利。尤其最近湘北大捷，歼灭了敌人进攻的主力，更证明我们在军事上确能阻遏敌人的进攻了。“积小胜为大胜”，这有一定的道理，目前各个战斗与战役上的胜利，就是将来伟大胜利的准备。除此以外，新军的建立，役政的改善，政治工作的普遍推开，地方自卫武装的加强，军事人才的训练与培养，都是特别值得指出的。

在政治方面，反汪反和运动的展开，自然是主要的胜利。反和运动在武汉失守以前，还只有在舆论上反映，但是今天已经成为公开合法的斗争了。全国军民均在通电讨汪斥和了。

其次，是西康的建省，新疆新政治的实现，奠定了长期抗战的基础，再次全国敌后的政权已经建立起来了，各沦陷区的省政府、专员公署、县政府都成立了，甚至东四省的行政机构也恢复了。从前退出来的官吏都重新回到敌后去了。最后，各省的参议会已经成立了，各县参议会快将成立了，保民大会的民主政治基础在实施了，国民精神总动员已推进深入乡村和敌后了。宪政运动的口号提出来了，国民党以及其他党派力量都更生长了。在经济方面，最大的成功是西北西南国际交通干线的建筑，突破了敌人经济封锁的政策，其次是法币的基础在极困难条件下被我们维护着了。对外贸易与外汇已经实行管制了。在西部西南西北小规模民族工业的发展有一日千里之趋势，工业合作运动的猛进，与生产运动的发展使中国从半殖民地的经济地位逐渐转变到自主经济，部分实现了民生主义，这个意义是非常重大的。此外交通与物产运销的调整，垦荒运动推进，都是值得指出的。在外交方面，中苏通商条约订立了，苏联七千五百万卢布的大借款和英美几千万元的巨额借款都签订了，这些物质援助的争取是表示我们外交上的胜利，此外在文化教育，党务，地方政治各方面，也都有许多地方进步了。

然而这些进步离开相持阶段所要求的还是很远，我国的国力与敌人的国力比较起来还是不相平衡的。这是因为我们的进步多半还是在形式上的或是局部的，我们许多缺点还没有被克服过来。

综合起来说，在军事上，若干游击区域的部队仅做到量的增加，没有做到质的改进，少数部队还表现敌不攻我我不攻敌的等待倾向，不能夺取敌人休养补充的机会；军队政治工作，许多地方还不能深入连队，或者仅做到形式上的政治教育。在政治上反汪反和运动还未能与具体的实际行动完全配合，主和的论调还隐约在出现，妥协的危机依旧存在，游击区内的政治机构还不够战斗化，民众运动受着许多限制，不能广大展开，政治上的团结还不够巩固，局部的磨擦反有增加现象，高度的抗敌情绪还不够，奢侈淫佚的风气仍未完全肃清。在经济上，对敌的经济战是处在不利的状况，经济机构有叠床架屋之弊，而未收统一之功。凡此种种，都是争取准备反攻条件上的障碍，由于这些缺点尚未完全克服，相持局面的到来就延长了许多时间。

然而这一切绝不使我们悲观，因为我们已经具备坚决不投降的条件，在这个基本条件下，我们终会克服这一切缺点。我们不抹煞自己的长处，也不否认自己的弱点。我们国民须具有紧张的敌忾心，坚决的自信心与力行精神，以及高度的警惕性。本明耻教战之义，才能百折不回，完成抗建大业。

基本上已经到达战略的相持阶段

从上面分析中，我们看到，敌人的困难已经使他不能继续战略的进攻了，我国在绝不妥协的基本条件下，已经获得新的进步了。由于这两个主要条件，配合着世界大战走入新阶段后的国势新形势，就决定中国抗战在基本上已经从敌进我退的阶段，走入战略上敌我相持阶段来了。

所谓战略上相持是什么意思呢？就是我们已经停止了敌人的战略进攻，而来准备反攻了。实行反攻是一个非常艰苦的任务，要达到这个任务，非得竭全国之力艰难奋斗，完成一切准备反攻的条件不可。而且敌人方面，目前虽然被迫不能大举进攻了，但不一定就是崩溃日子已经到来，要使他由不能进攻到崩溃，还需经过一个较长的消耗时期，在相持阶段中，我们一方面是准备反攻，另一方面便是消耗敌人，到了我们力量超过敌人力量的时候，就是我们大举反攻，完成最后胜利的时候了。

但是为什么说是基本上到来呢？所谓基本上的意思，就是说，我们目前所争取到的还只是基本的条件，而配合这基本条件以巩固我国准备反攻力量的诸条件还不充分，我们的基本条件就是绝不妥协，敌人方面的基本条件就是被迫停止战略进攻，这已经存在了。但其他条件还须以最大努力去争取，才能使敌我力量逐渐地达到平衡的程度。我们还须指出，目前战略上相持局面的形成，固然最主要是由我绝不妥协，击败了敌人屡次的企图，但是敌人自身力量的衰退与国际形势的变化，在到达战略相持阶段意义上还占很大的决定作用，这就是说，我们争取相持阶段到来的主观力量所起的决定因素，还不够充分强大。因此今天虽然基本上已经到达战略相持，但如果不能尽更大努力以粉碎敌人种种阴谋，或半途而废，则已经到达的基本上相持形势，仍有被敌人粉碎的可能。

新阶段中的特征

在这新阶段中，我们将看到一些什么特征呢？

第一，敌人的政治进攻将提高到第一位，军事进攻将放在第二位。敌人的目的是早日结束战争，现在借战斗一举而克服中国是不可能了，自然更急迫地想用种种政治手腕来胁迫我投降，敌人知道要中国投降，第一个条件就是破坏中国的团结，今后敌人将要利用汪逆及亲日派，更尽挑拨离间造谣中伤的能事，来分化我国抗日阵线，同时通过英美法等国来诱我投降，而在另一方面，我国的团结将更见巩固，对敌警惕心将更提高。

第二，基本上的战略相持虽然已经到来，但是敌人局部的进攻，还是可能，它是否能获得胜利，固然是问题，但敌人的野心并未全死，例如这次攻长沙就是这种局部的战役进攻，将来也可能对其他城市再来一下。这种进攻的战略作用，大概是巩固其占据区域的外围，切断我国内地的交通干线，以及动摇我抗战决心，以图威胁投降。

第三，敌人的主要战略将由大规模的正面进攻转变为大规模的游击区"扫荡"，所谓"正面相持可能养活，敌后相持可能必然增加"，因此，今后游击区内的战争将更猛，将更艰苦，如果我们能击败敌人这种"扫荡"，则敌人势必从正面分调更多兵力到敌后去，我国正面相持力量将更增加；反之，如果我们不能击败敌人的"扫荡计划"，让敌人能够去确保占领区域，那么敌人将可能分调兵力到正面来，正面相持可能又将减少。而相持局面势将发生危险。

第四，敌人以战养战的经济进攻将更毒辣，首先是对于法币与对外贸易的破坏，将有更残酷方法出现，因此我国的经济情形可能遭受更大的困难，国民生活可能遭受更大痛苦，然而另一方面，自力更生的自足经济亦必更发达，半殖民地的经济依赖性益发减少，在政治意义上将增加独立自主的意义。

第五，这一阶段将是抗战中最艰苦的一段路径，即蒋委员长所谓“行百里者半九十”的意思，因此在这一阶段，少数悲观动摇的汉奸意识，与大多数坚决自信的抗战意识将有更尖锐的斗争，潜藏而未被揭发的投降主义者将日现其本来面目，在这一情形下可能发生若干问题。如果把这些少数的悲观主义克服下去，如果把潜藏而未被揭发的投降者驱逐出去，则抗日阵线将益形巩固，敌人阴谋将益无所施，否则妥协空气将可能增长，敌人的阴谋将得寸进尺，以危害我国抗战阵线。

第六，在外交上英日妥协可能增长，美国亦可能趋向妥协，英国的远东慕尼黑会议方法可能提出，这样将减少国际援助；但另一方面，中苏友谊将更增加，日美矛盾可能更扩大。如果日本要威胁南洋，英日矛盾亦可能更尖锐化。我们如果能够在自主立场上加紧中苏密切关系，抓住美国，击破英日妥协阴谋，则整个国际形势将大有利于我。总之在新阶段中我外交上将更增强自力更生的作用。

综上所述，我们在二年四个月抗战以后，确已获得许多有利条件，但今天危机仍然存在，这些危机如果不能克服，则亡国可能仍然存在。这是最后的关头，我人非但不能因敌我快打成平手，便大意起来，而且更须咬紧牙关，比过去更警惕更小心更坚决，一点不可错主意，时时须紧记“行百里者半九十”的昭示，在蒋委员长坚决的领导下去踏过这个艰苦而悠长的路程，以达反攻的康庄大道。

国民的任务

我们目前总的任务，就是集全国之力以准备反攻，一切工作必须以它为中心。何时能完成这项准备，固然还得看敌人的消耗程度与国际的条件，然而决定这一切的主要因素，却是我们的主观力量。

为要完成这个总的任务，我们首先应坚持几个原则，第一是拥护国民政府，拥护蒋委员长，坚持抗战到底的基本国策，其次我们应坚持国内的巩固团结，绝不让敌人及任何阴谋家来分化我们的抗日阵线，再次，我们应消除一切不利于抗战的退步因素，发扬我们的优点与坚持进步的立场。我们应该打击一切妥协调停分化的毒谋，停止一切不必要的摩擦，反对分裂与分歧，反对退步的运动，只有在这些原则下面，一切配合的任务才能实现。

第一，在军事上我们应该有力援助敌后的游击部队，巩固与扩大游击根据地，不仅增加游击队伍的量，并改善其质，提高其政治教育，加紧军民合作，建立有高度战斗力的新军。第二，在政治上，确立民主政治应放在第一位，早日召集国民大会促进宪法的实现，在宪法未颁布前，确定人民的自由保障，除汉奸外全国人民在政治上应有一律平等的政治地位，再则充实游击战区的行政机构，使其战斗化，改善各级行政机构，配合战时民主政治。第三，在经济上，扩大和改造自给自足的战时经济体系，加紧生产运动，改善民众生活，扩大民族工业，加强对敌反封锁，巩固法币基础，抢购敌区的资源。第四，在扩大及统一民众运动方面，应以反汪反和为中心，给予民运合法保障，及言论出版的最大自由，提高民族的敌忾心，加紧锄奸运动。第五，在外交方面，对欧洲战争严取中立，反对帝国主义战争的延长与扩大，执行中央既定之外交政策，力争各国对我的物质援助，严防英法美的调停阴谋，反对远东慕尼黑企图，加紧中苏合作，团结世界一切被侵略的民族，争取世界大多数人民对我的同情与援助。

以上所述，只是大概的指出，至于具体方法，非本书所能具述。读者也许认为这一切多是国内问题，与第二次世界大战是另一回事，但我们须知道，中国的抗战与世界和平不能分割。中国抗战中的每一进步，就是世界反侵略运动的进步。中国人民现在是担负着两重任务，争取中国独立解放和争取人类的和平自由。今天全世界正陷在大屠杀的恐怖中间，中国的抗战益具有伟大意义。我们必须更加紧工作集中力量，以全力去打倒日本帝国主义，争取中国的独立解放，也是争取全人类的自由和平。

附录　第二次世界大战与中国经济

骆耕漠

四五年来，特别是抗战以来，全国上下所极关心的问题——世界大战会不会爆发，何时爆发，怎样爆发等等问题，现在终于由希特勒对波兰的进攻，和英法对德的正式宣战，来作最后的答复了。我们晓得，波兰的关系不比阿比西尼亚和西班牙，也不比奥地利和捷克；所以这次英法德波的战争不会只是世界大战的序幕，或者说只是欧洲事件，换言之，它已是世界大战这幕悲剧本身的发端了。

这战争爆发的近因远因怎样？德苏互不侵犯协定在这当中起了如何的作用？苏联和意大利对这战争将采取什么态

度？以及和平阵线与侵略阵线的对立在这战争当中又变成了怎样一回事；这一连串问题，我准备另文讨论。现在要研究的问题是：这个战争发展下去，对于我国经济将有何影响？有利呢还是有害？利害又在哪里？如果有利又有害，那么如何才能使害消除，使利成长？

不过要科学地解答这些问题，我们势非先将大战的局势描画出一个适切的轮廓不可；否则，前提不立，难免要成为空中楼阁。然而现在战争刚在发展中要预测它的趋势是非常困难的，现在我仅指出下面两个时期的大概情势：这些是大体可以预断的，而且也足以使我们要解答的问题能有一个具体的依据，并得出大致无误的结论来。

一、世界大战初期局势的估计

第一时期战争只限于欧洲

现在我们可以说：世界大战已不仅是事实而且是不能中止的事实了，它今日的问题是以后将如何扩大开去，(譬如意大利将来是否有较大的可能从地中海方面来扩大英法德在欧陆的战争，以尽重新分据殖民地和德意轴心的作用)。不过我们也不要因此就说，这战事很快就会即从欧洲迅速扩大到太平洋，到全世界，因为：

1. 战争危事也，凡是能避免卷入漩涡的必尽量避免，何况愈后参战又愈能取得渔翁之利。譬如美国就很希望这战争只限于波兰或欧洲，而美国今日左右战局的作用是不可轻视的。

2. 英苏互不侵犯协定签订前，日寇是把希特勒作盟友的，现在的情势可说已完全相反；因此日寇在今日的情势下，决不会再站在德国方面来与英法对抗。而且因为刚被希特勒出卖，外交陷于孤立，它一时还要拉拢英美法，而英国今天也极愿与日寇携手。

3. 自英法苏三国军事谈判中止后，苏联对于今天德国与英法战争，无疑地是把它认作列强的内部战争的，所以当前的欧陆战事不论从哪方面出发，苏联都不会参加进去；同时，苏联今日的西顾之忧减轻，它对于中国抗战必将更进一步地援助，但是它还不至于（一般说来也是不需要的）采取直接进攻日寇的方式。

所以在大战的第一期，战事主要只会限于欧洲。

第二时期战争要扩大到太平洋来

战争要从欧洲扩大到太平洋来，将是第二次世界大战的一个必然趋势；不过这之间是一个繁复的过程，要隔多少时候再扩大开来，什么方式，帝国主义之战还是反苏之战，当然更难说。因为这必需中国抗战与欧洲参战各国在强弱利害等等的对比关系上，有了相当显著的变化，使今天德苏，英美日，英意日，德日苏之间错综复杂的外交阵容，有了更新或更明朗的异动以后，才会成为事实。现在所能指出的比较肯定的因素有：

1. 现在日寇虽然因为刚被希特勒从德意日三国"防共"集团中踢出来，一时还不敢在远东对英怎样趁火打劫，而且还要拉拢英美，但是日寇对南太平洋的野心终是存在的，而且必随欧洲战争的扩大强化而日益炽烈起来，所以它终要在太平洋上趁火打劫，结果英美日"特别是美日"之间的矛盾将不得不更趋于白热化。

2. 为了世界市场与原料的再分割，单是欧洲的战争是不能作最后决定的，英法德意(欧洲)，英美日(太平洋)及英美(全世界)各对立集团之间，必然要纵横捭阖，用尽各种手段，以扩大各自的利益，最后它们必然诉诸更广泛的战争，使今日的战争从欧洲扩展到太平洋的海面上来。

3. 中国各方面抗战力量的增进与相持局面的到来，可能使英美各国更明了援助中国与制裁暴日是实现和平与保全在华利益最有效和最现实的途径。这既不是为人作嫁，而且到了那时，它们也用不着费怎样大的兵力和财力了。

至于苏联当更愿以全力来促成和支持这一援华战争，这些自然也可能引出太平洋的一个新局面，使世界大战扩大开来。

上述两个时期，是当前世界大战初期局势的估计，往后当然还要有更多的变化，不过在今天，我们只要(而且也只能)估计到这些；因为把握住了世界大战的这初期的轮廓以后，我们就可进而探讨：我国经济在世界大战当中将会受到如何的影响。

现在我们先来总括地探讨。

一，在大战的第一时期中。甲. 英国对华的经济影响与援助，将因(1)忙于对德作战，无暇兼顾远东；(2)对日妥协，企图再从妥协让步中保持它在远东的可怜地位，而日益减少，以至完全终止。乙. 相反一面，日寇在这时则可能趁机扩大它的经济阴谋，将各沦陷区尽量变为日资横行的世界，仇货可能自沦陷区更深入到战区与内地。丙. 至于美国和苏联(特别是苏联)对华的经济援助在这时倒会更快地增加起来。丁. 中国的对外贸易固然要部分地受到比广州沦陷还更大的打击，不过西北和西南的对外贸易却会开辟出来。戊.外汇市场会受到日寇更多的扰乱与威胁，不过我们仍能将它稳定下来。已.国内工业自力更生的机会更成熟，而且与农业生产一起，要更切实地走向自给自足的道路。因此在这时期中，与日寇作强烈的经济斗争，粉碎日寇“以战养战”的经济阴谋，建立和巩固全国(特别是各战区和各游击根据地)自给自足的经济基础，免得中国经济在世界大战第二期当中受到更大的打击，这是我们在经济战线上应该一致遵守和努力实现的总目标。

二，世界大战进入第二期以后。甲.大战第一期，日寇因世界大战爆发，在经济上对我所获得的新优势，到这时会逐渐地瓦解下来。这有两个根据：一，它自身这时也卷入更大的战涡，甚至很可能就是被制裁的对象；二，中国在经济上反封锁的力量，从世界大战第一期当中锻炼出来，会变得更强。乙.各国对华的经济援助会更扩大开去。中苏的经济关系要更密切，英国到这时也可能改进对华的态度。丙.对外贸易至此固然大部分要被割断，不过由于第一期中经济力谋自给自足的结果，进出口大部分被阻也不是怎样严重的问题了。总之，在经济战线上我们这一时期的中心口号，应该用扩大和改进自给自足的经济体系，铲除日寇在华的残余经济势力，彻底实行民生主义，协助完成抗战建国的工业。

二、世界大战与中国对外贸易

现在我们再进一步地来分析这个问题：世界大战对于中国经济将有什么影响，利害如何？

我们晓得中国经济早已成为世界经济的一环，今后的世界大战将深刻地影响到它的每个部门，每个细胞是必然的；不过其中有主要和次要的差别，同时所受的影响也有大有小，有直接有间接。现在我们只研究对外贸易与法币政策两个主要部门。因为其他部门所受的影响不是较小，就是间接经过这两个部门的，譬如中国战时的农业和工业就处处受这两部门的影响和支配。同时这两个部门会因世界大战而受到如何的波动，也是一般人所最关心的问题。

现在先从对外贸易说起。

一国的对外贸易直接有关该国财富的增减和产业的盛衰，例如我们平时即因年年入超，洋货充斥，以致产业衰落，资金外流。我法币政策实施以来，特别是抗战走入第二期以来，贸易入超更是法币对外信用的一大威胁，所以中国的战时贸易政策，其中心目标即为限制输入与促进外销土产，换言之，就是要养活入超甚至变入超为出超。至于对敌，则更为禁止仇货进口与防止土产资敌，所以一般人评论我国战时贸易政策成败的亦全注重这一基本要点。现在世界大战爆发了，社会各界人士所焦急的也就是大宗外销土产是否可能继续输出，是否仍能用大量土产换回巨额外汇，和日寇对我的经济进攻与破坏是否要更猖獗起来。至于进口，除了若干工业原料与机件以外，我们不特不担忧大战后会被断绝，而且还欢迎它的断绝。我们现在就从这些方面来探讨世界大战对我对外贸易有何影响，有利还是有害。

一、抗战以外的中国对外贸易

不过要探明这个影响问题，我们必须先将抗战以来中国对外贸易的情况，分析一下，然后就能判断它会更生出怎样的异动，现在我们就先来回首巡视一番。

据海关当局所发表的统计，抗战以来中国对外贸易已有了如下的变动：

抗战后我国对外贸易进出口指数表：

二十六年	进口指数	出口指数	出“十”入“一”单位超“百万元”
一月至七月平均	一〇〇	一〇〇	“一”二二
八月	五三	五五	“一”一〇
九月	三三	八二	“十”三三
十月	三五	六〇	“十”一二
十一月	四三	六二	“十”五
十二月	五〇	六八	“十”二

二十七年	进口指数	出口指数	出“十”入“一”单位超“百万元”
一月	五七	五三	“一”一五
二月	六九	四四	“一”三一
三月	九五	六一	“一”四九
四月	六四	六九	“一”一〇
五月	七二	七〇	“一”一七
六月	六九	九一	“十”二
七月	六四	九五	“十”一〇
八月	七四	七八	“十”三
九月	七二	七八	“十”四
十月	七五	九三	“一”一
十一月	七一	八二	“一”七
十二月	七九	七三	“一”一二

二十八年	进口指数	出口指数	出“十”入“一”单位超“百万元”
一月	八一	八三	“一”一七
二月	七二	七一	“一”一六
三月	一〇七	八四	“一”四三
四月	一〇三	八一	“一”一四六

(注:本表摘自浙江省建设厅技术室所编制之统计。)

这统计告诉我们一些什么呢?它告诉我们:

一,抗战以来,进口是减少了,不过减少的数量一天天在缩小,这到了本年度更显著,譬如三四两月份竟恢复到了战前的状态,这是如后文所说,是由于我们对敌反封锁政策的未尽全效,这趋势是非纠正不可的。

二,出口亦在减少,不过减少的数量也是一天缩小一天的。换言之,就是自前年下半年猛缩后,去年又慢慢回涨,去年六月至十月差不多已回涨到战前的水准,而且其速度比进口的回涨更快,所以在去年十月以前,入超是较战前减少了(除了去年二三两月),有好些月份更是出超,不过这并不是中国战时对外贸易好转的全部真相,这里面仍可能隐藏着若干相反的因素,留到后面再说。

三,自去年十一月以后,出口又自回涨转趋下跌(平均约下跌百分之十以上)。这当然是由广州沦陷所致。不过同时进口却飞速上涨,本年四月份入超竟为战前之七倍,这种特异的现状,我们是特别应该加以警惕的。

现在我们再进一步地来观察中国战时的对外贸易。

前面说过,中国战时贸易政策的中心是限制进口(对敌货则为禁止)与促进外销土产(对敌为防止土产资敌),政府为了完成这政策，会颁布各种限制、取缔和奖励的法令，或是拨款相助，虽然干出不少成绩，但是终没有达到预期的目的。譬如进口与入超，本年以来都节节上涨了，而其中特别值得注意的是日寇对华贸易的地位反更优越，据财政部贸委会本年二月二十七日所发表之统计，抗战前后各国对华贸易的阵容已有了如下表所示的大变化：

最近三年我国对美日德英四国进口贸易统计表

国家	进口（百万元）			出口（百万元）		
	廿五年	廿六年	廿七年	廿五年	廿六年	廿七年
美国	一八五	一八八	一五一	一八六	二三一	八六
日本	一五三	一五〇	二〇九	一〇一	八四	一一六
德国	一五〇	一四六	一一二	三九	七二	五六
英国	一一〇	一一一	七〇	六四	八〇	五六

在上表中，有一个最显著的异动就是到了二十七年，各国对我贸易，不论是进口或出口都一致减少了，只有日寇是猛增的，由第二位升为第一，压倒了美国。由此我们更可知：

一，抗战以后，进口的减少主要是由于英美货被战争和仇货挡于中国市场之外；至于进口的回涨，特别是本年三四两月，十九则系仇货对华输入猛增的结果。去年十一月以后，因广州沦陷，中国最后的一个大海口被封锁，出口下跌百分之十以上，而同时进口却不断上升，就是这个原故。因为仇货进口，都由上海天津再转往他地，是不受什么阻碍的。据八月一日上海申报所载，本年上半年只有沦陷区各关仍为入超，就是一个明显的反应。所以在广大的沦陷区，我们早就看见仇货充斥的病象，这仇货甚至在汹涌地泛滥到各战区和大后方来。

二，出口方面，日寇本不应转据首位，因为我们促进土产输出，严防土产资敌，是比限制洋货进口和禁绝仇货进口容易见效，倒如大宗出口的桐油和茶叶，甚至就是直接运到香港去交付英美苏三国一定的定货的。那么日寇为什么还能转据首位呢？这主要就是因为广大的沦陷区有丰富的土产和资源供其收购和掠夺，我反封锁政策还未普遍推行之故。据财政部贸易委员会本年三月三日所公布的数字，去年一年全国大宗输出的土产如下：

二十七年我国大宗输出土产统计表

种　类	价值（百万元）	占输出总价％	种　类	价值（百万元）	占输出总价％
棉　类	一四二	二五．六三	矿产类	一〇六	一九．〇六
蚕丝类	五五	九．五一	蛋　类	九四	八．八三
桐油类	三九	七．〇三	茶叶类	三三	五．九二
鬃　类	二八	五．一三	花生类	一八	三．三四
皮货类	一三	二．四三	羊毛类	一二	二．二二
其　他	六四	一．二〇	合　计	五五七	一〇〇．〇〇

上述各项大宗输出的土产，有多少是日寇从沦陷区中抢购和掠夺去的，虽然很难确定（因为我手头还没有同期土产出口的个别统计和国别统计），不过，第一，从本年一二两月全国的土产出口，上海一关占百分之四六点六三；天津一关占百分之二六点一五看来；第二，从占出口土产第一位的棉类，其主要产地为华北，和蚕丝、皮货、羊毛的主要产地为江浙（浙西）和西北看来；第三，再从日寇在各游击区和战区前线猛烈地高价抢购土产（七十二期浙江潮周刊转载……日寇的搜括资源，最毒辣的是以收买的方式来进行的。对我浙西特产……譬如

丝，我方的收价，土种每担四十五元，改良种每担五十五元，但是敌人则一律抬高为八十元；茶叶我方的中心扯价，每担是三十五元，（或系指毛茶而言——耕漠注），吴兴敌寇收买茶叶的最高价格，竟为一百四十元（或系指制茶而言——耕漠注）；桐油也无两样，我方是四十三元一担，而敌方则抬高至八十多元）。看来，上列各大宗输出品一定有不少是日寇从我沦陷区甚至战区抢回东京去供军需之用，或是转运国外去换取外币的。所以我前面说：这出口的增加和因此而使入超减少，并不是我国战时对外贸易好转的全面真相，这里面仍可能隐藏着若干相反的因素。

不过无论如何，过去一二年中，中央与地方于战时贸易与物产运销的统制，仍是有其成就的，譬如在大后方，各战区乃至各游击区，虽然在敌人的炮火和轰炸之下，各负责当局仍是不辞艰险，抢购的抢购，运销的运销，防止的防止，这确是值得我们赞佩的。下面就是最近半年各地争购运销的一张总成绩单。

“财政部竭力调整国际贸易，禁止奢侈品及非必需品进口，鼓励主要土货输出后，整个贸易已转好，非沦陷区各关，均已出超（唯沦陷区各个，因权力不及，仍然入超）。非沦陷区各关，今年上半年出超：一、蒙自一千二百六十九万一千元，二、北海一千一百三十一万五千元，三、温州七百六十九万八千元，四、雷州三百三十万零一千元，五、腾越一百零一万六千元，六、江门五十七万八千元，七、思茅十九万五千元，八、汕头十二万七千元。至于土货之出口，并不因战事而锐减，今年上半年为四万一千一百四十六万元，去年之同期，如三万三千一百六十万元，比较增加八千八百八十六万元，而动物，及动物产品，生皮，熟皮，皮货，桐油，茶叶，药材，香料，纺织纤维，矿产、肠衣，猪鬃等，输出数量，反见增加。”（见八月三日申报）

以上就是抗战以来，我国进出口贸易有利和有害的全部概况。

二、中国对外贸易今后的趋势

那么，中国对外贸易今后的趋势将怎样呢？在英、法、德交战当中，在这战争逐渐扩大以后，中国对外贸易，特别是土产出口，将会受到怎样的影响呢？

根据以往的事实和一般的经济法则判断起来，大概可总结出下列各点：

第一，在进口方面

甲.英德两国对华的输入无疑地要相继减少，大战的第二期将更甚于第一期，这主要是由于它们自己也为战争所困，其次即为日寇亦将乘机排斥。近年来德国对华输出的激增，十九是用军火和重工业制品构成的，至于输华的英货则尚有相当的部分为棉毛制品和日用品；所以英德对华输出减少后，一部分将由美日两国（日本因重工业不甚发展，要想单独代替英德，亦有所不能）来填补。

乙.世界大战爆发后，美国对外输出当然要大量增加，特别是大战第一期，因为它是处于战争之外，不过它对于中国，虽然其间有一部分英德货的原有市场要由它来填补，但是日寇的封锁政策和排斥英美的运动（它不会因一时需要拉拢英美而放弃这点），将使它难有什么大的增加，英美日在太平洋上的对立可能因此而更尖锐起来。

丙. 日寇在大战第一期，至少可倾销更多的仇货于华北华中和华南各沦陷区，它在我进口贸易中的地位将更提高，因而第一，欧洲各国在华的商品市场重要部分自然地让位给它；第二，它可以更不顾忌与英美之间的矛盾而独占中国市场，彻底粉碎美国的门户开放政策与机会均等主义。(譬如过去一年间，在中国进口贸易方面，它早就压倒了美国，见前。)不过我们也不要因此就说日寇对华贸易，会享受着和第一次世界大战时一样优越的地位，即可用仇货对我同胞作不断的榨取。因为现在的形势与当时不同：中日两国现在在交战，我们在抗战中，我们还要用各种力量与方法来扑灭日资，伪钞，仇货在游击区中的最后踪迹；同时日寇对华现在还要担负一天重似一天的战费支出，又要时刻防范苏美等国对它的制裁。所以等不到世界大战进入第二期，扩大到太平洋来，仇货在我进口贸易中的地位和侵蚀作用，就可能不断地被削弱下去以至于消灭。

丁. 中国将猛烈禁绝仇货，与仇货斗争，一般洋货将因物价飞涨，而自然被限制，其结果，大小民族工业将乘机勃兴而活跃起来，转而又作为抵制仇货的积极手段，并力谋经济的自给自足，到了世界大战的第二期，这些新因素，将愈益成长，我认为在这方面(工业生产)，我们将享受比第一次大战时更好的机会，与日寇恰巧成了一个对照。为什么呢？我们现在要艰苦抗战。第一次大战时却不要，那么现在为什么会比那时更好呢？敌我都在战争中，我们为什么会跟它相反呢？这原因就在我国政府这次能善意识地利用上次大战的经验，乘机提倡民族工业，改良手工业，不若当时差不多只有张鹰先生一个在倡导。还有，就是“得道者多助”，我们会有各国人士援助，不若日寇在国际上之日益孤立。全国工业合作协会能够得到蒋夫人，孔院长，英人艾黎等的提携，国际间又予以巨大的捐款，使该会在一年中即创立一千多个工业合作社，就是最确实的证明。

所以总括起来，世界大战对于中国进口贸易的影响一般是有利的，它将促进中国经济的独立性与发展，不过这些都要我们自己去争取。日寇在大战第一期中亦能获得对华倾销仇货的良好机会，不过它并不能持久，因为它将受到我强烈的反封锁与打击。

第二，在出口方面

甲.土产出口要受到比广州沦陷更大的打击，到大战第二期将更甚，最大的原因是出口和运输更困难了（这不特表现在海口，而且还表现在海上），同时日寇也容易扼住我们的喉舌；其次若干国家进货的胃口要略受限制，亦是一个原因，不过影响较小。我认为中国出口贸易今后的趋势可用下述三个“不同”，将它适切地表达出来：

一、大战的第一期不同于第二期——在第一期中，土产出口当然要缩小，但是不会比最近数月来有过大的差异，我们千万不要神经过敏地以为欧战爆发以后，办理土产外销的就不能再办理了。因为世界经济一下子就断了中国土产的供给，也是不可能的。所以我们的运销问题，不是不可能运用各国的关系和矛盾来求得部分的解决。不过到了大战的第二期，出口之路的确更大大地狭窄起来，甚至发展到很严重的程度。

二、军需工业原料不同于一般工业原料——中国所出口的十九都是原料，不过其中有军需工业与一般工业的不同（虽然后者也往往与前者间接相关）。在世界大战的情势下，前者将继续被需要，而且只要运输问题能适当解决，出口量还可继续上涨；而后者则要逐渐被限制。举例子来说，如桐油，矿产，棉花等的出口，就要比蚕丝，猪鬃，羊毛等的出口少受大战的影响，至于茶所受的影响和限制，将更甚于猪鬃羊毛这一类工业原料（将来华茶更要依靠俄销）。

三、大后方不同于战区——世界大战第二期，西南和西北（特别是西北）的国际贸易路线将更开辟开来：所以闽、浙、皖、赣的土产将来多很难出口，但是云、贵、川、陕等省的土产倒可能有新希望。中国出口贸易的阵容到那时将要根本颠倒过来，与战前完全不同。

我认为今后中央与地方的战时贸易政策（出口方面），应配合着上述三种对比来逐步转移，做到缩小外销土产和土产自用的程度。至于在大后方，和大战第一期中一样，我们仍应设法协助土产的外销，免得原来从事该项土产的及我国的国际收入猛受打击。

乙.在游击区中，土产的出口时因日寇的抢购与掠夺而仍继续着，一时不独不会受大战的任何影响，而且还可能扩大起来。因为，第一，日寇今日在国际运销上还没有什么大困难，第二，像桐油棉花那些土产，日寇必将更大量地收购与操纵。因此，在另一方面，我们要防止土产资敌，要与敌争购土产，将更百倍困难，这是我们当前最大的威胁。不过在各游击区中，只要我们能普遍深入地政治动员，使国民公约成为行动的实际（不是教条），军事游击与民族小工业又不断地成长起来，这困难与威胁是一定可以克服的。

三、世界大战与中国法币政策

自世界大战全面爆发以后，还有一个问题比“中国的土产能否继续出口”，“仇货会不会乘机泛滥到全中国来”等等问题，更要激动每个中国人的心，那就是法币的前途问题，特别因为最近一二月来，法币的对外汇价刚在惨跌之中（从八便士跌到三便士），现在又听见欧洲的大炮响了，人心自然要更浮动起来，不知法币将来究将怎样。一般人要为法币而这般焦急是难怪的，因为金融是社会经济的血液，而法币今日又是血液的基础——血球，它的健全与否有关全国人民的生活，那么他们今天又怎能不为法币的前途考虑呢！

不过要辩明世界大战对于法币有何影响，比较前面探讨贸易问题时要更困难一点；因为法币是什么，它将怎样成为问题，成为什么问题，有不少人还是茫茫然的，不像土货能否出口一类问题来得简单明了。因此我们就更有必要来阐明这个问题，免得惶惶的人心为奸人所利用。

法币是什么？法币是不许兑现的纸币，是银元的代表。政府在四年前停用银元，推行这法币政策，并不是因为国家穷得没有现钱了，只好用“纸”；主要原因是在彻底防止日寇偷运我国的银元（这等于抽我们身上的血），到外国去赚钱（当时日寇用尽方法偷运白银），此外还有种种原因。同时只要看发行法币的四大银行，库房里都有充足的准备金，就可晓得这并不是因为国家穷到非用纸不可。

不过法币既是不兑现的纸币，政府就必需时刻注意它的行使问题：纵然发行法币的银行储有充足的准备金。法币的一切问题也将集中在这一点上。这一点是一般人所本能地感觉到的，但他们并不个个晓得这问题有截然不同的两个方面，这在讨论法币前途时是必须严加判别的：

1. 法币问题的两个方面

第一是在国内作为流通手段的法币——什么叫做流通手段呢？流通手段就是我们买卖货物时所用的一种手段，譬如甲用一元法币，去向乙买一元的中秋月饼，乙又用这一元法币，去向丙买一元赤豆，作为做豆沙月饼的原料，丙又可用这一元法币去向丁，丁又可用这一元法币去向戊……买各自所要的东西。一元法币从甲、乙、丙、丁、戊……，手中流来流去，使买卖成功，即尽了所谓流通手段的作用。正因为甲、乙、丙、丁等于买卖中使用法币时为的是要迅速的流转，并不是准备将它带到棺材里去，所以他们只要大家公认它为流通手段，能不断地流通就够了，不会再去注意这手段是什么构成的。一张破烂的不许兑现的纸币能代替光耀夺目的银元，就是这原故。

不过一国的货物买卖，因受农业工业生产的限制，大体上是有一定的，因而我们为这货物买卖所必要的流通手段大体上也相应地有个范围。如果一国所发行的纸币超过了这范围（发行机关又不设法收缩），即市面上的流通手段变成供过于求，那么按经济学上的供求法则，这国的纸币就要跌价，物价就要相对地高涨起来，这就是一般人所说的“通货膨胀”的现象。现在一般人对法币所担忧的，就是怕法币走上通货膨胀的道路，以致民不聊生。这是法币将怎样成为问题，成为什么问题的第一方面。

第二是对国外作为支付手段的法币——法币可能成为问题的第二方面，是从法币对外作为支付手段这一机能产生的，这与前者截然不同。兹先说明法币对外作为支付手段是怎样一回事。我们晓得，我国对外要作种种支付，如支付郭泰祺顾维钧二位大使在英法的使馆费，支付在各国留学的留学生费，最大的是支付巨额外货的定费或买价。不过法币却不能直接用来作为对外的支付手段，因为它只是我国的法定通货，各国是不会承认它为法定通货的。所以法币必须间接能够作为对外的支付手段，这就是说，它一定要能向中、中、交、农四行换得外币（即外汇），或四行应备有相应量的外币来对付这外币的要求。那么我国（也就是四行）又从哪里取得这外币或外汇的供给呢？举例来回答，也就是英美各国付给它们在华的使馆费和侨民的生活费等等，其中最大的也是它们抵偿我们出口土产的货价。不过这中间有个大问题存在，就是中国是个贸易入超国，现在又更要支付巨额军火的购价，一年间可收得的外汇和应付的外汇是极难相抵的；因此，法币的外汇市场必须有增补上去的相当大的外汇基金才能维持住。如果不能维持，法币的对外信用（或购买力），就要大受影响（至其利弊留到以后再详细分析），这是法币将怎样成为问题，成为什么问题的第二方面。

上述法币问题的两个方面是必须分开的，而且也是分得开的。譬如一个国家，其纸币并未膨胀（即并未超过流通手段的需要额），国内币值并未下跌，但是其对外汇价仍可贬低：或因外汇求过于供（见前），或因故意对外实施货币的贬值战争

（如一九三一——一九三四年间英镑与美元之争），或因其他理由。固然，这两者也可能在一个共同的前提之下同时贬值，而且起着交互作用，使一般人对之辨别不清。譬如德国在第一次世界大战将终了时，财政极度竭蹶，结果纸马克遂贬滥国内，其外汇亦无基金维持，两者交互作用，纸马克的购买力不论对外对内，都跌得不堪设想。然而不同的场合，分别一国纸币问题的两方面，终是十分可能的。

2. 最近数月来的法币问题

辩明法币将怎样成为问题，成为什么问题以后，我们可以先来研究一下：最近数月来山崩地覆似的法币浪潮，到底是怎样一回事，跟我们又有如何的利害关系；然后再来探讨世界大战以后法币政策又将受到什么新影响，故我们的货币战争又会进到怎样的新局面。

我们晓得，我政府当局自实施法币政策以来，对于前述两个法币问题都是严密注意到的，即一方要绝对防止通货膨胀，一方努力维持外汇市场，使法币信用内外卓著。不过自去年三月十四日财政部为了防止伪“联合准备银行”套取我外汇基金，实施“外汇请核规则”以后，汇价即开始下跌，自三月份之平均汇价十三点五便士跌至八月份之八点二五便士（指法币一元所能购得之英币）。到了今年六月七日，财政部为了彻底打击日寇套取外汇的阴谋，停止再按八点二五便士的汇价供给外汇以后，汇价又猛烈下跌，自去年八月份从新稳定下来的市价八点二五便士跌至六点五便士，现在约为五便士。汇价这样狂跌，冲昏了不少人的头脑，特别是对外依赖成性的人。他们不是说中国国库已经精空如洗，就是说法币已入恶性膨胀之途，有些人还更聪明，说这是英国不继续援助中国维持汇价的结果，并进而证明中国抗战的胜利全寄托在英国身上。真的，他们不独使自己对法币前途和抗战前途动摇起来，甚至还动摇了不少别的人的心。

然而事实却并不如此；首先如前所述，对外汇价下跌与国内通货膨胀根本就是两回事。现在退一步，就假定它与通货膨胀有关，我们且来看看国内通货究竟膨胀了没有。这里有个统计，是我根据手头可靠的材料编制出来的，可为解决这一问题的重要指标：

抗战后法币发行统计表

时间	发行额（万万元）	指数	现金准备金	
			数额（万万元）	占发行额%
廿六年七月间	一四.四	一〇〇	八.六	六〇
廿七年六月间	一七.二	一二〇	（不详）	（不详）
廿八年六月间	二六.二	一八二	一一.五	四四

注：上表数字均为财政当局负责公布者，本年六月数字系国府于七月二十八日晚公布，见同月二十九日重庆美联社电。

根据上表：我们可以断定法币并未恶性膨胀的理由有三：

A. 中国这样地大人众，抗战以来大后方的经济又这样迅速地被推进，全国法币发行额二十六万万元决不会嫌多，虽然它比战前增加百分之八十二。在这当中，需要特别加以注意的，就是战时筹码的流转速度要比平时慢，这当然也要相应地促进法币流通额的增加。

B. 一部分法币的增发还是由于收兑生金银和银元，这可从现金准备金的绝对数值由同期的八万万元增至十一万万元得到明证。这一方面又表明增发的法币确有充实的保证,同时,其中一部分法币还更是直接顶替原来的流通手段——硬币,绝不反映该项手段之新的增加。

C. 现金准备金占发行额百分之四十四,其比率实在仍较多数国家之现金准备为高,然而人家并不怀疑,而我们却偏要怀疑自己国家的法币之对内的价值,这实在有点愚蠢,对于前方艰苦为国牺牲的将士,更是天大的罪恶。

所以作为国内流通手段的法币,今天实在没有害膨胀的病,我们千万不要将它与外汇问题混淆起来。

有人或者要说:国内物价这样上涨,还不是通货膨胀的反映吗?其实这也是外汇下跌,洋货飞涨,和奸商操纵的结果,譬如桂格麦片比战前贵四倍(指屯溪市场言),而土麦却涨得很有限,就是明显的反证。事实是不容我们鱼目混珠的。

其次,我要说明因外汇跌价而对法币前途恐慌动摇起来,也是根本不必要和错误的。我们晓得,外汇的跌价固与贸易入超(即国际收支逆差)和外汇基金不够充足有关;因中国是入超国家,抗战以来仍未脱此逆境(至大量军火输入,在这里,一般可置诸度外,因为我战后输入的军火,十九皆由新借款支付,如对苏联,新近又成立了七亿五千万卢布借款,足够半年军火之用),所以要使法币能对外成为支付手段,中、中、交、农各行就必需不断地支出外汇基金,否则,汇价就要下跌。譬如今年三月,英国贷我货币借款五百万镑,作为中英汇兑平准基金,英汇遂能坚持去年八月以来的新市价八点五便士而始终不坠,六月七日以后,我放弃供给汇兑平准基金(当亦与该项基金之消耗殆尽有关),汇价遂一泻千里。然而这没有什么悲观，因为当时并不是我们绝对无法维持法币对外的信用（稳定汇价不使下跌），而是我们自己认为不应那么干，不愿那么干，这里面的曲折是必须辨明的。

一般说来，汇价下跌对我国至少是利多害少，我们本来就用不着花这么大的本钱（外汇基金）去硬硬地维持它，因为：

甲．汇价下跌，洋货贵了，国人因购买力关系，可以被迫少购，减少入超，这还是节约统制进口和平衡外汇的极好办法。

乙．汇价下跌，国内一般物价将因洋货涨价而昂贵，这对民生和薪工阶级固然不利，不过这点只要政府注意，是容易克服了的。

丙．有些人以为中国是个负债国，年年要对外付本息，抗战以后还要向外买大量的军火，又须付出巨额的外币，如法币汇价下跌，不是要负担更重了吗？殊不知维持汇价，在中国今天也是要付出巨额的外汇基金的，那么，我们还不如将这基金用来直接买军火，不用来维持一般的汇价（这将为敌利用，见后），来得更好吗？

那么政府过去为什么还要赔本维持这汇价呢？这主要是由于要维持对英美各国的贸易关系，因为汇价下跌，如前所述，英美货的输入中国就要大受影响。何况，像今年三月，一方为我法币的对外信用，一方为它自己的贸易利益打算，英国还特地贷我五百万镑货币放款，作为平定外汇之用，如果却之，那不是太不恭了吗？

不过实际上，外汇多赔本维持一天，我们就多吃亏一天，原因还不仅如前述之“甲”项，其中更因为我愈赔本维持汇价，日寇就愈获利优厚。

我们晓得，日寇看去好像很威风，实际它却是一个"穷措小"，军火，重工业制品乃至若干重要工业原料如棉花、石油、铁等等，大半都要仰赖于英美，而其出口却大半是输往朝鲜、台湾、伪"满"和中国，是得不到它支付英美所需的外汇的(像军火更是纯粹消耗于侵华战争之中)。所摆在日寇财政金融之前的有个严重问题，那就是如何才能增加它手头的外汇或外汇基金，以填补日寇国际收支辽阔的鸿沟。

那么它怎样来解决这问题呢？其主要方法就是向中国套取外汇。它怎样套取法呢？这有三条路：

A. 倾销仇货，用仇货来换取中国人民手中的法币，再用这法币到上海去套买外汇。这阴谋从抗战后日寇在中国进口贸易中的地位自第二位转为第一位看来(见前)，是部分成功了。

B. 用仇货或法币来抢购我国土产，然后直接运销国外，换回外汇。这阴谋从抗战后中国对敌出口也升为第一位，上海天津两关出口占全国出口百分之六十以上看来(见前)，亦部分成功了。

C. 用伪币，"联钞"，军用票来强迫收兑土产和法币，或竟干脆地用武力来抢劫土产和法币，再经过上述AB两个过程来获得外汇(当然，它还可在华收获或掠夺生金银以充其外汇基金)，这从各方所见闻的材料看来，也有了相当的效果。

不过上述三条黑路当中，都留下一个问题(一个暗礁)，那就是日寇手头有了法币和土产以后，要如何才能套得外汇。因为前面已经说过，自去年三月起，我国为了防范日寇套汇，曾颁布"外汇请核规则"，根据该项规则，中、中、交、农各行只对有确实证明文件的合法进口商供给外汇，一般人是买不到外汇的，于此，日寇手头就是有了法币，也难套购外汇了。其次因为自去年六月间政府为了弥补外汇统制的漏洞，又颁布了“商人进货出口及售给外汇办法”，规定出口商人一定要将出口土产所买得的外汇按照法价转售给政府，这样，日寇手中就是有了土产，也不能取得外汇了。所以骤然看来，前述日寇攫取外汇的三条黑路似乎都是跑不通的。然而这里面我们自己也有一个漏洞，而且还很难克服，即：一，沦陷各关的出口（如天津，广州；上海至少也是半沦陷的关口），我们无法统制，二，各国侨商的出口（如在上海，因不平等条约的关系），我们亦无统制，三，外商请核外汇时，我政府为顾全外交关系，当是“宽大”相待（例如去年起初实施“外汇请核规则”时，对英美商不独核许额比较宽大，而且核给的汇价也较核给华商的汇价为高，故当时伦敦金融新闻报也赞扬我政府措置“宽大”。）这样，第一个结果便是日寇在沦陷各关，仍能以我出口土产直接换得外汇；第二，英美商（敌商也参加渔利）亦可有外汇供给，非法出卖，藉以渔利，造成外汇的黑市场；第三，日寇攫来的法币也能向黑市场夺得外汇了。至此，日寇来华攫取外汇的目的可说已全部达到了。而且我们还得指出，它既可在上海套买外汇，它就更可直截了当地在上海采办外来原料，开厂制造仇货，倾销沦陷区，使它的套购外汇可以周转得更快；同时又直截了当地在上海或香港进口军火，来接济侵华的敌军，使屠杀我同胞可以进行得更快。这对我们真是双重的迫害！

我们晓得：中国是个贸易入超和外汇求过于供的国家，日寇又需要不断地套购外汇，再加以一般奸商和丧尽民族天良，怀疑抗战，主张逃亡的洋奴，又要争买外汇，现在我政府当局既然将外汇严格地限制起来，而另外又有人可作外汇之非法的供给，上海的黑市场哪里会不出现，哪里会不一天繁荣一天，同时黑市汇价又哪里会不狂跌呢？但是这汇价是我们绝对不应维持的；因为假使要使它不下跌，那我们就要不断地赔出外汇基金，来消灭和缓和这黑市，这不是等于贡纳巨额黄金，帮助日寇，来填满它争套外汇的无底的欲望，剥削和屠杀我同胞吗？

所以我前面说：六月七日以后，我国停止供给外汇，让汇市完全跟黑市走，让它从八点五便士跌至六点五便士，再跌至三便士，甚至让它跌至〇便士，并不是我们无法维持法币的对外信用，而是由于我们自己认为不应那样干和不愿那样干。

一九三一年至一九三四年，英镑和美元各自贬低自己对对方的汇值，为的是抵制对方过剩商品的进口和加强自己对对方的倾销，彼此都是战略的。同样，我们这次放任汇价下跌，主要也是战略的，自主的：一在打击日寇套汇，使它不能以窃取中国的外汇基金，来缓和它那“穷措小”的穷境，二在顺便限制洋货进口和促进土产出口。

因此，因过去汇价狂跌而对法币前途悲观是没有理由的，认为这是法币恶性膨胀的结果，则更荒谬！我们快莫庸人自扰而为汉奸敌寇所利用，为他们暗中所窃笑！

我们“当局者混”，现在且请谛听旁观者的精辟之详吧。英文密勒氏评论报于我政府当局放弃维持八点五便士的汇价，完全让它与黑汇合流后不久，曾评论说，这并不是由于“中英汇兑基金”完结了（因为“英国银行必会继续与中国政府银行维持外汇，其基金实可数十倍于所已供给的中英汇兑基金”。)，而实在的主要原因用是“上海方面之非常态的吸收外汇基金”。该报接续详细分析说：

“在上海许多的输入交易，多自基金支付，实际上都是代日本支付的。如最近输入棉花，为数甚巨，约占每月总输入价的四分之一，这大量棉花的输入，是为了华中一带棉花，为日人支持运赴日本之故，但是这由上海输入棉花，却为日本纱厂所消费，而由中国的汇兑基金中支付棉价。

其他由香港基金支付的输入品，也是供给日本侵华战争之用的。如燃料石油，一输入上海，便都供给日本侵华的机械化部队和空军，这教重庆方面，如何忍受得了。

日圆，日本军用票以及傀儡政府所发的伪钞等都由日人以强力狡计换得了法币来套取外汇，日本是出名短缺外汇的，这日本的套取中国外汇，就是救了日本的短缺，中国政府如何可不起而阻止此一恶事实的发展。

日本的傀儡华兴银行，就要以它的伪币，来换取法币，由是而套得外汇。华兴的资本据说是五〇〇.〇〇〇.〇〇〇元，大部分系属中国的法币，它想由此逐渐变成外汇。香港方面六月七日的处置，使日本这个企图，大受打击。就外汇的观点言，华兴的资本，是短少了四〇〇.〇〇〇镑了。”

你看，这段评论与分析是多么透彻啊！如果大家还不信，我们再来听听日寇被我们打击了以后的怨言吧：

“路透社十二日东京电：朝日新闻刊文论中英平准基金委会六月七日突不援助法币事，称日本对于英国最近更变其‘在华汇兑政策’，有施以报复的可能，委员会此举殊有害于上海日商店之营业。其不援助法币，究基于平准基金告竭乎，尚难下断，日大藏省刻正密切注视发展，并严重考虑对抗计划，以应付此局势云。”

于此可信：我前面所分析的，法币汇价任其下跌，并非被迫于汇兑基金的竭蹶，而是战略地，主动地要给日寇以打击！

3.世界大战后的法币

抗战以来，日寇是这样破坏我法币，套取我外汇基金，我们是这样繁重地斗争过来，结果终给了敌人以敏捷的打击，但是世界大战逐渐展开以后，我法币政策又将受到什么影响呢？有害还是有利？

首先我要指出：现在有些人以为英法波德交战以后，英国对日寇必更趋妥协，而法币跟英镑又素有密切关系，所以今后法币前途必将随着英国对华援助的减少而渐显黯淡——这意见，一般说来，是不妥当的。固然，英国今后的确要因各种关系而对日妥协，对华疏远（如少进我国土产），这确是不利的。但是，第一，这仍有一个限度，只要我们自己坚持抗战，英国也不至于完全站到敌方去；何况如前所述，英美日，在太平洋上的矛盾又将因日寇的趁火打劫而转趋激烈呢！第二，英国因大战关系，对我疏远起来，老实说，也有它的好处。因为张伯伦的“现实外交”和英国为其本身商务的打算，过去实在有点妨碍我政府执行坚决的经济政策。譬如外汇，本来早就应该加以限制和管理，用不着等到去年三月（理由见前），但是为了顾全英美商务，待举之政就被搁下了。（据说自前年“七七”至“八一三”这一个多月之间，因外汇未经限制，逃亡的资金就竟达一万二千万元。）又如去年三月开始外汇限制，汇价下跌后，那八点五便士的汇价也早就不用维持，那五百万镑的货币借款（即中央汇兑平准基金）更是不必赔的（我们希望英国借军火或一般贷款给我国，而不希望借钱给我们去硬硬地维持外汇），因为实质上这些都等于帮助敌人（理由见前）；然而大半也是为了对英关系，至本年六月才让汇价完全随黑市而下跌。所以从今以后，在外汇政策上，在对敌货币战争上，我们倒更可自主和机动起来，少受张伯伦外交的影响；不过这要我们自己争气，要我们自己有自主抗战的决心！

其次，日寇对我法币政策的破坏以及我法币政策的受其摇动，我们倒应估计以后可能更强烈起来。固然，日寇今后的套汇，因我决定让汇价跟黑市下跌，不再拿出巨额基金来维持某一汇价，的确要寿终正寝了，它将不能套取我们的基金，来支付它对英美所需支付的外汇；但是下列两件事，它仍可继续推进：一，以倾销仇货所得的法币和掠夺欺骗所得的法币，来收购我游击区和战区前线的土产，转输出口换回更多的外汇，增加我外汇逆差，和平衡它的外汇支出（理由见前分析今后进出口贸易一节内）；二，增发伪钞“联钞”，散布各沦陷区，使法币势力逐渐消失，借以转变沦陷区同胞对国家的信念和关系。所以以后我们必须更进一步，和日寇这两种残余的经济阴谋斗争！

再者：由于我当局放弃维持某一汇价，日寇套汇固然不可了，但是我整个外汇问题并未得到解决，而且以后还可能严重起来。因为中国外汇问题的中心结症，在于贸易收支（即进出口）不能平衡，年年入超，这无底的逆差将如何平衡呢？今且按下列各有关因素来判断这一问题的前途：

A. 以后土产出口要困难起来，这将扩大入超；

B. 沦陷区土产，我们将更难抢购出口，这在我将为增大入超，在敌则反为缩小入超（更正确点说，即为缩小日寇之外汇逆差），是双重的不利。

C. 不过另一方面，一因大战的关系，一因汇价下跌，物价上涨，进口也要降低，这可减少入超。按本年上半年贸易情形看来（即非沦陷区各关均为出超），今后非沦陷区贸易大概仍有平衡与出超之望。

D. 至于沦陷区各关如上海、天津，其入超额一定还要扩大，因日寇在大战初期，更居于倾销仇货的优越地位，这当然亦要威胁到我外汇市场的平衡和沦陷区同胞的生存。

将上述四点归纳起来，我们今后一定要能：开发大后方的出口贸易，艰苦经营战区各省的土产输出，用尽一切力量抢购前方和游击区内的土产和抵制仇货的倾销，提倡大小民族工业，这些都做到了，外汇问题才能得到彻底和胜利的解决。

最后，我要附带说一说今后的汇价与金价，因为今天有好些人也关心这个问题。关于汇价（即我法币对各国货币之购买力），按前述我政府决定放弃赔本维持外汇的方针和贸易仍难免入超两点看来，至少不易回涨。这次港汇下跌（因我国港汇，系用应付汇价），是因为“香港也危急了，港汇也不见得比法币好”所致。所以今后万一英国战争吃紧，或对华贸易激减，英汇也有可能回涨（因我对英汇价系用应收汇价）；不过在目前，我们还不能作那样的估计。

至于金价今日是与汇价大不相同的，因为今日英美各国都采用纸币政策，其币值与金价之间并无固定关系，所以金价的法则与汇价的法则不同。今后的金价,按战时各国都要大量吸收大量聚积黄金,以为经济战争之主要武器看来,一般是势在必涨的。所以今后如法币汇价不回涨,金价不会回落;如汇价不变,金价至少依旧,如果汇价下跌,那金价一定要更快上涨。以上金价之估计,待大战愈深入,则其准确性必愈显现。

后　　记

首先要向读者告歉的,就是这本小册子实在写得太匆促了。匆促的原因是从书社和读者各方面都在催迫着这书早日付印,因此这中间自然不免有许多缺点和疏忽的地方,只有希望有机会再版时来弥补了。

德苏不侵犯条件订立和英法德波战争爆发以后,各方面对于第二次世界大战的意见不同的很多,矛盾的也很多,我以为任何问题还是从它本质的发展上去理解,比较妥当一点。因此,写这本小册子时候,我就从战后资本主义总恐慌和伴着这恐慌而发展的政治经济各种矛盾上,来分析这次大战,本书最初几章多半是历史的叙述与分析,我想这是必要的。此外,中国抗战原是第二次大战重要的一部分,所以,最后一章就专门来讨论中国抗战问题,特别是抗战走入相持阶段的问题。

恰巧骆耕漠兄写了一篇《第二次世界大战与中国经济》寄给我,因之就附在后面。大家都知道骆先生是研究经济学的,欧战爆发以后,中国经济的影响与对策问题,还很少有人谈到,骆先生这篇文章是值得注意的。

在战时的内地，搜集材料是最困难一件事，本书所用的一些材料，都是由金华战时文化资料室供给的，应该在这里特别声明并道谢。

荃麟　二八、十一、金华

政治报告

一、敌我经济上一个对照

七七前后，中国一部分恐日病朋友，最担心的，就是中国的经济没有法子支持长期抗战。关税盐税将被劫夺了，大量军火购买与现金的流出将使国际汇兑平衡破坏了，法币基础将动摇了，怎么办呢？他们绝望地叹息着。可是二十个月抗战的结果，证明经济上不能支持长期战争的并不是我们，而是我们的敌人。恐日病朋友的理论是被事实击溃了！

我们就拿这半个月中的事实来作一个对照吧。

自从去年底英美对华贷款实行以后，接着中英二国间即进行增加汇兑平准基金的贷款谈判。该项谈判到本月初已获得结果，就是我国决定增加汇兑平准基金一千万镑，其中五百万镑由中国两国家银行负担，另五百万镑则由英国汇丰、麦加利银行负担，而由英政府担保，信用借款期间暂定十二个月，但在必要时仍得延长。

此次借款对于中国抗战确有极大帮助，首先是稳定了中国的国际贸易与法币基础，提高中国国际财政信用，其次是对日寇最近破坏我国币制的企图给予一个打击。再一点意义就是由经济的援助将可能促进英美在远东的平行行动，这次英国的借款显然是美国去年二千五百万美圆借款的响应，亦即表示英美决不容忍远东利益完全被日人所摧残。我们知道中国的法币制度和英国是有密切关系的，英国对日本的企图破坏币制，当然不能容忍，所以这次借款一方面固然是援助中国，主要还是维护其本身利益。西门财相八日在下院宣布的言论最足代表英国的态度："英国支持中国法币，主要目标，厥在维护英国在华商务，并不以维护金融利益为限，对于日本并无不友好之意。"这比起罗斯福的态度显然又差一层。所以我们对于这种国际的援助固然表示感谢与欢迎，但过高的希望还是太早。我们并且要认识，继续争取这种国际更大的援助，唯有向国际显示我们更坚决团结的抗战态度与运用革命的外交方针。

日寇在英国对华借款实施后，已表示极大焦灼，外务省已拟向英国提出抗议。同时在华北实施所谓"币制新禁令"，以作报复，即是禁止使用中国法币，强迫日币流通。关于此层英法美政府业已于本月中旬向日本提出牒文，措词极为强硬，此后是否将继续采用更积极的经济报复手段，尚不可知，但英美对日的矛盾，今后将必然更形尖锐是毫无疑义了。

日寇在华北施"币制新禁令"以后，第一天天津的商业即陷入于停顿状态，日商亦承认是不可救药的事，这说明反对日寇的种种毒计，主要还是靠我华北广大的民众以坚决态度来维护祖国的经济。

在日寇自身方面呢？预算一加再加，已濒于破产地位，九十万万元预算不久前才作形式上的通过，本月六日海陆军当局又向国会提出新扩军预算十八万八千九百十三万三千日元案，而下年度的海陆军费特别预算七十二万五千三百万日元案，亦已呈交国会审核。这重大的负担平沼内阁将如何解决，显然是一个焦头烂额的问题，所以没有办法只有重提总动员法第十一条的实施。据同盟社消息，法制局已于十三日拟定实施该项条文的勒令，将于本周末请日皇签字。此项勒令颁布以后，工商界势必有强烈反应，敌寇国内的矛盾与人民反战运动将更成为一个不可解决的问题了。

二、晋北大捷，鄂中激战

敌自攻晋南不逞，本月山西战事重心又移向晋北，敌以万人之众，以崞县（在五台以西）为根据地调动忻县五台定襄兵力，向我静乐（在晋北）进攻，五日静乐被陷，敌我在静乐以北永安镇激战至烈，是役我获大胜，克复宁化堡，宁武大武等地。敌陷静乐后，复于八日向岢岚西犯。同时朔县之敌，复犯神池，（神池于九日失守），企图进攻五寨，以与攻岢岚之敌互相呼应。进攻岢岚之敌，于九日在静岚大道中被我伏兵突击，死伤甚众，旋飞机助战，激战至晚，岚县失陷。当时我方急调生力军赶到，十一日乘朔县南下敌侵入利民堡之际，突予袭击，毙敌千余名，次日即克复该堡，乘胜反攻神池。岚县方面，我于十日起开始反攻，十一日我又克复县城，并再度恢复大武，造成本年晋北空前的胜利。窥敌企图似因晋南进犯不能得手，拟打通岢岚静乐五寨神池之线，进袭河曲偏关渡河，以与绥东之敌配合，作窥宁夏之张本。但黄河天险，敌师已疲，我军巧妙应用机动战术，处处牵制，敌酋杉山“渡河渡河”的呼声，现在应改为“奈何奈何”了。

鄂中战局，目前似成为整个战局最重要的一面。敌人战略，似分两路：一由钟祥渡襄河赴荆门，一由岳口沙洋渡河趋沙市，再进而图犯宜昌。岳口之敌强渡数次，均告失败，罗汉岭，沙洋方面曾展开剧烈战事，予敌以重创。京钟路之敌于六日施用毒瓦斯猛攻钟祥，我军旋即退出，是役我某师英勇抵抗，换得敌极大的代价。敌占钟祥后，复企图渡襄河西犯，均为我击阻。我军复展运动战术，在三阳店瓦集庙等不断予敌重创，四日我反攻臼口，当即夺回。预料最近这二路战事将更趋激烈，而洞庭湖春水泛涨之际，湘北之敌，或又将乘势蠢动。总之华中战局，敌之目的，似在夺取荆宜，以北胁四川门户，南侵湘西。某西报认为敌将截断浙赣，占取南昌，殊非确断。

此外，苏北敌进犯淮阴颇烈，淮阴已于本月四日失守，现战事在阜宁盐城东台一带猛烈进行中。

兹将前半月中我军在各战场斩获成绩的统计，揭载于下，足见在二期战略下我军活跃的一般：

战场		山西	河南	冀察苏鲁	湘鄂赣	浙江	广东	综计
作战次数		204	45	75	56	16	8	404
毙敌人数		13221	2020	3490	1875	111	668	21385
俘虏人数		564	5	109	28	2		708
俘获品	大炮	3		6	4			13
	机枪	521	8	29	9	1		99
	步枪	1589	189	291	139	26	3	2237
	铁甲车	967	9	43	9			157
	弹药	12371	1200	3008	116			27495
	马匹	580	31	149	28			788

此外击沉敌舰6艘，毁铁路267公里，击落敌机2架（空军或防空部队击落者不在其内）——编者注

三、迟了！捷克斯拉夫！

去年捷克乖乖地听从了希脱拉的屠割，把自己的生命线放在屠手的掌上，如今屠手一刀一刀往它身上细割，要结果它的性命，到了这个时候，捷克再想反身，可惜已经迟了！迟了！

这次事情的表面原因，是斯洛伐克邦向捷克政府提出独立的要求，但暗地里自然又是纳粹在那里收买捷奸。十一日捷政府将斯洛伐克总理茅梭撤职，另委伍西瓦为斯省总理。十二日维也拉（前一次奥大利悲剧演出的地方）国社党领袖亲往斯洛伐克省会与当局秘密接洽，维也拉广播电台每半小时即以斯洛伐克语发出广播，鼓动斯洛伐克人“抵抗捷克政府到底”，同日希脱拉与戈林等在柏林密商，认为“捷克当局将斯洛伐克总理茅梭免职，并在省会内戒严，是不啻背弃德国……凡认为系违反慕尼黑协定或维也纳仲裁判决书者，（即关于捷匈边境仲裁判决书）希脱拉决难容忍。”对于捷克当局的处置，德报竟讥骂为“故态复萌”，为“丧失常识与责任观念”。捷克虽然懦弱，可是到了生死开头，究竟也得挣扎一下。十二日左右斯洛伐克人秘密自德境运输军火入省，捷当局便下令拘捕帮助运输军火之德人，并派警察占领日耳曼党总部，及各重要建筑物，另有若干城市则举行示威行动。这事当然使希脱拉勃然大怒，据哈瓦斯十三日柏林电：“德国已在特莱斯，浦锡，维也纳三处集中陆军十四师，共二十万名。”准备以武力压迫捷克，而同时希脱拉公然向捷政府提出照会，要求（一）瓜分捷克

为三个独立国家，即波希米亚，斯洛伐克，小俄罗斯。（二）改组捷克中央政府，国防部长薛拉维，交通部长爱里亚斯应撤职，此项消息虽未证实，但以希脱拉之穷凶极恶，当然很有可能。在这种武力威胁之下，中毒已深的捷克当局自然硬不起来，只有腼颜地接受了希脱拉的条件，斯洛伐克遂于十四日宣布独立，茅梭重复傀儡登台，小俄罗斯省亦随着宣布独立。十五日晨一时十分起，捷克总统哈柴及外长与希脱拉，里宾特罗夫在柏林作两小时谈话的结果，哈柴总统遂宣布"将捷克人与国家之命运，托付于希脱拉，业由元首加以接受(?)，并决定将捷克民族置于德国保护之下，许其保持自治制度，俾先充分发展其个性(?)。"

完了，堂堂一个捷克共和国，从此欧洲地图上抹去捷克这两个字，巴拉格城墙上飘起了杀人的卍字旗。

事实上在哈柴与希脱拉订立协定(?)之际，德国的陆军早已开到捷克，十五日正式予以占领，捷克军队在亡国的痛惜中悄然撤退了。

当捷克被瓜分之际，邻居的匈加利也老实不客气地乘机借光，一方面派兵占领了捷匈边境三十多个村庄，一方面向捷克提出四项要求，并迫捷克撤退乌克兰与小俄罗斯省的军队。捷克在亡国之余也只能全部地接受了。

英法对于这个问题的态度怎样呢？张伯伦达拉第两位老兄面面相觑地不发一言了。我们记得慕尼黑协定明明载着这么一条："捷克国界线应由英法二国加以保障。"现在希脱拉公然把这一条撕毁了，英法呢，屁也不敢放一个，张伯伦只向国会扯了一个淡说："数日前斯洛伐克省会内发生不慎严重直时间树起，一般时局表面上似甚平静。”咄咄此翁！咄咄慕尼黑！

四、谁是叛变者？

上次报告我们已经指出西班牙政府内部有一种失败主义的酝酿，将成西班牙抗战重大的困难，在本月中此项倾向已益显露，奈格林总理已被迫于月初出走，大权落入国防委员会之手，接着米亚加将军（前政府军总司令）将共和政府改组为国民政府，以米亚加为总理，加萨多将军为国防部长，其余无政府党，社会党，左派共和党均仍入阁，唯共产党则决定不参加。新政府成立之后，曾发表宣言主张抗战到底，但据哈瓦斯六日巴黎电，“玛德里国防委员会成立后，业与‘国民军政府’秘密进行谈判，讨论政府军投降问题。”又据路透七日电谓，“西共和政府国会议员巴里奥，现在法国，巴氏顷对外界暗示西共和政府与弗朗哥现进行和解，西政府军队司令米亚加，与弗朗哥成立协议，俾西班牙得重获和平。至于新近成立之国防委员会，对于结束战事一事，亦表赞同云。”又据小巴黎人报讯，“西班牙共和政府某官员已离玛德里赴蒲尔哥斯与国民军首领弗朗哥谈判停战事项。”这种消息不断传来，证明了新政府的组织无非是作为妥协谈判中一种过渡形式，所以新政府成立以后，立刻掉转枪口来对待所谓玛德里“叛变者”共产军，并下令逮捕英勇卓著的奈格林（幸奈格林已脱险）。共产党虽在恶劣环境之下，仍坚持抗战到底反对新政府的妥协政策，新政府复于七日派飞机至玛德里之郊外轰炸共产党军队，此种自杀的可耻行为竟发生在两年英勇抗战的西班牙，实为最可痛心之事。查共产党所领导之军队是以共和政府第一第二两军之一部为基干，虽经国防委员会数度劝降，彼等仍坚定到底。瓦伦西亚方面，亦发生同样悲壮的斗争。

共产党这种革命的英勇态度，激动了西班牙爱国儿女的热血，据海通社十三日电，"该军（指国防委员会领导之军队）内部业已发生战争，因有若干份子极为同情共党暴动故也，"又据路透七日巴黎电："……若干军队已脱离国防委员会加入共产军，并在政府办公地点附近与政府军作战。"足见西班牙群众的认识是能清楚判别谁是叛变者，谁是革命者。今天最坚决能实践为西班牙自由独立而奋斗到底的诺言者，只有西班牙共产党与广大的群众。米亚加，加萨多之流正好比中国的汪精卫，企图以掩护的色彩来进行其投降妥协的阴谋。全世界爱护西班牙的抗战底人们，应该以坚决的态度来支持共产党的英勇奋斗和斥责米亚加这种可耻的叛变。

再说弗朗哥，早已跳不出德意法西斯之手，合众伦敦九日电，德意日三国正在伦敦秘密会议，企图强迫弗朗哥加入反共协定，张伯伦想吊弗朗哥膀子的幻想显然又告了一次失败。因此，英国民众对于张伯伦的不满，更加高涨，工党议员更猛烈的攻击张氏妥协政策，张伯伦的地位因此已呈现动摇，最近喧传张氏将辞职，艾登邱吉尔等将出而组织混合内阁，亦未始不是可能的事。

西班牙今后演变前途如何，我们可以引真理报的评论，作为我们的结论："英法此举（指承认叛军政府）足表明第二次帝国主义战争之酝酿，现已进入一新阶段，下次大战目的在牺牲民主国之利益，由独裁国重新分配世界，英法承认国民军政府一举，不啻为与法西斯国家间第二次慕尼黑式之交易。"

五、史太林重述苏联外交政策

苏联的外交政策向来是一贯的，即是反对法西斯，努力世界人类真正的和平。可是由于英法的妥协政策的传统，使苏联和平外交，时时遭受意外的阻碍，但苏联坚决的态度和不屈不挠的努力始终没有停止和改变过。不久以前某西报曾传布德苏合作一类的谣言，显然是希脱拉故意的手段，以期分化苏联与英法的关系。本月十日联共十八届全国代表大会中，史太林氏对于苏联外交政策，曾有具体的阐明，这是值得我们注意的。

史氏首先指出苏联的外交政策共有四点：（一）吾人坚持和平，加强与各国之实际关系，此为吾人之立场，吾人仍当保持此种立场，直至各国与苏联有同样的关系，及不复企图侵略我国利益为止。（二）吾人坚持与苏联有共同边界的国家之和平的密切的睦邻关系，此为吾人现在立场，吾人当保有此种立场，直至彼等不再企图直接或间接侵犯苏联之边境完整安全为止。（三）吾人坚持予沦为侵略者之牺牲品，及与为国家独立而奋斗之民族以援助。（四）吾人不怕侵略者之恐吓，吾人准备复仇，拿两个拼一个的与企图侵犯苏联边境完整的煽动者拼。接着复指出苏联外交政策之推行有赖于：（一）苏联逐渐增长之经济政治文化的力量，（二）苏维埃社会之精神与政治的团结，（三）本国各民族间之友谊，（四）红陆海军，（五）和平政策，（六）与和平最关切之各国劳动精神的拥护，（七）对破坏和平各国之认识。再次，复述及联共对于外交政策方面之任务为：（一）将来亦保持和平政策，加强与各国的实际关系，

(二)慎重勿使本国卷入战争煽动者之行列中,此惯于令他人上当,(三)加强红陆海军战斗力至最大限度,(四)加强对于热心和平及各国间亲睦之各国劳动者的国际友谊的联系。

我们鉴于苏联最近对匈加利的断绝邦交,对日苏渔业纠纷的态度,对西班牙与中国抗战的援助,可以证明史太林这项报告确是代表现在最革命最正确的外交政策,今天中国是在世界和平最前哨的岗位上,苏联又是中国最亲密的友人,我们应该亲密的携手前进,在伟大的斗争中为争取彻底的和平而努力。

(原载 1939 年 3 月《东南战线》第五期)

关于“读书”和“救国”

五四时候，中国的反帝运动是学生打冲锋的，五卅时候，全国学生又是最勇敢的一支生力军，抗战以前，上海北平的学生，也是救亡怒潮的一支生力军。可是抗战一年半了，小半个浙江已经沦陷了，而浙江的学生运动在哪里呢？这是值得浙江的青年学生深深反省的。

确实的，去年也在感觉这种苦闷，最近常常有学生向我表示，在这个国家存亡紧急之秋，老师在课室里学化学物理之类，实在感觉太无聊了。要干救亡工作吗？环境和功课都不允许，要离开学校吗？好容易得到一个求学机会，又不愿轻易去丢掉。

这个问题，我想的确是值得谈一谈。

“读书不忘救国，救国不忘读书”，这两句老调早已为青年们所听熟了。第而现在仍有人把这句话机械地在解释，以为读书的时候应以读书为主，救国事业不妨放在第二，等学业完成再来救国，才是正当办法。如果救国工作要妨害功课，那毋庸暂时放弃救国工作，例如不久以前××教育科长在一个集会中演讲，他说：如果现在青年都去干抗战工作，那么将来又谁来建国？因此，为了建国，他主张青年应回到实验室和图书室里。这种论调在目前教育界中确实还占了相当力量。

我们并不赞成目前学生统统丢弃学业，而在工作上一样，我们应加紧突击精神，不轻易浪费一分钟，但我们必须理解学习和救亡工作在目前是不可分的，同样的抗战与建国是不可分的。今天我们所学习的，不管是科学也好，社会科学、文学也好，我们必须灵活地和救亡理论与实践配合起来。过去中国人不讲究教学法，而只管死板地背书，于是新教育家出来了，说这是读死书，非改变不可，结果新的教学法是实行了，然而学生和社会生活以及各种运动仍然遥隔着，校门以外是不许学生活动，这样读死书只救活了一半，一般说来，这还是一种新的读死书。这里是牵及了一个教育的根本问题。照例抗战中间，应实行抗战的教育。一切课本教学法皆须改变作风。抗战建国纲领中曾经指出这一点，决定改编全国的教科书，关于这一项我们必须以全国学生的力量，去争取其早日的实现。在这种新的教育还没有全部实施以前，我们应该要求教师尽量采用关于战时的补充教材，允许学生多做课外的社会自由活动。我们目前的教育如果和社会的救亡活动能打成一片，那种读死书的教育是毫无出路的。

在目前浙江要立刻转变这一作风，确实还有相当困难。这需要用学生本身力量去争取。首先，我们应以自动的精神，加强我们自我的教育，在课本以外，多多阅读及研究抗战的学识与理论；其次，加紧同学中的集团活动，如兴趣行座谈会，研究会，组织歌咏队，演剧队，出壁报刊物等；再次，应团结多数同学的力量建立统一的学生组织，如县学联，省学联等，有了组织才有力量，有了力量才能解决一切困惑的问题，而同时应请求热心教师多多指导，勿形成学校自身的对立。青年学生应以热忱与刻苦精神去克服一切困难，暂时的阻碍是不值得灰心。

浙江学生运动的确太消沉了。在民国二十八年开始的一天，我谨祝今年学生界对于正在开展的救亡怒潮，将有热烈的贡献，而同时更希望贤明的教育界人士能予以宝贵的同情与鼓励。

“五四”留给我们什么？

一九一九年中国在巴黎和会上遭遇了可耻的外交失败，北京政府企图把山东一部分权利出卖于日本，由于这一导火线，爆发出中国民众第一次广泛的反帝反军阀的运动。五月四日，北京学生首先发动，组织大规模的示威与罢课，与卖国政府作殊死的决斗，北京政府虽然企图以屠杀和逮捕的手段来破坏这个运动，但是爱国的狂潮已非屠刀与镣铐所能遏止，反而使这一运动推广到全国去，上海、武汉、南京、广州等地学生纷纷罢课响应，接着商人与工人也加入斗争，造成中国历史上一次总罢课总罢工总罢市的伟大革命运动。在革命怒潮冲击下，曹章陆的卖国政府便不得不悄然瓦解。五四运动就这样在中国历史上写下最辉煌最光荣的一页，成为后来中国大革命的一个序幕。

“五四”的伟大意义，还不仅包含在这一事件的本身上，而更主要的是在它的历史评价上。成为五四运动不仅单纯地是一个反帝反军阀的斗争，并且是中国民主革命走向新阶段的一个历史转折点，不仅是政治革命的一个重要转折点，并且是中国新文化运动的一个起点。“五四”之后的中国是踏入到一个新的历史时期，继承着“五四”以来革命传统与文化传统，一直发展到当前的伟大民族抗日革命运动。

但是这伟大的历史日子的创造者,都是我们英勇的中国青年!

为什么是青年呢?这个问题是值得我们去了解的。这也说明了半殖民地中国的一个特征。当帝国主义的经济势力已经冲破古老中国的樊篱的时候,当封建社会已经腐烂崩溃的时候,中国人民生活是在一种新旧极端矛盾之中,而这种矛盾显示得最尖锐的,定在新生代的知识青年身上。当时中国产业工人运动还在萌芽的时期,全国的农民还是散漫而无组织的,只有青年学生是最富于时代敏感的,最具有反抗现实的热情的,而且有集体的组织生活的。帝国主义军阀压迫,封建礼教的束缚,使青年感受重重的苦痛,不得不去找求出路。这种要求与力量汇集拢来,就是发生英勇热烈的五四运动。巴黎和会的外交失败与山东事件不过是五四运动的直接原因,其基本原因则是中国人民对民族解放与民主自由的迫切要求,亦即中国革命的基本课题。在这个历史斗争中间,学生青年担负了先锋的任务,这和辛亥革命发生于留学青年一样,是决定于中国社会的特殊条件的。

然而从这里,我们却看出了中国青年的特点以及与中国革命不可分的关系。国父在“五四”以后,曾经对一位北京的学生代表(就是现在的中委王昆仑先生)说,“目前的革命没有你们学生加入,是不能成功的。”又说,“党没有青年加入,就要中断的。”“五四”以后的历次革命斗争中,中国青年所表现的伟大力量与功绩,都证明国父这种对殖民地中国青年的认识,是何等的卓越,而现代那些腐败,专以欧美学生作例,来指责中国青年的浮躁与狂羁，却又是何等浅薄可笑啊。

五四运动收获了巨大的成果，但也遭遇了惨痛的失败，它的成功与失败，却供给我们以最宝贵的历史经验与教训。

五四运动的胜利是由于全国青年的群策群力，而“五四”的失败亦由于缺乏更进一步的团结与组织，当时学生多半只是凭借其激烈的情绪，所以当高潮一过去，军阀政府来一个反击的时候，就无法抵挡。“五四”以后的情形是这样：“年年战争，土匪蠢起，官僚剥削，天灾频仍”，在学校方面，便是“教员不发薪，学校常停课，于是可怜的学生有时要避兵乱而逃出北京，有时抱着书本走到课堂而没有教员上课，教员为了要争取教育经费而被军警打破了头；学生只好忍气吞声回到宿舍买一包花生米喝二两‘白干’解闷”。学生想“回家吧？遍地土匪，不得安居。找事做吧？政府里充满‘灾官’，社会上没有工商界的职业。当教员？饿肚子，究竟哪里有我们的出路？”（见王昆仑著，《我初次谒见中山先生》）一个大浪漫之后，接着这样一个苦闷时期，这说明革命的热情如果不经过组织，是不能支持长期的战斗的。民国十二年，国父在广州对全国青年联合会演讲说，“我们不可专靠个人去救国，必须大家同心协力去做”，又指出“民国成立十年多，没有大团体来表示救国”。这都是痛切时弊的，从这里，我们获得第一个教训，就是青年运动的展开，必先具备几个基本条件，第一是团结，第二是组织，第三是政治的领导。

关于青年救国和读书的问题，“五四”运动亦留给我们许多宝贵的经验，“五四”时代，学生大多是在社会上奔走呼号，然而这并不妨害他们学业的发展，相反的青年文化提高到空前的水准，伴随着“五四”救国运动而起的新文化运动，说明读书与救国的统一性，驳斥了“先读书后救国”的腐谈。国父在“五四”以后，对这一点，也有精辟的指出，他说“想中国进步，不但对政治主张要革命，就是对学问主张，也要革命，要把全国人几千多年走错的路都来改正，所以主张学问和思想都要经过一番革命”（民国十年十二月在桂林欢迎会演说）。又说“此后求学方针乃期为中国人民负责任，非为自己攘利”，不然，则“学问反为贼国之由”。又说，“古人进步的最大理由是在能实行，能实行便能知。”（民国十二年在岭南大学演说）因为“五四”失败以后，北京学生青年又重有关门读书之方向，所以国父曾经说，“你们北方学生五四运动精神很好。可是专门研究新思潮是不够的。学生要读书，也要懂得政治。读书研究学问就是为了把国家弄好，要把国家弄好，就要来入革命党。”这种遗训都是极其珍贵的，一直到今天，这依旧是对青年苦闷的一味对症良药。

五四运动给我另一个宝贵教训，便是青年运动与民主政治的关系。“德意克拉西”本来是五四运动中提出的口号，五四运动获得最广泛人民的参加，也由于这一精神的实践，可惜当时，没有更进一步地继续去作具体的争取。例如，国父当时去南方进行护法运动，而北方青年并没有和他取得更密切的联系，所以，国父事后曾指出，“如果诸君即时以正当方法结合，要求在国会政治之下，回复诸君之权，吾敢断定诸君之必成功也。”当时所谓国会政治，即今日我们所谓宪政运动。国父知道，青年运动只有在民主宪政运动中才能获得最广泛的发展。这种教训在今天仍然是最现实的。

历史的教训是最宝贵的，何况这又是我们青年自己从历史斗争中获得的教训。现在政治已经把“五四”定为青年节了，这是我们青年的光荣，但正因如此，我们必须更努力去接受和学习这些宝贵的教训，才能不辜负历史的指示，才能继续发扬“五四”的光荣传统。

暑假中的工作和学习问题

眼眨眨又是暑假了。对于暑假，一般同学大概有两种心理：一方面是高兴，因为十足有两个月时间，可以自由自在地休息，一方面是舍不得学校的集团生活，许多朝夕相处的同学，一下子都要星散了。但是不管怎么样，一个人换了一个环境，总有一番新的生活，新的计划。每个同学对于怎样利用暑假这问题，大概总有一番考虑吧？

作者在从前读书的时候，也常常有这一类计划，计划非常庞大，但是实现的却非常少，这原因，一则是由于计划过高，不着实际，二则是，人有一种惰性，刚从紧张的集团生活中出来，踏入一个个人的没有羁索的生活里，这种惰性更容易发展。从前有一首形容这种惰性的诗说："春天不是读书天，夏日炎炎正好眠，夏尽秋来冬又到，收拾书箱过新年。"糊里糊涂，一年就过去了，度一个暑假，有时也是这样，起初以为六十天时间正长，不妨慢慢地来，可是一下子，两个月暑假就吃吃玩玩地消磨掉了，什么也没有成就。所以，我们要好好利用暑假，第一，计划不要过分庞大，而要切合实际和实践。第二，我们要尽量采取集体的方式，联合同一地方或同学的知识青年，共同进行。第三，我们要尽量发挥青年的自动自觉精神，克服惰性的滋长。

在暑假中，虽然没有教师的训导，也没有学校里那么完美的设备和紧张的生活，但是暑假生活也有它特殊的可以利用的优越条件。第一，在暑假中，我们没有过分刻板的生活，因此容易发挥我们自由创造的精神。第二，平时功课太紧，我们很少时间去阅读课外的书籍刊物和从事写作，暑假又给予我们这个便利，我们可以根据自己的爱好和兴趣，去选择读物和练习写作。第三，在学校时候，我们很少和社会接触，这是学习上一大缺憾，但是在暑假中，我们回到自己的家乡，在本乡本土，有许多机会和当地的各种人物和事物发生密切接触，而且自己也可以直接参加社会活动，从那里，一方面可以使我们所学习的东西，从实践中获得证明；另一方面可以使我们从实践中去获得新的知识。无论在工作或学习上，这三个条件都是非常有利的。无论任何人，假使决心要利用暑假来学习或工作，必须把握和运用这些客观条件。

综上所述，对于暑假中学生工作和学习的问题，我们可以归纳下列几个原则：第一，必须是有创造性的，第二，必须是实践的，第三，必须尽可能做到集体的。不管是从事抗战的工作也好，从事于学术研究和写作也好，从事于一般社会教育事业也好，都是该把上述三点当作共同的原则。

此外，对于学校的功课和教师指定的暑期作业，均须时时注意，不可荒废。我们必须记住，暑假中间的学习与工作，是学校教育与社会实践相互统一的最好机会。凡是真正具有学习精神的青年，决不会轻易地放过它的。

最后，我们尤须提到，我国现在是抗战中间，一切都以抗战为第一，因此无论在何种的学习与工作中，我们也必须以服务抗战为基本中心。

爱 与 憎

L·托尔斯泰晚年有一个短篇小说，叫做《人靠着什么生活》。这篇小说，实际上是一篇哲学论文，诉说出他对人生问题的看法。托尔斯泰的晚年思想，有如我们所周知的，是一种宗教无抵抗主义。这自然并不能为我们所赞同，但是他对人生深刻的认识和他对上面这一问题的答复，却是值得我们注意的。

"人靠着什么生活？"他的答复是"爱"，就是人类彼此之间相互的爱。他认为爱即是上帝，由于爱的存在，才使人类的生活延续下去。托尔斯泰的观点，是完全唯心的。这且不去论它，但是人类中间存在着伟大的爱，这件事实，却是很重要的。

我们常常自问，我们努力工作，努力学习，努力革命，究竟是为什么呢？无疑的，我们是追求一个真实的合理的美丽的社会生活。这当然并不是仅为我个人，而是为着我们周围的人，就是说为了人类。在这中间，显然是存在着我们对于人类的爱。"革命是一种爱的事业"，这是非常确切的名言。一个不懂得爱的人，决不能成为一个革命者，同样的，一个没有伟大的理想的人，也决不能对人类有什么贡献。

但是我们对于爱，却不是像那些庸俗主义者那样来解释。他们把人类的爱曲解成为一种伪善主义、无抵抗主义。实际上，真正的伟大的爱，同时是伴随着一种伟大的憎恶的。我们对于人类命运的关切愈深，我们对于人类所遭受的种种悲惨的、残酷的压迫，愈加愤怒，愈加仇恨。不知道憎恶，没有愤怒的人，决计不会有真正的爱，相反的，一个最富于热情的人，同时也必然是最冷酷无情的人。这样的爱才是一种战斗的革命的力量。真正的人道主义是由于这种爱和憎结合起来的。所谓“妇人之心”的伪善主义，或像欧洲十八世纪那种犬儒主义，都是阻挠着人类生活前进的一种毒素。

从历史的伟大人物中间，我们常常可以找到这样的例证。拿鲁迅先生来说吧，有谁能否认先生是怀有最伟大的爱的人物呢？他对他的民族，对这时代的人民，对他作品中的人物，无不怀以最热烈的关切，然而，鲁迅先生却是最知道憎恶的人。对他的敌人，他丝毫没有宽容，丝毫没有怜悯，绝对不知道妥协。他以锋利无比的笔，刺穿着他们，攻击着他们，在这个巨人身上，我们看到了伟大的爱，也看到伟大的憎恶，看到无比的热情，也看到无比的愤怒。这种极端分明的憎爱，构成了鲁迅先生的战斗精神。然而在鲁迅先生死后，居然还有些庸俗主义者，躲在角落里，讥讽鲁迅先生“太冷酷”，这样的人能理解什么叫做爱么？

我们现在是在爱和憎最强烈对照的时代。一面是对民族的爱，一面是侵略者和汉奸叛徒的仇恨，只有具有深切的爱和憎的人，才能成为最勇敢的民族战士，这是浅显易见的事，然而，我们却又看到一些悠闲的高超的文人，躲在堪察加的石城里，成天谈着唯美的人生，沉醉于所谓烟土披里纯，而自以为是真理的追求者，对于这些人，你能希望什么呢？

“携手并进，以取得胜利”

——祝苏联十月革命二十四周年纪念

二十四年前，俄国十月革命的成功和苏维埃联邦的成立，对于这一个伟大的历史事件，我以为，不仅是从一个邻国对友邦的应有睦谊上去表示庆祝，而且是从更远大的人类进化的意义上去庆祝它。

我们且不谈革命的主义和学说，我们只是从一个人类文明的拥护者的立场上，从一个民族革命者关心于人类解放事业的立场上，对于这伟大的革命纪念，不应该表示其衷心的同情与欢欣吗？

从前者说，二十四年来，苏联人民在文化上所获得的巨大成就——科学的发现、艺术的创造、对自然界的征服等等，这一切，曾经为全世界的科学家与艺术家所惊叹和感动的，岂仅是对苏联人民的利益，实在是对整个人类社会的伟大贡献。社会主义的建设，把人类的文化与生活创造力提高到空前的水准。苏联的科学与艺术对于世界各国的文化进步产生了巨大的影响。这是谁也不能否认的。

从后者说，二十四年前十月革命的胜利对世界被压迫国家的民族革命运动，曾经给予了莫大的帮助，而二十四年来，苏联政府对于和平政策的努力与被侵略国家的援助，不更是为全世界和平人民所感谢么？苏联人民在西班牙与中国反法西斯战争所流的热血，是至足珍贵的。这是人类的伟大同情；对于这，我们只有用同样的伟大的同情去回答。

这里也就显示了一种真理：苏联利益与人类利益的一致，民族解放与人类解放事业利益的一致。

是在这样意义上，中苏两国的邦交并不是浮泛的，而是建筑在人类最高道义的基础之上。

是在这样意义上，我们对苏联十月革命的庆祝，并不仅是外交上的一种睦谊形式，而是人类的同情与爱的交流。

是在这样意义上，我们——站在反法西斯战争前哨的——中国人民——对于今天和法西斯纳粹在进行英勇搏斗的苏联，表示最大的关切和同情。

也是在这样意义上，我们对于今天进行着的全世界反法西斯战争——中国的抗日战争，苏联的抗德战争，以及一切民主国家的反德日意战争，具有现实的最后胜利的坚强信念。

二十四年来，苏联建国过程所经历的一切艰苦，是中国人民所深切了解的。现在，一国社会主义的建设不但已经证明其实现了，而且这辉煌的成果已经不是一切诅咒它的敌人所能摇撼了。

然而在今天，当人类的巨敌企图以全力来毁灭这和平与文化的堡垒的时候，当苏联人民为保卫人类文明而在英勇搏战的时候，这些诅咒苏联的人，又在幸灾乐祸地预言苏联的失败了，这样毫无温情、胸襟狭窄的人们，是令人愤怒的，然而这种诅咒却毫无用处。

这一战争，决不仅是两个国家的战争，也不是纳粹主义与社会主义的战争。这是人类的正义与邪恶的战争，是文化与野蛮的战争，正因为如此，一切人类的优秀子孙决不能对这战争漠不关心，正因为如此，我们对于这战争越是有最后胜利的信心，支持这战争的，不仅有英勇的苏联红军与人民，而且有一切和平国家的经济力量，而且更有全世界人民的力量——这力量是不可轻侮的。

在庆祝苏联十月革命二十四周年的时候，我感到一种稀有的兴奋，因为在法西斯疯狂的进攻之下，我看见全人类的子孙都亲密地结合起来了。一切反侵略的洪流都汇合起来了。“一切都为了侵略者的死亡！”成为当前全人类的总口号。

我更兴奋地看到，祖国的抗战和苏联的抗战这两支反法西斯战争中的主流，汇合在一起，这两大民族各在其岗位上担任起保卫人类文明的神圣责任。

十六年前，国父曾经预言过：“当此与你们诀别之际，我愿表示我热烈的希望，希望不久即将破晓，斯时苏联以良友及盟国而欢迎独立强盛之中国，两国在争世界被压迫民族自由之大战中，携手并进以取得胜利。”现在这热烈的希望已经实现了。在庆祝十月革命二十四周年之际，我们必须重温国父这辉煌的遗训，在法西斯的炮火之前，更提高我们的警觉和加强我们的团结。

为了全人类的利益

几千百年了，人类从洪水和榛莽中间挣扎出来，用自己的智慧与体力，创造着人类自己的世界，这过程是异常艰苦的。一切人类利益的敌人——暴政，战争，掠夺，贪婪，自私，残忍，愚昧，以及自然界的种种灾祸，都轮流不断地阻碍着历史的车轮，然而，一切都在这伟大的车轮前倒下去了，被碾碎了，拿破仑、路易十四、凯撒、尼古拉二世，都变成了历史的陈迹，历史的车轮依然无可阻遏地在前进。

几千百年了，人类好容易才看见他们的曙光，看见他们用自己的血肉，创造出来的真实世界。在这个世界里，一切压迫，剥削，贪婪，自私，残忍，愚昧都被消灭了，一切专制主义，野蛮主义，人吃人的惨剧都不复存在了，于是人类以兄弟般的亲爱，以圣徒般的热情，用他们的手，他们的智慧与技术，去和自然界相搏斗，于是凝冻了几万年的北冰洋被征服了，生物不能存在的北极被征服了，荒漠无际的西伯利亚原野和森林被征服了；于是聂伯河的洪水，西伯利亚的狂风不复为灾了——一切自然界的灾祸，被转变为丰富人类生活的力量，蕴藏了数千万年的宝藏被发掘出来了，荒漠了数千万年的土地被开垦了。贫瘠的变为肥沃，饥饿的变为饱暖——虽然这还不过是人类最初的曙光。

在这世界里，人类最真实的德性被发扬了，人类智慧的产儿——艺术与科学，迅速地成长了，新的英雄典型产生出来了，古代人类的美梦，在这世界里实现了。

然而，在这曙光前面，一个狰狞的恶魔正从世界的黑角里袭击过来，企图颠覆这人类新生代的摇篮，毁灭千百年来人类从辛苦斗争中所获得的仅有成就，就是说：要毁灭人类！

对于这样事情，凡是人类的子孙，是不容漠不关心的。

今天在欧洲进行着的德苏战争，绝不是一个民族对另一民族的战争（日尔曼民族是不需要和斯拉夫民族战争的），也不是纳粹主义对社会主义的战争，而是人类的敌人法西斯对人类文明的战争，是理性与野蛮的战争，正义与邪恶的战争。

法西斯——这世界上最奇丑的妖魔，它的意义就是：毁灭人类。

在希特勒心目中，并不分什么民主国家，社会主义国家，殖民地与半殖民地国家：凡是非法西斯的国家都在扫除之列，凡是非亚利安人种都应该是纳粹的奴隶。

最明显的事实摆在眼前，希特勒是怎样在屠杀波兰、法兰西、希腊、保加利牙等国家的人民，怎样在破坏几千年来的欧洲文化。

纳粹法西主义和人类的文化，自由，理性与爱是不相并有的，扑灭它，人类才有解放的前途！

人类的解放事业与民族的解放事业是一致的，因为真正的民族利益是与人类的利益是一致的。一个真正的民族主义者，对于这保卫全人类和平与自由、理性与文化的战争，将毫不犹豫地肩负起他的战斗的责任。只有自外于人类的自私与怯懦者才会袖手旁观，才会幸灾乐祸去做渔翁得利的打算，才会暗中去献媚于那人类的敌人。

因此，凡是相信进化论的，凡是爱好和平与自由的，凡是忠实于人类文化的，凡是对人类存着一分热情与爱的，凡是有一分正义感的人类的子孙，都有权利与义务来拥护这反法西斯的战争，而且从人类进化的原则上，从全世界和平与自由人民的广泛结合上，从人类文化与理性不可磨灭的认识上，我们坚信这战争的胜利是必然属于苏联，必然属于一切和平的人民。

我们这样做，只是出于一种信念——为了全人类的利益。

（荃麟　葛琴）

1941年12月5日，司马文森主编，文献出版社发行，《文艺生活》，第一卷第四期，“寄慰苏联战士”栏目中

以人类之子的名义

许多外国新闻记者和从纳粹德国回来的人，告诉过我们这样的话：在纳粹德国，对希特勒最拥护，最服从，最忠贞的，是一部分青年和儿童；儿童会去报告秘密警察，把亲生的父母拉出去坐牢或枪毙，只因为他们父母在私谈中间，曾经偶然吐露出一句不忠希特勒的说话。

这种的话，我完全相信。是的，只有比历史上一切暴君更百倍暴虐的纳粹党魁，才会做出这种旷古未有的罪行！

这样罪行，是屠杀灵魂，灭绝人性！

这种罪行，是要把人类之子沦为最卑贱的无理性的野兽，是要毁灭人类！

我们曾经耳闻过，或者目击过，过去以及现在一切暴虐者如何杀戮婴儿，如何蹂躏处女，如何烧杀掠夺等，这一切，古往今来的暴君们认为最出色的杰作，在希特勒的罪恶史中，却只是最平淡的记录。即在今天，我们打开报纸，就看到纳粹的暴徒是怎样在枪决法国的人质，怎样在杀戮几万名的波兰人民，而把更多的无辜人民送到集中营去，到火线上去；纳粹的军队是怎样在奸淫乌克兰的少女。如果一个新闻记者要把这些罪行天天记录起来，他将写成无数册巨帙的书籍，然而这是否足以说明法西斯纳粹的罪恶呢？不，这转将为希特勒所暗笑。对于法西斯主义者，不仅是人类的残杀，而是人类的毁灭！

人是理性的动物，是有爱情的动物，人类用他自己的体力、热情与智慧，创造他们自己的世界，理性与爱告诉他们去争取自由去远恶近善，去爱他们姊妹兄弟和憎恶他们的敌人，用自己的劳动去获得人类的幸福，去为真理而斗争。几千万年的人类历史，是向着一个最后的光明的目标前进，谁也不能阻遏他，谁也不能毁灭它，而当人类愈走近他们的最后目标，他们的意义愈觉醒，他们的理性愈加发扬，他们更清楚认识自己的历史，他们更勇敢与欢欣，然而这恰是法西斯主义所绝对不能容忍。法西斯主义是要巩固少数人贪婪自私的剥削制度，是要建立一个绝对专制的暴君政治，是要把人类的一切利益转化为极少数暴虐者的利益。希特勒以及他的臣仆们完全知道：要这样做，首先要使人类沦为非人类，要窒息人类所特有的理性与智慧，使他们变成没有思想，没有情感，没有人性，没有独立人格，和牛马一样的动物，然后才能任意地把他们鞭挞，剥削和驱使到战场上去当炮灰。为了这，他们不仅建立了机密与惨酷的，Gestapo（盖世太保——编者注），发明了暗无天日的集中营制度，以及一切千奇百怪的虐刑和监视的方法，他们并且要毁灭几千年以来人类文化的成就，毁灭艺术、科学和伦理，窒塞人类的思想与创造力，使曾经产生过哥德、贝多芬、席勒、康德、黑格尔和马克思的伟大德意志，变成没有光、没有热、没有爱的一片野蛮世界。只有在这黑暗的野蛮世界里，纳粹主义才能存在。

然而更残酷的，却是：这些魔鬼们不仅把那种非人的特务制度，运用在每个德国人民身上，而且企图运用到出生未久的孩童身上，他们用马戏团训练幼兽的方法，去训练德意志的儿童，在他们刚有智慧的时候，就从他们脑子里剥夺掉他们的智慧，思想的能力，天真和爱，使他们千篇一律地变成没有灵魂没有个性的纳粹或小野兽，做父母的是没有权利过问的，为了纳粹的利益，这些强盗们不恤对儿童的天真施行残暴的强奸！

在这篇叙述德国特务教育制度的通讯中，告诉我们：当一个六岁的德国儿童刚入幼稚园的时候，当局就按纳粹政治方式把他们组织起来，每一个儿童都有一样黑表式的卡片，记录着他们生活、体力与思想的状态以及他们父母的生活、思想等等。这张卡片将永远跟着这个儿童辗转一生——从小学，中学，大学，从他找到职业以至死，每一刻都在侦察他，脑子里是否掺入有真正人类的思想，是否有非纳粹的成分，如果那样，他将被送到更严格训练的场所或集中营去，如果这卡片上的记录不能使纳粹暴徒满意的话，则这个儿童或青年将毕生永无出头之日。

而在这过程中，纳粹暴徒用尽一切训练野兽的方法去教育他们怎样仇视爱好和平与自由的人民。怎样侦察和憎恨他们的邻人，怎样告密他们的亲生父母，怎样去虐害那无辜的犹太人，以及去嘲弄、侮辱那些有正义感的艺术家、科学家与思想家——而这一切，希特勒名之曰“纳粹的道德”！

从古到今，有哪一个暴君，曾经干过这样狂妄的罪行？有哪一个国家曾经进行过这种大规模的惨酷行为——灵魂屠杀？

但是希特勒的野心永无戢止，他不仅要毁灭德意志而且要毁灭全世界人类的文明，要把人类历史拖回到中古的黑暗时代去，这就是希特勒所谓“新秩序”？

于是法西斯德国便向全世界爱和平与自由的人民来作战了。

在纳粹德国的东面，巍然地站立着一个崭新的国家——苏维埃俄罗斯。这一个国家里的一切，是和纳粹德国肃然相反的，这里的人民是在呼吸着自由与和平的新生空气，是在为人类的和平与幸福而努力创造着，人类的理性、自由与爱在这里获得最高度的发扬，科学与艺术在这里获得空前的发展。人们已经由人类中间不平的斗争，而进展到与自然相斗争，两次五年计划的胜利成功，使古老的俄罗斯母亲变成了最有活力的一片土地。几千百年人类艰苦奋斗的结果，到此才看到一线曙光，而这线曙光恰是和枭鹰一样的希特勒以及他的臣仆们所最不敢正视的。

在五个月之间，希特勒不恤倾五百万以上的人民生命，企图去消灭这人类的曙光，去屠杀这和平与自由的人类新生代，去毁灭社会主义的文化幼苗，也即是毁灭人类数千万年奋斗过来仅有的成就。世界上有比这更值得愤怒的，更值得诅咒的事情吗？

有人以为这仅仅是德国对苏联的战争，仅仅是对社会主义的政治斗争，这样的看法是非常浅薄的，纳粹主义和社会主义的势不两立，这是无庸解释。但是以为希特勒就会放过其他一切爱好和平人民和国家吗？这样想法，我以为非常可怜。我们已经再三说过了，希特勒的纳粹主义和人类的理性与文化是不能并存的，希特勒所煽起的战争，是野蛮主义向全世界文明人类的宣战。事实再明显没有了,欧洲十几个国家,已经被践踏在狂妄的魔王的铁蹄之下,二万万的欧洲人民已经在纳粹刺刀下失去其自由与独立人格了,在这个时候,仍然存着隔岸观火的心理,我以为还是人类的羞辱!

我们重复重说一遍:这不是单纯的政治制度的战争,而是正义与邪恶的战争,文明与野蛮的战争,是人类保卫文化的战争,保卫理性与自由的战争,是人类与野兽的战争!

高尔基论学习

高尔基晚年几乎花费了大半时间和精力，从事于教育和指导文学青年的学习。他写了很多关于青年文学修养的书和文章，并且经常地跟青年们甚至儿童们通信谈话和批改作品。这些作品和纪录许多已经翻译过来，受到我国青年热烈的欢迎。高尔基对于苏联青年学习这样真切的关心，不仅是由于他对苏维埃和党所负的文化教育责任，更重要的，是他对于新一代青年所具有的由衷的挚爱和热望，这种挚爱和热望，也就是他对于新社会前途所具有的崇高的热情。因此，他极端嫌恶那些自命为名作者们对于“青年作家”的傲慢态度，他称呼这种“傲慢”是小市民的，并且“怀疑里面的文学意识是被苦闷的妒心所替代”，而“当勤劳大众在某一劳动部门培养和推动出一个公认有才能的婴孩时”，高尔基就感到非常愉悦的满足，他说：“这种每次滋长起来的满足的感觉，我称之为‘文学的天良’！”（《论伟大作家和“青年作家”》）

这因为他对于青年是有这种由衷的热爱，所以他给予青年学习上的指导，是非常诚挚和亲切的。他从不像严厉的教授们拿大堆的教条和公式教育青年去死记。他给青年的每篇文章，是那样亲切动人，几乎像是娓娓谈家常，把他毕生丰富经验，不惮琐碎地告诉大家，而从这中间指出学习上正确的方向。他精辟的理论和他的热情是完全融合在一起的。

他在这方面给我们宝贵的指示，首先是关于生活和学习的关系。我们谁都知道，高尔基是从“我的大学”里出来的，他只进过五个月的小学，他的一生是经历比谁都丰富的各色各样生活。这使他获得后来的成功。然而这并不是说，高尔基的成功完全由于他生活的丰富，也不是说，一个人只要有生活就行了。学习和读书同样是非常重要的，事实上高尔基在十四岁做工的时候就开始有意义的读书了。他读了很多的书，“差不多每本书都给我在没有认识过的世界里打开了窗户，给我讲关于我不会知道，不曾看见过的人们、感情、思想和关系。”在他一生饱尝艰辛的生活中，高尔基没有一刻放松过读书，“我愈读得多，书本便愈使我跟世界亲近，生活对于我愈变成光明，有意味。”他在晚年常常责备苏联青年作家们求知欲贫乏的现象，“他们读得很少，诗人觉得阅读散文是多余的，散文家也不阅读诗歌，然而他们却同样急忙地写着互相攻讦的不通的评论，”“不少空谈家到处存在着，他们读书只是为着要‘反驳’，高唱自己的革命理论，而推着较为慎重较为忠诚的同志前进。”因此他在《我怎样学习的》一文中的结语中，就这样说：

“深深地相信我的信心的真实，我现在向着每个人都说：请爱好书本吧，它将使你的生活容易化，它将友爱地帮助你了解感情，思想，事变的各方面和复杂的混合，它将教你尊崇别人和你自己，它将带着于世界和人类的爱的感情，给予智慧和心灵的羽翼。”

“一切知识都是有用的。就是关于心灵错误、感情错误的知识也都是有用的，请爱书吧——这知识的泉流——”

“在为人所做成的和正在做着的一切之中，现在都有着它的灵魂；这种纯洁的忠诚的灵魂，在科学当中在艺术当中都是最多的，它又是最雄辩地而且容易了解地在书本中说着。”

这诚挚的劝告，对于目前一些吊儿郎当不肯读书的青年朋友，是多么重要啊。

然而，高尔基决不教我们沉溺到书本中间，而忘记生活，他告诉我们他幼年的经验：从前他自己就是这样。“在我看来，甚至围绕着我的那生活，和每天在我面前展开着的一切，严酷的、污秽的、凶暴的东西——都是不存在的，不需要的；那存在的和需要的只是在那些书本里。——由书本启示给我的那世界中的精神重要性而陶醉着的我，认为他们（书本里那些人）才是比较人们更好，更有趣，更接近的。透过那些书本去看实际的生活，我好像是有些眼花了。”

“但是那严格的聪明人——生活，很留心地把我从这种有趣的盲目里医治过来了。”在他对生活的残酷斗争中间，他发现书本中所说的，都是存在于现实或现实的未来中，只要人类去创造它。这样书本才真正扩大了他的视野，唤起他生活创造的勇毅的热情。加强了他对生活斗争的信心。从来没有一个文学家有像高尔基那样经历过复杂众多的生活，这种生活的感情与认识和他从书本上所获得的思想，紧紧结合，就培养他惊人的创造力量。“严格的聪明人”——他用这样名词去称呼生活，这是多么精确而有力啊！

在他述及写作的经验时候，他也说及生活与书籍的关系。

他说：

“我从生活和书籍接受了印象，从生活所受的印象，可以比作原料；从书籍所受的印象，可以比作半制品，更用一句粗野的比方，说得明白一点，前者的场合是我跟前的牲口，而后者的场合，好比从那牲口剥取下来经过鞘制的皮革。”（《我的文学修养》）

仅仅是有许多原料是不够的，然而如果没有原料和不理解从原料到熟货的制造过程，你还是无法创造出什么东西来。

在生活和学习的统一关系上，更重要的一点，乃是一个人的思想以及由这种思想所产生的信心和热情。高尔基对于学习和创作上，是非常强调这一点的。他说：“在我们的世界上，最美的东西，是能从劳动，从聪明人的手造成的。而且我们的一切思想，一切观念，是从劳动过程中产生的。艺术、科学、技术的发达史，更使我们相信这一回事。思想产生于实践之后。我之所以‘赞美’人生，因为除了人类的理性，想象，臆测等等的体现以外，在我们的世界上是什么也感不到，什么也见不到的。”（《我的文学修养》）高尔基强调着：无论对于科学或对于艺术，认识和想象的功用是非常巨大的，这一切是基于思想力的广阔与丰富，但是这种思想力的培养，绝不能离开生活斗争的实践。因此，生活对于学习便益显出其重要的意义，由于思想的训练与思想力的培养，才能积蓄我们对自己力量的信心。高尔基要求我们积蓄这种自信心，他说：“这种信心可以从克服障碍养成意志的‘训练’中来完成。你们必须学习征服在自己内在及外面的过去的污秽的遗产。要不然，怎么‘能够逃出旧世界呢’——你们知道人们可以把自己的身体，训练成健康、坚忍而敏捷;对于自己的理性和意志,也必须加以训练。”

而在另一方面,高尔基绝不忽视学习和创作技术的重要,相反的,他异常重视技术的训练。他指出苏联青年作家“都需要学习事业的技术,他们大多数在技术上是没有武装的。这无限地损害他们中间许多人,不能使他们尽力发挥他们的才智”。(《论青年作家》)“青年文学家是不是必须向老技师学习用言辞的摹仿艺术的事业呢?很明显地,这是必需的,因为他们必须吸取和熟习技师的工作方法,‘秘诀’。列宁格勒的工人得到了美国面包工场的标准设备,而后学习了机器的全部技术,决定由自己的手建造同样的设备。没有一点使我惊异的,如果他们要完成这些机器,——这意义就是说要学习技巧。”(《培养文化技师》)然而,他却不像一些庸俗的教育家们,把技术的意义看得非常狭窄,他看重技术是要求我们去作为一个“生活的教师”,他特别指出“思想”是“技术”的前提,只有技术的知识和创作的手法,而没有“健全的思想”,则是不可能创造出什么艺术来的。

生活斗争的实践,思想意识的训练,技术的武装,这三者是学习的基本条件,它们是互相关系着,不能或缺的。这是我们从高尔基对学习问题的指示中所得到的主要教训。这不仅是一个初学写作者如此,任何部门的初学者必须如此。这样的学习才可能取得较大的成就。

从上述的原则出发,可以明白学习的目的,是为了研究生活现象和创造新的生活。因此我们必须从理解具体的现象着手,反对那种主观的独断主义。对于这种主观主义高尔基曾经作过这样的抨击:“大多数人,思索着,议论着,并非为了研究生活现象，而是想急着设定种种‘不成问题的真理’，替自己的思想找安全的避难地，特别是那些批评家，更是性急，想制造这种不成问题的真理。而且这种性急，正在作家的工作上非常有害地反映着。公式主义，独断主义，明白真理的‘打倒’式的制造，在文学者们责任重大的工作上，无可避免地是局限而且歪曲了活的急速变化着的现实的意义。”他接着引用恩格斯的话说，“我们的学说并不是教条，而是行动的指导。”(《和青年们的谈话》)

对于这种主观主义的根据，是我们对于现实缺乏理解。在《论青年作家》一文中，高尔基指出：

“青年作家对现实的兴趣显然是低落的，观察技能发展得很薄弱。人们一般地常常要急急地做出‘最后结论’，这缺点尤其是青年的特性。匆忙是阻碍人们去注意大量的占优势的事物的——而现在我们和世界各处一样仍容有这样不良性质的事物。”

接着，他指出，“在我们现实中间，就急需去注意、开发、描写一切稳固地生长着有用、新鲜、明确性的事物。这新鲜的事物是青年作家不大觉得的，显然是由于他们不知道旧的，他们太热中于倾听人们的话语，就代替了在事业中，在对生活发生了新的和旧的衰老底悲剧斗争中——学习观察新的事物，”

在另一篇文章里，高尔基论及言语问题时，他指出认识现实的重要，他说起他自己年轻时候曾拼命发明“新词”，“很清楚地，我造出了‘自己的词儿’，写满了好些练习簿，煞费了一番苦心，这也是一种‘幼稚病’。我应该感谢现实，现实是一个好医生，在短时期中把我治好了。”

上述种种缺点，正流行在我国一般青年和文化界中间。我们的学习常常是拘囿在可怜的主观主义圈子里（虽然理论上，我们很会说漂亮的话的）。我们应该仔细地咀嚼高尔基的警句：“现实是个好医生。”

在另一方面，我们必须再补一句，高尔基是要求青年有大胆的理想，遥视和改革现实的战斗热情，他反对那些所谓“‘富于常识’的人，即那班‘头脑冷静’的聪明人，以为只消对事实的力量，习惯，教条的力量服服帖帖服从——并不参加实际战斗，只是很取巧地利用胜利的果实”。同样的，他也反对创作上那种温吞的，冷漠的客观主义和那种贫血的旧现实主义。

主观主义的结果，会把学习的艰苦性忽视了。大家性急地想得出“最后结论”，于是抛弃缜密的研究，粗枝大叶摸到几个空洞原则，就算是学习的成果。这种倾向造成青年中间一些普遍的不良现象，就是自命不凡，急于成名，以及粗制滥造，泛泛浅薄。高尔基严厉地谴责了这种不良的倾向。当他听到报纸上报告苏联自称作家的有一万五千人时候，他说：“宁可少些，可要好一些。”又说，“细察这群糟蹋纸笔者的工作，我很遗憾地必须指出其中大多数人的两种本质：便是浅学和自大。”

他更具体地指出“有些初学写作者，错想‘著作’是容易的工作，有的已经患了‘写作欲’病，最后，有些少年只想写革命笔调，还有这些：‘你们修改了我的著名的文体，你们都是猪猡！’”

在另一处，他又指出，“缺少修养的作家，他的‘出人头地’倾向就越加剧烈和明显。有个青年要求指导：‘作家必须知道用什么方法，才能尽快地知道一切呢?'这种请求正是现出许多作家的倾向——尽快知道一切，为的要'出人头地'。"

高尔基在《论青年作家》这篇文章中，描述了许多这样例子，他诚恳地说，"我觉得，是知道的时候了，人们在群众间，'不是突然崛起'的，而是循着观察，比较，研究的道路走出来的。"

在《论伟大作家与青年作家》中，又说：

"必须使'青年作家'知道，功名是杂色而有酸味的毒汁，大量地服饮它，孱弱的头脑就变得恶劣，将沉醉得仿佛喝了'啤酒'一样。服用这种混和剂应该当心，一年间不要喝一茶匙。过烈的药剂是会使心脏肥大，骄气肿胀，傲慢，自负，性急，和种种畸形的病。"

高尔基再三劝告青年要知道学习的艰苦，而且要"有恒心地，诚恳地学习接受正确谨慎的劝告。我劝告他应该记住：你并不是什么都懂的，而在现实这样激变中的现在，你越是生活下去，越是难懂得一切。"(《培养文化技师》)

"文艺武装是需要和智力武装——和理知武装，创造的组织，革命意志——同时存在的。文化人是慢慢地，艰难地被创造出来的——布尔乔亚的一切文化艰难的发展史，都动听地告诉我们这个了。"(同上)

因此，我们必须耐心地向前辈去学习技术的工作方法和秘诀。高尔基常常告诉青年，必须向古典主义作品去学习。他严厉批评那些以为古典主义作品会有害于劳动阶级事业的浅薄见解。在他这种正确的指导之下，苏联人民接受文化遗产的工作，便收到了辉煌的效果。

高尔基关于学习方面的遗教，是非常丰富的，由于手头材料缺乏，只能大概地举出一些，但是他主要的意思，我们已经可以看出。最后，还有一点是不能忽视的，就是他指出学习的主要目的，是仕奉于革命，仕奉于人类幸福的创造，并不是为了个人的成就，为了使个人在生活中获得更好的地位。这一基本点，尤其是应该为青年们所注意。

附记：《中学生》杂志要我写一篇纪念高尔基逝世六周年的文章，这种老套的纪念文章，实在是没有什么好写的了，我想，与其这样，还不如摘录一些高尔基关于学习方面的遗教，也许不无意思吧。高尔基所指出青年们学习上的恶劣倾向，正是今天我们中国青年界和文化界中间一个严重的现象。我们中间不正是有那样“多少适当地写了两三节小说，就装腔作势，自己认为文学的熟练技师而完全停止学习的”么？不正是有那样“利己求名的，笨拙热情和互相嫉忌，争吵的倾向”么？不正是有那样处处想“尽快知道一切，为的要出人头地”的青年作家么，不正是有那样粗制滥造，“想急急做出‘最后结论’的”空谈家么？这一切在今天都是值得异常警惕的。我们学习的风气是需要整饬了！在纪念高尔基逝世六周年的时候，我们与其来空空洞洞来说“学习高尔基”，还不如切实一些接受他给我们的宝贵的教训罢。

《中学生》1942年6月出版，第56期

旧话重提

——写在第二十三个五四纪念日

一位曾经参加过“五四”学生运动，而现在已经成为大学教授的先生，有一次跟我谈到当前的学风问题时候，深深地感叹说：

> 今日之果，都是前日我们自己种下的因，中国学风之嚣张，祸根实在于民八的五四。当时我们只知道凭一腔热血去蛮干，一声吆喝，群起附和，哪里计及什么利害关系。弄得全国学生有书不读，有课不上，乱哄哄地去干涉政治，妄论国是，今天罢课，明天游行，仿佛国家大事，靠我们一群小孩子就有办法，尤其是火烧赵家楼，殴打曹章陆，以为这就算是革命，实在是可笑得很。此风一开，二十几年来的学校风气就不堪收拾。凭良心说，今天学生的“荒诞驾诞”，我们这些前辈的学生是不能辞其咎。五四运动是失败的，这失败的原因也就是学生们的浮而不实。不过我们当时还能悬崖勒马，五四以后，就提出“学识未足，莫谈国事”的口号，虽然迟了，究竟不为无

功，然而现在这些青年们却连这一点自省功夫也没有，眼看着在重蹈我们的覆辙，这实在是可悲的现象……

这段说话，多少是含有几分典型的意味。五四到现在已经二十三年了，当时所谓学生的领袖们，现在大都是五十左右的人物，有的早已是掌印绾符，有的也成了“人之师”，年龄环境不同，观感也就各异。今天和这位先生抱同感的，正大有人在。而能够像这位先生坦白忏悔，引咎自责的，怕已经是很难得的了。

和这位先生意见针对着的，是另一位青年学生的表示：他曾经对我牢骚地说：“要说我们不安分守己吧，那末当年他们自己（指那些教授们）在五四运动中间的情形，恐怕比我们还十倍的不安分，现在的学生运动和五四的学生运动相比，只好算小巫见大巫。当时他们闹得全国大罢课，尚且能够得社会人士同情支持，现在我们为了争一点小小的自由，就动不动戴我们大帽子，两相比较，你说，这冤枉往哪里诉去……”

仅仅相隔二十三年，两代的知识分子对于五四青年运动的评价，就有这样的差别，这真要教我怀疑，再隔一二十年以后，现在的青年学生，是否也会像前一代的学生一样，再来一番沉痛的忏悔呢？

其实历史自有真实的评价，决不会因为我们的好恶而变更其意义，五四运动既然在中国历史上写下那么的一页，它的作用终归是存在，绝不能因为我们觉得它不合适就把它一笔抹煞，全盘否定。否定固不可能，忏悔也大可不必。然而另一方面，我们如果不从这历史中去接受它的经验与教训，不具体地去研究它的成功与失败的原因，不批判地去考察它的优点和缺点，光是空泛地叫着“五四是我们光荣的传统”，则这个光荣的传统对现在的青年运动，还只不过是一个漂亮的幌子而已。

谈到“五四”，第一个教我们想起的，就是学生参与政治的问题，现在若干教授们最反对的也就是这一点，他们的论证，就是历来欧美各国的革命运动中，向来就很少学生参加，更没有以学生为主导力量的事情，因此认为“五四”的学生救国运动，实是一种畸形的怪现象，青年入世未深，学识未足，如何谈得来政治大事。学生救国之道，厥在埋头读书，参加政治，徒足偾事而有余。他们并且引证普法战争中弦歌不辍的故事，认为是教育的美德，这种说法，未始没有几分道理，但是却没有理解中国这种社会的特点。五四运动的爆发，固然是由青年学生发动的，然而说五四运动的产生完全是由于学生，却是不对。帝国主义与封建势力的长期压迫，早已决定中国民主主义革命运动的必然勃兴，即使没有学生发动，这一反帝反封建的民主运动，也绝不能避免。凡是稍为了解历史法则的人，都能明白。但是这个民主革命运动何以首先表现于学生运动中间呢？中国的青年学生运动何以较西欧各国更占重要的地位呢？这不能不归根于殖民地和半殖民地的特性。

由于帝国主义和封建势力长期的压迫，以及资本主义的外铄作用，中国的民族资产阶级还异常幼弱，中国产业劳动者运动与农民运动，还不能和西欧各国一样的勃兴，大众的政治觉悟比较资本主义国家要更落后，然而客观的条件和民族的危机却已经迫得当时政治局势不再这样支持下去，民主主义革命运动已经到了自发的时候，于是这一运动的发难，便很自然地落在市民和小市民阶层中最富于时代敏感的青年知识分子身上了。这些青年知识分子具有的特征，第一，是直接体受到帝国主义与封建军阀的压迫，第二，是深切感到封建礼教束缚的痛苦，第三，是最先接触到世界的新文化和新思潮，第四，是他们生活在种群体的组织（学校）中间，养成了集体的意识。这些条件造成了他们一种顽强的反抗精神和敏锐的时代感觉，这也就是构成半殖民地民主主义革命初期中知识青年重要地位的因素。在落后的半殖民地社会中间，知识分子不仅本身具备了这样的特点，而且它同时又是新文化与新思潮输入到落后国民中间的一座主要桥梁。这不仅中国如此，即在其他殖民地或半殖民地国家也然。例如在今天印度的民族运动中间，我们可以看到印度学生运动是占如何重要的地位。如果不理解一个落后的殖民地国家这些特征，只是拿英美学生和中国学生来对照，便断定中国学生运动路线的错误，和否定五四学生运动的功绩，这是站在天空里讲话——脱离现实的说法。

从上所述，可见五四以来中国学生青年的参加政治斗争，并不是中国青年比西欧青年特别狂妄，乃是客观现实与革命情势的一种必然要求，也是半殖民地国家民主主义革命过程中一种自然现象。五四时代学生运动能够博得全国人士的支持与同情，也正因为这一运动是适合当时的政治现实。在那里，连最反动的复辟党康有为都这样说：

有民国八年以来，未见真民意，真民权，有之，自学生此举始。

一个反动的复辟党人居然道破了历史的真理，而一个曾经参加五四运动的教授，却在二十年以后反说出这运动是可笑之至的话，还要痛自忏悔。这事情是多么教人惊讶？其实道理也很简单。康有为的话，是在当时现实的环境中说的，事实放在眼前，究竟也不能不说句真话，而现在这位教授，却是把这一现象从具体历史中抽离出来，于是他只看见学生的嚣张狂妄，却忘记了它和当时具体政治情势的关系，更忘记了中国社会的特质。一脱离历史现实，这位曾经是群众领袖的教授，反不如复辟党人康有为，这是如何值得我们警惕！而现在这位教授却拿这套抽象理论去教育他的学生，这又何怪他那高徒要大发牢骚呢？

学生参与政治斗争，不仅是历史的客观有这样要求，而我们主观上也不能不重视这一力量。国父在五四以后对当时北京的学生领袖王昆仑先生说：

你们北方学生五四运动的精神很好。可是专研究新思潮是不够的。学生要读书，也要懂得政治，因为政治不好，使你们读不成书。读书研究学问就是为了把国家弄好，要把国家弄好就来入革命党；我希望你们北京的学生从今以后都来帮助我们革命党。我们革命没有你们学生加入是不能成功的。

国父是有卓见的，他决不是想利用学生力量，而确实是认识了教育与社会实践不能分离，救国与求学并不能机械对立。他并不说“学识未足，莫谈国事”，他却说：“苟知所以用其力者，决不思力之不足”，并且还指出求学如果不以挽救国家危亡建设国家为前提，则“学问反为贼国之由”，这和目下一般庸俗的教育家和教授们所发挥的宏论，是有怎样巨大的区别啊。

联系着这第一个问题，便是学生的思想问题，五四时候，正是世界各种思想汹涌输入中国之际，一个北京大学，就包含着各色各样不同的思想流派，诸子百家，纷然杂陈，这自然又是教人想到五四运动。

关于保障作家生活问题

我们通常所谓作家生活，是包括作家的精神生活和物质生活，而在作家来说，精神生活尤其重要。因为写作乃一种精神劳动，作者所追求的，不是个人物质上的享受，而是人类历史的真实与真理，他们所欲创造的乃人类新的现实或国民的新的精神。因此，作家对他的写作是看做一种为了人类新的幸福生活的创造事业，并不是把它看做一种谋生的手段，一种职业。虽然有所谓“职业作家”的名称，但这只是说，他的主要工作和生活是写作，和店员、工匠等藉一种技能以糊口的所谓职业是不同意义的。一个作家对于其自己的作品，不管好歹，终不能把它看成一种可以金钱来衡量的商品。在一个出版商的口中，可以说这部稿子值几多钱，但这话对于一个作家是种侮辱。谁又能说托尔斯泰的《复活》究竟值几多钱呢？所谓“卖文为活”，对一个真正的作家说，是不应该的。

作家所追求的既然是一种崇高的精神生活，因此对于其自己的物质生活便少注意。一个作家往往不善处理其私人的物质生活，他们常常是陷于穷困与疾病之中。他们自甘于此，决不愿抛弃其笔，尤其是文艺作家如此。他们常常把整个精神贯注于其创作事业上，他们需要自由地去窥视和显示一切复杂的生活的秘奥，因此他就更迫切地要求有精神生活上的保障。然而这是否说，对于他们的物质生活就可以不管吗？当然不。精神生活决不能和物质生活分离的。一个作家固然自甘清苦，但决不能叫他饿着肚子去创作，也不能让他整天为柴米油盐去奔波。一部作品的创造有时是需要一种安定生活，能够让作家专心一志于他自己的事业中，而这就非要有物质生活上的保障不可；再则作家也是一个社会的人，他一样要求有生存、温饱和发展的权利。何况他又是为国民文化创造而劳动着，更应该得到国家社会对他们生活的一定保障。作家生活的保障问题的提出，并不仅是出版家与作家之间的问题，而应该是看做是社会的一个问题，国家文化事业上一个问题。它的意义，也不仅是为了解决作家的个人或家庭生活，而是为了促进国家与民族的文化创造的发展。

社会既然没有重视这个问题，作家便不得不为其自己的权益而说话了。作家为其自己权益而说话，绝非如商人论价般向出版商来争取锱铢。我已经说过，作家的作品绝非货币所能衡量的。现在用稿费或版税来计算报酬，实在是今天这社会中不得已的办法，我相信在将来的社会中，这些制度将被取消。一个有贡献的作家，将终身获得其创作生活上的种种荣誉、便利与保障，作品与货币将不再发生关系。现在这是不可能，但是我们至少不能在今天作家这样艰苦生活中，再让出版商把作家心血的作品掂斤播两地去刮削，不能让市侩再从这种几乎谈不上报酬的心血劳动中去吮吸不合理的利润。今天作家提出其自己权益问题，在作家们自己是痛心的。他们第一是为尊重和爱护自己的作品，第二是要求他们为了文化创作事业而努力所应有的最低微的生活权利，早已经降落到生活水平以下。只要看一看在物价增加到平均一百倍的今天，而作家稿费仅增加十倍(换句话说，即稿费比战前低落了十倍)这一事实，即不难明白今天中国作家是处在怎样的一种物质生活环境之中。那末，对于这个问题的提出，也就绝不应有所怀疑了。

常常有种种论调，以为作家应该清高一点，不应为增加几元稿费或百分之几的版税而闹到面红耳赤，或甚至如陈铨教授所说，“我们应该沉默”，“大家不要谈生活的困难”。说这样话的人，不仅是不了解今天一般作家实际生活状况，并且也不理解一个作家，他们是把作家要求生活保障问题，看做是“商贾争一钱”的把戏了。这实在是近乎侮辱。不仅在当前的抗战中间，从事文化创作的工作者知道他们应该怎样刻苦耐劳，即在战前，他们又何尝重视其自己的物质生活。他们可以忍受最刻苦的生活，但他们却不能容忍自己的权益无端被损，不能忍受辛勤劳动的结果，而使子女挨饿忍寒。一个作家是有他自己的骄傲和自尊的，社会应该尊敬他们这种骄傲和自尊。一个近代国家的社会，大抵都能知道重视文化工作者，在中国，似乎还没有这个习惯。中国出版市场的混乱情形，恐怕是世界上所稀有的。在这种情形下，尚欲以“清高”“沉默”责备作家，其结果恰将助长另一方面市侩主义猖獗的现象，那是很显然的。另一种论调，以为为了维护及促进文化或出版事业的发展，作家应该有所容忍，这种说法似颇堂皇，然而却是本末倒置。无论文化或出版事业的发展，首先条件即为文化创作上有更辉煌的成就与收获，而这一条件，就不得不联系到作家的生活的保障问题。外国的出版界常有以巨金供给作家从事研究创作之举，在中国谈不上这点，但是使作家获得较能安心创作之机会，以产生更充实的作品，这对于出版或文化事业有利的事实，无论如何总应该被承认罢。

今天作家生活保障问题的提出，其意义决不局限作家私人生活的救济。我们必须从更远一点去认识这一问题。首先，在今天，为了抗战建国的需要，以及为了文化发展的前途，不仅需要安定文化岗位，并且要求更深入，更切实的研究与创造，因此必须更养成文化人埋头实干的作风，以扫除过去浮泛粗糙的毛病。为了这，作家的生活，无论在精神上或物质上，必须为我们所重视。目前显然有种危机，即由于生活过高的压迫，使若干文化工作者有被迫脱离岗位的可能，而另一方面有助长文化或文艺界本身中投机取巧的市侩主义的倾向。为了积极地创造新的风气和消极地与此种倾向作斗争，作家生活保障问题，应该是更广远地被认为文化建设上一个重要的实际的课题。

其次，在作家权益保障的问题上，显然也包含着一个出版界的整饬风气与出版界与作家团结的问题。目前翻版偷税及剪编抄袭的市侩风气，已经形成出版界一最卑劣的现象。这种嚣张的风气，将使战时中国文化事业蒙受极大的损害，而使文化市场日益受无耻的市侩所操纵，这不仅是作家的损失，而同样也是忠实的出版商的不利。此种风气的延续，并且更易增加作家与出版家之间的对立与纠纷，唯有加强对于此种市侩主义的打击，确保作家应有的权益，一方面是健全了出版事业的本身，而另一方面在整饬出版界风气这一点上，必然会增进了作家与出版家之间的感情，而使文化界的团结更形巩固。

有人疑心作家生活保障问题的提出，将易招致作家与出版界间之纠纷，这实是杞忧。其实什么事情，只要能泾渭分明，反容易澄清。因为作家生活的安定，在基本上对于出版界乃是有利而不是有损的啊。

作家与出版家的先天矛盾，是存在于一则是把作品看为作品，一则是看为商品。这是文化与商业的矛盾，但是这矛盾未始不能克服，即是强健文化本身的领导力量（目前常常发生此种矛盾，即由于文化本身领导力量的薄弱），使出版界的营业方针自然地服从于文化界的创作方向。文化界所重视者，亦即出版界所重视者。文化出版事业的根基乃是在作家的创造。出版界必须从这点上来认识他们自己事业的前途，也必须在这一观点，来重视作家的生活与权益的问题。作家生活保障问题的提出，绝不是片面的、消极的，而是对当前整饬整个文化界风气直接有关的一个积极问题。

自然，作家生活保障问题，绝不限于作家与出版界之间，上面已经说过，这是一个社会的问题，国家文化事业的问题。它的范围也不仅限于物质生活，更主要还是精神生活方面。因此更积极的，是需要政府与社会团体能重视这一问题，譬如研究机关的建立，大规模的出版计划的实施，文艺科学各种奖金之设立，作家死亡与贫病的救济，创作研究生活的合法保障，出版事业的扶植与奖励等等，都是更重要的工作，但是因为目前更容易发生的实际问题，往往还在作家与出版家之间，所以本文的论列也就多偏在这一面。不过无论如何，我们必须认识，这一问题，并非仅仅关于作家的生活问题，它的着眼点乃是在抗战中整个的文化建设运动。

一点希望和一点意见

——祝西南戏剧展览会开幕

戏剧展览会开幕了，这是一件盛事。但是我们却希望这不仅是“盛事”而已。因为现在究竟还不是太平盛世，而且西南各省的戏剧团队和戏剧工作者一齐聚集到桂林来，在战时也不是一件容易的事情，所以这次大会名义上虽然是展览，然而最重要的意义恐怕还是从这次盛大的展览中间，去认识和评价这几年来戏剧运动发展的成果，去接受抗战戏剧运动中的经验和教训，和从这里去重新肯定今后戏剧运动的方针和方向，以及研究戏剧艺术上的各种问题。

在一个文化落后的国家里，戏剧往往是一种最有力的启蒙形式。中国的旧戏在农民中间曾产生了极大的影响，举凡历史上的知识以及中国旧文学上的故事与典型人物，莫不是通过戏剧的形式与人民大众相接触；而且由于形式上的大众化，像平剧和地方剧都曾经打倒了宫廷戏剧而取得了它优越的地位。可惜囿于没有人领导，当它们取得优越地位之后，它们的内容却渐渐变了质，因而形式也停滞不向前或反而脱离大众了。话剧产生以后，无疑成为新戏剧运动中的主要形式，然而由于它初期局部[限]在知识阶级圈子中间，它的发展并不顶快，影响也并不顶大。伟大的抗战要解决这个问题了。抗战把戏剧和人民大众接近起来，通过戏剧，人民的文化水准提高了，民众运动展开了；同时，也是通过人民大众；戏剧本身和戏剧运动获得最快的进步和最广泛的展开了。今天我们能在桂林作这样盛大的展览，追本溯源，是不能忘记这一点的。历史的事实证明了文化艺术的进步与人民大众不可分割的真理。在二十八年、二十九年的时候，几乎每个偏僻的农村里都有戏剧工作者的足迹，而且几乎把旧戏挤走了，这是中国戏剧运动史上最光荣的惊人的记录。昨天我读到报上苏联的新闻，说他们在战争以来的三十个月中在前方上演了二万三千次戏。当时中国戏剧工作者在前方究竟演过多少次戏，我虽然没有统计，但是我相信决不会对人家光荣的成绩有愧色的。像导演家刘保罗、作曲家任光以及许多戏剧工作者都在前方牺牲了，这是中国剧人所应该骄傲的。虽然当时的戏剧被指摘过偏于公式化了，但那是迅疾发展的最初阶段中所难免现象（客观要求超过了主观的创造），并不能据此来否定它辉煌的进步和成绩的。现在戏剧的内容和形式，演出的技巧和装置确是比以前进步了，然而我们广大的观众到哪里去了呢？我们那种戏剧的游击战以及伴随它产生的独创性形式哪里去了呢？自然并不是完全没有，但是我们不能否认确实是和最广大的人民和士兵渐渐脱离了。人家的口号是“一切为了前方！”我们的口号是什么呢？人家三十个月中上演了二万三千次戏，我们这三十个月演了若干次戏呢？现在我们是不能没有愧色了。

这与其说是戏剧工作者主观上的倾向，毋宁说是受客观环境与物质条件的限制。这是很显然的。然而我们也不能不检查一下，我们主观上是不是完全没有把今天的戏剧看成市民阶层的艺术的倾向呢？我们的剧作、导演、演技诸方面是不是也有点受到这种倾向的影响呢？如果有，那是值得深深警惕的。

我以为纵然客观困难，主观的努力并非完全不能克服。我相信我们这些曾经有过光荣战绩的演剧团队是能够继续他们光荣的传统的。我们可以创造一个更灵活轻巧的形式，去战胜困难，把戏剧送到前方和农村的人民大众中去。例如这次展览会中有傀儡戏一项，我以为很值得注意。这是从民间艺术中改造过来的，而可以适应于乡村与前线的一种极灵活的戏剧形式。虽然它还是在初创时期，我们却应该有理由去重视它的。

我们必须学习像刘保罗那种精神。他拒绝人家邀请到都市里来办剧团，他牺牲个人的成名的机会，永远和人民大众拥抱在一起，永远坚持着他自己提出的“戏剧游击战”的口号，并因这个口号而死！我们必须以这种精神去克服困难，去把我们的艺术服务于人民。我们每个戏剧界战士必须知道——人民大众是在等着你们啊！

我希望要求这次大会能够讨论研究这个问题。我就以这点意见作为向展览会的一种贡献，并且以这种希望谨祝大会的成功！

（原载 1944 年 2 月 15 日《力报》）

关于鲁彦的死及其他

××兄：……

鲁彦是七月初抵桂的，至桂次日，我去看他，觉得比去年坏了很多，瘦得不成样子，喉头患了结核，说话很不容易。他告诉我，杂志（《文艺杂志》——编者）上了人的当，弄得十分混乱，非常懊悔……

鲁彦到此时，只剩九百元，情形极其狼狈，他的病因此次路上太辛苦——走了十二天，在敞车上睡了四天四夜——便突然变严重。当时朋友们替他筹募了二万元请医治疗，后来又电你们设法，得到"文协"援助贫病作家基金的接济后，才算把他送入医院。但因针药太贵，几乎天天要找钱应付。到了七月十七日下午，病势突呈危象，即晚，他太太跑来找我。我次晨去看他，已不能言语，身体瘦得皮包骨头，宛如骷髅，叫人惨不忍睹！但他仍极力希望活下去，叫医生替他打葡萄糖……。次晨，我正要去看他，到了半路，报丧的已经来了。我立即电"文协"总会请拨治丧费，一面由书业公会募了两万元，总算把丧事料理过去了。在我到医院以前，连入殓的衣着都无钱购买！一个文人下场如此悲惨，尚复何言！

殡仪已于前晨举行，尚庄严肃穆，文艺界到的约六七十人。现安葬在星子岩前面，墓碑及墓志铭尚待请人撰书。……将来尚盼“文协”总会替他募集一些子女教育基金。……

桂林、柳州、八步文艺界同人情况大体如下：留桂的计有田汉，周钢鸣，司马文森，秦似，彭燕郊，于逢，易巩，葛琴及弟等。田汉家属早疏散，均托友人照料，他本人现赴前线。钢鸣及司马文森家属亦已疏散，本人留桂编一三日刊，无固定职业可言。秦似、彭燕郊久无收入，生活甚艰窘；燕郊拟去贵阳。于逢、易巩生活也很苦，找不到职业，收不到稿费，行止亦不能定。弟自咯血后即不能工作，借了点债暂时维持，拟来渝找工作。胡危舟仍在办学校。留柳作家计有黄药眠，穆木天，彭慧，何家槐，新波，伍禾等。艾芜已离柳去渝；黄药眠拟去蓉；木天、彭慧仍在“师范学校”教书，拟随校去广西长安；家槐仍如旧，兼编《大刚报》副刊。留八步的，除柳亚子先生外，有胡仲持，生活虽苦，住在一家书店里吃饭，正在筹划组织“两粤文化供应社”。此外，还有曹伯韩、温涛在宜山……

荃　麟

八月二十六日

最真实的声音

在前几天一次反对内战的大会上，我听到了一位抗属的发言。这是在重庆公开的聚会第一次听到一个劳动妇女说出她们自己的话。

在许多名流演讲完了以后，她在人丛中站了起来。四十来岁的年纪，憔悴而微带忧戚的脸容，用那纯粹的乡下土话，质朴地复述着她离家八年的丈夫，叙述她家庭里的景况，而最后她只提出一个极其单纯的要求；要她的丈夫立刻从内战中回来。

——国仗已经打完了，郎格还不回来呢？

就是这样平凡、简单，声音是这么低沉，然而这低沉的声音给予我的是怎样一种强烈的震动！在这声音的背后，不正是隐藏着今天之千万个父亲，母亲，妻子，儿女同样惨痛的呼声吗？在这声音里面，不正是包含着她多少年月来冤情的血泪吗？只要想一想这几年来乡村里拉丁的情景，看一看这几天川江里陆续东下的差船，谁能不感到她这句话里沉重的分量呢？可是她就是那么平凡地脱口说了出来，你绝不会意识到，她是在代表着什么群众，然而却分明是代表着了，她也并没有想过，应该说的怎样愤慨激昂，然而比起那些满口术语的女雄辩家的激烈演讲，分明是更有力更响亮了。

这是真正人民的声音啊。

没有一个中国老百姓是愿意去打内战的，没有一个父母，妻子，儿女是愿意他们的儿子，丈夫，父亲去打内战的，可是今天在火线上握着枪杆砍着，杀着，把性命去换取别人勋章的，却偏偏就是他们，有什么事情比这更教人战栗呢？而就在今天至少有几百万中国人，是分享着这同样的命运，更有几千万而至几万万人间接直接遭受着这同样的命运！

在外国，出征军人家属是可以向国务院去写信，向社会去呼吁，可是在中国，他们连向保长说话的权利都没有呀，然而无论如何，他们的声音分明已经响出来了。（要丈夫回来！）（要儿子回来！）（要父亲回来！）这声音有如森林的絮语，被秋风吹着，从农庄吹过农庄，从工厂吹过工厂，这是一种最真实的声音，它们隐隐地在汇集拢来，汹涌起来，而从这声音里，是在向我们预示着一种怎样可怕的力量呵。

载于 1945 年 11 月 20 日《自由导报》革新第 2 号

关于废止出版法及其他

朋友从广州写信来，述及那边查禁什么志的事说："从前是封住你的嘴巴，现在连嘴巴也不许你有了。"

不许有嘴巴，自然比封住嘴巴干脆，但也还有更干脆的办法，就是连具有嘴巴的条件，都不准有。

据报载：成都报纸杂志用纸，都先要经过党部核准，才能购用。又据上海出版业的友人来信说："上海纸张印刷机大半均控制在当局手中，民营报纸极感困难，而书店贩摊经售进步书刊，屡受某种人物恐吓警告，刊物发行，大受阻碍。"这样，纵使你有了嘴巴，也就有口难开，何况还不许你有，幸而开了口，也还可以"封住"取缔。杂志报纸如此，书籍自然也难幸免，据说茅氏的《腐蚀》，曹禺的《蜕变》，甚至我们友邦美国作家的作品，如《解放是光荣的》之类，都已在禁卖之列。看来文艺作家复员没有复成，而他们的作品倒已经先"复"到政府党部的违禁品室里去了。

然而这一切却都是有理由的，理由就是"依法有据"。你不信，他可以拿出一叠皇皇的法令来，说你是触犯第几条第几款了。

究竟关于言论出版演剧等等，一共有多少"法"，恐怕不查

“法规大全”，今天谁也弄不清楚了。然而查了“法规大全”怕也未必就中用，因为法外有法，例外有例，有时还会从斜刺里临时闯出一个“法”来，例如近来的什么《收复报纸登记整理暂行条例》便是一个。

前些时候，图书杂志审查条例和新闻检查条例宣布废止了，很有些人额手相庆，以为这样一下可以百无禁忌。照今天情形看来，这毕竟是老实的想法。这种“网开一面”的“恩典”实在济不了什么事。正如罗隆基先生说，自由是不能有半个，半个自由是不能解决问题的。

七八年来，捆在文化身上的索子，一道一道，实在够多了，挣断了一条并不能真正解决问题。今天要实现真正言论自由，还得要求把言论出版的重重束缚，全部挣脱开来。这虽然首先要求民主政治的实现，但是，如果这些法令的束缚不摆脱，民主政治不还是等于一个空话吗？

因此，对于出版界最近向政治协商会议所提出的废止出版法五点，我觉得十分重要，这不仅是出版界的事情，也为文艺界与文化界的一件重要事情。我以为文艺界应该号召全国文艺工作者，和出版界密切配合起来，把它作为一个实际的运动，积极地推展开去。

因“三八”节而想起的两件近事

“三八”节前一个多星期，报上刊登着一条新闻，说是白沙坝女子师范学院，因闹学潮被解散了。我并不清楚这次学潮的内幕，但是从某报的标题上看，说这是“罢课的恶果”，那么显然又是学生的不是了。学生罢课的事，近年来并不算少，是非曲直，且不论它，吃亏的自然总是学生居多，然而大抵也不过开除几名学生就算了事。这一回却就有点两样。干脆就给你一个解散，所谓皂白不分，玉石俱焚，大伙儿的给轰散了。从手法上说，这大有破釜沉舟的气概，也颇近乎壮士断臂的勇敢，可是这种气概，何以就单单施用于女子师范学院，这就有点难解了。以学潮而说这次似乎也并不见比别次闹得更凶，而且时间也并不是比人家更长，然而这一次却偏偏就解决得这样风行雷厉。记得十多年前，北京女师大也闹过同样一回把戏，那次并且还动员了武装军警的，这次如何，闻电讯不详无从知道。但是前后十余年，事竟如出一辙，仿佛一轮到女子大学事情就非如此办不可。莫非真如孔丘先生所说“唯女子与小人为难养也”么？

然而，我以为与其说“难养”，倒不如说是“易欺”。女学生或许当真比男学生要弱一点。譬如昆明学潮中，潘琰女士就死得比别人更惨,“在用木棍击倒以后,更在肚腹上深深戳了一刀”,这就是一例。

因为易欺,所以对付的方法也就不妨更干脆更直截了当一些。虽然这次女师院的解散,在仅有两三家女大学的中国,就等于减少了女子大学的一半或三分之一,但是这决不会发生什么严重的影响的。理由很简单,就因为她们都是女子。

这是因“三八”节而想起的一件事情,从这件事也就联想到另一件,也是不久以前在陪都发生的。

在政治协商会议开会时候,陪都有个政协协进会举办了一个演讲会,轮流请政协会员来演讲。头一天就有人来捣乱,到了第二晚,演讲会便由李德全女士来主持了。这大概是协进会那一位先生的主张,以为请了“女士”来主持,暴徒们总不好太放肆了罢。然而结果却证明了那位先生的主张完全是书生之见。这一晚不仅闹得更凶了,不仅用石子来打了,而且还用最猥亵的侮辱女性的话来向主席攻击了。在这点上,中国人的本领不必说是超越于任何一个民族的,纵然是从事于妇运多年的李德全女士,碰到这种场合,实在也毫无办法了。

暴徒们何以敢那样放恣呢?理由也很简单,因为她是一个女子。

正人君子们能以“破釜沉舟”的气概来对付女学生,暴徒们敢以最猥亵的言语来侮辱一个女主席,这种“勇敢”的精神是颇有一致之处的,这种吉诃德式的“勇敢”实在也正是中国男子的一种特征——即是善于向弱者示威,而对付他们的办法也只有一个,就是自己更坚强站立起来。

载于1946年3月8日《大刚报》

礼让之邦

外国人往往不容易理解中国，我想，确实是不大容易。

首先，中国是“礼让之邦”，凡事都要讲“礼”讲“让”，这样大道理，“化外之民”的西洋人哪里懂得，不懂，自然就无法理解中国了。

“让”的道理，前几天刚有人讲过，现在却又在讲“礼”了。而这个“礼”是要比“让”更来得重要，因为单讲“让”，也许会吃亏，有了“礼”，这个疯牛病就不会吃了。

“礼”是以三纲五常为基础，三纲太大，且说五常，五常者：君臣，父子，兄弟，夫妇，朋友是也。慨自帝制既废，君臣之道遂隳，五常只剩下四常了，四常之中，父子兄弟居其首，所以任何事情，不管国计民生、政制法治，如果涉到父兄子弟的关系，那就“不能拿普通情形来讲”，因为这是“家庭管束”，不能以国法相比。所谓国法不先家法，而家法之中是没有什么“兵主”“自由”可谈的。——这是不可不知之一。

但是，虽然不能以国法相比，却仍然可以由国法加以惩处。小百姓不孝，都可以送衙门办忤逆。大员们不孝自然更可以组织临时特别法庭，不过国法是死的，而家法却是活的，因为知子莫如父，子弟们究竟有否悔罪，只有父兄心里明白，所以家法可以补国法之不足，而且家法国法可以活用。光绪皇帝犯了不孝，尚且要在瀛台坐无期徒刑，何况其他？父子之礼，先于一切。——这是不可不知之二。

不过，父兄管束子弟，虽然有时不免较严一点，其用意却是不差的。因为第一，父兄总是“爱抚子弟”，第二，照中国一句老话来说，“天下无不是的父母”。所以父兄之言，同时也即法律。——这是不可不知之三。

最后，一切事情虽然可以用“让”的精神去进行，但是如果一涉到“礼”字，那就万万让不得，真不仅名教攸关而且也体面攸关，正如上面说过，“让”固重要，而“礼”尤其重要——这是不可不知之四。

以上虽然仅区区四端，未足以窥“礼让之邦”的全豹，但对于“化外之邦”的人士，或“未谙国情”的小民，未始也不是一种参考。苟能举一反三，则对于泱泱大国的理解，或不无小小裨益罢。

从人民中所诞生的

——为演剧九队的同志们祝福

六月廿二日，是十五天停战协定的最后一天，是中国抉择其和平或内战的命运的最后一天，现在音讯还不曾传来，全国以至全世界的人民正带着重大的焦虑注视着这最后的一刻。而就在今天早上，我答应为演剧九队的演出特刊写一篇文章的期限已经满了。我应当写出这篇文章去，然而我的心太沉重了，沉重得提不起笔。

我走到楼窗口去。蓝色的六月早晨天空上，静静地流着白云，一只鸟儿从屋角上啾啁地叫着，微风吹过，一切都是那么平静，难道就是在这平静柔和的天空底下，中国人民将再遭受一次长期残酷的内战，将再遭受一次颠沛流离轰炸流血的灾难么？我惶然不敢相信，可是我又抑不住我的悲愤，从那遥远的白云底下，我可以想象地看见那些被炮火与饥饿交逼的广大人民，那些熟悉的父老孩童的面孔。他们是带着怎样一种战栗的恐怖，疑惧与忿怒在期待着这可能到来的巨大的灾难，而同时他们又是怎么在辗转挣扎中间悲愤与呼号，我仿佛听见一下微细的声音，自远而近，愈来愈大，终于像夏天风暴一样，四面八方地在向这楼窗口扑来：

——要求和平，反对内战

我的心依然是沉重的，然而这沉重的心是给从这个幻象中间所给予我一种信念支持了我退回到书桌旁边来，茫然地望着前面空白的稿纸，又记起这支从八年抗战中间千锤百炼过来的年轻的人民抗敌艺术队伍，我将为他们祝福，虽然是在这一个时候，而且用这样一种沉重的然而被一种信念所支持的心境。

有谁能回忆一下八年以前这个时候的武汉么？这是武汉和全中国真正光荣的日子呵！全世界的眼光，也和今天注视着中国一样，注视着当时团结抗战的民族的心脏，武汉——然而那是带着怎样崇敬的注视呀。抗战的怒潮，激起了全中国优秀的儿女们，全中国优秀的儿女们为了抗战，全心注意地贡献出他们的一切。而就在这样光荣的日子里，演剧九队和它的姊妹团体们同时诞生了。虽然它的前身——上海救亡剧队——是诞生在更早的“八一三”战火中的，然而这仍然是一样，就是说，它是从人民的热烈战斗中间诞生的。

从人民中诞生，也就在人民中成长。八年来，这支队伍，走平汉，下港粤，辗转湘桂，又入巴蜀，在前线穿行，经过了多少艰辛困苦，在炮火与疾病中间牺牲了多少干练同志，然而这一切何曾动摇过他们一分信心和意志，直到今天，他们仍然过着睡地板，吃大锅饭的生活，仍然享受着略优于一等兵的待遇。救亡的作风在人们中间早已烟消云散了，而在他们身上，却锻炼成了更坚韧的战斗意志。一九四四年秋冬湘桂大撤退的时候，我曾经跟他们走一路，他们日晒夜露睡在车顶上，帮助着路上的难民。在南丹车站上，女同志们卖着茶水来维持自己也帮助别人，而在最后一段，交通完全停顿的最艰辛路上，他们凭着集体的力量，在漫天风雪中间，终于逃出了敌人的魔掌。然而一到重庆，喘息未定，他们却立刻就展开戏剧歌咏的战斗，献出了他们在这期间新作的大众歌舞《新年大合唱》，这是怎样一种可惊的毅力啊！而这种力量和意志又是怎样获得的？

艺术的力量只有是产生于人民，艺术家的意志也只有从人民的战斗中锻炼出来，这不是凭借于空洞的理论，而需要通过于毫不假借的生活的实践，八年来这些艺术战士们坚强不屈的精神，一贯不堕的传统作风，以及他们艺术造诣的提高与成功。除了由于他们始终茹辛耐苦生于广大人民中间，和人民拥抱在一起这一点外，又能得到怎样的说明呢？

如今戏剧工作者的发展中间，显然已经发生若干偏向。由于都市的诱惑，艺术自由的丧失，市侩的控制，物质的困难，使若干戏剧工作者逐渐离开了人民的路线，而使戏剧成为侍奉于绅士淑女的消闲品，然而这次演剧九队给我们带来的，却是怎样的一种艺术。在他们的音乐歌舞中间，给我们带来了朴质而健康的大众的生活和声音，带来了农村的气息，带来了人民的悲痛与欣悦。虽然我们并不能说他们的艺术已经登峰造极，然而这确是从民间来的艺术，而他们也是从民间来的！这也许会使文化绅士和市侩们齿冷吧，然而让他们去，我们将看到，艺术的胜利将是属于谁的。

现在，这支队伍是回到它的诞生地来了。经过八年，也经过了胜利，这诞生地现在又是怎样一个情景啊。当年蓬勃朝气哪里去了？当年葳蕤的文化花葩哪里去了？八年来在这里诞生了一个婴孩，而现在需要他回来重新垦荒了。不知道这对那些垦拓者将是怎样一种感想，也不知道武汉市民对于这支重返故土的艺术队伍有怎样的感想，然而，我们已经没有余暇写作这种生的门得儿[①]的感叹了，因为我们的国家，我们的人民，今天正濒临一个可怖的战争危机。刚才报纸来了，停战协定已经展期八天，这自然值得稍稍庆幸，但是危机显然还没有过去，历史仍然是徘徊在和平或战争的歧路上，中国或许还要经过长期的痛苦吧。然而，无论如何，有一点，我们是可以坚信的，就是决定历史的命运的，最后将仍然是人民的力量。

而也是凭着这一点信念，我们总能在痛苦与混乱中间，更坚强地战斗下去。

始于人民，终于人民，无论作为艺术工作者或战士，这都将成为今天我们共同的信条吧。对于他们，从人民中诞生的这支艺术的战斗队伍，我只能用这样的话祝福他们，祝福他们更勇敢更坚韧地向人民中间走去。

1946 年 6 月 26 日《大刚报》第 4 版

---

① 生的门得儿，sentimental 的音译，意为“多愁善感的”。——整理者注

两 句 话

自掘坟墓的人，

能禁止人家为他敲丧钟吗？

《华商报》1947 年 6 月 2 日第 3 版

论“变天思想”

“八一”新华社社论中，指出一种错误的思想叫做变天思想，这是一个新颖而生动的名词，然而却确实是我们这民族，特别是中间阶层的病根之一。而尤其是在今天，是民主斗争前进道路上一种值得严厉警惕的倾向。

所谓“变天”，据说是西北人民的一句口语，“变天”即是“天变”。中国有句老话，叫做“天有不测风云，人有旦夕祸福”，这是说，意外的灾祸有时不能避免；但也有人把它作为一句经常的口头禅，作为自己失败主义思想的一种辩解。有如柴霍甫一篇小说《盒里的人》的主人公那样，他即使是晴天，出门也必带雨伞套鞋，他的理由是“天有不测风云”，事实上，他是把天变看做一种经常现象，而把晴天倒是看做一种暂时或意外的现象了。这个被柴霍甫所讽刺的人物，恰就是变天思想者的一个典型。

中国还有一句老话，叫做“好景不常”，又有一句叫做“不如意事常八九”，这些都是从现象上看问题的一种失败主义的人生哲学，他把“好景”看做是一种暂时状态，而把失败（不如意事）看做是“常八九”的经常状态，因此，他们常常被困难所吓住，只求保持一种小康的现状，或只要求一种小康式的改善。他们缺乏一种坚决彻底的改革现状的勇气，也缺乏一种创造进取的勇气。二千年来中国的传统思想，就是教人安于现状，不为已甚。他们教人以中庸主义去看人生，以经验主义去看历史。这种人生哲学，长期地消解了我们民族的创造力，养成一种浓重的中庸的妥协思想。这就是今天这种变天思想的历史根源。今天所谓变天思想，具体地是表现在中间阶层的若干人士在这种激烈的民主斗争中间，时常迷失其方向，丧失其对于斗争的坚定信心。由于他们从片面现象去看问题，没有全面和本质去把握历史的力量，所以常常会被客观现象所奴役，所欺骗，以至易被统治者的攻势所震倒。看见政治天空上一朵乌云吹来，便大惊小怪，手忙脚乱，而乌云一过去，却又忘记前面还可能有乌云过来。他们的情绪随着客观形势的变化，甚至于表面现象的变化，呈现时冷时热的摇摆动摇状态。悲观思想与盲目的乐观交相递嬗，两种倾向都是出于同一的思想根源。中国知识分子在时代波澜中所表现的一起一伏的精神状态，明显地可以看出这种思想的痕迹。

这种思想的社会根源，自然是由于中间阶层社会基础的脆弱。中国是个两头小中间大而又两头硬中间软的社会。在经济基础上，庞大的中间阶层既然是分散的，薄弱的，在文化上又长期浸淫着儒家的中庸主义与道家自然主义的思想，这样形成他们思想上的脆弱性。但是在另一方面，今天独裁统治是毫无例外在残暴地压迫他们，在经济上，美帝国主义和中国官僚资本把他们压得几无喘息余地。为了它自身的解放，它势非和广大人民力量靠在一起不行，而从整个民主主义革命的形势来说，这是一个各革命阶级的联合战线，各个革命阶级却非和一个坚定的坚决的力量结合不行；这就只有和最大多数人民的利益与要求结合，而走群众的政治路线。这种现实的革命迫切要求，和他们先天的脆弱思想之间，便常常可能引起一些矛盾和波动。譬如，在原则上，依靠于群众的力量，这是谁都容易承认的，但是在实践上，就会无视或看不见群众的力量在哪里。

所谓群众力量，并不是一个抽象的概念，而是具体的存在。从中国来说，主要群众力量是什么呢？毫无疑问，即是工人和农民。农民问题是现阶段中国革命的一个难题。谁能够解决农民问题的，谁就能够解决中国的问题。这是一个非常明白的事实逻辑。中共为什么领导起这个民主革命，主要就是他能够解决土地问题，使农民获得解放。最近二十年来中国历史只一个最大的特点，我以为即是在工人阶级领导下广大农民的参加革命，和在惨烈斗争过程中农民革命意识的高度觉醒。二十年来农民因为在工人阶级领导下，在土地斗争中间，认识了翻身的意义，认识了自己的力量，认识了自己是土地的主人，这样，在长期斗争实践中，摧毁了他们中间也曾有的几千年传统的宿命论思想与变天思想。今天在解放区广泛地进行着的翻身运动，实际上不仅是农民生活上的翻身，而且是意识的大革命。由于群众意识的力量，才转为雄厚的群众行动力量。人民的军队，人民的民主政权，广泛的生产运动，普及的文化运动都是这样产生出来的。农民革命意识空前的觉醒，是二千年来中国历史上从未有过的事情。这是了解中国当前历史的一个重要关键；而今天为了争取民主革命胜利所需要依靠的，最主要的也即是这个力量。

认识这些历史事实是必要的。这样才能区别出，为什么这种力量是在历史上起着经常作用的，是向上发展的，为什么封建势力是起暂时作用的，是日趋没落的。从这种历史发展上，才能看到历史的真实动向，而使我们在基本上不至于迷失方向。

有些人以为今天解放区的土地改革运动是中共自己的事情，或甚至是为了中共自己的阶级利益，仿佛和一般民主运动不相干似的；因此对这问题多少是采取旁观，冷淡，怀疑甚至恐惧的态度，这种观念的存在，就是某些人们对于这主要群众力量之间感觉到一种距离，也因为有这种距离，才不能或不敢去依靠它。构成这观念的主要是什么呢？坦直的说，就是对于农民解放与中间阶层利益矛盾的疑惧。

事实是怎样呢？这几年来解放区土地改革的结果，对于中间阶层——民族资本家，中小厂主，商人，知识分子等——的经济利益是帮助了还是妨碍了呢？让我们看一看一个自由主义者的美国人所办的刊物《密勒氏评论报》的报道吧：

“在日本占领期间，人口降落到八万的烟台，今天增到卅万了。新的工商企业发展了，并且旧的企业并没有关起门来。

“解放以后，机器厂已增加三倍，其中二十间已扩大发展，现在已可以有相当复杂的生产过程。它们可以制造油渣机，小轮马达，纺织机和各种工具。有一间可以在二十天之内制造一个火柴工厂的全部设备。”

而这些企业中，据市长告诉那记者说："私人企业是占优势的。"

政府"为了扶助私人企业，他们实施了一个《四大行政纲领》：（一）免息贷款给予生产工业的制度；（二）倡导劳资合作；（三）减轻赋税；（四）一种有伸缩性的保护关税政策"。

"一位工业家（我曾参观过他的工厂）告诉我：他对于《中共纲领》中两项尤其感到满意，他说：免息贷款帮助他发展了工厂的生产，过去他只能生产农具，现在，他也能够生产小型油渣机了。"（《从烟台看新民主主义经济》，五月卅日《密勒氏评论报》）

这是一个自由主义的外国记者亲自考察的报道，该不是中共的自我宣传了。事实上这样例子是很多的，例如另一个众所周知的事实，烟台历史悠久的张裕酿酒厂在去年获利之丰超过了抗战中任何一年。这些事实说明什么呢？即是解放区工商业的发展，是因为解放区的民主政权是以发展工商业为政策的，而由于土地改革，农民解放，生产提高，生活改善，人民——主要的是农民的购买力大大地提高了，这就使工商业得以大大地发展起来。据新华社八月三十日的通讯说：

"烟台市工商业蒸蒸日上，据统计全市年初开业的共七九五家，现在连新开复业者已增至四三一九家……蒋管区之烟籍工商业纷纷携资金返里营业……外地商人亦相继来烟投资，共达四千万元北币（每元折合蒋币二十元）。银钞业发展最速，由九家激增至十七家。其交易总数从一月份的七千万增至六月份十万万北币以上，半年中即超过十三倍以上。上述成绩之获得，除民主政府多方扶助及劳资合作政策之贯彻外，主要是由于土地改革及农民渔民生产运动之展开。翻身农民渔民需要大量农具和渔具橛铲等，供不应求，洋铁业遂由去年之一六〇家，一跃而为二三八家，渔业由八六家，增至一〇八家……”

这些事实，我想是比理论上的证明更合适地解答了上述土地改革与中产阶级的利害关系问题吧。这即是说明土地改革的结果是扩大了城市中产阶级工商业的市场，扩大了他们资力与原料的来源。土地改革之后，大量资本由土地而转向工商业（从烟台银钱业的数字可以看出），这对于贫弱的城市中间阶层经济是注射了一种活力素。而尤其重要的是对于粮食问题的解决。今天城市中产阶级，特别是薪水阶层所感到最头痛的，不就是粮食的恐慌和米价飞涨？但是在土地贫瘠的解放区，粮食却可以自给了。粮食只卖到几千元一担。这种奇迹不是由于土地改革而引起农业生产激增的结果吗？

这里举的只是一两个例子。这说明了农民的彻底解放，和中产阶级的利益，不但没有矛盾，而且有利于中产阶级工商业的发展。因此，中间阶层不应该怀疑这个力量，而应该依靠这个力量，和这个力量合作。在今天，解放区一万万几千万农民在中共领导之下翻了身，自动自觉地解决了土地问题，实现了耕者有其田，扩大和巩固了人民的民主政权和人民的军队，使广大的人民——只要不是出卖民族和人民的利益的人，都享受了政治、经济、文化教育的民主权利。是人民的力量，彻底地清除了帝国主义的势力和影响，扫除了封建的剥削和压迫。是人民的力量，创造了新的民主主义的社会，人民有力量在解放区这样做，全国人民也有力量在全国这样做。不错，今天的力量还不够大，但是，明天，他将生长到这样强大的力量的。困难还多，暂时的迂回有可能，却是迟早要胜利的。

这就是“变天思想”没有存在余地的根据。翻天覆地的事业和力量，将打破这个“变天思想”。勇敢地站在人民一道，争取人民的，也是自身的解放呢？还是钻在“变天思想”里，把自己束缚起来，不图自救救人，而等待“天变”呢？

一个人思想方向上的迷失，会使自己被自己的错误所欺骗和奴役；一不小心，就会掉入到机会主义的泥沼中去，这是可悲的事情。确实，今天人们是在承受这样一种历史考验：是大胆地信任群众的力量，依靠群众的力量，和群众一道，去克服一切前进中的困难，以达到最后胜利呢？还是从群众和群众力量背过脸去，让自己的精神意志被某些表面的现象所吓倒，为自己自私自利的偏见所束缚住，而转向于一些幻想的追求呢？这是一个思想问题。能否承受得起这个考验，即看我们能否坚决克服那种传统的“变天思想”，抑或是被那种思想所俘虏？

1947 年 9 月 11 日，香港《群众》1 卷 33 期

不能忽视

当美国的反苏专家在大声疾呼，斥责上海的苏联书店里充满中国学生顾客的时候，他似乎已经忘记，随着美国商品向中国市场的泛滥，美国的黄色文化是怎样猛烈地侵袭到这个半殖民的国家里来了。

上海确实有一家苏联书商所开的书店，但只有那么一家，范围也小得很，和南京路上富丽堂皇的好几家美国书店是不能相比的，而且书店里所卖的，除了很少能读得懂的俄文书籍以外，多数还是英美出版的进步书刊，自然在那些黄色文化的美国老板眼中，这些书刊即使是出版于美国，却是不能代表金元帝国的文化思想的。

而他们所认为足以适应于殖民地化政策的黄色文化，在中国各大城市中广泛流行的事实，在他们却又觉得是理有固然了。好莱坞香艳肉感与神怪武侠的影片，早已霸住了中国的电影市场，而且最近还计划大规模控制上海与其他大城市的电影院，以及在好莱坞拍制专给中国人看的影片，近且不谈，仅就出版物方面来说，我们也已经看到一些事实。就是当国内的进步刊物，或遭禁止封闭，或因经济与政治的压迫而每期只能销售至多五六千份的时候，美国反共专家鲁斯先生的

《生活》和《幸福》杂志，却在上海一埠就已经销行到八千，在香港的一家书店里，每期竟销五百以上。一种外国文字的刊物，它的销数竟大大超过于本国的各种出版物，这是世界任何国家所未有的呵。

可是，这却并不是说，鲁斯先生杂志是怎样了不起，因此获得中国社会热烈的欢迎。道理很简单：一本重磅道林纸五彩精印，充满了各色各样诱人的图片与诱人的文字的八开本杂志，定价比一本国内的薄薄小刊物还要便宜一倍，这样便投上了爱好便宜的中国市民的胃口，正如玻璃裤带玻璃袜子之类，炫惑了他们的心理一样，而它却不止像玻璃品之类，仅带来对于中国经济的危机，而同时还带来对于中国人民生活意识的麻醉与腐蚀作用。这在表面上自然不如经济上影响的强烈，但是从更远的看，这种长期性的思想意识上的殖民地化，却是非常可怕的。拿《生活》这类杂志来看，一方面尽量以金元帝国色情的，腐烂的，奢侈的生活来引诱读者，一方面却在这些糖衣背后，夹上一些反苏反共的政治毒素，其做法竟和中国的黄色文化如出一辙，或者也可以说正是中国黄色文化的向导者。这正是鲁斯市侩主义的聪明巧妙之处，也是鲁斯先生以一出版发行人的地位，能在美国对外政治上占相当重要位置的缘故。帝国主义者的对殖民地的侵略，除经济以外，决不会忘怀于文化；因为他们知道在某一意义上说，思想意识的殖民地化是更为重要的。因此，我们在反对美国政治经济和军事侵华的中间，绝不能忽视它文化上侵略的阴谋和企图。鲁斯先生的杂志只不过是一个例子而已。

1947 年 10 月《自由世界》二卷十二期

“费厄”不可得

——《观察》被迫停刊所感

以“超然，客观，无党派”作为标志的《观察周刊》，最近忽然受到了压迫。罪名是该刊编者写了一篇《评蒲立特的偏私的，不健康的访华报告》。（见该刊三卷九期）“夺人衣食，如杀父母”，蒲立特今天正是蒋介石的衣食父母也，怎生碰得？尽管“超然，客观，无党派”，也不行，封掉！

一向以来，人们在争论着一个问题：在这激烈的人民与反人民斗争中，是否可能打开一条中间路线，或保存一个中间地位？自由主义者总相信，不偏不倚，站在中间讲 Fair Play 是最超然而公正的，也有人以为在合法基础上去争取民主，是较为妥当，现在，《观察》的事件，恰是给这些问题作了一个冷酷的答复。

事实上真正的自由主义在法西斯统治下是决不许存在的，真正的超然也不可能有的。因为自由主义者最低限度总要说真话，而说真话在这个国度就犯“法”。

你说在他非法吗？他有法：最近颁布的修正出版法就是。第廿一条和卅条规定，凡妨害邦交者，得禁止及扣押。恰巧这个“法”就在该期《观察》出版的同一天才出笼，火热滚烫的，一出来就刚好套上。

鲁迅先生说过："他对你不'费厄'，你却对他去'费厄'，结果总是自己的吃亏，不但要'费厄'不可得，并且要连'不费厄'也不可得。"——这对今天中国自由主义者，真是一个现实而痛苦的教训。

而另一方面，这次事件也是对自由主义者一个考验。这是一种流氓手段，给你三斧头，看你服不服，他的花样也许还在后头呢。能否经得起考验，则在人们能否坚持着威武不能屈的真正自由主义精神。

"Manners before morals"（礼貌先于道义）

真正的自由主义，是决不被法西斯统治者所容纳，但有一种冒牌的，却是蒋介石所以欢迎，例如胡适的那种又臭又脏在毛厕里掉了不知几多次的伪自由主义，就是。

关于蒲立特，胡适却也发表了一篇《援助与自助》。（见十二月十日本港某党报）一开头就说：

"我觉得蒲立特的访华观感写得很好，也很公平……批评得很公道，我想就是让最公正的中国人自己来写，也不过如此而已。"

究竟是歙县才子，文章写得漂亮，一提笔先把对方捧上了三十三天。这照胡博士自己在这篇文章里的说法，叫做是"Manners before morals"礼貌既毕，于是谈道义。

他告诉蒲立特，"中国人最讲体面"，又告诉他《礼记》上一个故事："齐大饥，黔敖为食于路，以待饿者而食之。有饿者蒙袂辑屦，贸贸然来。黔敖左奉食，右执饮，曰：嗟！来食。扬其目而视之曰：予唯不食嗟来之食，以至于斯也！从而谢焉，终不食而死。”

不食而死，那是保险不会有的，不过这说法也实在不大够礼貌了。你不爽快的给我，我就饿死给你看！是乡下人所谓“掼沙锅”的做法。南京小朝廷一向就是这样在做，亏得胡博士竟会找出那么一段《檀弓篇》来，委婉地表达出主人这点心曲。

问题可决不在不食嗟来之食，而在其唯恐不叫你“嗟，来食”而已，魏德迈之遭抱怨，就在于没有马上叫出来。实在饿急了，只要杜鲁门“嗟”一声，还不早就摇着尾巴扑过去么？

(注)《援助与自助》见十一月十日香港《国民日报》转载。

1947 年 11 月 16 日香港《华商报》

“修正”与“取消”

今年五四节，记得有位自由主义的文艺家说过：“愿使文坛由一片战场变为花圃，在那里，平民化的向日葵与贵族化的芝兰可以并肩而立。”

但看来并肩而立，还是不安稳的，向日葵的气味，芝兰花毕竟受不了。于是有人要出来寻“修正”了。不久前，《大公报》“星期文艺”上，袁可嘉先生写了一篇“‘人的文学’与‘人民的文学’”，副标题就是“从分析比较寻修正，求各和谐”。据说，“人民文学”倒是“旗帜鲜明，步伐整齐”的，就可惜它要“坚持人民本位或阶级本位”，又要坚持“工具本位或宣传本位”，因此“无异以‘人民’否定了‘人’，以‘政治’否定了‘生命’，以‘工具’否定了‘艺术’”，这是该修正一番。修正计有五条。

第一，“人民文学”应为“人的文学”去做前驱，不必慌张地推翻一切，要放弃统一文学的野心；第二，大部分文学典籍都是超阶级的，很不必以己度人，以部分去概括全体，例如马克思恩格斯就十分崇拜巴尔札克，列宁也称赞过托尔斯太，而尤其要提醒一下醉心苏联文学的人，据说苏联文艺理论家已经认为阶级意识的理论，是狭窄，无谓而予以淘汰了；第三，不要过分强调战斗作用，那会产生遗憾的恶果，而且这种恶果据说已经实际地产生了；第四，“人民文学”必须把自己的理论主张看作主观视野的扩大，而非客观地决定一切文学作品的唯一标准；第五，“人民文学”原本是“人的文学”的一部分，一个支流，应及时知所依归，在“人的文学”传统里去溶化，消解，得到归宿。

当真能这样修正一下，倒确是求得和谐了，因为经过这一修正，“人民文学”早已不复存在，天下自然太平，但奇怪的是，袁先生刚刚警告“人民文学”不可有统一文学的野心，而一回头就要叫“人民文学”全部缴械，要“知所依归”，还要替他去做“有力前驱”，而到头来还不免要在“人的文学”传统里去“溶化”、“消解”、仿佛连骨头都不让保留一根似的，这个“野心”实在并不算小了吧。

“人民文学”乃是“人的文学”的一部分，据解释是根据于“‘人’包含‘人民’”的理论，这个包含着“人民”的“人”究竟是什么样的东西呢？实在颇为难懂。看了“人的文学”的理论，乃知“人的文学”有三大品质，即“无所不包，无往不合和无时不在”，可见“人的文学”家所谓“人”，或者也就是这样“无×不×”的东西了，但这样的人，在现实历史上，我们却确实是不曾看见过，自然荷马算例外。

文学而具有阶级性，在“人的文学”家确是最为头痛的，然而却是无可奈何的事实。例如袁先生这篇文章，我以为阶级性就颇为强烈，但是每个“人的文学”家却总不肯承认这一点。他以为整个历史都是属于他的，他首先就坐定了“荷马以来的人的文学的传统”的宝座，而要别人去依归他。这颇有点像我们的祖先，总以为中国就是天下，而别人都是夷狄。事实如何，现在是很明白了。

“不要以己度人”，这是我极端造成的，但更重要的，我以为是不要乱用别人的东西来做自己的挡箭牌，“以子之矛攻子之盾”，固然是巧妙的战术，但用得不巧，也会恰恰攻破自己的盾。例如袁先生引出的马克思、恩格斯的崇拜巴尔札克，列宁之称赞托尔斯太，似乎颇为巧妙了，但不幸马恩之论巴尔札克，列宁之论托尔斯太恰恰就是以袁先生最讨厌的阶级意识理论作为出发，这就可攻在自己的盾上了。而更不幸的，袁先生竟找出《文学与马克思主义》和《苏联诗人与诗歌》两本书，来证明阶级意识理论已被苏联文艺理论家所淘汰，仿佛这一下是捉到证据了，于是高兴地喊：“这才是真正人民的胜利”呀！

书，倒确是有的，不过我也要学袁先生提醒一下特别醉心于“人的文学”的理论家，即是说：这两书本以及莱夫胥茨等一些理论，六七年以前已经被苏联文艺家批评得体无完肤了。

向日葵毕竟是向日葵，芝兰也毕竟是芝兰，求和谐是难的，寻修正也只是枉费心机。

1947 年 11 月 23 日香港《华商报》

容忍与民主

不久以前，燕京大学师生座谈会上，讨论了一个“什么叫民主”的题目。在何国梁，张东荪两教授的发言中间，都提到了一个“容忍”的问题。

何国梁教授指出民主的第二要义即“容忍”：“意见人各不同，不彼此攻讦冲突，而须互相容忍。”

张东荪教授说：“中国要实行民主，必须与欧美有所相近之处。而其相近之处，即如孔子之做人之道，如容忍是，以容忍与民主相接则甚易，此乃治本。治标之法在于和平。战争中决不能产生民主：治本治标兼施，若干年后，中国才能踏上真正的民主之道。”（均见十月二十四日天津《大公报》）

“容忍”确是中国儒家的传统“美德”之一；虽然孔子之徒孟轲，却也做了一辈子的打手，辟杨朱，距墨翟，煞是起劲，但据说那是对付“异端”，不在“容忍”之列。在中国人脖子上骑了一百年的帝国主义者，也是一向把“容忍”作为他们的“民主精神”向我们殖民地奴隶夸耀的，马歇尔将军来华时就大大地做过一番这类的说教。但像魏德迈，楚德之流那副咆哮如雷的反共姿态，自然又是对付“异端”，不在“容忍”之列的；最近连蒋介石也居然在圣诞广播中间，装起一副基督教徒的脸孔，在教中国人民“忍辱受苦”了。这个我们以为是对于他们所谓“容忍”作了一个最明白的诠释：即从孔子到欧美资产阶级以至蒋介石，他们所谓“容忍”的意思，即是叫人民在统治者的屠刀之下“忍辱受苦”，“容忍”他们被屠宰的命运而已。这样的“容忍”自然也可以得到一种“和平”，那就是鲁迅先生所谓“杀人如草不闻声”的“和平”了。

在“杀人如草不闻声”的“和平”里，曾经长期“容忍”过的中国人民，现在是知道他们将有所容忍也将有所不容忍了。他们知道与其从容忍而得到宰割，不如从流血而争到真正的民主与和平，而且也绝非流血不可。于是他们翻天覆地地干起来了，他们要把一切曾经容忍过的东西连根挖掉了；他们知道落水狗也必须打得彻底，如果逃走就必须追到海角天涯；他们知道对于人民敌人或叛徒的容忍，那是对于人民的罪恶；他们彻底地揭破了一个历史的大谎言——“容忍即是民主”。

于是，从对于人民敌人和叛徒的绝无宽容之中，他们将得到人类最大的宽容，从流血的战争里，将得到真正的民主与和平。他们知道，西欧资产阶级是怎样从革命与战争中争得其自己的“民主”，而现在却来叫他们容忍了——他们知道这是一种卑劣的欺骗。

然而人民却有他们真正的宽容的。这是对于他们自己的队伍和一切革命的战士。他们把容忍放在最多数人民利益的基础上，放在革命力量的团结上。例如苏联——这个被帝国主义者诬为冷酷无情的国家——它在人类历史上第一次宣布废除死刑了。这难道不是最大的宽容了吗？这是那些凭借于警察与特务来巩固自己统治的国家所能望其项背的吗？这种最大的宽容,却只是在消灭了阶级剥削制度的苏维埃社会中才具有它真实的基础的,而且这是经过了无数的酷烈斗争才取得的。所以革命的人民大众,从他们斗争的经验上知道,即使对于他们自己和战友之间的容忍,也不能不是以人民的利益为基础,不能不通过真实的思想斗争与不断的自我批判。莫洛托夫在其最近十月革命纪念报告中,还指出对于资本主义文化的阿谀谄媚与奴颜婢膝的一切任何表现,必须展开无情的批判。正是因为长期的旧传统给予我们的遗毒太深了。老实说,这种对资本主义文化阿谀谄媚与奴颜婢膝的意识,在我们中间是多少残存着的,而今天为了拯救人民,拯救自己,不能不严格地要求扬去自己的病根。毛泽东同志所说批评的目的是"治病救人",也即是这个意思,这正是为了革命力量的团结,也是出发于伟大的革命的爱。所谓斗争与容忍是在现实革命利益的基础上取得其一致的。如果我们竟是讳疾忌医,容忍了自己的病根与错误,并且也要求别人容忍其病根与错误,把个人的尊严放在人民的尊严之上,则这种容忍,对于自己便是一种对进步的拒绝,对于群众就是缺乏责任感;如果竟以这种容忍解释为民主精神,则民主精神将堕落成为一种打太极拳式的虚伪的敷衍。

鲁迅先生曾经为我们指出阿 Q 主义的形态之一,便是对自己弱点的容忍。甚至什么人说一声"亮",阿 Q 的癞痢头上就立刻冒出红光。这实在是中国人中一种可悲的病根。而今天在这翻天覆地的人民血肉斗争之前,我们应该从这种可悲的老毛病里解放出来了。

1948 年 1 月 1 日,香港《群众》,1 卷 49 期

“妥协，骑墙，中间路线”以下

王芸生演《拍案抒愤》的第二天，在《大公报》上用社评地位写了一篇洋洋五千言的《自由主义者的信念》。这自然是代表《大公报》在说话了。这篇大文里，王芸生口口声声辩解他们(《大公报》)不是妥协，骑墙，中间路线者，这一点，我却以为完全是对的。《大公报》和王芸生怎么会是妥协，骑墙和中间路线者呢？老实说，他们连这个也说不上，他们是在妥协，骑墙，中间路线以下的！

说骑墙，至少是一只脚跨在这边，一只脚跨在那边，例如政协时期的张君劢就是，等到他参加伪国大，那只脚抽回来，一跤跌入右边墙里，也不再是骑墙派了。至于《大公报》，那两只脚一直就牢牢地植在政学系泥土之中，几时又何曾跨动过一步。大老板在前台唱戏，小伙计在后台捧场，虽在大捧之中，不妨夹以小骂，但这正如该社论所说，“只要上司悦色不减，可以大言不惭地说谎”，这正是政学系聪明之处，所谓“冷门下赌注”的做法。虽有时也不免招来一口马粪，可是东风先生说得好：“酒醒以后，还不是依旧抹抹嘴巴，在贾府上行走？”焦大和贾府之间，确也会发生一些不快事件，但那是大观园里的纠纷，扯不到骑墙的说法上来的。王芸生说：“迫害了我，对政府又有什么益处?”这真是焦大的口吻,“一语破的”了。

说妥协,至少也要有过斗争,斗争不坚决才向对方妥协。如果一向跟在主子后面走,那又谈得到什么妥协?关于这,我想引用另一位“自由主义者”的话来做注脚。那就是在去年六二运动和《文汇》等三报被封后,《观察》十四期上储安平的一段话:

> 五月二十日南京发生了这样壮烈的惨案,这样震动全国而有强烈政治意义的新闻,《大公报》还不肯编在第二版要闻版中,这是什么编辑态度?同时像南京五二〇惨案这样一个严重新闻,《大公报》竟用“首都一不幸事件”这样一个轻描淡写的标题,这是什么编辑技术?至于说到评论,该报五月二十一日短评说,“不幸执行禁令者在方法上未能充分体现在上者爱护青年之本心,卒至演成惨剧”。……在五月十九日的社评,《大公报》视学生请愿为“暴力的革命”,五月廿二日社评中,认为“学生近来的行动”“太天真幼稚”了,认为“青年人太简单了”,“充分表现其好动的儿戏性”……真是“小孩玩火”……
>
> ……《文汇》等报已被封四日,《大公报》始终不置一辞……还是认为文汇等三报应该被封呢?还是吓得不敢说话呢?还是幸灾乐祸,坐视不救呢?上述三因,必居其一……

这该不是左派的无端攻击了。然而这究竟算是妥协呢?

还是替主子在搽白粉呢？是不左不右呢？还是所谓“适应环境而打伸缩”“善观风色而改变帆舵”呢？是灰色呢？还是“五官明晰”呢？这不也就颇为清楚了么？

说中间路线，则至少也是指在国共以外，幻想走出第三条的路线来。所以主张中间路线的，也还未敢公然承认伪宪与“国大”，但是《大公报》却一向就在替“伪宪”捧场了。就在前五天，《大公报》的社评，却赫然以《宪法开始实行》为题。这难道就是自由主义的宪法吗？而王芸生即在他的大文里，也以宛转的姿态向当局献策说，“对国内的叛变，弹压不过是消极的办法，必得有积极的修正与补救”。这又算得是什么中间路线？

如果竟是有人把《大公报》真看做是妥协，骑墙，中间路线，则老实说这还是拉高它的身价。中国确是有所谓妥协骑墙派，也有真正进步的自由主义者；前者终究要露出它的尾巴，后者也终究会走向人民。而“大公”却什么也不是——它不过是一条狼尾而已。

然而它偏会在这时夸夸其谈的，说什么自由主义的基本信念，你会觉得它有点寒伧可怜吗？是的，但是你还要当心，这里是有种烟幕。

1948 年 1 月 19 日香港《华商报》

二丑与小丑之间

向来戏台上，有所谓二丑和小丑，但我们也发现在二丑小丑之间，还有一种丑角。这种丑角，身份比二丑低，却比小丑高，他是替二丑说话的，可以说是二丑的二丑，如果杜撰一个名词时，或可以称之为"三丑"。

二丑是为主子帮局的。二丑"当受着豢养，分着余炎的时候，也得装着和这贵公子并非一伙"（鲁迅），这"装着并非一伙"，我以为即是二丑的"战术"，因为这样才能替主子圆谎，或撒下一阵烟幕。例如这一年来，打着各色脸谱进进出出的角色就颇为不少，大抵都是装做第三种人的样子，但是鼻子上一块白粉终究掩不住，观众也还是看出，他们实在是一伙的东西。

二丑圆不了谎，撒下的烟幕也无用，于是又得找一些角色来替他捧场和圆谎，这样就产生了前述的二丑的二丑，或称三丑。这三丑也和二丑一样，先要向台下的看客，指摘了一番二丑的缺点，然后再归结到二丑的道理实在非常之对。三丑自己是无需拿主张的，所以他们之间也就不必再装着"并非一伙"了。

我们眼前就有这样一个角色，即是为观众久已熟悉的沈从文其人。

沈从文不久前在《益世报》发表了一篇《一种新希望》，照例是首先指摘了一番目前黯淡没落的现象，接着就引出了诸种二丑的理论，所谓“三种新的发展，作为对于当前的否定，以及转机的企图”。这三种企图，即：“一是政治上第三方面的尝试，二是学术独立的重呼，三是文化思想运动更新的综合。”

第一种正是目前以《大公报》《观察》为中心在宣传的所谓“新第三方面运动”，实质上却是四大家族和平阴谋的一部分；第二种，乃是沈从文恩师胡适博士的主张，企图把学生运动拉回到研究室的一种企图；第三种是一些“学者”们所在鼓吹的“人文主义运动”，实际上是和“新第三方面”互相呼应的一种思想活动。现在沈从文却把它们一古脑儿拉到一块来捧场，这也算是集二丑的大成了。

为了要替二丑们圆谎，沈从文自然不得不先有所批评，例如说，“第一种尝试遭遇挫折，人事黏合不得法，本身脆薄而寄托希望又过大，欲收‘绥靖时局，均衡两大’之功，当然不易见功”。但接下去，却是“然‘政治’二字若在字典上还有意义，第三方面又能重造，将来自然有其光辉的前途”。对于“学术独立计划”则说“不免近于‘闹市炼丹’，丹成九转虽能起死回生，无如民族‘发背’，业已蛆腐转黑！”可是话说转来，却又是“事势所趋，这个保存心智资源的设计，将成为日益明确的目标。而且在有连续性运动下，终可陆续黏有各方面的情感、愿望、能力，形成一种比第三方面的政治更重要的发展”。最后对于所谓文化综合运动，也批评它“目前虽犹若缺少具体纲目”，但，“明日必逐渐成形，它将在政治学术以外作更广泛的黏合与吸收”。

这样弯弯曲曲的文章中，我们却不难找到他一个中心的意思。他的短短几段文字中七次出现了“黏合”两个字，总括起来，就是他所说的，“我们需要个更新的黏合，来重造这个国家”。从这里，也就透露出，所谓三种企图，实都是归结到一种，即所谓“第三方面的政治活动”，企图把学术文化结合在这个活动上，一方面自然是为了他们的“黏合”，另一方面也是一种掩护和欺骗。因为他们也分明知道所谓“第三方面”“中间路线”之类的政治名词，也已经“蛆腐转黑”了。

然而，这却正是今日值得我们揭露和打击的一种反动阴谋。为了统治阶级无法避免的没落命运，为了迷惑一部分人的视线，从统治者内部所策划出来，而由一些二丑们去执行的，正是这个活动。沈从文所谓“绥靖时局，均衡两大”，明明白白说出了这个活动的目标。从目前一些伪自由主义的报刊上，正可看出他们一些搔首弄姿的风采。他们显然是想拾起那幅破烂的“中间路线”旗帜，来“黏合”一些对“中间路线”尚存幻想的分子。而沈从文则在这里不过是扮演一个二丑以下的角色。但是由于他们技术的低劣，却反而更清楚地露出他们的嘴脸了。

1948 年 2 月 2 日香港《华商报》

历史的指针

——纪念《共产党宣言》发表一百周年

一八四八年二月，马克思，恩格斯写下了人类历史上一篇最辉煌的宣言——《共产党宣言》，到今年恰好整整一百周年了。

“全世界的无产者，联合起来呵！”

这响亮的声音，在当时“只有少数声音回答的”，但是一百年来的历史，却以最洪亮的声音在回答这个号召了。历史的车轮完全依照着这天才的预见而进行。一百年前的理想，今天已成为现实。灿烂的社会主义苏联占了地球的六分之一，新民主主义政权的光辉，照耀了半个以上的欧洲和极大部分的亚洲，全世界二十万万人口中有两千万的共产党员，在中国有二百七十万党员，在为着共产主义的最高纲领，也为着各民族当前的最低纲领而斗争着；而且不仅是无产者，全世界一切被压迫的人民，都在无产阶级的领导下，联合起来了。

一八九〇年，当恩格斯写完《宣言》德文版序言的时候，他激动地说：“啊，如果马克思还能和我站在一起亲眼看见的话！”那末，让我们想象一下吧，如果马克思和恩格斯今天还能和我们站在一起亲眼看见的话，这两个热情而慈爱的老人，将是洋溢着怎样巨大的喜悦呵！

一切资产阶级的人们，被这卓越的预见和伟大的力量所震骇了，因为世界上第一次有人把社会发展的规律揭露出来，指出了人类的幸福前途，在于无产阶级，共产主义者，联合起来，进行阶级斗争，取得胜利。资产阶级为了模糊这个真理，为了削弱这个斗争，常常把共产主义说成一种神秘的，不可思议的东西。事实上，马克思主义，是一种最清晰的，最周密而有系统的真实的科学。马克思、恩格斯能够做出那样英明的预言和伟大的功绩，并没有什么玄秘，就在于他们能够从一切传统的唯心主义观念中解脱出来，锐利地认识出历史的规律，从这中间概括出一个科学的法则，而把它结合于历史斗争实践之中，作为一种科学的无产阶级的革命指导思想。这和人类认识了自然的法则，而把它发展成为一种科学，还用它来征服自然一样，马克思和恩格斯也就是认识了历史的法则，把它发展成为一种革命理论，使无产阶级能够用自己的力量来掌握和创造他们自己的历史，改造世界。这一个历史法则或历史真理，就是宣言中开宗明义的第一句：

"一切过去社会的历史是阶级斗争的历史。"

或者，更清楚，如恩格斯所说：

"贯彻整个宣言的基本思想是：每一历史时代的经济的生产以及从它发生的社会结构，形成这时代政治和文化的历史基础；因此与之相适应的（自从原始的农村公社瓦解以来），整个历史都是阶级斗争的历史。"（《一八八三年德文版序言》）

这在今天，也许已经成为一种社会科学的常识了。然而问题是不在仅仅认识这一法则，主要是在如何把这法则拿到实际的历史斗争中去运用和发展。这所以说,“马克思主义不是教条,而是行动的指南针”(列宁),或如斯大林所说,这宣言乃是“无产阶级的真正革命的纲领”。

马克思主义是从客观的历史实践中发展过来的,所以也必然和必需在历史实践中去发展。它不是一种固定的,静止的学说;这是和资产阶级学说不同之处,也是马克思主义的最大特色。它是理论和实践的有机结合物。理论领导实践,实践又不断丰富理论。一百年中,列宁、斯大林、毛泽东,在革命实践中不断丰富了马克思主义的理论。在《联共党史》中说:

“恩格斯去世后,最伟大的理论家列宁,列宁之后,斯大林及列宁的其他学生们,是唯一把马克思理论推向前进,并且以无产阶级斗争的新环境中的新经验来丰富马克思主义者。”

在中国共产党的党章总纲中,也特别指出:

“中国共产党,以马克思列宁主义的理论与中国革命实践思想——毛泽东思想,作为自己一切工作的指针,反对任何教条主义或经验主义的偏向。中国共产党以马克思主义的辩证唯物主义与历史唯物主义为基础,批判地接受中国与外国的历史遗产,反对任何唯心主义与机械主义的世界观。”

对于党章这个规定,刘少奇同志并加以解释说:

“毛泽东思想,就是马克思主义在目前时代的殖民地、半殖民地、半封建国家民族民主革命中之继续发展。就是马克思主义民族化的优秀典型。它是从中国民族与中国人民长期革命斗争中,在中国伟大的三次革命战争——北伐战争、土地革命战争和现在的抗日战争中,生长和发展起来的。它是中国的东西,又完全是马克思——列宁主义的东西。它是应用马克思主义的宇宙观与社会观——辩证唯物论与历史唯物论，即在坚固的马克思列宁主义理论基础上，根据中国这个民族的特点，依靠近代革命以及中国共产党领导人民斗争的极端丰富经验，经过科学的缜密分析而建立起来的。"（《修改党章报告》）

马克思主义的民族化，这是百年来马克思主义在各民族的无产阶级斗争经验中一个重要的发展。在中国，这是经历了无数和教条主义与经验主义倾向的艰苦斗争中而得出来的成果。它用事实粉碎了一切马克思主义不适合于殖民地斗争，或不合中国国情的谬说，也驳斥了一切机械搬用马克思理论的错误。列宁、斯大林关于民族问题，曾经作了许多宝贵的指示。列宁首先指出了殖民地被压迫民族解放运动与无产阶级革命的关系，并且提出了被压迫民族问题的十大原理（见《列宁主义问题》），列宁说过："马克思主义理论的绝对要求，就是在分析一个社会问题时，都要把问题提到一定的历史范围之内；再则，如果是讲到某一国家（例如讲到该国的民族纲领），就要注意到在同一历史时代以内，该国和其他国家不同的具体特点。"（《论民族自决权》）

毛泽东就是依照这个绝对要求，把马克思主义具体地结合在中国革命实践中，把马克思主义中国化。这是由于毛泽东对于中国历史与中国人民要求的彻底理解，才能实践这个要求。二十余年中国革命的空前发展，完全证明毛泽东思想的正确意义和其伟大的功绩。在毛泽东这种思想指导下，中国共产党创造出广大的解放区和人民解放军，创造出人民战争的艺术——最灵活最机动的战略与战术，最正确地进行彻底的土地改革，并且在党内进行这种理论与实践相结合的思想教育与思想整风。这一切完全是马克思主义的，又完全是中国的，并且，这种思想也成为一切殖民地和半殖民地的无产阶级指导方针，和全世界人民斗争的主要经验。它一方面是马克思主义的中国化，一方面是马克思主义在半殖民地半封建国家以及东方殖民地革命中的继续发展。

毛泽东思想被称为马克思主义民族化的优秀典型，是富有意义的。刘少奇同志曾经说："毛泽东的伟大成就，就是把马克思主义从欧洲形式变为亚洲形式，马克思和列宁是欧洲人，他们用欧洲文字写欧洲历史与问题，很少谈到亚洲或中国；无疑的，马克思主义的革命原理是能运用于世界任何民族和国家的，但是要此种普遍真理与中国革命的具体结合，仍是一件困难的工作，毛泽东……用马列主义原则来解释中国的历史和实际问题。他在这方面是第一个成功的人。"毛泽东在马克思主义民族化中间所做出的功绩是这样光辉，他首先正确地指出了农民在中国革命中的伟大作用，这个特点是在世界马克思主义者尚少历史经验的。在中国，产业工人数量不大，"四万万五千万人口中，只有二三百万人能够叫做产业工人，帝国主义加资本家正训练他们成为共产主义的后备军。同时，毛泽东正从另外一种人里面训练二三百万人，但他们的纪律性和献身的精神，不但不比产业工人为差，而且甚至较产业工人要更好。"（刘少奇）他又创造了新民主主义的学说，明确地指出了中国的政治、经济、文化发展的规律和方向，通过这种新民主主义社会，将使半封建半殖民地国家直接走向社会主义。这一学说，不仅在中国正在实现，而且为世界马克思主义者所接受，成了许多国家的革命行动和社会建设的指针。

刘少奇同志说，“这些都是中国共产党的一些发现，而主要由毛泽东的天才所创造的。”

由于这些发现，毛泽东并且创造了农民战争的新式军事战略与战术，关于统一战线的理论等等。这一切都是由于毛泽东真正地掌握了马克思、恩格斯、列宁的理论与实践结合这一辩证唯物主义精神。他在《论联合政府》中说，“理论与实践是我们共产党人区别于其他政党的显著标志之一”。而作为这种结合的契机的，则是毛泽东和中共一贯所坚持的党的群众路线。

共产主义和共产党，在这一百年中，已在世界范围内发展着，成为空前的伟大力量。首先有强大的苏联，还有东欧的新民主主义国家，更有各国共产党领导下的工人阶级及民主力量。在中国，在马列主义、毛泽东思想领导之下，新民主主义革命在全中国成功的日子，已经不远了。马克思主义就是世界无产阶级及民主力量的胜利旗帜。马列主义、毛泽东思想，是中国人民胜利的旗帜。加深马列主义、毛泽东思想的学习，在毛泽东思想领导下加倍努力工作，迎接即将到来的伟大胜利吧！

一九四八，二，十九

1948年3月4日，香港《群众》2卷8期

平凡的伟大

——看《丰功伟绩》有感

《自由捷克日报》对于苏联电影《丰功伟绩》(原名《宣誓》)批评说:"他们清晰地表现了苏联人民的平凡的伟大。""平凡的伟大",这句评语我以为是很恰当而且富于意义的。

尼采的"超人"学说,把人类分成两种,一种是少数的然而卓越的英雄,一种是多数的然而平凡的庸人,多数的庸人应该听少数卓越的英雄的支配。在这里,"平凡"和"伟大"完全对立开来,而历史则似乎就是控制在少数几个超群出众的英雄手里。

尼采这种观点,其实只是专制统治阶级的一种意识的反映,几千年的专制统治就一直努力在培养这种意识,使人民相信他们自己是平庸渺小的,而只有那些统治者才是伟大的人物。一切仪式,礼节,以至服装、宫饰,都是为了帮助造成他们伟大的印象,使人民慑于威武,不敢抬头。据说希特拉、墨沙里尼以及中国的蒋介石,连发表一张照片,都要经过专家的审核,一定是能表现其威风的才发表。"伟大"到了这样程度,实在是比《死灵魂》里的乞乞科夫还更加可怜了。

我们试打开历史来看一看,这些所谓"伟大的英雄",所谓

“超人”在哪里呢？拿破仑、秦始皇、袁世凯的不可一世，希特拉、墨沙里尼的叱咤风云，结果是怎么一回事呢？眼前中国就有这样一个草头王，一向以为“朕即国家”的，如今在南京小宫廷里哭笑无常，这不是一个最活现的标本吗？卓别灵的《大独裁者》，把这些所谓“英雄伟人”的脸谱完全勾画出来了，使我们看到所谓“最伟大的”实际上却是最可怜和最可笑的。而一向被视为最平凡的人民，却是最伟大的创造者，在历史车轮之下，这些不可一世的英雄们一一碾成泥沙了，而人民则永远前进着。

人民确是平凡的，然而当人民发现他们自己力量的时候，也发现了他们伟大的力量。十月革命粉碎了几千年历史的谎言，人民用自己的力量创造了一个灿烂的不可毁灭的苏维埃国家，而在三十年之中，又创造出无数人民的共和国。这难道是奇迹吗？不，这是历史的现实！这正如高尔基所说的“人民是精力的泉源”。这种泉源是永远不竭的，宛如黄河长江，滔滔不息，看起来平凡得很，但是它的力量，又岂是那种人工的喷泉所能比拟？

从实际上，或从文艺电影中间，我们所看到的列宁、史太林、毛泽东这些人是伟大的，然而他们在日常生活里，却又是何等简朴平凡。他们没有与众不同的架子，没有凛然不可侵犯的威风，在另一面，如像《丰功伟绩》里的华尔娃，如丹娘，她们平日生活里都是很平凡，然而她们在斗争中却显示了伟大的精神。这就是平凡的伟大。从千百万这些平凡的人们中间，发展了一种不能摧毁的伟大力量，用这种力量粉碎了敌人的进攻，也创造出灿烂的历史。史太林格勒的胜利，世人多归功于守城将领的英雄，但在苏联却一再强调人民的功绩。中国把《宣誓》认为“丰功伟绩”，我以为是很有意义的。这丰功伟绩首先是属于苏联的人民！

从高尔基的《母亲》到《丰功伟绩》里的华尔娃，这两个母亲的对照，使我们看出了一种发展的痕迹。高尔基小说里的母亲最初是不敢相信自己的力量，然而在她儿女的战斗和牺牲中间，却找到了她的信念和力量。这是1905年的俄罗斯母亲，然而到了1917—1943年时代的母亲华尔娃，却已经用这种坚定的信念去教育她的下一代，培养出建设与战斗中苏维埃的人民英雄了。华尔娃可以说是高尔基小说中母亲的一个发展。当史太林在战争结束以后，对华尔娃说：“感谢你，你教养了这样的孩子！”这句话是有历史的重量的。高尔基小说里的母亲和《丰功伟绩》里的母亲，都是一种极平凡的家庭妇女，很朴素的贫苦女人，然而一条线下来，都是发展成那样一种人格，这是由于什么呢？关于这，我想引用我翻译过的一本苏联小说《阴影与曙光》里一个人物在战争中的说话：

“今天晚上，我们既不是懦夫，也不是英雄；我们只是作为一个普通人民和市民，我们感觉到一种本质的对卑劣的反感。为什么你们是这样想法呢？这是我所怕说的一个悠长的历史。这是由于几世代所形成的一个传统的问题，是许多次残酷的考验、战争、革命以及诸如此类事情中所获得的经验问题……过去四分之一的世纪中，我们曾经生活在这样一个国家中，人的权利就是法律和我们教育的ABC，这四分之一的世纪中，已经在我们中间灌输了对于衡量是非的新的水准了。”

苏维埃的生活，无产阶级的领导和教育，革命的斗争实践，这一切孕育出千千万万这种平凡的英雄，产生了真正人民的英雄主义。

由于传统的观念，我们中间常常有种“与众不同”的个人英雄观念。我们做人要与众不同，我们写作亦要与众不同，我们渴望“伟大”，渴望“杰出”，但是离开了群众，脱开平凡的生活和人民基础，去追求“伟大”（英雄），结果却显出了自己可怜的卑微。我们只有从平凡中去找求伟大，从人民的生活和斗争中间去创造自己，不要与众不同，而要和群众紧紧结合在一起，像华尔娃那样的，这样我们就能产生出真正的人民英雄主义。

看过了《丰功伟绩》，我得到这样一个感想。

1948 年 3 月 20 日，香港《正报》第 81 期（第二年 31 期）

答 M 先生

来　　信

××先生：

谢谢你对方言问题的论争的关心，使大家弄清问题，纠正偏向。但经过这次论争后，我有几个自我解决不了的问题，恳请费神解答，指教，望勿推却为盼。

（一）我过去是在广东游击区从事文化工作的。但现在染上了 TB，友人不让我到战争、流动的环境去。那么长呆在城市，我觉得就等于殉葬。我这苦闷应怎样解决呢？

（二）二月廿五日“热风”刊载先生的《谈作风》一种，内中有一段，有友人专门拿来批评我：看见人家的个人主义、英雄主义，就“深恶痛绝，远远站开，洁身自好，……洁癖主义”。他们说我什么文化集会不参加，不签名，不想团结。其实我是受了冤屈的，我并不是深恶痛绝而不参加文化集会，我只觉得我谈不上什么文化工作者的资格而怯于参加罢了。至于我自己，还是时时刻刻渴望得到大家的领导和指示的，我哪会远远站开呢？关于这，我怎样才能向朋友剖白我的心？我以后应该怎样才能时时得到你们的领导和指示呢？

（三）在许多年前的大学生活中，养成了我对正统学派和夸夸其谈者的憎恶，因此无形中也造成了一些洁癖的毛病，这是事实。但在民主文化的行列中，我是应该枪毙洁癖，全心全力跟着大家学习的。在本港的许多个青年团体都叫我去当顾问，开讲座，指导学习，我真惭愧于我的“嘴尖，皮厚，腹中空”。假如推却，又是对青年朋友不负责。我除了认真蛀书之外，应该参加怎样的集体生活，才能时时得到你们的指教呢？

（四）论争以后，一些朋友还保持一些成见，背后攻击，我以为这都不是实事求是的态度。正如先生所说：“意气之争，必须立即停止。”先生以为用什么方法才可使大家消除成见，整齐步伐，向敌总攻呢？（下略）

匆匆，候复。祝

好！

M　三，廿二。

复　信

廿二日函收到。你所提出的问题.我只能简单地贡献你一点意见：你有 TB，朋友们不让你到内地去，这是对于你身体的爱护，但“留在城市里就等于殉葬”，就未免是绝对的说法。到农村去是目前工作一个主要方向，但并不等于说不去就无事可做，在城市里有许多事情要做、而且也必须做。凡是有群众的地方，也就一定有工作，我们说今天农村的工作比香港的工作重要，就是因为乡里的群众斗争比这里更尖锐重要，但并不是说，要放弃这里的工作。至于在这里做什么呢？那要看你的群众关系，在一定的群众关系中，我们可以建立自己的岗位，为群众服务。怎么会是“殉葬”呢？

由于不能到农村而产生苦闷，这情形目前是很普遍的，一般说，这倒是反映了智识青年积极向人民的一种愿望和要求。我以为是可感的。但是我也想了一下，这种苦闷的由来，恐怕有几方面：首先，就是上述那种以为不去农村即无工作可言的观念；其次，是受到了一种不正确的讥讽所刺激，例如“留在城市里就是等食胜利的果实”，“不到农村去就是落伍分子”，因而感到自惭；第三，是因为不满或厌倦于自己眼前的平凡日常工作，想转换一下生活，因为不能得到满足，遂生苦闷。

第一二点且不说，单就第三点说，一方面因如上述是反映青年智识分子一种向上要求，但另一方面，也可以说，多半还是出发于自我的要求，一般智识份子在革命中间，往往首先是要求自己情绪的解放，要求自己得到精神的满足。因此自己的问题就不知不觉看得更重要些，这多少还是从个人自由主义意识的根源上来的。在实际战斗中间，譬如一部分战士被分派担任主力战斗，另一部分担任辅助战斗，在这中间，一个战士固然不能凭自己个人的要求去挑选，而同时也很少听到某些战士因为没有分派到担任主力战斗而感到苦闷，因为在集体主义的斗争中间，不能不首先以集团的要求为前提，智识分子之容易感到苦闷.怕即往往把个人的要求看得过重一些之故。

从这里也就联想到你所提的第二三点，即关于洁癖主义和参加集体生活的问题：我自己也犯过洁癖的倾向，反省起来，也还是从个人爱憎出发的一种观点，因为从个人憎恶某些不洁现象，所以就不愿去接近，没有从工作从教育群众的意义去想，接近某些落后的群众正是必要的。以个人的爱憎作出发，这也是智识分子的一种个人主义毛病，孔子说："毋友不如己者"，这是一种利己主义的观点，可以说是一句势利话。我们就反过来要有"有友不如己者"的精神。因此参加一群众学习的集会我们是应该去的，自然这并不是说，我们要摆着一个"顾问""指导者"的架子去参加；我能够帮助别人之处，我应该帮助别人，同时我也要向群众请教，向群众学习。纵使人家请你去当"顾问""指导"，而你自己却带着帮助群众并向群众学习的态度去，也向群众说明了你这种态度，我以为是不必感到惭愧的。洁癖主义也表现为一种自尊与自卑感，一方面为了表现自己清高，所以处处保持一种个人自尊，生怕别人批评或瞧不起，容易怀疑别人在瞧不起自己，一方面又觉自己学问能力不够，在某些场合中又表现自卑，你说到"怯于参加文化集会"不知是否属于这种自卑感？我以为如果把它当作一种群众工作或从向群众学习的意义上去参加，我们倒无需感到愧怯的。

总之，我以为，我们不要处处把自己看得太重要，而把群众工作看得更重一些，许多个人精神上的"苦闷"就会释然若失的。

从你的来信中，显然看出你那种真诚虚心的精神，和你所谓"全心全力向大家学习"的态度，这是很可贵的，你的来信也帮助了我作了一次反省。

至于你提到"如何消除人们的成见"，这不是几句话所能解决的，但是从自己的一面说，我以为发挥自我批判的精神，用工作和努力去说服别人是可以慢慢做的，晋驼写过一篇小说，叫《结合》，说明了一个很好的例子，我希望你可以找那篇小说来读一读。（下略）

（载于《正报》第 83 卷，1948 年 4 月 3 日出版）

朱光潜的怯懦与凶残

这一年来，我们看过了许多御用文人的无耻文章，但我们还找不出一篇像朱光潜在《周论》第五期上所发表的《谈群众培养怯懦与凶残》那样卑劣、无耻、阴险、狠毒的文字。这位国民党中央常务监察老爷，现在是俨然以戈培尔的姿态在出现了。

今年一月底，上海接连发生了几次争取自由与生存的伟大群众运动（同济交大学潮、舞潮和申新九厂的工潮），统治者在这几次运动中，疯狂地执行了“格杀勿论”的命令；尤其申新九厂那场狂暴的血案，国民党竟调集了八千武装军警来进行对七千多徒手工人的屠杀，用现代最新式的杀人武器——飞行堡垒、装甲车、汤姆生枪去向赤手空拳的工人冲锋，用国际公法所禁止的达姆弹去射击无辜的平民，而在杀死五六十人，击伤和逮捕五六百人之后，还用硝镪水化掉了工人的尸体，拿麻袋装起，沉在黄浦江里。这种完全绝灭理性的疯狂屠杀，这种历来帝王、军阀、官僚所不敢演的惨剧，比昆明血案、较场口惨案更百倍凶残的兽行，每一个稍有良心的人都莫不为之血沸，为之发指。这正是反动派在没落的恐惧中所表现出最大的怯懦与凶残，而朱光潜却竟有那样的厚颜，不仅企图以墨迹来掩饰这些血的罪行，而且反过来想把"怯懦"与"凶残"这类字样，加在群众的头上。他甚至要把这些被屠杀者看作是"世间最怯懦最可鄙的"，是"人类野蛮根性的狠毒凶残"，对于广大被压迫的人民群众作这样狂妄而无耻的诬蔑，除了希特勒、戈培尔之流以外，是无人可与比拟的。

朱光潜是用这样的话，对上述的几次群众运动，作了尽情的诬蔑：

> "这些群众行动大半依照一个共同的方式，开始都有一个有关某一群人的利害的事端，可以做激动那一群人的导火线，继而有少数人乘机暗中操纵煽动，激发那一群人的怨恨，把他们煽动得如醉如狂，于是挟排山倒海之势，要挟对方承认他们的有理或无理的要求。到了这个阶段，即无理可讲，群众的声势便是群众的理由，也便是他们的法律。大题目被假借来做细故私图的借口。这是他们的'自由'，他们的'人权'，他们站在'民主'的立场要作神圣的奋斗，如有人敢和他们抵抗，便是摧残自由，剥夺人权，违犯民主，罪该万死！在这种场面，是非是没有底，事实总是被歪曲的，无论有理无理，反正这是大家的要求，你就得答应。你不答应，武器就拿出来，骂得你狗血淋头，打得你半死不活，把天地闹翻了再说——这是他们的义愤，他们的'好汉气'。"

读了这段文章，你会觉得朱光潜和他的主子们，不知是受了多大的委屈，多大的迫害。你看他说，“打得半死不活的”是他们，“拿出武器来的”是群众，仿佛竟是群众在压迫他们。他为什么要说得那样可怜呢？这正是懂得“文艺心理学”的朱光潜的妙用。自古以来，凡是最善于挑唆主子的宦官弄臣，都最懂得装出一种哭哭啼啼的被迫害相，是激起他主子的残忍兽性的最有效方法。所以愈是那卑怯可怜的言辞中间，却往往包藏着最阴毒的杀机。我们要问一下朱光潜：当你们还骑在人民头上的时候，当你们主子还在用达姆弹和装甲车向徒手的人民冲锋的时候，你这种撒娇撒赖的做法，这种对人民群众无耻的诬蔑，是什么作用呢？你以为你主子的疯狂屠杀还不够彻底吗？你以为你的挑唆还不够尽力吗？你说：“群众的声势便是群众的理由，也便是他们的法律”，难道你忘记“格杀勿论”就是你们的理由；装甲车、达姆弹、集中营就是你们的法律吗？你说：“如果有人敢于抵抗，便是摧残自由、剥削人权、违犯民主”，难道八千武装军警对于七千工人的屠杀，就是你们所谓“抵抗”，而这种疯狂暴行就是你们所谓“保障自由”“尊重人权”和“建立民主”吗？你企图用“少数人乘机操纵”，“大题目被假借为细故私图的借口”这些名目，替反饥饿反压迫的人民群众安上一个杀头罪名，你不知道你们的特务弟兄，早就日日夜夜用这样的罪名在罗织无辜的人民，而你和你的同僚们也像家常便饭一样，用同样的理由在不断开除和逮捕你们自己的学生吗？（就在今天报上，我看到你们的警备司令部怎样命令你们的学校——北京大学——在七天之内交出十二个学生去。）你这种调子并不新鲜了。这是一切反动统治者在向人民做下滔天罪行以后千篇一律的拙劣饰词，而你这些话也不过这种拙劣饰词的翻版一次而已。但你却比他们更阴毒，因为你是装着一副正人君子的脸孔，摆着大学院长的身份，在你毛笔管下飕飕地闪出残忍的杀机，这正是你们御用文人们杀人不见血的最恶毒地方。鲁迅先生说："帮闲，在忙的时候就是帮忙，遇着主子忙于行凶作恶，那自然也就是帮凶。但他的帮法，是在血案中而没有血迹，也没有血腥气的。"你，朱光潜，就是这样一种角色！

自然，你这种做法，是为了忠心耿耿替你主子的"格杀勿论"的命令做注脚，而你却自以为是一个学者，一个文艺家，你觉得应该从你的"文艺心理学"中间，去为你的主子找出屠杀群众的理论根据。于是你居然在你的学说中间找到了群众的两大罪状：第一，"群众是掩护怯懦而滋养怯懦"，第二，"在群众庇护之下，个别分子极容易暴露人类野蛮根性中的狠毒凶残"。

可是，你却没有那样的勇气，敢于公然否定群众团结的意义，于是你的文章不得不转了一笔，先把这些要生存要自由的人民群众（连你自己的学生在内），肯定为"强盗帮伙"，你说："如果不良的份子团结起来，成为一种恶势力，去做违理的事，对于社会发生坏影响——趁便地说，这是强盗帮伙的好定义"。好一个"趁便地说"，这样你的文章可以做下去了，而且也替你主子的"戡乱剿匪"找到一个"理论的根据"了。

在论述"群众培养怯懦"一段文章里，朱光潜更进一步显露出他阴狠的杀机。他所谓"掩护怯懦"和"滋养怯懦"是指什么呢？原来是说"团体行动中，个别分子往往把自己行为的责任推诿到团体那个空洞抽象的名义下，自己就站在一个不负责任的地位”，例如他说：“话明明是他说的，事明明是他做的，可是他不敢站出来自招，公布出来的负责人不是他而是某某社某某会，你当然抓不住他，更抓不住那个会或社，于是他就逍遥于法律、舆论、良心的种种制裁以外了。”

看一看吧，这里所谓“抓”呀，“自招”呀，“逍遥于法律之外”呀，是种什么样人的口吻呵！这意思还不明白吗？他们的主子制定了什么《紧急治罪法》《自首法》《戒严法》等等杀人的圈套，他们的特务像猎狗一样满街在嗅，而朱光潜却要人们去向统治者“站出来自招”，让他们去被“抓”，去受他们“法律”的制裁，这是怎样阴狠的居心！你以为这才算勇敢吗？你以为用这种激将法，人们就会去上你的圈套吗？在你们特务的刑讯室中，你们的刽子手会发出那样凶暴的吼叫：“有种的，说出来!”这和你的口吻是何等的酷肖！然而群众早已从你们的屠杀下，懂得他们的战斗经验了。在“一·二八”大屠杀以后，鲁迅先生就曾经警告我们，不要赤膊上阵，要我们懂得堑壕战。一个战士是应该懂得必要的掩蔽自己，这不是为了宝贵个人的生命，而是为了宝贵战斗的力量。

群众的斗争和斗争中的每一个成员，对人民和社会是完全负责的。申新九厂的工人是对上海工人负责的，同济交大的学生是对上海学生负责的。所有工人、学生和市民都会批准他们的行动，但他们就毋须向你们这批刽子手负责！一个被残害者要向残害者负责，这才是天大的笑话！

在枪林弹雨之前，在装甲车和机关枪之前，徒手的工人和学生，为着自由与生存，坚毅不屈的斗争着，甚至献出了他们的生命和鲜血。这种至刚至勇的精神，难道不足以感天地而泣鬼神！叛逆的猛士出现于人间，使天地为之变色，使怯弱者为之藏伏，一百年来，中国前仆后继的群众奋斗，培养出多少这种英雄的战士——只有从群众运动中，才锻炼出这种最可宝贵的英雄性格。他们才是历史的创造者，而你，躲在统治者袍角下的朱光潜，你凭什么敢于用“怯懦”的字样来污蔑这些英勇的群众！你真的不知道人间尚有羞耻事吗？

而在这里，也看出朱光潜自己是何等卑劣。从北大同学一篇文章中（《与朱光潜先生论群众运动》——《北大半月刊》创刊号），我才知道，他发挥这一段文章，除了诬蔑一切人民群众运动以外，还包含着他私人的愤恚。原来他封闭了北大楼，被他们学生在壁报（他所谓“匿名揭帖”）上批评了，于是他老羞成怒，公然诅咒他的学生“像贼一般把自己隐蔽在黑暗里，使劲地裁他一个暗拳。”可是他不知道宪兵就驻在北大的校门外，而他自己所领导的三青团，倒当真“像贼一般地隐藏在黑暗里”呀！他用“下流”“宵小”一类字样来咒骂他的学生，企图激励他们去上他的圈套。这是一种可怕的诱杀！现代的青年不是傻子，决不会来上你的当。他们知道，对于你们这些人是没有信义可讲的。而你，为了发泄个人的愤怒，竟不惜污蔑到一切人民群众和各地的群众运动，这在另一面，不正是你自己所说的“大题目被假借做细故私图的借口”吗？

而为了要证明“群众的凶残”，朱光潜居然引用苏格拉底的受审和耶稣上十字架的故事，这有什么意义呢？难道你想引苏格拉底和耶稣来比拟你自己和你的主子们么？古代宗教热狂的教徒和现代争取自由与生存的群众运动有什么相干呢？我们知道，在心理学上，有所谓“群众的心理”（Mob Psycology)，你也许把它作为你的根据，但是所谓 Mob，和现在所说群众（Masses），含义是显然不同的。现在的群众运动，是有组织的人民斗争，正如你所说的，这是一种“团体行动”。有组织的群众运动是有它一定的斗争目标，斗争方式，它是基于群众的要求与意志而团结起来，它对社会负着责任，而作为社会运动的先锋的。但我们也可以告诉朱光潜，即便这种有组织的群众运动，确实也并不是斯斯文文的。革命不是斯文的揖让，而是以牙还牙，以眼还眼的斗争。巴士底监狱的解放，“五四”的火烧赵家楼，这些轰轰烈烈的著名群众运动，确是足使统治者为之战栗的。但是任何一个历史家，不曾也不敢像你那样无耻地把这些群众运动称之为“培养怯懦与凶残”，因为很分明，从这两次伟大群众运动所培养出来的，却正是法兰西的近代文明，和中国民族的新文化呵！

朱光潜口口声声喊着什么“清醒，和爱与沉毅”，他却忘记他们这一伙却正是法西斯“疯狂，残虐和暴乱”的典型。今天只有人民大众才是最清醒的，他们的眼睛是雪亮的，他们知道谁是谁非谁善谁恶；他们知道将怎样沉毅坚韧地去战胜他们的敌人。他们的团结是基立于他们自己阶级和社会的爱，但同时也基立于对统治阶级的仇恨。几千年来封建的剥削与压迫，培养了人民对于统治者的血海深仇，而在这种仇恨的燃烧中间，他们将烧毁一切旧的、丑恶的、残忍的制度，创造出人类伟大的光明与温暖！

实际上，朱光潜所谓“怯懦”与“凶残”，正是他们这些奴才的典型性格，尤其是统治者濒于没落时代的奴才性格。他们愈是恐惧于自己没落的命运，便愈加怯懦，也愈加凶残。今天中国法西斯统治者一切最卑鄙残恶的行为，正是这种没落者怯懦心理的反映，而在奴才则比他们主子更甚，因为奴才是连他们主子那点“自信心”都没有了。朱光潜这篇充满杀机的文字，恰是个很好的例证。

但是当奴才们愈感觉到自己的没落的恐惧，他们便愈想找寻一些面幕来掩遮自己的残怯，和更进一步的欺骗人民。正如无恶不作的鸨婆，往往是善于念经拜佛，这是一种很现实的心理。只要看今天统治者无论这一系或那一派的奴才，都互相应和地在唱着一种类似的流行调子。《大公报》在唱它的“祥和之气”，萧干在唱他的“人权与人道”，现在朱光潜又在喊他的什么“清醒，和爱与沉毅”，这并不是偶然的事情，正是说明他们已经到了没落的边缘，企图在念经拜佛中间，来酝酿更残忍的杀机！

今天我们的工作，就是要撕毁这一切纸糊的面幕，让他们一切凶残、怯懦、阴险、狠毒的脸孔显露出来！

1948 年 5 月 1 日

《大众文艺丛刊(第二辑)——人民与文艺》，香港生活书店总经售

真理的铁链

——响应世界文化人保卫和平大会的号召

不久以前，在波兰窝赤亚威克城举行的世界文化人保卫和平大会，是近年来国际文化运动上一件意义最重大的事情。它和一九三二年罗曼·罗兰、巴比塞等在法国所召开的反战反法西斯大会是有同样重要的意义，而规模之宏大则更超过前者。在新法西斯主义威胁着全世界人类和平与文化的今天，全世界有正义感有良心的知识分子，在真理的旗帜之下一致团结起来，宣布了为反对新法西斯主义和保卫和平与文化而斗争！

大会发出了简短而有力的宣言，号召全世界知识分子，争取和平，争取各国文化的自由发展，各国的民族的独立与密切合作。关于大会上重要的演词和文件，现在尚未收到，因此我们尚无法进行详细的评述，但是从大会宣言和会议情况的报导中，我们已经可以看出这次大会的基本精神和当前国际文化斗争上的基本任务。

第二次世界大战结束后，居于领导地位的帝国主义，不仅在政治上进行了疯狂的侵略，想重温希特勒奴役全球的幻梦，而同样也在文化上配合进行着对人民与民主主义文化的虐杀，对进步文化人的残酷迫害，以及凭借金钱势力竭力扩张其堕落的，颓废的，一切反动和法西斯思想的宣传。因此在战后世界的思想意识领域上，也和政治上一样，明显地存在着两条战线的对立。一方面是把科学用作杀人方法的研究，把艺术作为麻痹人类思想引导堕落的工具，从希特勒那里继承了人种优越的学说和大地政治学的荒谬理论来作为侵略与民族歧视的根据。另一方面则是拥有最庞大的群众，和人民的劳动与意志相结合的，为普遍发扬人类智慧和创造力的健康文化，而以这种文化作为提高人民生活的武器。而在这两者之间，我们还可以看到有所谓"第三种文化"，也即是思想战斗中的所谓"中间路线"。他们挂着所谓"自由主义"的幌子，而实际上却已经做了帝国主义的奴仆，去年在欧洲召开的所谓"国际自由主义者大会"，就是这种"中间路线"的代表者。

今天世界文化，斗争是在这样形势下进行着的。它的战斗基本方向，就是坚持人民的文化，团结一切愿为和平与进步而努力的民主文化力量，反对新法西斯主义，孤立那些中间路线的文化。

在大会中间，曾经列举了帝国主义者迫害文化的事实：如美国逮捕德国反法西斯作家艾斯勒，法国科学家约里奥·居里在美国遭受迫害，詹森被禁止进入美国，苏联作家库尔涅丘克之被驱逐出美国，诗人奈鲁达神秘失踪，美国法斯特被禁止来参加大会等等。这不过是极少的一些例子，事实上，新法西斯摧残文化的暴行是无日不在进行的。例如最近美国"非美调查委员会"企图传讯爱国的各大学进步教授与学生，甚至干涉到他们所用的课本，连爱因斯坦都不免在"调查"之列，这和希特勒与沙皇相比又有何别？至于在美国直接控制之下的旧中国地区，那种对文化人惨无人道的迫害，对学生的屠杀，是更罄竹难书了；然在最近，一个空前的白色恐怖正降临到全国文化人的头上；教授、作家的黑名单已经在满天飞，反动统治者之敢于这样肆无忌惮、疯狂横行，除了靠美帝国主义者的支持与嗾使之外，又有什么凭借呢？

大会各代表的演说，几乎都集中对于以美帝为首的新法西斯文化的揭露和抨击。大会宣言中也首先指出了“美国和欧洲的少数自私自利的人，从法西斯主义那里继承了人种优越和否定进步的一套观念，对于任何问题都要用武器去解决。他们现在又在企图反对世界各国的‘精神财富’的危机，进而号召全世界知识分子来消弭新法西斯主义的一切阴谋毒计”！

这是大会中显示出的基本精神之一，也就是当前全世界文化斗争的基本方向。

在这个斗争任务之下，就要求全世界一切爱好和平与真理的知识分子，紧紧地团结起来，建立一个广泛而强大的国际文化统一战线。这次大会的另一个基本精神，就是指出这种团结的重要，并且号召扩大这种团结。这次大会出席的代表，达四十五个国家之多，它本身就是表示了国际文化工作者的一个大团结，这些代表，思想并不尽相同，研究方面也不一，但是绝大多数代表都有一个共同的目标，即是为和平与民主主义的理想而斗争，而大会也是在这个共同目标之下来进行其讨论的议程。大会宣言中所提出的口号——争取和平，争取各国文化的自由发展，各国的民族独立与密切合作，可以说是很广泛的，只要同意这个方向的，都可以包括在这个统一战线之中。苏联代表柴斯拉夫说:“我希望我们大家在对帝国主义法西斯主义和战犯的憎恨中间团结起来。如果这种憎恨是强烈的,如果能够燃烧我们的心灵,那么亲爱自然就会油然而生。”这就是团结的基础。而为了防止帝国主义者的分化,英国的著名科学家海尔登教授并且特别指出:“我们必须打击反动派想把文化分成所谓西方文化与东方文化二派的企图,我们必须阻止散布中伤苏联的蜚语流言。”海尔登教授这个指出是非常重要的,因为捏造苏联在文化上的专断、没有自由等等谰言,正是帝国主义及其奴仆者要玩得最起劲的把戏。

大会宣言中特别提到“加强各国间的文化交流和相互了解”,这在今天是很重要的事情。事实上,二次世界大战以后各个国家之间进步文化交流的工作显得很不够,特别在东方这些国家中间,对于欧洲进步文化情形实在了解太少了,而相反的,美国的黄色文化却凭借其金钱势力,泛滥地流向殖民地或半殖民地国家。因此,为了加强各国间进步文化力量的团结,首先不能不是建立彼此文化互相介绍、互相交流的具体关系。

这次大会虽然强调了团结的意义,但是并没有忽略了统一战线中思想斗争的任务。团结是通过思想斗争而巩固起来的。在这次大会中间,代表们曾经发生了热烈的争论,某些英美代表,包括英国的代表赫胥黎教授在内,曾经表现他们那种“中间路线”的倾向,赫胥黎并且对苏联做了恶意的抨击,这引起许多代表的愤怒而把他驳斥了。奥国的代表费希尔教授说:“那些常被称为‘客观性’之骑士的某些知识分子,实际上乃是最危险的帝国主义者奴仆。”他又说,“凡是拥护成立世界政府的人们，实际上是帮助美帝国主义者阻挠进步。”

在思想意识的两条战线斗争中间，这种挂着“自由主义”招牌的“中间路线”是必然破产的，如果不是坚决地站在人民一边来，便必然迟早做了帝国主义的帮手，所谓“第三种文化”实际上是帝国主义文化的附庸而已。

既团结，又斗争，坚持原则，扩大战线，这是这次大会的一个特色。这次大会可以说是统一战线的一个优秀典型。大会的宣言是经过投票而决定的，美国代表团三十二位代表中二十三人投了赞成票，七票反对，二票弃权，英国代表团四十二位代表中三十五位投赞成票，四票反对，三票弃权，还有巴西代表一人弃权。除此之外，全体代表一致通过了宣言。

这里可以看到大会是高度地发挥了民主的精神，而在这种民主的投票中间，绝大多数的代表是拥护正义与真理的，在绝大多数的同意之下，制定了全世界文化人的共同战斗纲领。

遗憾的是，由于交通和种种限制，中国未能派遣其代表出席，但是无论如何，这次大会的经验与收获，对于中国文化学术界是非常重要的。无论扩大文化统一战线，反对美帝国主义的文化侵略，批判中间路线，这些任务也都是今天中国文化斗争上直接的任务。我希望文化学术界的团体和人士，重视这一次大会的收获，研究这次大会的成果，并且建议中国文化界和大会留在巴黎的国际联络委员会取得正式的联系。

香港《文汇报》1948年9月29日第5版

国际文化现势与中国文化运动

最近在波兰举行的世界文化人保卫和平大会，是集合了全世界最优秀的自然科学家，人文科学家与艺术家于一堂，来检讨当前全世界思想意识战斗的形势和确定今后世界意识战线上的共同纲领。在高度民主精神中间，经过了激烈辩论，大会的宣言已经明确地昭示了今天全世界文化战斗的方向和其具体任务。这就是：

一，号召全世界知识分子打击以美帝国主义为首的新法西斯主义思想和其文化政策，这种思想是继承了希特勒的人种优越说、大地政治学等等荒谬学说，把自然科学作为杀人方法的研究，把人文科学作为麻痹人民思想的武器，而集中其一切力量于反苏反共反人民的战争的鼓吹。

二，在保卫和平、保卫文化的口号下，最广泛地团结了全世界一切有正义感的知识分子，这种团结是为了消弭新法西斯主义的一切阴谋与毒计，争取各国文化的自由发展与各民族独立与密切合作，以知识服务于人民大众，以及反对法西斯主义者对于文化事业与文化人的迫害。

三，为了扩大和巩固这种团结，必须孤立和批判那种中间路线的文化思想，这种思想，在“自由主义”，“客观性”等等名义下，实际上竟做了帝国主义者的奴仆，和法西斯思想的烟幕。而另一方面，就是要提高进步文化的理论水平，克服进步阵营内一切没落的资产阶级的文化影响。

自从第二次世界大战结束以来，国际形势已经呈现为两大阵线的对立——以苏联为首的一切新民主国家与其他国家内的民主势力，和以美国为首的各帝国主义国家与其附庸势力。在文化上也同样呈现为人民的文化与新法西斯文化两条阵线的对立。这对立形势下并没有中间路线的可能。马歇尔、司徒雷登等曾经用"自由主义"的名义，在中国来制造这种中间路线的企图已经破产了，同样的，他们曾经也企图用这种阴谋去分化国际的文化阵线。他们把当前国际文化形势解释为东方文化与西方文化的对立，或是东欧与西欧文化的对立，这种企图也同样失败了，这次大会是对于这类胡说最有力的一个答复。

这次大会表现了团结与斗争的最优秀的典型。最广泛的团结是通过最猛烈的思想斗争而取得。这次大会上对于中间路线与"自由主义"的批判是酷烈无情的，像赫胥黎、泰纳之流在大会上遭受绝大多数的批驳，那些同情于帝国主义者的著名作家如 T. S. Eliot，E. O neill，Des Passos，Sartre 和 A. Malraux 等，都陷入于极端的狼狈境地。这种情形，也许会叫一向只讲"一团和气"的人们，感觉到困惑，但是他不了解，今天文化斗争已经到了最尖锐的阶段，只有揭破了那些虚伪的自由主义者的面目，摧毁那些为虎作伥的中间路线，才能争取更多的群众到反帝的民主文化统一战线中来，才能巩固和扩大民主文化的团结。这次大会的经验，对于我们在思想斗争与统一战略的理解上，是有很大的帮助的。

从这次世界文化人大会和当前国际文化运动形势再来回顾中国的文化运动现势时，我们感到上述这些任务对于中国文化运动是具有同样重要的意义。

首先，中国当前文化运动的一个基本任务，也就是反对美帝国主义的侵略，以及美豢养下的国民党对于文化的迫害。

从一九四六年以来，美帝国主义即通过司徒雷登及一些买办文人，在布置一个文化领域上的阴谋，这就是所谓“自由主义的运动”，去年出现在北平的所谓“社会经济研究会”和《新路》杂志，即是它的具体表现。这个阴谋虽然是给拆穿了，但是刊物不断在播送反共反苏的毒素。接着就是根据于蒋××的卖国双边协定，在二千七百万美元的所谓“美援”之下，美帝国主义者嗾使了无耻文人晏阳初来组织什么“中国农村复兴联合委员会”，这个委员会中间并且包括了两个由杜鲁门所指派的美国人。它的目的，不仅企图以美国金钞来收买一些中国知识分子，而且还梦想用改良主义的方式，来阻止中国的农民反抗运动。这是比前一计划规模更重大，存心更险恶的阴谋。是一种变相的宗教活动，虽然这个活动是绝无前途的。晏阳初在他的一篇宣言式的论文里，大言不惭地把今天农村的贫困与灾祸，归之于人民的“愚贫弱私”四个大字，把蒋××藉三征来抢夺农村的事实，洗刷得干干净净，这种对主子的谄媚与对人民的评蔑，充分表现了卖国文人最无耻最卑劣的劣根性。这个计划正在开始，中国的知识分子必须揭露和打击他的阴谋。在任何场合上，拒绝和这种汉奸文人合作。

除了通过买办文人的活动以外，作为美帝国主义直接文化侵略的主要武器，便是那大量涌入的好莱坞反动电影以及宗教活动。这种包含着法西斯思想与色情颓废国产的影片，用独占的方式控制了百分之七十的中国市场。据伍启先生的统计，单在上海一处，每天接受美国电影宣传的市民就有九万人以上，这是多么可惊的数字。这种电影日日夜夜在毒害着中国市民的精神，灌输着反动意识，比美国出版的黄色书刊起着更大毒害作用。至于宗教活动方面，单在美国基督教卫理公会统辖之下，在中国就拥有将近五千所的大小教堂，六千以上的传教士，在美国人指导的天主教统辖之下，又有将近六千所教堂，五千多名传教士，以及三所大学，一万九千所中小学校。这些教会，大多是直接在美国特务操纵之下，不仅公然参加了蒋朝的“戡乱”工作，而且还担负了谋杀的任务。在这里，我们应该检讨出，过去我们对于反对美帝文化侵略的工作，实在做得很不够，今天应该提高警惕，唤起注意，来进行对于这种奴化文化的斗争。

在另一方面，美帝豢养下的国民党当局，正在进行比希特勒更百倍残酷的文化剿杀，这些事实已经在，无待尽述。就以最近来说，全国各大中学学生被特种刑庭所逮捕囚禁的，已至数千人之多，北平各大学教授的黑名单已经在报刊上出现，国民党上海市长吴国桢已经公布宣说，一个大肃清即将开始，这表示一个空前的白色恐怖浪潮，正在向全国文化人袭来。《时与文》已经被禁，比较公正一点的刊物都随时有被禁的可能。大学成为恐怖之城，文化工作成为一种最危险的职业。我们可以说，中国的文化是比任何国家文化都处在最可怖的厄运之中，也比任何时期处在最可怖的厄运之中，我们应该把这些血腥事实向全世界人民公布，要求全世界知识分子谴责这些卑劣的罪行，和支持中国知识分子所进行着的这惨酷的斗争。

而在这样一种客观形势下，每一个稍有良知的中国知识分子，已经被迫得不能不作最后的抉择。因此，知识分子团结的问题，这必然是当前文化革命上另一个基本的任务。在这一个中间，我们看到北平上海各大学教授对于蒋朝迫害的凛然不屈，对于美援的坚决拒绝，对于无耻买办文人的断然不合作；我们也看到了一些忠于真理忠于学问的教授学者，如稽文甫，如张德馨等的毅然走入解放区去为人民服务。我们也看到了许多作家、艺术工作者、出版工作者在最艰苦的条件坚持他们的战斗，这些都显示出"五四"以来知识分子战斗的传统，显示着迫害愈厉害，团结也愈坚强，这种团结就是在保卫文化，争取民主，坚持进步，反对倒退的要求之上建立起来的。

今天中国知识分子是处在这样一种分明的环境之下，旧的在迫害，新的在号召。我们可以相信每一个有正义感的中国知识分子都有勇气去抗议那旧的迫害，而同时我们还要求有勇气去奔赴新的号召。如果过去若干知识分子对于新的人民力量还有所怀疑，那末这一年来的事实，已经证明这种怀疑是没有必要了。不仅今天在政治上，革命的力量已经奠立了不可支援的基础，新政协即将召开，联合政府即将建立；就从文化上来说，今天解放区中已经建立了许多新的事业，大学和研究所在不断地创办起来，科学与艺术运动结合着劳动需要在广泛展开，每一本书籍的销数都在万数以上，报刊的销数更非蒋管区所能企及。这一切都说明，革命的建设需要大批知识分子，而知识分子只有把他的知识技能，服务于广大人民，才有他自己的出路，文化事业才能有兴盛的收获。

除旧布新，这是今天中国知识分子一个具体任务，而这个任务的胜利，首先就倚靠我们在真理的旗帜下紧紧的团结。

呈现于世界文化战场上的对立形势，在中国是显得更加尖锐，经过两年来激烈的思想斗争，中间路线、自由主义运动都先后破产了，但是那些和平妥协幻想的残余尚待予以最后的肃除，我们要记住鲁迅先生所说的，“旧社会还有她使新势力妥协的好办法，但他自己决不妥协”的警语。因此，思想批评工作，在今天新文化运动应是一个重要的工作，过去两年来的事实，告诉我们只有加强这种批评，才能加强我们的团结。

以上所述是当前中国文化运动的主要任务，也就是当前世界文化运动的主要任务。中国的文化战线也是今天世界文化战线中重要的一环，坚持这个战斗，争取这战斗的胜利，就是我们对于这次世界文化大会号召的具体响应。

新形势下的知识分子问题

今年的春天，曾经在一本中间性刊物上，看到一篇读者投书，大意是说："国民党统治既不能容纳，共产党那边也未必肯要，我们这些中间知识分子今后究竟往何处去呢？"这种彷徨苦闷的情绪，如果曾经流行于一部分中间阶层的知识分子中的话，那么，今天，由于事实发展所证明，一般说，是应该已经消除了；在这一部分知识分子中，还有更少数的人，由于这种彷徨和苦闷，并且曾经把幻想寄托于所谓"中间路线"或所谓"自由主义运动"上，那么今天这种路线与运动早已彻底破产了。这一年来，我们从文化思想方面，可以看出一种分明的倾向，就是绝大多数有正义感的中国知识分子已经坚决地选择了走向革命的道路，即使曾经保留过若干幻想的人，最后也迫得终于抛弃其幻想，而转向于人民这方面来。特别在今年秋季北平和上海几次关于知识分子问题的座谈会中，明白地显示了这种倾向。参加这些讨论者的范围非常广泛，他们的意见，可以说是代表中国中间知识分子对于其自身前途的看法。虽然枝节问题上，各有见仁见智之处，但就基本方向说，多数是肯定了知识分子应该为人民服务这一前提，而在这前提下来强调团结。因此，问题已经不是在知识分子往何处去，而是提高到知识分子如何为新的时代新的社会服务了。在这些讨论中间，许多位先生还特别触及到知识分子在历史中的地位与作用问题。反对了“士为民之首”那种优越感的观念，指出了知识分子的“桥梁作用，而非攀登彼岸后的建造新中国的主力”，“他们不可能别树一帜，应该虚心地接受觉醒了的多数人的领导”，指出今天的任务是“替天才所发现的真理尽尽力，为绝对多数人跑跑龙套，不要做丞相，做师爷，出坏主意”。自然这也并不是说，贬抑了知识分子的重要作用，而相反的，在为人民服务中间，“应该要使光荣的知识分子的力量发挥到更高度”。

这种倾向，我以为应该看做一九四八年中国思想界一个最显著的进步。形成这种进步的，自然是由于蒋政权对于文化的疯狂迫害与解放区文化教育事业的蓬勃生长这两方面鲜明的对照，使知识分子不能不承认一个事实，即中国不可能重走欧美资本主义文化的道路，中国的新文化运动与知识分子只有和人民紧密结合在一起，才有它光辉的前途。

济南、开封、洛阳、沈阳、长春等大城市相继解放以后，各大中小学在解放军协助下立即恢复上课，解放军并且迅速供应了各校师生以粮食与必要物资。绝对保护、优待、尊重文教工作人员，新的文化事业，如学校、图书馆、书店、剧团迅速创办起来，而原来被摧残得奄奄一息的文化事业，均得到蓬勃的新生。接着东北、中原中共中央分局均先后发出关于知识分子的指示和决定，东北还颁布了改善中小教育制度的方针与办法。这一切有目共睹的事实，自然地粉碎了敌人所制造共产党不要知识分子的谣言，也消除了一些人残存的疑虑与不安。

三年多以前，毛泽东在《论联合政府》中就指出中共对于知识分子的政策。他说：

> “民族压迫与封建压迫所给予中国人民的灾难中，包括了民族文化的灾难。特别是具有进步意义的文化与教育事业，文化人与教育家，所受灾难，更为深重。为着扫除民族压迫与封建压迫，为着建立新民主主义的独立、自由、民主、统一与富强的中国，需要大批的人民教育家、教师、人民的科学家、工程师、技师、医生、新闻工作者、著作家、文学家、艺术家与普通文化工作者，以‘为人民服务’‘和人民打成一片’的精神，从事艰巨的工作。一切这些知识分子，只要是在为人民服务中卓有成绩的，应受到政府与社会的尊重，把他们看作国家与社会的宝贵财富。中国是一个被民族压迫与封建压迫所造成的文化落后的国家，中国的人民解放斗争迫切需要知识分子，因而知识分子问题就特别显得重要。而在过去半世纪的人民解放斗争，特别是五四运动以来的斗争中，在八年抗日中，广大革命知识分子对于中国人民解放事业所起的作用，是很伟大的，在今后的斗争中，他们将起更大的作用。因此，今后政府应有计划地从广大人民中培养各类知识分子干部，并注意团结与教育现有一切有用的知识分子。”

毫无疑问，这个政策在目前是更显得重要了。在新中国建设中，文化不再是像反动统治下成为少数特权阶级愚民的工具，而是以全国劳动人民为主人，使人民的智慧与创造力得到高度发扬的文化。这是一个根本的改变，这个根本的改变，才使文化教育具有它飞跃发展的现实基础和其广阔的前途。我们只消举出两件事情来说：第一，扫除文盲，这在旧社会中永远只是一句谎言，而在新民主主义政治下它完全具备了实践的基础；第二，自然科学运动，这在过去一直是在被窒杀的状态，而在新民主主义的经济建设与工业化政策下，它无疑将适应这种需要而得到蓬勃的发展。单就这两件事说，就需要多少人才，多少干部。这绝非仅靠少数人所能解决，而必须尽可能团结争取一切人才，培养大批干部，做到人尽其才，地尽其利，共同为独立自由幸福的新中国而创造。在这种客观要求之下，我们可以相信，除了自甘反动、自甘堕落的文化人以外，每一个愿意为人民做一份事的知识分子，都将有机会站在适合于其专长的岗位上，向新社会贡献其自己的智力与技能，来提高全国的生产与文化水平；一扫过去那种学非所用，用非所学，人浮于事，求职无门等等怪现象，也一吐在反动统治下知识分子所遭受的饥饿、迫害、恐怖、无自由以及种种肮脏鸟气。当文化从官僚与市侩的控制下解放出来，而和人民与劳动相结合时，它的创造力是未可限量的，这一种庄严灿烂的前途，是不容怀疑的了。

一般说，这样的怀疑是很少了。最大多数知识分子对旧社会的崩溃已绝无惋惜，而对新社会的建设则抱着满腔热情。不过由于过去对解放区情形的隔膜，若干人士对于新社会中文化教育政策的具体方针，或不免尚有需要解释之处。兹就个人接触所得，觉得有几个问题，是值得在这里来谈一谈的。

第一，是关于国民文化的方针问题。有人说，中共既然以马列主义思想作为其领导的方针，那么，今后以中共为领导的文化建设上，当然也将以此为方针。对于马列主义平素既乏修养与了解，今天也未必能立即接受它的中国知识分子，在今后工作中岂不是将发生困难与矛盾？往日所学的一套，在将来究竟是否仍有用处？而他们对于新文化事业的贡献，又将如何去着手？

这种疑虑，是由于把马列主义或共产主义思想的宣传或无产阶级思想领导的意义，和新民主主义的国民文化的方针看做同一件事，其实毛泽东《新民主主义论》中对这问题早已有明确的解释了，他说：

> "……我们既应该把对于共产主义的思想体系与社会制度的宣传与对新民主主义的行动纲领的实践区别开来，又应把作为观察问题，研究学问，处理工作的共产主义方法与作为国民文化的新民主主义的方针区别开来，把二者混为一谈，无疑是不适当的。"

新民主主义的彻底胜利，必须由无产阶级领导，这是客观历史的条件所规定的，因此，无产阶级"在现时，毫无疑义，应该扩大共产主义思想的宣传，加紧马列主义的学习，没有这种宣传与学习，不但不能引导中国革命到将来社会主义阶段上去，而且也不能指导现时的民主革命到胜利"。但是作为今天国民文化的基本性质来说，“却不是社会主义的，而是新民主主义的，因此它是人民大众反帝反封建的文化，不是无产阶级反资本主义的文化”。所以，作为国民文化方针和其当前纲领来说，主要是在于人民大众反帝反封建这一点，更具体说，就是肃清残余的封建意识、买办文化，建立民族的、科学的、大众的新文化，这是一切革命阶层的知识分子都可以同意和接受的，只要同意这一基本方针和纲领，每个知识分子都有同样的机会与权力来发挥其专长于国民文化的建设上，从旧社会学来的技术与专门知识，也仍然可以在新的立场上运用于人民事业中间。当然，在另一面，无产阶级为要扩大其思想影响与思想领导，要用马列主义的观点与方法，来建立各种科学的理论，这是完全必要的，但这并不等于要强迫一切知识分子去接受马列主义，或要清算一切马列主义以外的思想。过去国民党所玩弄的什么“齐一思想”，“强迫入党”，“一个主义，一个党，一个领袖”之类，乃是最愚蠢的专制主义，马列主义者则是从社会的发展上来认识思想意识问题，所以在政治上它有最高纲领与最低纲领的区别。新民主主义革命的大门是向一切革命阶层的人敞开着的，新文化事业是在广泛的统一战线中进行着的，知识分子闻道可以有先后，但是奔赴人民的事业，则应无疑虑与踌躇的必要。

第二，较前一问题更为人们开心的，是思想自由，新闻自由，创作与研究自由及宗教自由等问题。在蒋政权长期统治下，知识分子受尽了无自由的痛苦，对于这问题的关心是很自然的。他们自然也相信，在新社会中，文化应有广泛的自由，但仍然不能释于怀的，即是新民主主义文化。既然强调了无产阶级思想的领导，是否将干涉到上述个人的自由呢？例如说，在新社会中，报刊是否容许对政府作自由的批评呢？与马列主义不尽相同的学术理论是否有自由研究与发表的自由呢？宗教信仰自由是否允许呢？在各种文化事业上是否将仍有检查的制度呢？

这种疑虑，是由于对领导与统治意义的混淆。什么叫做领导呢？就是以多数人的利益与意志作为一种行动的方针，而以这种方针来引导文化前进，因此它是从高度的民主意义出发的；什么叫做统治呢？就是以少数人的意志来管制多数人的言论与思想，而以这种方针来保卫其少数人的统治，因此它是一种文化的专制主义。在本质上，这是截然相反的。而什么又是最大的文化自由呢？就是能够让大多数人，为大多数人表达其思想与要求的自由。区别清楚这些，我们就不应再有这样的疑虑，可以坚决相信当文化权利属于大多数人的时候，文化才有最大的自由，而所谓文化自由的意义，也就不能不有一个最高的标准，即是人民的利益。只要不违反人民利益的，一切文化思想自由不仅大大地扩展，而且将获得法律的保障。反之，像今天帝国主义国家或反动统治区内，那种可以任意宣传法西斯思想，可以任意以堕落反动的文化去毒害人民的自由，却无疑地是应该受到限制的。

我们可以断然相信，除了侵害人民利益的文化宣传以外，人民的政权决不会再用检查制度、管制条件来限制文化的自由，人民的政权应该是虚心来听取和欢迎一切有益的批评。自然，在另一方面，社会群众对文化思想也有他们选择和批评的自由。群众的取舍将成为最高的标准。一切为人民所拥护所欢迎的，将一定得到普遍的发扬，反之，将自然遭受社会的淘汰。这和资产阶级社会中，只强调个人自由而没有大多数人的自由的情形是不同了，只有在高度的群众意志自由条件下，历史的真理才能挣脱一切桎梏，得到最自由的发展。只要自问有确信为人民利益的真理奋斗的人，在人民的社会是绝无担心自由匮乏的理由的。

第三，是关于知识分子改造问题。所谓改造，本来是知识分子在新的社会环境中自身所要遭遇的问题。这是历史向知识分子所提出的一个课题，并不是什么人强迫的要求。但是一提到“改造”，人们会联想到中共的三查三整等等，于是疑虑到是否所有知识分子都要被查整呢？而在这种查整中，岂不是有被整垮的危险呢？

我们应该说明，无产阶级政党对于共产党员的进行查整工作，和一个知识分子的改造，不仅在方法上，即在性质上，都应该有所区别。无产阶级的党对于共产党员的查整，是站在马列主义的立场上，要求提高其党内思想水平，使知识分子党员的意识更无产阶级化。而对一般知识分子，则只能站在新民主主义的立场上，要求其建立为人民服务的确信与方法，接受新民主主义的纲领与观点。毛泽东在《论联合政府》中说到：“对于旧文化工作者，旧教育工作者，及旧医生们的态度，是采取适当的方法，教育他们，使他们获得新观点，新方法，为人民服务”，任弼时在《土地改革中几个问题》也说到“我们对于学生、教员和一般知识分子，必须避免任何冒险政策”。中共中原局关于知识分子的决定中，也特别指出“在这种非党的学校与训练班中，必须禁止采取三查、整风、审干等办法！而应该采用座谈会、讨论会、辩论会、壁报等群众活动的方式，展开思想争论，解决思想问题”。这一切都已经解答上述的疑虑了。

知识分子改造问题，并不是一个简单的过程，这需要在生活与工作中经过长期的锻炼。我们应该指出在文化工作中，思想的矛盾是必然存在的，因此在争取团结的同时，也必须注意到改造与培养。我们反对过右的一团和气没有斗争的团结，同时也要反对没有区别与步骤的过左政策，和骄躁凌厉、轻视别人的态度。作为进步的革命知识分子，尤其应该虚心诚意去听取群众的意见，在原则上坚持正确的立场，绝不能随便用大杠子去压迫别人，或轻易采取打击等政策，使人家望而生畏。而在一般知识分子，却应该有勇气有自信来迎接这个改造过程，抛弃过去自高自大，或讳疾忌医的习气，无须先抱住害怕、躲避的主见。在这一点上，北平知识分子座谈会上所提及的克服优越感问题，确是一个重要的环节。

改造的重心，主要是在于学习，陈伯达在《重要的问题在善于学习》一文中告诉我们，特别要学习关于经济的工作和文化的工作，这是非常重要的。所谓经济工作与文化工作，我想也即是毛泽东所说的生产斗争知识与阶级斗争知识的学习。前者主要是自然科学与技术知识方面，后者主要是政治思想与社会科学方面。中间的知识分子应该更着重于新的思想新的观点与方法的学习，而在革命中成长的知识分子往往缺乏专长的技术，尤应同时注意于这方面的学习。而这些学习更必须是结合于实践，面向群众，所谓做人民群众的学生，又做人民群众的先生。在认识与实践的统一过程中，使大家得到了共同的进步,共同的改造。

总之,中国知识分子,由于多半是出身于地主或资产阶级的社会,长期受资产阶级的教育,因此带来了思想上的软弱性,而另一面由于长期在反动统治下遭受迫害,所以是有革命或倾向于革命的可能性。由于这两大特点,所以确立争取,团结,改造,培养知识分子的政策是完全必要的。正如中共中原局所指出:“这是目前革命的重要任务之一,也是打倒反动派,建立新中国的伟大事业所不可缺少的条件之一。”

1948 年 12 月 23 日,香港《群众》2 卷 50 期

加强准备，迎接新时代

全国解放的日子是愈来愈近了，一年左右就将从根本上打垮反动统治了，一连串的胜利，振奋着每一个中国人民的心情，但是，这新的形势的急剧发展更加重了我们每个人面前的任务，更迫切需要我们每个人能贡献他的力量。

革命和建设，都需要大量的干部，尤其是大批能深入人民群众的青年干部。在当前的未来每一部门事业和工作中，都面对着一个严重的迫切的问题，就是干部的培养与训练。每个青年都是新时代历史巨轮的轮齿，这轮齿愈坚强，历史巨轮的行进也就一定愈顺利。每个青年都应该认清自己在新的时代新的斗争中的地位，向自己发出这样一个问题：在这剧烈的时代中，我将向人民贡献出什么？

单就文化部门来说，我们可以想象到新的局面下文化事业的泛滥情形，我们要有几十万所学校，销行几百万份的报纸和专刊，无数的电影院、广播电台和出版机关，每个农庄、工厂、部队，都要展开热烈的文化生活，这就需要有一支强大的文化新军，包括有千百万的教员、记者、演员、电影工作者、音乐工作者、卫生工作者的基本干部，那末，今天散处在各地的广大知识青年，无疑就将是这支强大后备军的构成分子。这些后备军从今天起首先要准备起来，动员起来。

怎样准备呢？怎样动员呢？

首先就是从思想上准备，其次是从技术上准备，思想没有准备，将来到工农群众中去就将发生更多的困难；技术没有准备，将来就不能担任具体的工作。这里我们就应该记住史太林的一句话："学习，学习，再学习！"今天多学习到一分，明天也就多贡献一份力量，今天多团结一份力量，明天也就多为人民做一份工作。这就需要我们来一个精神总动员。

谈到学习，我们自然会想到，如何多得到一些指导和帮助，如何多知道一些东西，这自然是重要的，这是"学"的一面，同时也还要注重到"习"的一面。"学"是认识，"习"就是实践，认识和实践是不能分开的。在这个更迫切需要教育我们自己的时候，我们必须更加强从实践生活中来总结我们的认识。

实践自然是多方面的，譬如生活方面，日常工作方面，群众关系方面，写作方面，都是。就如办这个《持恒学友》吧，是一种学习，也是一种实践。通过这个小小的刊物，我们可以更多团结一些朋友，更多讨论我们工作和学习上一些实际问题，可以练习编辑和写作的能力，在这中间自然也更增加了我们一些认识。我们不要轻视这个刊物，这是我们亲手开辟出来的园地，还得我们日夜辛勤地去灌溉，将来自然也会开放出美丽的花葩。这就是我们的一份工作，如何使这刊物办得好，主要就要靠学友们来通力合作。

我以为这个刊物，今天可以多讨论一些时事，思想准备和技术准备上的实际问题，配合于今天的形势，把这个刊物更加强起来，由此更团结一些"持恒"以外的新朋友，这也就是迎接新形势的任务中的一件工作。

1948年《持恒学友》第7期

收录于吴长翼、邱国忠编，《持恒纪念集》，中国文史出版社，1997年2月第1版，250～252页

论　品　质

一

提到人的品质问题，也许有人会想到，这是一种抽象的玄虚的唯心论的概念，其实这是错误，唯物论者不但承认而且十分重视这个问题；并且也只有用唯物论的观点，才能对品质这个概念，获得正确的认识。

唯心论者把人的品质看做一种天生的，超越于社会生活的东西（所谓“天性”，“本性”等等），而且是固定难移的（所谓“江山易改，本性难移”），因此，他们常常把它看做是决定一个人的生活行为的绝对标准，这样就成为一种脱离实际的抽象概念了。

唯物论者则恰与此相反。在唯物论看来，所谓人的品质，乃是他的阶级存在所决定的阶级意识通过各个人特殊的出身、教养、生活、环境与习惯种种条件，而构成为各人生活态度与行为上的特质。因此，它基本上是决定于社会与个人的生活，而又反过来影响于个人的生活态度与行为的，而因此，它又必然是在生活实践中改变与发展着的。当我们讨论到品质的问题时，总不能把它和阶级性与实践意义分开。例如我们说，忠诚，这在任何阶级都承认是一种优良品质，但如果从具体实践中考察其所谓忠诚的对象，忠诚的内容，则可以看到这个阶级所谓忠诚品质和那个阶级的所谓忠诚品质，其涵义是并不相同，或甚至是互相冲突，所以离开了实践和阶级性，对于品质问题是无法理解的。

各个阶级都根据其自己阶级的伦理观念，作为评定人的品质的标准。封建阶级把奴性的驯顺看做是一种优良的品质，资产阶级把个人英雄主义看做是一种优良的品质，但是在劳动阶级看来，这些都是剥削阶级的卑劣而有害的品质。劳动阶级所谓最优良的个人品质，乃是这个阶级的集体意识在个人生活与行为中最高的表现，也就是群众利益观念在个人生活行为特质上的最高表现。正如列宁所指出的，无产阶级评定一个人的行为的最高标准，是看这个人如何对待人民的利益。这是无产阶级的最高道德标准，也是人类的最高道德标准。为什么劳动阶级能够具有这样的品质呢？因为劳动阶级不剥削别人，也不需剥削别人，他们的集体生活，不仅使他们彼此之间没有基本的矛盾，而且和一切被剥削的人民群众也没有基本的矛盾，并且他们知道，要得到每个人自己的利益与发展，必须是争取阶级全体的利益和发展。他们不可能像剥削阶级那样，要在奴役别人，排挤别人中间，去争取自己的发展，而恰是相反，要在互相援助互相团结中间去发展全体和个人。这就使他们赋有具体的社会基础，可能产生那种种优良的个人品质——如对于人民伟大的忠诚和友爱，兄弟般的互信与互助，个人的坦白与诚恳，对群众利益斗争的坚毅与勇敢等等，而这些品质的锻炼与发展，则又是通过于群众生活利益斗争的实践。

自然，这并不是说，凡是劳动阶级的分子，每个人的品质都是好的，或者非劳动阶级的人，品质都是坏的。这是非常机械的说法。事实上，一个人品质的构成是非常复杂的，因为每个人总是经历过非常复杂的生活历史，他们的出身环境，家庭教养，经济生活，以及处世经验都各各不同，因此产生了各人不同的品质，非劳动阶级的人，从他们长期生活中，可能吸取到劳动人民大众的优良品质，而一个劳动者也可能蒙受剥削阶级思想意识的影响，因为各个阶级并不是互相孤立，而在思想意识上是有互相渗透的可能的。不过就一般来说，劳动阶级成员，其个人品质的社会基础较其他阶级分子是要健全得多，而其他阶级的人，他们品质的构成与发展却往往更为复杂，尤其是从旧社会中过来的人，每个人的内在意识中间，总有一些根深蒂固旧的东西，总有千丝万缕旧的意识联系。因此，在走向革命的过程中，我们常常看到这样的情形，即使各个人在同战线，同一生活中间，由于各人品质的差异，使他们在革命实践中间有不同的表现、不同的影响，尤其是到了利害决绝的关头，有的是坚定不移，有的是畏怯落后了，而在革命环境顺利的时候，有的是刻苦前进，有的却腐化堕落了，在这种情形下，特别显出个人的品质对于其生活行为的关系与影响，品质问题之被重视，也就在此。但是绝不能因此说，人的品质决定实践，而相反，恰是实践决定品质。一个人今天所表现的品质是以往长期生活实践中培养出来，而今天要提高或改造其自己品质，也只有从新的生活实践中去取得。把它颠倒过来，或是分别不清楚这一点，就可能使我们陷入到唯心论的观点中去。

刘少奇在论及共产党员的品质修养时说：

> “我们共产党的修养，是革命的修养。因此不能脱离革命的实践，不能脱离广大群众的特别是无产阶级群众的实际革命运动，来进行修养，而我们的修养的目的，唯一的又是为了革命的实践，为了更有效去指导群众的革命运动。这是我们的修养，与其他唯心论的，脱离社会实践的，形式的，抽象的修养所不同的地方。”

这一段话，虽是对于共产党员而说，恰是确切地说明了唯物论者对于品质问题的认识。

二

约略地说明了一下对于品质这概念的认识之后，我觉得应该把讨论归结到一个比较实际的问题上来。这就是今天新形势下知识分子改造过程中的品质锻炼问题。从今天情形来说，一般进步的知识分子，对于革命思想的接受是比较并不困难了，可是问题不仅止于从理论上来接受一种新的思想，更重要的是在如何使这思想能够在自己的生活意识中，成为实践的力量。这就要联系到革命品质的锻炼问题上来，在革命过渡期间，知识分子中间常常会产生一种思想与生活不一致的现象，因而也产生理论与实践脱节的现象。但是在新时代中间，客观形势将逐渐克服这种矛盾的现象。一切为人民服务的具体任务已经摆在我们面前了。当我们真正面对着工农大众，为他们工作的时候，就决不能像写文章说话那么简单容易，在日常具体工作中间，以至于起居生活中间，每个人都将遭遇到实际的考验，在这些考验中得到前进，或者退却，能否承受得起这种考验，个人的品质就将是重要的因素之一。

而且这里，我们还应指出的，就是当革命处于劣境的时候。个人品质固然是作为考验能否坚持或退却的重要因素之一，可是当革命处于顺境的时候，使我们不致被胜利冲昏头脑，不至因此而骄傲放肆，甚至腐化堕落，品质问题，同样是一个重要的因素，今天这个问题的提出，是应该特别注意这一点的。

那末，我们将怎样认识这个问题呢？也就是说，在知识分子品质的锻炼上，它的中心环节是什么呢？我以为这是在于如何克服知识分子自我意识与养成工农群众的集体意识这一点上。一般地说，今天一个小资产阶级知识分子之肯于走向革命，多少是带着一些向上的品质。他们往往对于光明怀着热情，怀着希望，也敢于反抗黑暗，正视现实，而且表现了某种程度的积极。这些品质，引导他们倾向革命，但是在他们的内在意识中间，却往往又潜存着一种顽固的东西，障碍着他们思想与生活更进一步的发展——这就是从他们原来阶级中带来的自我主义意识。知识分子不仅由于他们的出身，多半是属于有产阶级，而且在旧社会中，由于他们地位的特殊，传统地养成了他们精神上一种特有的优越感；尤其稍有地位的知识分子更易有此感觉。这种知识分子的优越感,实质上是一种剥削阶级的自私意识,不过在旧社会中,似乎并不觉得怎样不调和,或甚而反因此感到沾沾自喜,可是一旦到了工农群众中间,它就立刻成为一种障碍。我们常常看到:有些知识分子的参加革命,其动机乃是为了得到自我的满足与解放,由于他个人对旧社会不满,因而想到革命中间来找求出路。当他遭受旧社会压迫的时候,他的利益要求是与革命的利益一致的,因此表现很积极,可是当他在革命过程中,个人利益与群众利益发生了矛盾的时候,这种自我意识的毛病就立刻显现出来。这种自我意识,可以发展成为种种并不相同的品质。有的表现市侩的品质,如媚上骄下,贪名图利,弄小聪明,图小便宜,以至于享受奢侈,好逸恶劳。有的表现为个人英雄主义的品质,如好大喜功,自高自大,具有强烈的领导欲,但又不能受人领导,喜欢批评别人,却又不能受人批评,不是骄躁凌厉,便是牢骚满腹,仿佛普天之下,就是他一个人最革命;有的表现为严重的个人功利观念,如计较地位,患得患失,爱好虚荣,喜出风头,所谓只能"上升",不能"下降",只能"行时",不能"倒霉";有的表现为放荡散漫的品质,如要求特殊,要求自由,独来独往,与众不同,任性使气,放荡不羁,在个性自由与独立人格的名义之下,蔑视群众的纪律与集体生活。这些品质并不尽同,但有一点则彼此相通,即是具有这些品质的人一定带着一种强烈的排他性。当他们处在一块的时候,便往往闹无原则的纠纷,闹小宗派,闹独立性诸如此类的问题。这些表现为不同的品质,挖掘下去,却可以看出都是出发于自我意识这同一根源。举具体例子来说,远如王实味问题,近如萧军问题,何尝不都是这种知识分子自我意识在作怪。这实在是知识分子思想意识上一个最顽强的老根,不挖掉这个老根,则不仅原来即使具有一些好的品质,不能得到发扬,而由于这种意识障碍了个人与群众的结合,新的品质自然也就无从培养锻炼了。

因此,谈到知识分子品质锻炼,我觉得必须是放在个人利益与群众利益这两种观念的斗争的基础之上去进行。列宁曾经告诉我们说,一切问题必须从千百万人利益这个原则性问题上出发。在品质的问题上,我们也应该坚持这个原则,用这个原则去检查我们自己和考察别人的品质。这不是单纯从理论的认识或主观的努力所能做到。重要的是在于不脱离群众的实际斗争,虚心向群众学习,信赖群众的力量。说得具体一点,我以为知识分子的生活方式应该大胆改变一下,老老实实,丢掉旧的一套,到工农群众中去为人民做点实际工作。从生活的改造以达到思想意识的改造。自然,要这样做也非下大决心不可。如果过去在蒋管区中,我们可以说,是因为没有到群众中去的自由,所以不能彻底解决这个问题,那么,今天我们已经有了这个自由,问题却在看我们自己如何选择了。

只有从生活方式的改变中间,从个人主义的自我意识中间解放出来,我们才能锻炼出些战斗者的优美品质——忠诚热爱,大公无私,坦白诚恳,坚定勇敢;使我们精神上获得最大的快愉,胸襟上得到旷阔的天地。而不至于被那琐琐屑屑的私欲弄得患得患失,怨天尤人。这才是真正健康的生活,一个革命者的生活!

自然,这过程是艰苦的,但只要不脱离群众生活的实践,这改造是完全可能的,正如高尔基所说:“在精神上,驼背也医得直的。”这是一句充满着自信力的人所说的话，这种自信是出于他对于新的社会与群众力量的深切信赖，这也就是唯物论者和唯心论者基本上不同的一点，因为唯物论者是从来不把个人的问题和社会斗争与生活实践分离开来的。

1949年2月10日，香港《群众》3卷7期

关于世界保卫和平运动答问

问:这次世界保卫和平大会的目的是什么?

答:因为帝国主义者不断地企图挑拨新的世界战争,特别是最近大西洋公约的缔结,使战争的危险增加了,世界和平遭受到威胁,因此全世界人民要动员起来,组织起来,共同克服这种战争的危险。

问:可是去年有人在宣传"美苏必战论",你们认为是荒谬的说法,现在你们又大声疾呼来反对战争;并且承认战争危机的增加,这似乎有点矛盾吧?

答:我看不出有什么矛盾。所谓"美苏必战论",第一,它把全世界帝国主义与反帝国主义的斗争,看成是美苏两国的事情,这就是错误的;第二,既然说是"必战",而就是说,第三次世界战争已经不可避免了,那么一切保卫和平努力也就徒然白费了。这不仅在去年,即在今天也不是事实。而且这种说法的背后,还包藏着一种恶毒作用,即是替帝国主义者及中国反动派的幻想作宣传,企图为他们策划在新的世界战争中找出路。

至于我们说:"新的世界战争的危险是存在的。"这并不等于说,战争就必然不可避免,因为我们同时又说:"只要全世界一切爱好和平的力量团结奋斗，战争的危险是完全可以克服的。”战争的爆发或被克服，主要是决定于挑拨战争者与反对战争者力量的对比。我们从没有忽略这种挑拨战争的企图者和其危险性，因为既然有帝国主义者积极在企图挑拨战争的事实存在，我们就不容忽略这种危险性和战争可能性；但是，同时我们也从不忽略世界人民爱好和平的力量大于挑拨战争的力量的事实，和帝国主义集团内部矛盾存在和发展的事实，因此，我们坚决相信，只要爱好和平力量团结一致，奋斗不懈，战争的危险是完全可以克服的，这和“美苏必战论”完全相反，今天如果有人仍持“美苏必战论”，我还是要指斥它是荒谬的说法。

问：照你说，既是爱好和平的力量，大于挑拨战争的力量，那么战争的危险就应该可以避免，为什么今天又要说战争危机威胁和平，又要那么大规模地来号召反对战争，保卫和平呢？

答：你这又是一种宿命论的说法。一切事物都不是静止的，而是在发展的。自从第二次大战结束以来，以美帝为首的帝国主义集团就不断在破坏和平，企图进攻以苏联为首的和平阵营的国家（包括中国在内）。这种企图虽然屡受打击，但是帝国主义者企图逃出其自己阵线内所产生的政治经济危机，便更迫切地，处心积虑地，幻想来挑拨战争，所以这种战争危机也是在发展着，增高着。特别最近北大西洋公约的缔结，更暴露了他们那种好战的面目，这就是说，战争的危险性是比去年增加了。我们必须承认这客观事实。自然，另一方面，和平阵营的力量也是在发展着，这是不用说的，但是战争的危险既然存在而且增加了，那么，世界爱好和平的人民，就不能不更进一步地紧急地团结起来，去克服这战争的危险，如果你否认这种危险的增加，静止地去理解所谓“爱好和平的力量，大于挑拨战争的力量”这句话，以为不需要加强主观努力，便可以高枕无忧，或者袖手旁观，等待战争危险自行消灭，这是很大的错误。“敌人是不会自动退出历史舞台的。”这是一句警语。如果存着“高枕无忧”或“袖手旁观”的想法，恰恰会上了帝国主义的当，他们正可以利用你这种警惕性的不够来进行阴谋诡计。所以提高革命的警觉，团结更广泛的力量，是完全必要的。这次大会的意义就是要把全世界这些爱好和平人民的力量动员起来，组织起来，来克服这新的战争危险。如果这次大会能够团结更紧密，动员更广泛，那么克服这新的战争危险是完全可能的。

问：蒋介石曾经企图把中国问题拿到美苏纠纷的漩涡中去，并且幻想在第三次大战中来找求出路，这当然是非常卑劣的。但是中国革命力量今天参加到这国际两大阵营的斗争中间，是不是也不妥呢？是不是会给美帝国主义者以借口呢？有人说，中国问题的中心，只在于求民族的独立自主，不必介入到国际冲突中去，这说法你觉得怎样？又有人说，你们常说“以苏联为首的和平阵容”，这是不是有在反对了美帝以后，又有“投入苏联怀抱”之嫌呢？

答：这种说法是毫无意义的，是形式逻辑的理解。第一，蒋介石出卖民族利益给美帝和中国人民站在世界反帝的和平阵营是两回事，怎么能相提并论呢？蒋介石的勾结美帝乃是卖国的行为。而中国人民争取独立自主的反帝运动和世界反帝运动的不可分,中国人民的利益和世界反帝国主义国家人民的利益一致,乃是自然的事情。这并不是从今天开始,孙中山先生在世时,就说过"必须联合以平等待我的国家共同奋斗",也说过,中国和苏联"两国在争取世界被压迫民族自由之大战中,携手并进以取得胜利"。并且亲自订定了联俄政策。难道二十多年前孙中山先生所说过的话,今天倒反而要重新来怀疑吗?中国争取民族解放与独立自主的革命运动乃是世界革命的一部分。幻想把中国问题和世界问题孤立开来,这乃是最愚蠢想法。自从二次大战结束以后,世界很明显地划分为两大阵容:一边是以美帝为首的侵略阵营,一边是以苏联为首的和平阵营。这之间绝没有什么"中立"或"中间道路"的可能。这里无所谓应该不应该的问题,因为客观事实上,中国革命本身就已经是保卫世界和平与反对帝国主义侵略的一种实践;而且并不从现在开始,二三十年来中国人民就一直站在世界反帝阵营中间。这是事实,怎能不承认它呢?至于中国站在和平阵营方面,并不是等于中国要做什么国家的附庸,这又是很明白的。中国革命的胜利,主要是依靠中国人民自由的奋斗,美帝有什么借口可找呢,而且找了借口又怎样呢?再说,和平阵营"以苏联为首",这又是事实。苏联是世界上唯一的新社会主义国家,是反帝阵营中最强大又最坚决的国家。以它为首乃是自然的事情,这有什么值得惊异呢?客观的事实总不能凭主观的空想去抹煞。如果不应该说明以苏联为首,那么应该说以谁为首呢?

至于"投入苏联怀抱"云云,显然是"恐苏病"作怪。列宁在论民族问题中,明确指出民族自决的原则。三十年来,苏联一贯执行列宁的遗教和和平外交政策，苏联绝不可能被想象为侵略国家，怎样能把苏联与美国作为同一意义的对象来认识呢？如果说，反美就不应亲苏，或者说反帝而却不要和世界的反帝国家站在一起，这是什么样的怪论呢？孙中山先生亲手订定了联俄政策；而今天孙中山的叛徒——国民党反动派，为了掩遮其卖国行为，居然在日落西山之际老着脸皮在唱出什么"既不亲美，也不亲苏"的假调子，这是多么可鄙，而即便所谓"中立"的理论，岂不是也不自觉地和南京那种虚伪宣传相应和了吗？

问：这次保卫和平世界大会，固然很热烈的样子，但是反对战争、保卫和平这件大事，是不是仅仅靠开会、签名、发宣言之类就能奏效么？

答：当然不是开会、签名、发宣言就够了，这次大会的任务是要动员全世界人民把反对帝国主义战争的统一战线扩大到最广泛程度。这个统一战线不仅包括社会主义国家和一切人民民主国家的人民，并且包括资本主义国家内各阶层、各种职业中的爱好和平的人民，这样才能使帝国主义者陷于孤立，无法挑起杀人的战争，至于开会、签名、发宣言，还是有它重要意义的。第一，在全世界人民之前，明确地判定谁是侵略者，谁是保卫和平者。第二，明确地表示出世界人民是站在哪个阵营方面的，这样再把这一切和平力量在统一战线中组织起来，如果帝国主义者还敢继续作挑拨战争的企图，那么全世界人民的力量，一定能把它粉碎无遗！

香港《文汇报》1949年4月6日第3版

为保卫世界和平而奋斗

一九一四——一九一七年中间，两大帝国主义集团进行了疯狂的火拼，第二国际背叛了工人阶级利益而去拥护这个战争。当时在欧洲，只有列宁所领导的国际工人阶级坚决地反对这战争，此外在文化界则有罗曼·罗兰，巴比塞等，在被反动派诬蔑为“卖国贼”的恶名下，坚持着反战运动。这个运动并没有能够制止战争的继续，因为当时国际工人阶级的力量还没有足够成长，东方殖民地还是黑暗一片，多数知识分子还浸淫在资产阶级的虚伪民族主义思想中间。和平的力量是远落在帝国主义力量之后。

一九三一——一九三三年之间，德日意法西斯又分头进攻了西班牙，中国和阿比西尼亚，并准备挑起二次大战，当时又掀起了一个世界反帝反战运动，这次规模就不同了。不仅当时已经有了强大的苏联，而且还有欧洲广泛的人民阵线，罗曼·罗兰，巴比塞等领导的反战大同盟组织也普遍在各国发展，但是这次仍然没有能够制止法西斯的侵略战争，终于爆发了后来的二次世界大战。这是因为第一，除了苏联一国以外，所有国家还是在帝国主义者统治之下。第二，英美资产阶级，特别是张伯伦的那种绥靖政策，出卖了反法西斯统一战线的利益。第三，中国的民族革命运动，被蒋介石的反动政策所高压着。但是人民力量却是在第二次世界战争中大大的发展了。依靠着这个力量，终于击败了法西斯侵略者，争取到世界反法西斯战争的胜利。

二次世界大战结束以后，以美帝为首的帝国主义集团，鉴于人民力量的强大，和其自身矛盾的不能解决，又来企图挑动第三次世界战争，可是这一次情形却是完全不同了。不仅苏联经过考验和战后建设的迅速发展，是证明无比强大了，而且东欧许多新民主主义国家也坚强地建立起来了。其次，在东方，不仅中国革命已经取得决定性的胜利，使全世界四分之一的人口将从帝国主义铁蹄下解放出来，并且远东殖民地的革命运动，如越南革命等，也日益高涨了。第三，在以苏联为首的全世界和平阵线内，再没有那种妥协，犹豫的分子了；和平反帝统一战线不仅达到空前的广泛，而且也达到异常的巩固程度。在人民民主世界内，既没有经济恐慌，也没有失业，人民的力量得到了充分的发展。可是在帝国主义阵营里，不仅六个侵略强国垮掉了三个，而剩下的三个，也已经是满身疮痍，矛盾百出。美帝国主义看来虽还有几分架势，可是内在严重的经济危机，却也是她最为深刻。总之一句话，今天的形势，已经是爱好和平的革命力量超越过挑动战争的帝国主义力量了。这是帝国主义时代以来的一个大转变。帝国主义统治世界的时代，快将消逝了。因此，这一次全世界人民的保卫和平反对战争的运动，其形势之壮阔广大是无可比拟的。这一次巴黎保卫和平大会所包括各民族各阶级各种职业性的代表，其广泛的程度是远超过一九一四年和一九三三年的时代范围了。饱受了战争痛苦的世界人民，他们的眼睛是雪亮的。他们看清楚谁是侵略者，谁是和平的保卫者，他们知道中立是不可能的，因此他们坚决地选择了他们所要站立的阵线。由于这样，我们坚决相信这次广泛的保护和平运动，这次保卫和平大会，一定将取得绝大的胜利，帝国主义者如果不顾一切企图挑动战争，它一定将被全世界人民的力量所打垮！

回顾一下三十五年来的世界历史，使我们深深地认识这样一个事实：帝国主义者尽管几次三番企图从战争中来挽救其没落命运，尽管一次比一次更凶猛，可是结果却是一次比一次的愈近没落。反之，人民的力量尽管遭受帝国主义者屠杀迫害，尽管牺牲了又牺牲，可是却愈来愈强大。第一次大战打出了一个社会主义的苏联，第二次大战又打出许多新民主主义的国家，美帝国主义在中国制造了反人民的战争，结果却打出了一个人民的中国。那末，帝国主义者如果敢再挑拨战争，它的结果又是什么呢？难道还不明明白白吗？这不是什么上帝在主宰，而是历史自身的发展规律，历史是无情的，谁敢违犯它的规律，谁就要遭遇灭亡。

但是，我们却绝不能是躺在历史规律里的宿命论者，我们绝不能因为爱好和平力量超过挑动战争力量，就忽略警觉，松懈努力，反之，我们要更百倍地提高警觉，百倍地加强奋斗，广泛动员，广泛组织，把全世界人民紧紧团结起来，迎击战争的挑动者，人民的力量是历史创造的力量，只要全世界人民团结一致，奋斗不懈，我们是一定能把帝国主义者的挑动战争阴谋完全粉碎！

论城乡关系

——兼及南方的任务

从以农村包围城市到以城市领导农村，这是中国革命的一个特殊发展规律，和世界资本主义国家内的革命是不同的。在资本主义国家内，正如毛主席所曾经指出过的，它们的起义与战争，一定是“先占城市，然后进攻乡村，而决不能相反”。可是中国则不同，在中国，“共产党的任务，基本上不是经过长期合法斗争以进入暴动与战争，也不是先占城市而后取乡村，而是走相反的道路”。(《革命战争与战略问题》)

为什么要走相反的道路呢？主要的就是因为中国是个半封建半殖民地的社会，这个社会的经济形态，即是毛主席在二中全会所指出的“百分之十左右的工业与百分之九十左右的农业”，这种特殊的经济形态，即其极端的不平衡性，一方面使得帝国主义者与大资产阶级无法全面控制广大的土地，革命势力在农村中有回旋的余地，另一方面，使数量不大然而力量坚强的无产阶级必须与广大的农民结成紧固的联盟，才能战胜革命的敌人。而在这里，一个尤其重要的特点，即是斯大林所说的“中国革命的特点也即是优点是武装的人民反对武装的反革命”。这道理是很明白的。在帝国主义和大资产阶级野蛮地控制下的大城市中，中国工人连组织工会和罢工的合法权利都不能有，他们根本谈不上什么合法的斗争。要推翻敌人的统治，只有凭藉于实际的武装力量，进行武装斗争。历史上，中国人民的革命运动，都是少不了这个条件，所以在大革命失败后，无产阶级不得不派遣其先锋队，到农村中，去建立其自己的武装和武装斗争的根据地。没有这个条件，中国革命的胜利是不可能的。毛主席曾经再三指出，中国革命的主要斗争形式是武装斗争，而主要的组织形式则是无产阶级政党领导的军队，中国无产阶级将怎样来实现这个条件呢？这就非依靠占人口百分之八十以上的农民群众不可，非帮助这百分之八十以上的农民解决其自身问题不可。“农民——这是现阶段中国民主政治的主要基础。中国民主主义者如不依靠三万万六千万农民群众的援助，他们就将一事无成。”(《论联合政府》)二十年来，中国革命的中心关键问题，可以说就是解决农民问题和建立以农民为主的武装问题。毛主席学说中最辉煌的部分，也就是他对于农民问题的卓见和对于农村武装斗争的战略指导上的天才创造。在那一阶段中，革命的主要斗争形式，既然是农村的武装斗争，革命的斗争中心，既然是在农村里，那么革命的重心放在农村中，便是必然和必要的事情。

由于掌握了这个革命规律，由于毛主席英明的领导，由于工人与农民紧密的团结，这样就建立起无产阶级在农村中的革命根据地和英勇的人民解放军，由小变大，由弱变强，经过二十年艰苦奋斗，主要以工农为主体的革命队伍和那坚强无匹的三百万解放大军，终于胜利地实现了从农村包围城市，然后夺取大城市的全部战略，这个从实践中发展出来的马克思主义的理论，又在革命实践中完全被证实和发展了。

今天革命已经进入了大城市，已经完成了以农村包围城市然后夺取大城市的战略任务，无产阶级的党已经成为领导全国政权的政党，由此而产生了新的革命形势与任务。这个时候，如果依旧把革命的重心放在农村里，无疑是会犯错误的，所以二中全会决议中，就明确地宣告“采取这种工作方式的时期已经完结，重新开始了由城市到乡村，由城市领导乡村的时期”。这是一个极其重要的指示，这个指示关系到今后革命的主要斗争形式与组织形式。

革命重心从乡村回到城市，不能单纯地看作是一种革命的搬家，或是地理上的转移，以为我们既然有了大城市，所以就必须回到城市去，这样理解是不够的。或者以为过去革命要依靠农民，今后有了城市就不需要他们了，这更是错误的。二十年前，当革命重心移到农村中去的时候，有人错解为革命失败的退却是不对的，今天把回到城市看作单纯的复归也是不对的，必须从革命的形势与要求出发去认识问题。今天城市工作的意义与过去城市工作的意义有了很大的不同。这一点，对于原来留在城市里的干部与群众，尤其重要，否则所谓回到城市，对于他们就会感觉不到重大的意义，他们会说：“我们本来就是在大城市里，我们很熟悉这个城市。”因而他们以为这个问题，至少对于他们自己是不存在的。这样想法，那就大错了。

为什么革命的重心要回到城市里来呢？最主要的一个理由，就是整个革命斗争的中心是移到城市里来了。

在前一时期中，革命斗争的中心，是在农村中进行土地改革，发展生产，动员广大农民参加革命战争，从乡村进攻和夺取城市，这个任务已经基本上胜利了。即使在华南地区，敌人的残余力量还尚未全部肃清，土地改革还不能立刻实现，但是在人民政权已经支配了大部中国的时候，解决这些问题的条件和步骤也就完全不同了。迎着全国解放的新形势而提出的一个新的基本任务，即是如何保卫、巩固和发展人民的政权与革命的胜利。

在这个新的任务之前，我们必须回答两个问题：

第一，在政治上打垮了帝国主义，封建主义，官僚资本主义和国民党统治以后，如何使我们在经济上达到独立自主，可以不依赖外国？因为“只有经济上获得广大的发展，由落后的农业国变成先进的工业国，经济上完全不依赖外国了，经济上完全独立了，才算最后地解决了这个问题。”（二中全会上毛主席的报告）

第二，在新民主主义的全国政权建立起来以后，如何保证它在发展国家经济为主的政策下，巩固工农间的联盟，打下将来转向社会主义的基础，使中国不至于再去踏资本主义的覆辙？因为“中国现时的革命阶段，是为了终结殖民地、半殖民地、半封建社会与建立社会主义之间的一个过渡阶段，是一个新民主主义的新的革命过程”（《中国革命与中国共产党》）。如果不能在今天经济上打下明天转向社会主义的基础，新民主主义的革命是不能算是彻底的胜利的。

这两个问题——前者是使中国彻底地脱离帝国主义的羁绊和战胜它，后者是使中国能够在将来胜利地和平地转向社会主义——的中心关键，却是共同的一个，即是在公营企业第一，私营企业第二，手工业第三的原则下努力恢复与发展生产。具体地说，就是任弼时同志在新青团代表大会的报告中所指出的："我们要使中国在经济上达到完全独立，则不独要努力争取被破坏的工业能够在三年五年内恢复，而且要有计划地在十年至十五年之内，使工业在国民经济中由百分之十左右比重，上升到百分之三十到四十的比重。"

要答复上面两个问题，就必须能够解决后面一个中心关键的问题。我们能够胜利地使生产事业尽可能迅速地恢复和发展，能够实践任弼时同志所指出这个具体任务，我们就不仅能够巩固而且能够光荣地发展革命的胜利和人民的政权，不然的话，就将如二中全会决议所警告我们的："那么，党和人民就将不能维持政权，就会站不住脚，就会要失败。"

这是一个比在农村时期中更艰巨的斗争，这个斗争的直接对象是帝国主义和大资产阶级，斗争的进行是在工业生产的领域上，斗争的形式是生产的建设与组织，主要的力量是依靠工人阶级。这是阶级斗争在今天中国的主要内容，一切政治经济文化的斗争，都是这个斗争的一部分。所以说，斗争的中心是由乡村转移到城市来了。根据于这个新的形势要求，革命的重心转移到城市又是必然和必要的事情。

我们必须从这一点上，来认识革命重心回到城市的意义。一切政策与方针必须根据于这个认识去掌握和理解，一切城市工作必须环绕着发展与恢复生产这个中心关键去进行，为实现这个中心任务而斗争。了解这一点是非常重要的，对于长久留在乡村的革命工作者如此，对于原来留在城市中的革命工作者也是如此。我们不是舒舒服服回到城市中去享受革命的胜利，而是带着一个新的和更艰巨的任务去为建设新的城市而斗争。革命从城市到乡村，再从乡村回到城市，不是圆圈式的复归，而是革命向高级的一个发展。

没有这个思想上明确的认识，不能掌握今天回到城市去的政策意义，我们在工作上就将失去中心，就将一事无成。

我们也必须从这一点上，来认识今后城市领导乡村的意义。首先，今后在新社会中，城市与乡村将不是对立的，而是趋于统一的。在过去半殖民地城市，虚伪的繁荣会造成农村的破产，在今后，新的城市的经济的繁荣必然是带来了乡村的繁荣。过去农村的破产是由于农村的原料与劳动力经过买办阶级的手而被帝国主义者所榨取，反过来帝国主义商品在农村的倾销又残酷地吸取农民的血汗。今后城市工业的发展将必然刺激了农村原料的生产与市场，和需要广大的劳动力，因而提高了农民的购买力；另一方面城市工业生产量的发展又将普遍地提高了农村的生活水准，使农民生活过得更好。更重要的一点，是今后十年到十五年中间，农村经济的发展将是由个体经济通过合作社制度而走向集体化的一个过程，要完成这个过程，就得需要农业生产技术上的不断提高，农业生产上将逐渐做到能够使用电气灌溉与机械耕种，没有这现代化的条件，国营集体农场制度是不能达到的。而要争取这个条件逐步的实现，又非得依赖城市工业的发展不可。所以城乡的关系是相辅相成的，而不是对立，以为革命重心移到城市，便会削弱对农村的领导，会影响农村工作及对农民的依赖，这看法是机械的。城市生产的加强不仅不会削弱对农村的领导，而恰恰相反是加强对农村领导和帮助改善农民生活的必要条件。这是了解今后城乡关系的第一点。但是，其次，我们也不能抱一种宿命论的观念，以为只要城市工作做好，乡村的问题便自然而然地解决了。农业经济的高度发展固然要倚赖城市工业的发展和领导，但是反过来，要发展城市工业，也必须使农村能够大量供给原料与粮食，必须使农民能够有力量购买工业的成品，必须大量地提高农业生产，“还因为我们要利用它来与外国交换为恢复和发展工业的必需机器”。毛主席在《论联合政府》中特别指出：“农民——这是中国工人的前身，将来还有几十万农民进入城市，进入工厂。如果中国需要建设强大的民族工业，建设很多近代式的工业，就要有一个变农村人口为城市人口的长过程。农民——这是中国工业的市场，只有他们能够供给最丰富的粮食、原料与吸收最广大的工业品。”如果忽略了这个事实，忽略了乡村与农民在整个国家经济生产中的地位以及对工业建设的关系，只片面地看到农村从属于城市，因而强调了城市中心，把一切力量都集中到城市来，这就错了。所以二中全会决议中特别指出，“毫无疑问，城乡必须兼顾，必须使城市和乡村，工人和农民，工业和农业密切地联结起来，决不是丢掉乡村，仅顾城市。如果这样想，那是完全错误”。

总之，城市领导乡村的意义，主要是应该从工业生产与农业生产的关系上，从它们相辅相成的统一关系上去理解，从工农阶级关系上，从工农联盟为主体的观点上去理解，这就是二中全会所指出的“城市与乡村，工人与农民，工业与农业密切联结”的意义。一切片面的、庸俗的理解，将使我们掌握不住政策的中心。

此外，在城市领导乡村上，文化教育也是件重要的工作。《论联合政府》中也指出“农民——这是现阶段中国文化运动的主要基础。所谓扫除文盲，所谓普及教育，所谓大众文学，所谓国民卫生，离开了三万万六千万农民，岂非大半成了空话”。为了加强城市对于农村的领导，我们必须努力提高农民的文化水平，加强无产阶级思想对农民的领导作用，扫除文盲，普及教育，改进国民卫生。文化中心的回到城市是提高了文化服务于工人阶级和生产建设的作用，但同时必须以它为题材中心去进行全国的文化普及运动，绝不是把文化关在城市里，忘记了三万万六千万人的普及工作，这样想法是很大的错误。

关于城乡关系的发展规律与今后城乡关系，约略如上所述。这里顺便也谈一谈南方的情况。毫无疑问，二中全会所指出的从乡村到城市是全国性的规律，这是无人否认的。自然我们也应该指出南方特点，即在南方革命的基础比较北方薄弱。在南方，除了粤闽等省外，一般来说，以乡村包围城市这一个革命形势还不存在。但是这是否说，我们必须和北方一样，先完成乡村包围城市的过程，然后才能进到夺取城市，以城市去领导乡村的过程呢？这样说法是机械的。当今天全国革命力量已经占得绝对优势的时候，南方的城市反动统治已经开始土崩瓦解的时候，人民解放军已经大举南下的时候，在南方革命的胜利，一般说，将是先占城市，后取乡村，这是和北方不同之处，决不能以为非得等待完成乡村包围城市条件之后，才能夺取城市。而且事实上今天大军所到之处，已经是向大城市进攻了。其次，正因为南方的解放一般说是先占城市，后取乡村，所以在占城市以后，除了恢复和发展城市生产外，必须比北方用更多力量去领导乡村，兼顾乡村。但这是否像有人所说，在南方即使占领了城市以后，也必须使乡村做到东北和华北一样，完成了土改，彻底肃清了乡村中的反动力量，在完全经过改造的乡村基础上，才能实践工作重心由乡村移到城市呢？这说法也是机械的。第一，前一时期在北方因为还不可能直接攻取大城市，所以必须加强乡村工作，使它能够从包围城市到进攻城市，今天在南方我们已经能够夺取大城市了，我们应该是加强城市对乡村的领导，加强工人领导农民去进行斗争，而不是把农村工作做好了，然后再来接受城市的领导。第二，南方城市广州、福州、南昌等解放以后，第一位工作仍然是城市生产的恢复，而不是立即实现农村的土改，这是应该特别指出的。在南方，土地改革的进行是要比较慎重。正因为在南方农村中没有北方那样强大的革命基础，所以不可能像华北、东北一样的立刻彻底进行，在南方必须经过一个相当时期的减租减息，以完成了土改的准备条件，不理解这个特点，我们将会犯错误的。

自然，在南方一部分地区，如广东、福建等省，因为有强大的解放军游击部队和农村根据地，因此也已经取得了乡村包围城市的形势，已经进行减租减息，在这些地区内，今天的中心任务应该是聚集一切力量，配合解放大军，准备很短时间中夺取大城市。因此，当他们还没有进入大城市之前，他们自然应该是更加紧发展农村根据地的工作，但是同时也必须立刻准备明天占领大城市以后的一切工作，在思想上准备了城市领导乡村的新观念。两者必须同时并进，不然，只顾今天，忘记明天，在一旦进入城市以后，便会发生掌握不住政策的倾向。反之只顾明天，忘记今天，当然也变成一种等待主义。

我们应该说，在南方执行这个政策时，应该更重视城乡兼顾这一点，这是必要的，照顾到地方的特点，也是必要的。但是如果过分强调了它的特殊性，认为这政策在现阶段还不应适用于整个南方，这个说法是不妥的。今天南方固然有许多城市还没有解放，但是很快就会解放的。目前南方革命工作者必须同样积极准备工作，深切去认识二中全会这个指示，使在短期内华南解放后能够在工作上立即掌握正确领导关系与方针。

革命从乡村回到城市，是一个更十倍艰巨的任务。要管理像上海那样一个都市，要比管理千百个农村不知更困难多少倍。中国的革命工作者在乡村中间有了长期的斗争经验，但是对于城市的产业建设，我们的知识是不够的。不过，无论如何，依靠于中国工人阶级的英勇努力，依靠于毛主席的正确指导，依靠于中国人民的刻苦耐劳、智慧才能，我们绝对坚信能克服一切困难，完成任务。问题的重要是在善于学习，善于团结。所以，二中全会特别号召我们用全力去学习工业生产的技术和管理方法，学习和生产有密切联系的商业工作、银行工作和其他工作。这是一切革命工作者的共同任务。我们不仅要在理论上认识二中全会所明示的这一政策，而且要在实际工作上去学会生产知识和城市管理的知识。

1949 年 5 月 19 日，香港《群众》3 卷 22 期

斗争锋芒指向右派

这次右派分子的进攻和全国人民对这个进攻的坚决反击，是我国社会主义改造基本完成以后，在政治和意识形态方面一场严重的、激烈的阶级斗争，这个斗争给予全国人民一次深刻的阶级教育，特别是毛主席的《关于正确处理人民内部矛盾的问题》发表以后，使我们对于这个斗争的意义获得了更明确的认识。

右派分子的进攻，除了政治方面以外，主要是集中在意识形态方面。右派的章罗联盟一开始就在文化教育的体制问题方面提出了一系列的纲领式的荒谬主张：如对高等教育，提出了所谓"教授治校"，"取消党委制"的主张；对科学事业，提出了"取消党的领导"，"恢复资产阶级的社会科学"的主张；对新闻事业，提出了并且也一度执行了所谓"有闻必录"、"客观主义"的资产阶级新闻方针等等。这些主张，和他们在政治上所提出的什么"两院制"、"各党派轮流执政"等主张结合起来，显然可以看出决不是什么个别的、偶然的荒谬言论，而是一种有体系的、有计划的恶毒阴谋，这个阴谋的实质，就是企图用资本主义的思想体系来代替社会主义的思想体系，用资产阶级的意识形态来打败无产阶级的意识形态。右派分子片面地看到了我国目前意识形态上存在着的矛盾，企图在整风运动的“鸣”“放”中间利用这些矛盾，扩大这些矛盾，来分裂知识分子与工人阶级的团结，企图向工人阶级来夺取对500万知识分子的领导权，梦想在中国进行资本主义的复辟。

我国社会主义和资本主义之间在意识形态之间的矛盾还没有解决，大多数知识分子在世界观问题上还没有根本改变，这是事实。正因为这样，知识分子的思想改造，将是在长时期内一项重大的任务。但是，在另一方面，作为资产阶级意识形态的经济基础究竟已经消灭了，绝大多数知识分子在党的领导下经过五大运动，亲眼看到了祖国社会主义建设的伟大成就，他们在政治上和经济上已经衷心地肯定了社会主义制度的优越性，赞成和拥护这个制度。在这个基础上，知识分子和工人农民建立了巩固的团结。这个团结是不可分裂的。右派分子看不到这一面，他们还在梦想中国会出现匈牙利事件。他们的估计完全错误了，他们的打算落空了。当他们的阴谋刚一冒出头来，就立刻被全国广大劳动人民和爱国知识分子坚决地打回去了。

对文学艺术方面，右派头子虽然没有像对教育、科学、新闻方面那样，提出明目张胆的主张，但是他们决不会放松对这条战线的进攻的。事实上有些右派分子就利用了文艺的形式在进行反社会主义反党的宣传，例如徐仲年的《乌昼啼》，黄万里的《花丛小语》等等。可以说是对党最无耻最下流的污蔑和攻击。在文艺思想方面，特别值得注意的，就是右派分子企图利用我党整风运动中反对教条主义、宗派主义、官僚主义的口号，来进行反对马克思主义文艺思想，反对党对文艺的领导的活动。右派分子把教条主义解释为马克思主义的同义语，把宗派主义解释为党的领导的同义语。他们企图在反教条主义和宗派主义的幌子下来推销资产阶级的反动文艺思想。他们把党在文艺工作中的某些缺点，夸大成为整个党的方针的错误；把党对文艺的领导都说成是“行政干涉”，把马克思主义文艺的基本原则说成是教条主义的根源。这和过去胡风反革命集团的理论是如出一辙的，甚至某些右派分子还企图要为胡风集团来翻案。这种思想在一部分青年中间曾经引起一些混乱。这应该引起文艺界的高度警惕并给以坚决的反击。发扬正气，压倒邪气。

前一些时候，我们曾经强调批判文艺思想上的教条主义，这是完全必要的。在目前和今后，我们也仍然不要放松这方面的斗争，因为批判教条主义的目的，正是为了加强文艺思想上马克思主义的武装，使我们能够真正战胜资产阶级的文艺思想。但是我们决不能容许右派分子那种假借反教条主义的口号来反对马克思主义的混水摸鱼的勾当。在目前激烈的阶级斗争形势下，文艺战线和其他思想战线一样，必须立即把斗争的锋芒指向右派，指向那些反对社会主义和反党的文艺思想，揭露并严厉驳斥右派分子在文艺界的言论和活动，批判那些假借文艺形式来宣传右派思想的文章和漫画。决不要以为文艺界是太平无事的，或者以为这个斗争是和创作无关的。

对右派分子的斗争，已经不仅仅属于思想斗争的范围，而且是属于政治斗争的范围了，对于这种与人民相对立的思想，每一个站在人民立场的作家和艺术家都应该起来同声讨伐的。与此同时，我们还必须检查自己队伍中存在着的修正主义或右倾机会主义的思想。正如毛主席所说的，“修正主义，或者右倾机会主义，是一种资产阶级思潮，它比教条主义有更大的危险性”。而在右派分子向工人阶级进行斗争中“修正主义者就是他们最好的助手”。修正主义或右倾机会主义者往往表现为马克思主义者的姿态，而且是反教条主义的最激烈者，但是他们自己却首先抛弃了马克思主义的立场，或者篡改了马克思主义文学的一些基本原则，尤其是文学党性的原则，而把资产阶级的某些自由主义文学思想来偷代了。这种思想对于具有自由主义思想的人，或者对文学现状不满的人，是具有一定的魅惑力的，而在右派分子则是深表欢迎的。这种思想可以把文艺引导到资产阶级的方向去，它的更大的危险性就在这里。对于这种思想，必须进行严格的然而是说理的批评，同时也必须把它和右派的反社会主义反党思想加以区别，不要混为一谈。

其次，应该承认，在我国文艺领域内，还大量存在着，并且还要长时期存在着资产阶级或小资产阶级思想，这不是一时所能解决的。这种资产阶级或小资产阶级思想，在一定条件下，也可以被右派分子所利用，也可能影响反右派斗争的积极展开，但是它们和右派分子的反社会主义反党的思想是有区别的。具有这种思想的人当中，很大一部分在政治上是拥护社会主义的，在文艺上是愿意为人民服务的。这应该欢迎。对于他们文艺思想上一般资产阶级或小资产阶级的倾向，也必须进行批评，但是这种批评必须坚持百花齐放、百家争鸣的方针，必须用讨论和说服的方法，而不能用粗暴的方法；必须让它们表现，和他们进行辩论和说理的批评。尤其是艺术上是非的问题，应该如毛主席所说的“保持慎重的态度，提倡自由讨论，不要轻率地作结论”。因此，目前在文艺界进行反右派的斗争中间，必须审慎地把右派分子的反社会主义反党的思想和右倾机会主义的思想以及文艺上一般的资产阶级或小资产阶级思想区别开来，把政治问题和一般思想问题区别开来。如果对于右派分子的反动思想采取姑息的态度，那会犯绝大的错误。反之如果把文艺上一般的资产阶级或小资产阶级思想和右派的反社会主义反党思想笼统地混淆起来，而采取不适当的批判方法，也会妨碍百花齐放、百家争鸣方针的贯彻。

有人怀疑，反右派的斗争会不会影响百花齐放、百家争鸣方针的贯彻。这种怀疑是没有根据的。事实恰恰相反，在经过反右派斗争的胜利，百花齐放、百家争鸣的方针将取得更健康的贯彻。在前些日子里，右派分子曾经企图用他们的反动观点来曲解和利用这个口号，甚至把毒草说成是香花，而把香花说成是毒草。现在毛主席关于香花和毒草的六项标准提出来了。这使艺术和科学界百花齐放、百家争鸣方针的执行有了一个更明确的方向，因而也必然会促使这个方针贯彻得更好。自然，在具体进行文艺批评的时候，我们还必须对作品进行科学的艺术的分析，并且也还需要有艺术本身的标准。这个标准应该是艺术的真实性和表达这种真实性的艺术水平。离开艺术标准也是不行的。但是，无论如何，我们必须把政治标准放在第一位，必须首先从马克思主义观点和立场上去评价作品，反对只重视艺术标准而忽略政治标准的倾向，反对把艺术的真实性和政治性对立起来的倾向。以为强调政治标准就是教条主义，这种说法无疑是极其错误的。

从目前情况来说，文艺界反右派的斗争还是展开得很不够的，斗争的热情还远远不及工人群众那样高涨。因此，要求每个文艺工作者和文艺刊物都迅速积极行动起来，从斗争中来考验自己的立场，锻炼自己的思想和提高对于马克思主义的认识，并且从斗争中更加强文艺界自身的团结，以及和工人阶级紧密的团结。

1957 年 7 月 7 日，《文艺报》第 14 号

斗争必须更深入

——中共中国作家协会党组批判丁陈反党集团扩大会议的总结发言

同志们：

我代表中国作家协会党组，作党组扩大会议的总结发言，发言共分四部分：

一　斗争的性质和意义

这次批判丁、陈反党集团的党组扩大会议，从 6 月 6 日开始到今天，历时近三个半月。在会上发言的有党内外同志 139 人，一致对丁、陈反党集团的言行作了揭发和严格的批判，和他们进行大辩论。现在大会的讨论暂告结束了，但是斗争并未结束。斗争取得了巨大的但还是初步的胜利，必须深入更深入，必须坚决彻底。任何草草了事，松劲的想法都是错误的。

这次斗争是 1955 年党对丁、陈反党集团的斗争的继续。斗争的性质是党的文艺路线与反党文艺路线的斗争；是马克思主义文艺思想与反马克思主义文艺思想的斗争；是巩固党的领导，保卫党的团结与纯洁性的斗争。关于反党文艺思想，还需要更长期更深入进行批判，这次会议主要解决文艺与党的关系问题，特别是党员作家与党的关系问题，彻底弄清长期存在党内的反党活动和倾向问题。这些都是社会主义文艺建设的根本问题。没有党的领导，社会主义文艺建设是不可能的。

长期以来在文艺界内存在着一些自由主义和个人主义的倾向，这种倾向被一些党内野心家所利用，逐渐发展成为和党相对立的一股力量不小的逆流。这是存在于全国文艺界党内的资产阶级思想与党的马克思主义思想不可调和的矛盾所产生的必然结果，到了社会主义革命时期，不可避免地要总的爆发出来。在这次全国反右派斗争中，我们看到文艺的各个领域和各地区中暴露了不少这种党内的反党活动。可见这个斗争绝不是几个人的问题，而是一个全国性的问题。这个斗争的胜利，对于全国文艺界将起重大的作用。这个斗争也澄清了文艺界一些历史上的问题，它是有全国意义和历史意义的文艺界两条路线的一场大斗争。这是这次斗争的意义之一。其次，这是一次党内的斗争，是阶级斗争在党内的反映。党内的反党思想比党外的反党思想危害性更大。它是资产阶级"从堡垒内部来夺取"的一种进攻。我们必须认识这一点，这个斗争的胜利，保卫了文艺界党的纯洁，也保卫了整个文艺队伍的纯洁性。也许有人会怀疑说，这些作家都是老党员、老作家，一个作家的培养是不容易的，这样斗争是不是轻易毁损了一些老作家呢？我们应该回答这样的人说：毁损了他们的，不是党，而是他们自己。而且他们也毁损了党和人民的利益。

容忍这种反党的活动和思想，不仅破坏了党的原则和利益，也必然会破坏文艺界的团结和发生不利于文学事业的发展的影响。而且对于这些同志自己来说，应该通过斗争挽救他们呢，还是听任其完全毁损掉自己呢？长期以来党对于丁玲、冯雪峰、艾青等同志进行过许多次的批评和斗争，也给予过他们以爱护和鼓励，但批评和爱护都应该根据党的原则，无原则的爱护，则正所谓“爱之适足以害之”。所以只有对他们进行这样彻底斗争，才能挽救他们，才能巩固党的领导。这是斗争的第二个意义。第三，在这个斗争中，给了我们所有的人一次深刻的生动的社会主义教育，特别对青年一代有重大影响。因此，斗争的过程，也就是教育的过程。在我们文艺队伍中，有过许多不明大是大非的糊涂思想的人，有严重的自由主义的人，有温情主义的人，在这次斗争中都得到深刻的猛省。参加会议的人都从摆事实、讲道理的辩论中，大大提高了政治认识，提高了党性，使正气上升，邪气下降。通过这次斗争，实际上整顿了一下党的文艺队伍，这个巨大意义是应当予以充分估计的。但并不是说，这种认识已经巩固了，深入了，那更需要做很多工作。我们必须在这个初步胜利的基础上，继续深入斗争，教育自己，改造自己。

二　丁陈反党集团的历史及其反党活动

丁玲、陈企霞、冯雪峰等人，都是老党员，而且是负责的干部，为什么会堕落到反党呢？这必须首先从他们历史上去理解，因为他们历史上就一贯对党不忠诚。这次会议上揭发了丁玲在1933年南京被捕后的变节自首行为，在延安的时候的反党言论；冯雪峰在20年前的分裂党的行为，以及自动脱党的行为；李又然曾经是托派的崇拜者；罗烽曾有政治上变节自首的行为；艾青有政治上损害党的行为。这一切都可以帮助说明问题的实质。他们终于在反党的共同立场上互相结合，这是完全可以理解的。在每个革命时期中，所有党员都要经受历史的考验。能不能经受起考验，主要是对党对人民的忠诚的这一点上。这些同志之所以在各个革命关口上都经不起考验，就是因为缺乏这种忠诚，缺乏这种革命者的基本品质。虽然党竭力挽救他们，教育他们，而他们却离党愈来愈远，而到了社会主义革命这大关口上，就不得不摔大跤了。历史是无情的，不管老党员，老作家，在历史的考验前面，是公平无私的。

党对于丁、陈反党集团分子，曾经进行多次的批评和斗争。1955年8月，中国作家协会党组举行了16次扩大会议，批判了丁玲、陈企霞的反党错误，指出他们反党活动的主要表现是：(1)拒绝党的领导和监督，违抗党的方针政策和指示；(2)违反党的原则，进行感情拉拢，以扩大反党小集团的势力；(3)玩弄两面派手法，挑拨离间，破坏团结；(4)制造个人崇拜，散播资产阶级个人主义思想。这些结论是正确的。中央批准了作协党组关于那次会议的报告，并且指出："中央认为，存在于文艺界党员干部，特别是负责干部中的资产阶级个人主义思想，骄傲自满的情绪，向党闹对立的倾向和小集团的活动等现象，是严重地妨碍党的艺术方针和党的文艺事业的发展的，并实际上起了帮助敌人的作用；因此，在肃清胡风反革命集团及其他暗藏的反革命分子的斗争以后，必须进一步对这种现象进行批评和斗争。”

中央这个严肃的指示仍然没有被丁玲、陈企霞等所接受而痛改前非，反而变本加厉继续向党进攻；另外一些同志，也没有很好理会中央的精神，对大是大非缺乏坚定的明确立场。党组在执行中央所指示的“必须进一步对这种现象进行批评和斗争”，也不够坚决彻底。所以前年的批判，没有透彻。这些情况，使这个反党集团死灰复燃，重新结合，扩大势力，向党反扑。这是应该引为警惕的一个极其深刻的教训。

丁陈反党集团的反党活动，除了前年党组扩大会上所指出的一些事实以外，这次会议上同志们揭发了更多的他们过去和现在的反党言行，经过党组查对以及丁玲、陈企霞等本人的交代，他们主要的反党活动可以归纳为下列几点：

一，长期地一贯地隐蔽或公开地反对党的领导，反对党的文艺路线和方针。

丁玲、陈企霞、李又然等，远在延安时期，就在党内搞宗派活动，散布诽谤革命的反党言论，如王实味的《野百合花》、丁玲的《三八节有感》以及萧军、罗烽等的反党文章，都在他们所主持的刊物或副刊上发表出来，不仅在当时解放区掀起一股反党的歪风，并且也立即被国民党反动派所利用，加以大量翻印散发，造成对党的严重损害。冯雪峰在蒋管区，就一直反对延安文艺座谈会讲话的一些基本论点，支持胡风集团反对党的文艺路线。全国解放后，他们把党分配给他们的文艺界重要工作，看作是自己或集团的地盘，拒绝党对他们的领导和监督，特别是把丁玲、冯雪峰、陈企霞主编的《文艺报》，变成了党所不能过问的独立王国。第二次文代会中,党批评了他们这种恶劣的倾向,他们仍然拒绝,而且加深对党不满。1954 年,中央提出检查《文艺报》的错误,对于中央的这个指示和后来中央宣传部对于这个检查的结论,他们又是公然抗拒。丁陈集团的反党,到了这时更加猖獗更加明显了。为了向党进攻,陈企霞连续向中央写了三封匿名信,攻击党的领导,丁玲、冯雪峰则在背后支持陈企霞。为了和这种反党活动进行斗争,党组才不能不在 1955 年召开扩大会议,对他们进行了批判。但是他们仍不悔悟,而且对党的仇恨更深了,反党的野心更大了。他们进一步扩大了反党集团势力,玩弄两面派的手段,在党内进行无原则的拉拢和分化,以后就利用整风机会,在党的会议上进行公开的反党。

丁玲、陈企霞、冯雪峰等存在着一种个人野心家的强烈的权利欲望,企图夺取党的文艺事业的领导地位和篡改党的文艺路线。正如鲁迅所指责过的"想借革命来推销他自己的'文学'"。鲁迅说,这种人在革命高扬时"正是狮子身上的害虫"(《伪自由书后记》)。他们之所以反党,最主要的是反对文艺的工农兵方向,反对党的文艺路线。但是他们却总是假借反对某些领导同志的借口,来进行反党。他们对于某些领导同志,进行了极其卑劣的人身攻击,捏造事实,造谣污蔑,甚至不惜采取政治上诬陷的造谣,一直到这次会议上,他们中间一些人仍然在发言中散布这种挑拨性的谰言。

二,勾结党外右派,扩大反党集团的势力,利用大鸣大放机会向党进攻。

这个反党集团的分子,和党外的反动分子或坏分子的勾结也是由来已久的，丁玲、陈企霞、李又然等在延安和萧军勾结，冯雪峰长期和胡风勾结，胡风也认为丁玲、冯雪峰是可以争取合作的。到了今年整风初期，他们更加明目张胆勾结《文汇报》《文艺报》内的右派分子，企图在报刊上歪曲事实，公开为丁陈反党集团翻案，为1955年对《文艺报》的检查翻案，为肃反运动翻案。冯雪峰则在人民文学出版社公开鼓励和支持右派进攻，提出“有冤报冤，有仇报仇”，“大民主也不妨”等等谬论。艾青、李又然则到处奔走散布流言，为这个反党集团和美术界、戏剧界的反党集团和右派集团互通声气，正如有个同志说的“条条道路通艾青”。他们毫不顾及党的纪律，任意向党外泄漏秘密，或供给党内材料，他们对党组织无话可说，对党外右派则无话不谈。他们企图和党外右派分子里应外合，利用整风，向党大举进攻。

三，企图分裂文艺界，破坏社会主义文学事业的团结。

冯雪峰20年前，在上海进行的分裂文艺界活动，这次是揭露出来了。这个分裂活动，曾经对当时党在敌人统治下的革命文艺事业，造成很大的损害。丁玲、陈企霞等在延安的搞宗派活动，也是一种分裂活动的性质。当他们不能达到夺取文艺领导的时候，便想进行分裂，正如陈企霞所说的“进攻，进攻不了分裂”。丁玲准备在今年10月文代大会发言，抗议党对她的批判，并登报声明退出中国作家协会。陈企霞、李又然也表示要退出文艺界，而据美术界的揭发，江丰反党集团也准备在10月文代大会上制造分裂活动。这显然是有计划的分裂行为，和一个普通会员因为某种原因要求退会的性质，是绝不相同的。社会主义文学事业是必须保持它的统一性的，因为这个文学事业的共同目标，就是为了社会主义的利益。历来党对文艺的方针，都是强调这种团结的重要性，而丁玲、陈企霞等则为了个人及其集团的野心要破坏这个团结，这种行为是不仅违反党和文艺界的利益，也违反中国人民的利益，是一种自绝于党自绝于人民的行为。

这个反党集团，不仅要从组织上来分裂文艺界，并且还企图从思想战线上来进行分裂活动。冯雪峰曾经在整风初期，和《文艺报》的陈涌、侯民泽、唐因、唐达成等秘密筹备一个同人刊物，他们所计划的同人名单中包括丁玲、刘宾雁、王若望等人，他们提出的口号是“不要任何干涉”就是说完全拒绝党的领导，办成一个资产阶级式的“自由论坛”。这和我们所赞同的在社会主义思想的共同基础上，为发展文学的风格和流派而创办的同人刊物，是绝无共同之处的，实际上是企图通过这个同人刊物来建立反党反马克思主义的思想传统，和胡风所主张过的，用集团性质的同人刊物来代替文艺团体的领导，是完全一致的。正因为这样，所以它是采取秘密策划的方法来进行。筹办这个刊物的另一目的，是要搞垮《文艺报》。当他们主持《文艺报》的时候，他们不惜以它为“独立王国”与党对抗，而当他们不能控制它的时候，却又千方百计企图搞垮它，另外建立一个反党反马克思主义的思想阵地。

以上只是根据这次会议上所揭发的并且证实了的最主要的几件反党主要事实。根据这些事实，可以完全确定这是一种有组织有计划的反党集团的活动。而且确实有很大危害、影响的反党活动。对于这种反党集团的危害活动，党是不能容忍的！

三　丁陈集团的反党思想的根源及其危害性

9月1日《人民日报》社论指出这些反党分子的共同思想基础是严重的资产阶级个人主义。这是完全正确的。这种资产阶级个人主义表现在他们身上的不只是一般的所谓个人主义或自由主义，而是一种极端顽强的自我中心意识。“一切都是为了我”，就是这种极端个人主义者的信条。这种思想在他们各人身上的表现，虽然并不完全相同，但本质都是一样的，尤其在对党的关系一点上是完全一致的。

我们从下列几个方面，来分析一下他们这种反党思想根源并说明它的危害性。

一，文学上追求名利和个人欲望的个人主义。丁玲的一本书主义是最突出地说明了这种思想的。所谓“一本书主义”就是把文学事业看作是追求名誉地位的手段，看作是个人向党向人民讨价还价的资本；而不是为人民服务的事业。这实质上正是所谓“头脑里的私有制”。他们把自己看作党内一种特殊人物，只能党迁就他，而不能他服从党。他们名誉愈大就把党看得愈小，文学地位愈高，离开党就愈远。这也是一种自我扩张，这种自我扩张，到一定程度，就和党的利益无法调和，势必走上反党的道路。

毫无疑问，党是鼓励创作的，党重视这种劳动的成就，因为它是服务于千百万人民的。这种个体的精神劳动有它独特的方式，但无论如何，它不能离开集体，不能是与革命事业无关的个人事业。离开革命与人民，作家能创作出什么呢？一个革命作家能够在文学上有点成就，难道只是靠他个人的能力而不是党与革命所培养吗？高尔基说过这样的话：一本书出版以后就不是个人的东西，而是社会的财富了。而个人主义者却相反的，紧紧抱着这点资本，要向党向人民讨价钱，这用高尔基的话来说，就叫“市侩主义”。

但是问题还不仅在他们几个人，而是他们在文艺界中，特别在青年中间，大量散布了这种资产阶级腐朽思想，严重地影响到文艺界的风气和青年一代的教育。在这种思想影响之下，有些人想以写作来做敲门砖，把写作看作名利双收的终南捷径。荣誉地位，斤斤计较；个人生活，恣意享受；国家大事，充耳不闻；党的利益，不在话下。这种个人主义思想，鲁迅在1930年左联成立时就批判过了。他说：“以为诗人或文学家高于一切人，他的工作比一切工作都高贵，也是不正确的观念。……以为诗人或文学家，现在为劳动大众革命，将来革命成功，劳动阶级一定从丰报酬，特别优待，请他坐特等车，吃特等饭，或者劳动者捧着牛油面包来献他，说：‘我们的诗人，请用吧！’这也是不正确的。……如果不明白这种情形，也容易变成‘右翼’。”现在丁玲他们，果然是被鲁迅不幸而言中，变成党内的“右翼”了。

这是文艺界一个很大的问题，是资产阶级个人主义思想在当前文艺界一种突出的表现。它不仅是丁陈反党集团反党思想的根源之一，而且是使他们这种反党思想能够取得一定市场的原因之一。

二，个人与党的关系。这些反党集团的人从个人主义思想发展到反党的过程中，一个最突出的也是最严重的共同特点，便是个人与党的关系始终放在不正确的地位。我们只要看一看各人的历史就说明这一点。例如丁玲在白色恐怖日子里，被敌人逮捕时，便变节自首；在革命困难日子里，便诽谤革命；在革命胜利的日子里又骄傲自满，欲望无穷。党信任她，给她以重要的工作岗位时，她要向党闹独立性，搞独立王国；党批评她的时候，她又拒绝批评，搞小集团，这样那样都是不好。在任何情形下，他们和党的关系总是处在矛盾的状态，这正好证明他们并不是跟某些领导同志关系处得不好，而就是对党的关系不正确。又如冯雪峰在党从延安派他到上海的时候，他完全独断独行，作威作福，抛弃组织原则，任意打击同志；而当他和领导同志意见不合时，可以脱党不顾，正如他自己说的，“得意时在党之上，失意时在党之外”。这是很典型地说明他们共同思想的。至于陈企霞所宣传的“士为知己者死”，艾青、李又然所抱怨的做党员不自由等等，都不过是这种共同思想的不同表现罢了。他们对党的关系上，首先是把个人放在第一位，而把党放在第二位，为了个人利益，党的纪律、党的组织原则，他们可以完全不管。像艾青连受两次处分，可以无动于衷，陈企霞在受处分以后可以说“根本不把它算作一回事”。蔑视纪律竟到如此程度！其次，他们对于党存在着一种阴暗恐惧的心理。这特别在冯雪峰身上表现得最突出。20年来他一直被这种心境所支配着。艾青所谓“党内有一批人专门整人，有一批人专门挨整”也同样是这种阴暗心理的反映。党在他们心目中，实际上已成为一种可厌的束缚。他们的留在党内，只因为党员是个光荣的称号，挂着党员招牌比不挂好，正如冯雪峰对丁玲说的“党员还是要做的；因为共产党还要统治几百年”。这就是极端个人主义者对于党的一种看法。

党并不否认个人利益，但个人利益必须服从党的利益，目前利益必须服从长远利益，个人主义者把它颠倒过来，因此和党的关系是永远不可能正确的。

三，极端个人主义在他们社会思想和文艺思想上的表现。在这方面说，他们各个人并不是完全一样，但有一点是共同的，就是对于新事物的冷淡、怀疑以至敌视，其中最突出是那种对于人民和革命的虚无主义的思想。丁玲在《三八节有感》和某些小说中所反映的阴暗思想，冯雪峰在他许多杂文中所流露的无政府主义思想，陈企霞的所谓“疯狂的报复主义”，罗烽在《还是杂文时代》中对革命现实的敌对情绪，都反映他们对革命对人民的这种不同程度的虚无主义的感情。在匈牙利事件以后，冯雪峰所说的“人类没有希望”的思想，是最突出的反映了他个人的这种反动的社会思想。这是没落时期的资产阶级的一种世纪末的感觉，实际上是对社会主义的怀疑和动摇。

这种思想，也就必然和社会主义的文艺思想不能调和。这也特别反映在冯雪峰的文艺思想上。同志们指出了冯雪峰的文艺思想和胡风文艺思想基本上是一致的，这是很自然的，因为他们都是强调自我中心或自我扩张。这种思想在丁玲的某些作品中如《莎菲女士日记》和《我在霞村的时候》等中间也同样流露出来。在她所描写的人物莎菲和贞贞身上，都同样反映出作者所追求的那种自我的精神扩张，而且带着一种绝望的阴暗的反抗情绪。这是资产阶级个人主义的文艺思想，在这种思想支配下，他们对于文艺的工农兵方向的轻视以及对党的方针的反对，是并不奇怪的。

四，极端个人主义思想的另一方面是表现在生活道德的败坏上。这个反党集团中包括一些生活道德极端堕落的人，特别像陈企霞、李又然、艾青等，会议上揭发的关于他们生活道德败坏的情况是叫人不能忍耐的。他们中间还有一些人追求资产阶级生活方式，追求颓废的享乐生活。这都是以个人利益为中心的资产阶级思想发展的结果，已经完全丧失一个共产党员的气味了。作为灵魂工程师的作家和诗人，其本身灵魂是这样的肮脏，那正是《人民日报》社论中所说的，是不折不扣的灵魂蛀虫。

以上几点，我们认为是严重的资产阶级个人主义在他们身上的具体表现，是促使他们反党的思想根源。在他们这种思想的影响之下，这种资产阶级恶劣风气，在我们文艺界产生了严重的危害，特别是这几年来，名利观念、脱离政治、脱离生活的自由主义倾向，生活道德败坏的现象，在文艺界是在发展，甚至影响到青年的一代。这是资产阶级思想对社会主义文艺事业的危险的侵蚀。问题的严重性在这里，这个反党集团的危害性也在这里。我们必须在这次斗争中和这种倾向作坚决斗争，以改变这种情况。

四　斗争的经验教训

为什么这种反党思想能够在我们党内这样猖獗呢？为什么它能影响和迷惑一部分同志呢？我们将怎样去肃清这些思

想和克服那些不良的倾向呢？我们必须从斗争中吸取经验教训来改进我们的工作。因此，我们想在最后提出几个问题来谈一谈。

第一，社会主义革命时期中作家和人民群众结合的问题。

资产阶级个人主义思想，以至反党思想，在文艺界里有它一定的市场，主要是由于我们的文艺工作者和群众结合得还不够，文艺界里存在着严重的脱离群众的倾向。我们许多作家，曾经在民主革命时期，在群众斗争中承受过革命的锻炼，但是在社会主义革命时期，经受过社会主义革命锻炼的还很少。我们许多作家都是资产阶级或小资产阶级出身的，接受民主主义革命的考验要比较容易，而在这社会主义革命的关口，则必须彻底解决每个人身上残留的资产阶级思想，这就要困难得多了。在这个新的时代中，我们国家的经济基础和上层建筑都在迅速的大改变中，人民的思想意识也在大变化中，我们所有人都要在这社会主义革命时期再经受一次深刻的社会主义思想改造。在这个时期，能够使我们作家经受得起考验，基本的一条还是延安文艺座谈会讲话中所指出的“必须彻底解决个人与群众的关系问题”，在这次斗争中，必须把这个问题，作为一条主要的教训提出来。

解放以后，我们作家和群众的关系是比过去疏远了。那时候没有大城市，多数的作家是生活在农村和部队中间，生活方式、生活水平是和群众比较接近的。而近年来作家集中在大城市中的倾向是增强了，生活方式、生活水平和工人农民的生活方式的距离也更大了。固然我们还是有些作家长期深入在群众中，也有不少作家经常到生活中去，因而，也产生了一些优秀的作品，但是这种集中城市脱离群众的倾向的增长是值得我们严重注意的。特别是一些生活经验还很少的青年作家，在那种“一本书主义”的思想影响之下，刚刚写出一些作品以后，就脱离了群众生活而集中到大城市中，生活在小圈子里来做专业作家。这是一种危险的倾向。

创作是种个体的精神劳动，但是，个体精神劳动只有建立在集体主义的生活基础上，才能保证这种劳动有充沛的创造精力。作家如果脱离群众就很容易会形成一种个人主义生活方式。这个个人主义的方式是滋长资产阶级个人主义的最好温床。名利观念，骄傲自满，追求享受，种种倾向都是从这里产生出来的。从这次批判反党集团的斗争中，我们应该严肃地来对待这个问题，坚决反对这种个人主义的生活方式，反对那种群居终日、言不及义的腐朽生活，反对那种脱离政治、脱离群众而自命清高的个人主义倾向，反对那种斤斤计较名誉地位的资产阶级思想。尤其反对那种所谓没有生活也可以写作的谬论。党曾经号召我们在群众中去建立生活根据地，去和工农兵群众打成一片，结成知心朋友，我们应该坚决执行这种方针，把生活根据地移到劳动人民中去，在群众生活中和火热斗争中去锻炼我们的党性，丰富我们的生活，和进行彻底的思想改造，心情愉快地过这社会主义的关。

第二，是健全党员作家的党的生活问题。现在党员作家的党的生活一般说是不够健全的。支部生活，纪律教育，政治学习都是比较散漫的。党的生活不健全，就容易使党员作家与党的关系不正常，使自由主义的空气破坏党的生活的严肃性，这是使反党集团能够在党内有活动余地的重大原因。为了接受这条教训，我们必须健全党员作家的日常党的生活，提高党性。如果党员作家参加了群众生活，这个问题就容易解决。作家在深入生活中间，最好能直接参加到工厂或农村的基层党的生活中去，这样会使作家和劳动群众建立更密切的关系。在大城市中的党员职业作家，也应考虑参加到他所联系的社会群众中的党的组织中去。这比以一种所谓驻会作家的方式集中在作家协会的机关中要合理些。而即使在作家支部中，也必须建立严肃的组织生活，加强党的政治思想教育和纪律教育，广泛团结群众，尤其是经常展开批评与自我批评，坚决反对自由主义、个人主义的倾向，特别是那些不利于团结的言行。在党员作家中间，应该树立起这样一种明确的观念：一个党员作家，他首先是党员，而不是首先是作家。创作事业和党的利益是统一的，而不能是创作第一，党的利益第二。这种创作第一的思想在有些同志中间存在。我们应该克服这种思想，尤其要坚决反对作家在党内特殊化的倾向。这是一种危险的倾向，尤其是成名的作家是应该特别注意的。

第三，是进行深入的长期的文艺思想斗争问题。为了彻底肃清丁陈反党集团的影响，巩固斗争的成果，仅仅依靠政治的批判是不够的。必须继续在文艺思想上进行深入的细致的更有说服力的批判工作。这个工作是更艰苦的，但是必须坚持。过去我们几次斗争，往往在政治批判以后，缺乏细致的思想批判，有些批判，也常常流于简单化。这次斗争中，我们必须吸取这条经验，准备进行一个长期性、全国性的大辩论。现在我们的会议只是面对几百人或一千人，而我们面前还有千百万读者群众，需要依靠我们在座同志们去展开努力的说服工作。这个斗争应该同时看作是一个教育广大群众的过程。思想问题必须在最多数的群众中去解决。中央指示我们对这个斗争要看长不看短，看难不看易，这是很深刻的，对于资产阶级思想斗争的长期性和艰苦性必须作充分的估计。这是十年八年的问题。因此会议以后的任务是更加繁重的，这要求同志们大家来动笔，来做研究分析工作，在斗争中建立和壮大我们的思想斗争队伍。过去中央批评我们说，文艺界党员最多，而队伍最弱，经过这次斗争，必须改变这种状况。另一方面要求我们的所有刊物，更好地来组织推动这个思想斗争。在前一时期，我们全国很多文学刊物，普遍存在着右的倾向，甚至有的刊物被右派分子所把持，应该在这次斗争中进行检查，整顿编辑思想，改进工作。刊物是思想斗争的主要武器，如果这个武器掌握得不好，我们的思想斗争就不可能取得重大的胜利。

在思想斗争中，我们的方针仍然是贯彻执行党的百花齐放、百家争鸣的方针，防止简单粗暴和教条主义倾向的抬头。在相当长期内，毒草总还是会长出来的。反党思想的社会根源仍然存在的时候，这种反党思想也还是会再出现的。这需要我们经常保持清醒的头脑和鉴别力。我们对于这些资产阶级思想不能采取温情容忍的态度，但也不是依靠强制的办法，而仍是要通过说理的辩论和它斗争。只有这样，才能真正战胜它们，并锻炼我们自己，提高马克思主义的思想水平。

最后，谈一谈这次斗争本身的经验教训。前面说过，这次斗争能够取得胜利，主要是由于中央原则性的指示，和中央宣传部的领导。当然也由于同志们斗争意志的坚强和情绪的饱满。但是，回顾会议最初的日子里，情况并不是这样的。有些同志被丁陈反党集团的挑拨宣传所迷惑了，有不少同志抱有浓厚的温情主义。特别因为这个反党集团中许多是党员、成名的作家，使我们开始斗争时，有点手软。事实证明，这种温情主义，是最要不得的，不严肃的。这种大是大非原则性的问题，就应该毫无保留放到群众中来讨论，来辩明是非，而不是关在小屋子里靠几十个人的讨论所能解决的。这次会议虽然在开始时有上述情况，但是由于掌握了坚决反对温情主义，坚持严肃、彻底的原则，使我们很快就粉碎了反党集团的进攻，提高了同志们的认识和斗争情绪，使斗争逐步提高，逐步深入。

其次，这次会议坚持摆事实讲道理这个原则，贯彻思想辩论的精神，同志们的最大多数都是充分研究了材料，根据事实、有的放矢地进行了政治批判和思想分析，做到以理服人。这样使会议本身同时具有重大的教育意义。明辨了大是大非，也防止了粗暴简单的倾向。会议始终保持饱满的热情和严肃的空气，这和上述两点经验是分不开的。这个会议精神整个说是健康的。在今后继续深入的斗争中，我们应该继续贯彻这种精神，运用这些经验教训，并且希望各地文艺界同志也能吸取这种经验教训。

同志们，我们相信只有经过这样的斗争，才能真正在新的基础上加强我们党内的团结，也加强文艺界党和非党的团结。党的团结只能是建立在党的原则上面，无原则的迁就只是一种貌合神离的妥协，是解决不了团结的问题的。通过这次斗争，使文艺界同志的党性提高，团结加强，这样才能使我们在党的领导下，和党外同志一起，为建设和繁荣社会主义文艺而更好努力。

我们再一次向同志们宣告，我们这个斗争必须坚决贯彻，深入再深入！

1957年9月29日，《文艺报》第25号

新的历史里程碑

——祝苏联共产党第二十一次非常代表大会

四十一年前，当世界上第一个社会主义国家——苏联诞生的时候，帝国主义者们曾经妄想“从摇篮里掐死它”，后来，当苏联宣布第一个五年计划的时候，帝国主义者们又狂妄地断言这计划“注意要失败”。这一切都成为历史上愚蠢和无耻的陈迹了。现在这个婴儿不但长大了，而且成为一个精力充沛、力大无比的巨人。这个巨人不但在社会主义建设中取得了辉煌的胜利，而且昂首阔步，正在走向人类历史的新纪元——建设共产主义的新时期。

苏联共产党第二十一次非常代表大会，正是标志着这个强大的社会主义国家将进入到全面展开建设共产主义的新时期。这次大会可以说是从社会主义社会走向共产主义社会的一座新的历史里程碑。大会上讨论和决定的主要议程——关于《1959—1965 年苏联发展国民经济的控制数字》的报告，正是这个巨人——苏联共产党和人民——所绘制出来的一幅向共产主义过渡的蓝图，也是人类历史上第一幅这样的蓝图。

多少年代以来，全世界劳动人民所希望的共产主义社会，已经不是遥远的理想，而是眼看着可以达到的具体目标了。

光芒万丈的共产主义太阳已经从地平线上向全世界发射出灿烂强烈的光辉。

苏联的十月革命曾经为全世界劳动人民开辟了一条走向社会主义的广阔的道路，现在这次大会无疑地又将为全世界劳动人民指出一条走向共产主义的广阔道路。这次大会不仅对于苏联人民具有伟大的意义，而且对于国际共产主义运动，对于世界和平事业和人类的文化，都有极其重大的历史意义。

中国人民和世界人民一样，对这次大会感到无比的兴奋和极大的鼓舞。

我们贪婪地阅读着赫鲁晓夫同志在大会上所做的报告。这个报告不但列举了规模宏伟的建设指标，并且提出了向共产主义社会过渡的一系列重大的理论问题。这个计划是把马克思列宁关于共产主义的原理，变成建设共产主义社会的具体步骤和措施。我们知道马克思列宁主义的理论总是和实际相结合而发展的。赫鲁晓夫同志的报告中深刻地表现了这个特点。它是当代马克思列宁主义重大文献之一。它对于提高马克思列宁主义理论水平和促进国际共产主义运动的发展，将产生极其深远的作用。

七年计划对于加强社会主义阵营和世界和平力量具有极其重大的意义。七年计划实现以后，苏联将在按人口计算的工业产量上超过欧洲最发达的资本主义国家，并且在某些最重要的工业产品的总产量和农业产品按人口计算的产量上超过美国。在这个基础上，再经过较短期间，苏联人民的生活水平，将达到世界的最高峰。正如赫鲁晓夫同志去年所说的，"我们要走到最前头"。这个必然到来的事实将使社会主义体系在和资本主义体系的和平竞赛中取得最后的胜利，将彻底打垮帝国主义者企图挑起世界战争的梦想。那些曾经梦想过“从摇篮里掐死它”和曾经嘲笑过苏联社会主义建设的帝国主义者们，现在是一天天在烂下去了，或者把脖子套到自己所制造的绞索里去了。历史的潮流是不可抗拒的。如果这些帝国主义者还要死不甘心来梦想挑起战争，其西方世界是将促使他们自己更快地死亡。

四十一年来苏联建设的伟大成就，世界社会主义国家一个接一个地兴起和强大，说明了新的事物必然生长、旧的事物必然灭亡的历史规律。从 1913（应为 1917）年到 1957 年期间，苏联的国民收入，按人口平均计算，增加了十三倍，而同一期间美国只增加了零点八倍，英法只增加了零点七倍。这难道不是铁的事实吗？而从苏联共产党第二十次代表大会以来，苏联的建设有更进一步的发展和革新，特别是工业和建设业管理的改组，发展农业的重大措施，国民教育的改革等等，这些都为七年计划奠定了基础。尤其是在科学技术上的巨大成就，首先是人造卫星和宇宙火箭的上天，使帝国主义者们也不能不承认苏联的科学达到世界的最高水平。1957 年在莫斯科签订的社会主义国家共产党和工人党代表会议的宣言与各国共产党和工人党代表会议的和平宣言，有力地表明了以苏联为首的社会主义阵营的团结和强大，表明了国际共产主义运动成长起来的力量。而这一年多来苏联在国际和平事业上所作出的卓越的贡献，以苏联为首的社会主义阵营和全世界和平力量的进一步发展，更加证明了莫斯科宣言的正确性。现在帝国主义者们已经不敢像过去那样来轻蔑地嘲笑苏联了，他们却怀着嫉忌、惊惶和仇恨的心理，妄想诬蔑、中伤苏联，破坏苏联和一切社会主义国家的团结。南斯拉夫的现代修正主义者们则力图腐蚀马克思列宁主义的灵魂，妄想贬低苏联在国际共产主义运动中的伟大作用，挑拨社会主义国家之间的团结，特别是中苏团结。然而这一切都是枉费心机的，事实是最有力的答复。苏联共产党第二十一次非常代表大会上赫鲁晓夫同志的报告和这个大会上通过的决议，尤其是许多事实中更有力的一个事实。赫鲁晓夫同志说过："七年计划是对资产阶级思想、国际改良主义和修正主义的一次毁灭性的打击。"这是一句极其响亮的语言。

世界社会主义国家的团结像磐石一般牢不可破，正是因为这种团结是建立在马克思列宁主义的共同思想基础之上。而苏联则是这个社会主义大家庭的强大的中心，是国际共产主义运动的强大的中心。七年计划所表现的宏伟规模和国际主义的精神，更说明这一点。在各个社会主义国家的建设事业上，苏联永远是我们的先进榜样。在中国的社会主义建设过程中，苏联不但给予了我们慷慨无私的物质和技术的巨大援助，并且提供了极其宝贵的经验。在这次大会之后，中苏两国又签订了扩大经济合作协定。这些是中国人民所永铭不忘的。毛泽东同志曾经告诉我们说："为了使我国变为工业国，我们必须认真学习苏联的先进经验。"要加速中国的社会主义建设，学习苏联是必不可少的条件之一。因此，苏联共产党第二十一次非常代表大会和苏联发展国民经济的七年计划，对于中国人民来说，尤其有重大的意义。我们必须根据中国的实际情况，认真地、切实地学习苏联的经验，特别是这次大会的经验，促进我国社会主义建设事业更大、更好、更全面的跃进。

从文学艺术方面来说，苏联是首先建立了社会主义现实主义文学基础的国家。从高尔基以来的当代苏联许多杰出的作家和他们的作品，都是我们应当学习的榜样。赫鲁晓夫同志在向大会的报告中特别指出了文学艺术在发展和丰富社会主义社会的精神文化方面的作用，文学艺术上鲜明地刻画人民——共产主义建设者的英雄功勋的任务，和要求文学艺术工作者进一步提高创作的思想艺术水平。这是苏联文学艺术事业上庄严的任务，同时也是一切社会主义国家文学艺术事业上共同的任务。这和那种企图使文学艺术脱离政治而实际上使文学艺术为没落资本主义服务的修正主义文艺理论是绝不能调和的。在这方面我们还将有激烈的斗争。我们相信在苏联共产党第二十一次非常代表大会以后，苏联文学艺术将有更辉煌的发展。中国的文学艺术工作者必须更好地学习、研究苏联在这方面的经验，加强中苏两国的文化交流，促进世界社会主义文学艺术更蓬勃的发展。

让我们热烈地欢呼苏联共产党第二十一次非常代表大会伟大的胜利和成功。

农民学哲学一例

——新会访问杂记之一

我最近到广东跑了一次。在广州时候，广州科学院分院院长杜国庠同志告诉我广东正在展开工农学哲学的运动。据说，内容很丰富，主要一条是工农群众从实践认识中，领会辩证法的道理，因此说得十分生动具体，不像知识分子那样把哲学弄得神秘化，枯燥无味。可惜因为时间关系，没有谈得很详细。但是我在新会县去看人民公社时却发现了一些生动的例子。下面就介绍两件事情，从这两件事情中，可以说明工农群众学哲学，不但完全可能，而且确实做到了结合实际，生动活泼。

新会县是广东省公社办得好的一个县。那里有个环城乡，现在叫环城人民公社。它环绕城区的周围，乡村的街道和城市街道已经建成一片，很有亦城亦乡的样子。今年秋该乡人民公社建立起来以后，为了贯彻实行供给制的办法，在全社群众中开展了一个大辩论，开了很多次的辩论会、座谈会。在一次座谈中，讨论到分配问题，发生了这么一场有趣的辩论：有一个农民有一妻子，五个孩子，照供给制办法，他每年可以收入好几百元。而全家强全劳动力，只有他本人一个。另外一个农民，是单身汉，也是强劳动力，他每年收入约一百几十元。因此后一个农民就认为供给制办法有利于人口多的农户，单身汉吃了亏。

在讨论中，那个子女多的农民就用哲学来说明这个问题。他说，我们之间存在着三对矛盾：一是人口多和人口少的矛盾，二是劳动力强弱的矛盾，三是以户为单位每年收入多少的矛盾。但是任何矛盾是在发展、变动、转化而不是永远不变的。比如说，现在我的孩子多，你是单身汉，似乎我占了便宜，你吃了亏；可是再过几年，我的孩子长大了，都将成为全劳动力，那时他们都将自己过活了。而我也许会衰老了，劳动力可能不像现在那样强，就不如你了。而你到了那时候结了婚，可能也生下了几个孩子，这情况就颠倒过来。那时占便宜的岂不就是你了？矛盾的情况岂不是变化了？

其次，我的五个孩子现在固然是公社供给，吃饭、穿衣、读书都有了保障。可是你要知道，过去几年中，我为孩子却赔了多少钱，负过多少债。孩子生一场病，我就得借钱治病，而你将来孩子一出生，就由公家负担了，比我过去要省多少钱，多少事。我过去结婚，要自己掏腰包，你将来结婚，被子、床帐、房子和其他费用都由公家解决了。算一算这笔账，究竟是谁占便宜谁吃亏呢？

再则，上面这个说法，还是从个人利益的观点来讲的，现在我们要从集体观点来讲，用我为人人、人人为我的共产主义精神来看问题，那就无所谓便宜吃亏。这样一想，思想也就通了。

经过这样一场分析，那个单身汉农民就心悦诚服，觉得公社确是好。思想矛盾解决了，心里的疙瘩也解开了。这场辩论教育了许多其他农民。

上述这场辩论，既有观点，又有方法，现身说法说明了事物的辩证发展规律，有理有节，解决了一个实际问题。这是生动的例子之一。

另外，该县一个仁义乡人民公社，在进行大辩论中，有些农民对私有观念一时丢不了。其中有个女党员，听了传达以后，回家哭了。大家就举了许多具体事例，说明了私有制的罪恶，感动了那个女党员。在这时候，有个贫农党员高礼同志，当场写了一张大字报，用诗的形式来讲明道理。这首诗是这样写的：

万恶皆由私有起，
决心斩断私有尾，
斩断尾巴要忍痛，
全民快乐笑嘻嘻。

这首诗，可以说是一首哲理诗，特别是“万恶皆由私有起”一句是说出了马克思列宁主义的真谛，可以说是马克思恩格斯的《共产党宣言》中的基本精神。这个高礼同志未必读过《共产党宣言》和其他马列主义著作，但却从实际感受中说出了这个大道理。这难道不是农民能够掌握马克思列宁主义理论的一个有力例证么？我看了这个材料，很感动，写了一首旧诗送给他们：

万恶皆由私有起，
大字报中见真知，
马恩列斯先哲语，
写入农民场头诗。

诗很不好，但也算表达了我当时的感触。不要说解放以前，就在合作化阶段中，农民能做出这样的诗么？可见在大跃进中，工人农民不但生产上表现了创造的奇迹，确实是思想大大解放，文化水平大大提高了。这样的思想，这样的诗，知识分子未必写得出，而农民却是用朴素的思维方法、朴素的形式表现出来，这不是令人感动的事例么？

结合了生活和斗争的实践，群众学哲学是大有前途的。当然还需要党和哲学家大力指导、提示，还不能过分夸大。但是，我确信，在思想解放，理论与实际相结合，走群众路线，普及与提高相结合的方针下，我国马克思主义哲学发展的前途是无可限量的。

1958 年 12 月 24 日于武汉

“青山长在，革命永存”

收到这本《南方来信》，我一口气把它读完了，很久平静不下来。多么激动人心的一本好书呵！书中描写的情景，使我回忆起解放前中国人民在美蒋集团统治下悲惨的命运和英勇艰苦的斗争。我们两国人民经历过的斗争道路是多么相似！中国人民就是在中国共产党的领导下，经历了这样的英勇斗争，解放了自己的祖国，取得了伟大的胜利；而越南北方人民在越南劳动党的领导下，也走过了同样英勇、艰苦和光辉的战斗历程，取得伟大的胜利；那么，我们完全可以相信英雄的越南南方人民，也终于将以他们那种英勇艰苦的斗争，在不远的将来取得同样伟大的胜利！

这本书中收集了二十二封越南南方人民的来信，其中绝大部分是战时家书。说到战时家书，我们会想起杜甫的一句有名的诗：“烽火连三月，家书抵万金。”然而杜甫所写的毕竟是封建时代的战争，诗人多少是带伤感情绪的。而现在这些家书，其内容和时代感情都完全不同了。这是革命者的家书。这些家书中所抒发的，不是“感时花溅泪，恨别鸟惊心”的个人感情，而是火一样的革命感情，民族解放和阶级斗争的伟大感情。这里所描写的也不是“国破山河在，城春草木深”的凄凉景象，而是惊天动地的人民英雄斗争生活。这里有英勇杀敌、视死如归的工人、农民，有蔑视敌人、坚贞不屈的妇女，有以九个人的战斗小组击毁了敌人三辆坦克的“钢铁班”，有赴汤蹈火、毫无惧色的干部，有敢于在敌人的法庭上反审敌人的革命知识分子……。这一切，通过不同写信的人，却叙述得何等简洁、生动、真挚、朴素。正如编者所说，这都是出自普普通通的越南南方人民的肺腑之言，然而这些肺腑之言却又是充满着愤怒、仇恨、忠贞、勇敢、义薄云天的民族的和阶级的伟大感情。它是那样强烈地震撼着我们，几乎每一封信都是一首战斗的诗，一篇动人的报告文学。我们可以想见这些来信在越南人民中曾经产生过怎样巨大的激励作用，而现在当越南同志们把它编印成书，译成了各国文字以后，它在全世界的读者中间无疑将产生更广阔的影响，它的价值就绝不是“抵万金”，而是无可衡量的了。

是什么力量促使越南南方人民进行如此英勇不屈的斗争呢？编者在《代序》中说得好：这是一种共同的“必胜的信念，把他（她）们团结得像一个人，勇敢战斗，反对武装到牙齿的、凶恶狡猾的敌人”，是“只有掌握了真理的人才有的革命乐观主义”。确是如此，必胜信念和革命乐观主义精神像一条鲜明的红线贯穿着二十二封信。有一封信中，引用了一首越南的民歌：

仰望“天台”山巅，
想革命同志、想当年。
青山长在、革命永存，

美好的生活在明天！

多么有力的好诗呵！它表达了越南人民气壮山河的英雄气概和革命豪情。这种革命必胜的信念和乐观主义精神，我以为是坚实地建立在这样一种确信上：第一，人民力量是强大的，永远不可战胜的；第二，美帝国主义只是貌似强大的纸老虎，终究要失败的。所谓“青山长在”，我的理解就是人民的力量长在，因而革命也就永存，人民的理想终究要变成现实。这四句民歌里，有过去，有现在，也有将来；可以说是表现了革命现实主义与革命浪漫主义相结合的精神。在另外一封信里，写信者说，“有这样的民心，南方的斗争怎么能被扑灭呢?”这些质朴的诗，质朴的语言，都是十分明确地表达了写信者对于人民力量的坚定信心。而也只有坚信人民力量的人，才会真正懂得帝国主义是纸老虎的道理。美帝国主义者十年来在越南南方的滔天罪行使南方人民真切地懂得这一点。看吧，十年来美帝国主义者在越南南方花费了多少心血，投下了多少武器和美元！据报道，他们在越南南方每天要花费掉一百万美元，也就是说每天要消耗一个百万富翁；他们派遣了大量的海陆空军，运送了大量的现代化装备，搞什么“特种战争”，搞什么“战略村”，而结果呢？人民革命的火焰愈烧愈旺，美帝国主义的泥足愈陷愈深，解放区愈来愈扩大，反动统治区愈来愈缩小。企图十八个月解决越南南方战争的斯特勒—泰勒计划早已破产，约翰逊上台后比肯尼迪更没有办法。就在前不久，腊斯克在美国一次演讲中，公开承认美国在越南南方“地盘和时间都输掉了”。美国国防部长新近从西贡回去，新闻记者描写他充满了“伤心的语调”。毛主席词中说的“小小寰球，有几个苍蝇碰壁。嗡嗡叫，几声凄厉，几声抽泣”不正是他们的写照吗？这些明明白白的事实，再一次证明了美帝国主义是纸老虎的真理。这个真理本来十分清楚。中国人民懂得，越南人民懂得，朝鲜人民懂得，古巴人民懂得，非洲人民懂得，全世界人民也懂得。可就是冒称马克思主义者的现代修正主义分子及其仆从们不懂得，而且也不愿意懂得。他们之所以不懂，就是因为背叛了人民，看不见也不相信人民的力量。在他们看来，越南南方这些英勇的游击队员，这些英勇的男女老少，不过是“一堆肉”而已，而美帝国主义者的“核牙齿”却把他们吓得心惊胆战。这种人怎么能够懂得帝国主义是纸老虎的道理呢？他们根本不可能理解越南南方人民那种团结一致英勇奋斗的精神，不可能理解越南南方人民怎么能够用简陋的武器战胜了现代化装备的美国佬。因而，像这样一本小书，对于他们来说，也是不可理解的。他们甚至会说，这是渲染战争的反和平主义、反人道主义的书。那么，他们所鼓吹的和平主义和人道主义又是什么货色呢，难道还不够明白吗？

越南劳动党中央政治局委员阮志清同志在最近发表的一篇纪念奠边府大捷十周年的文章中说：

> ……谁低估群众力量、低估人的因素和革命斗争中的精神因素，那么在他的眼里，帝国主义、尤其是美帝国主义，将变成“钢铁巨人”，而当他把帝国主义看作巨人时，就一定会把革命人民，尤其是亚洲、非洲和拉丁美洲各族人民看作是“弱者”(!)。……

从这种看法出发，他们只能得出这样的结论：“不要做以卵击石的蠢事”(!)。这种看法是反动的看法，这种结论的性质就是取消斗争和向帝国主义投降。

这是马克思主义者的语言，是越南人民的心里的语言，也是一切敢于和美帝国主义者斗争的人民的语言。这二十二封来信也正是以火与血的事实，以生动的形象和炽热的感情表达了这样一个鲜明的真理。这本集子的价值，除了它的文学性以外，更主要的就是用朴素的事实说明了这个颠扑不破的真理。

最近美帝国主义者走投无路，企图用“扩大越南战争”的威胁，来恫吓越南人民和亚非拉人民。这已经是图穷匕首见了。我们要大声告诉他们：如果你们敢于不惜一逞的话，那么人民的力量将会更早地在越南南方埋葬你们！

亚非拉人民反帝、反殖民主义的风暴已经不可阻挡地起来了，而东南亚正是这个风暴的中心。越南南方人民站在这个风暴的最前面，他们一次接一次地取得了辉煌的胜利。在这个时候，我们阅读这本作品，尤其感到一种难以遏制的振奋心情。让我们把这本战斗的书，更广泛地介绍给国内和世界的读者们，让这本书在亚非拉和世界人民的心中燃烧起更猛烈的反对美帝国主义的熊熊大火吧！

关于土地革命战争时期
党、团组织在浙江沿革情况的回忆

浙江最早的党(组织),我不清楚。我知道一九二六年在江浙区委领导下,浙江有杭州、宁波两个地委。一九二七年,北伐军打到杭州时,组织上调我担任“C. Y. ”(注:即共产主义青年团)杭州地委的组织部长。那时党的地委书记是庄文恭,组织或宣传部长是华林;团的地委书记是石天柱,组织部长邵亦民(即邵荃麟,下同);杭州总工会是陈志益(现名陈钧)在负责。钱之光同志是宣传部长或组织部长。那时党是不公开的。国民党浙江省党部是在我党控制下工作的,浙江省政府基本上也是在我们的控制之下。做国民党工作的是宣中华;北伐军驻浙部队里有胡公冕;《东南日报》(注:当时名为杭州《民国日报》,一九三四年六月改名为《东南日报》)亦有我党力量在控制着。当时,杭州市党员人数已不记得了,团员有二百多个,约计二十几个支部。参加团的大部分是学生和青年工人。

一九二七年“四一二”事变的早一天,即四月十一日,杭州就开始抓人了,好在我们党、团是不公开的,只抓了一些学生、

工人。对上层组织的负责人抓得不多，损失较大的就是宣中华同志被捕遇害。“四一二”事变以后的三四个星期，我就调回江浙区委（在上海）。

一九二七年五月（注：应是四月下旬），中央在汉口召开第五次党的代表大会，会上决定在各省成立省委组织。这样，江苏、浙江就分开了。

浙江省委建立后的第一任书记是张秋人同志，但在张未到浙江前是由庄文恭负责。（注：根据文件记载，第一任省委书记是庄文恭同志。一九二七年九月初，中央批准庄文恭同志辞职，随后派张秋人同志来浙担任省委书记。）共青团浙江省委书记是徐伟（不久即被捕，于第二年牺牲）。在徐伟同志被捕后，团中央派华岗接替。当华岗到浙不久，省委书记张秋人同志被捕了，并且很快给敌人杀害了。这时浙江的党、团组织随之全部破坏，基层组织也破坏不少。

一九二七年秋天，由于在杭州站不住脚，省委搬到宁波，中央派夏曦同志来担任省委书记；团中央派卓恺泽同志任团省委书记。这样，党、团又慢慢地恢复了组织。一九二八年初，团中央把卓恺泽同志调回，并派我去接替卓的团省委书记职。当时，杭州保存的团员已寥寥无几。那时浙江的党、团省委的组织情况是：

省委常委兼书记	夏曦
省委常委	梅龚彬
省委常委兼团省委书记	邵亦民
省委秘书长	王贯三
团省委常委兼书记	邵亦民

团省委常委　　　　　　　　　　周朴农

团省委常委兼秘书长　　　　　　沈鸿湘

经过了二三个月工作，把各地关系都重新建立起来以后，于一九二八年三四月份，省委就迁回杭州。当时在杭州的印刷厂、学校有几个支部，上面有个团市委。五月间，省委在上海召开了浙江省党的代表大会(注：应是省委扩大会。)，选出了夏曦同志为省委书记。接着，团亦在上海召开了浙江省团的代表大会，到会的有几十个人。省党代大会是周恩来同志来出席会议的；省团代大会是任弼时同志来出席会议的，他们分别作了报告，并通过了决议案。决议案的基本精神是搞农村武装斗争。会议以后，先后在余姚、平阳、台州、永康等地都出现过一些暴动，建立了许多县委。当时全省约有团员一千多人。全省建立了四个地委(浙东是奉化；浙西是永康；浙南是台州；浙北由杭州照管)，二十几个县委或地方支部。农村中的组织发展也比较快，但没有正式建立武装组织。

一九二八年七月，中央在莫斯科召开了党的第六次代表大会，浙江派夏曦同志去参加的，我原来也被选为代表，因肺病发了未能去而调回团中央，“六大”以后，夏曦同志留在莫斯科学习，中央调原浙东地委书记卓兰芳同志担任省委书记；又调了一个原《东南日报》的党支部书记担任团省委书记(此人是新党员，曾派去莫斯科出席团的全国代表大会)，但在他担任团省委书记不久，就被捕叛变了。这样，团中央又派了谢仲怀去。是年年底或一九二九年初，省委书记卓兰芳又被捕了(注：卓兰芳同志被捕时间为一九三〇年秋，他的职务有待进一步查对)，这以后，党派谁去接任省委工作，我就不知道了。

团好像是派饶漱石去浙江，饶后面是派徐迈进同志去的，那时的组织情况，大约就是这些。

二次国内革命失败以后，刘英同志在闽北（注：应是闽东）、浙南一带搞了三年游击战，建立了根据地。抗日战争开始，省委在温州，书记是刘英。那时成立了四个特委，丽水建立了新四军办事处。一九四〇年至一九四一年，省委被破坏，刘英同志被捕牺牲。（注：刘英同志被捕时间应是一九四二年二月，牺牲于同年五月。）

一九二七年“五大”以前，杭州是没有区委组织的，因为那时地委上面一级叫区委，市（地）委下面叫部委。“五大”以后，建立了省委，下面才开始有区委组织。团的组织，主要在学校中，如工学院、农学院、医学院及一些中学内部有支部。江干运输工人以及织绸工人方面也有支部。此外，有儿童团，青年团体有学生会。关于当时党、团组织的地点，现在记不大清楚了。一九二七年，党地委设在平海路一个胡同里；团地委也在平海路。省委从宁波搬到杭州后，团省委办公地点是在金钗袋巷。

（一九六〇年一月七日）

（中共浙江省委党史资料征集委员会供稿）